U0928437

珍藏本
纪念版

汉译世界学术名著丛书

古代的地理学

〔苏联〕波德纳尔斯基 编

梁昭锡 译

赵鸣岐 校

齐思和 审

商務印書館
The Commercial Press

2017年·北京

Составитель М. С. Боэнарский

АНТИЧНАЯ ГЕОГРАФИЯ

Государственное издательство

географической литературы

Москва 1953

本书根据苏联国家地理书籍出版局1953年版译出，其中摘引古代作家的原作部分，在个别情况下参照英译本加以修正，但于篇末仍保留各篇俄译者的署名。

汉译世界学术名著丛书
（120年纪念版·珍藏本）
出版说明

2017年2月11日，商务印书馆迎来120岁的生日。120年前，商务印书馆前贤怀揣文化救国的理想，抱持“昌明教育，开启民智”的使命，立足本土，放眼寰宇，以出版为津梁，沟通中西，为中国、为世界提供最富智慧的思想文化成果。无论世事白云苍狗，潮流左右激荡，甚至战火硝烟弥漫，始终践行学术报国之志，无改初心。

迻译世界各国学术名著，即其一端。早在20世纪初年便出版《原富》《天演论》等影响至今的代表性著作，1950年代后更致力于外国哲学和社会科学经典的译介，及至1980年代，辑为“汉译世界学术名著丛书”，汇涓为流，蔚为大观。丛书自1981年开始出版，历时三十余年，迄今已推出七百种，是我国现代出版史上规模最大、最为重要的学术翻译工程。

丛书所选之书，立场观点不囿于一派，学科领域不限于一门，皆为文明开启以来，各时代、各国家、各民族的思想与文化精粹，代表着人类已经到达过的精神境界。丛书系统译介世界学术经典，引领时代思想，为本土原创学术的发展提供丰富的文化滋养，为推动中国现代学术和现代化进程做出了突出的贡献。

为纪念商务印书馆成立120周年，我们整体推出“汉译世界学术名著丛书”120年纪念版的珍藏本，寄望既利于文化积累，又便于研读查考，同时向长期支持丛书出版的译者、编者和读者致以敬意。

两甲子后的今天，商务印书馆又站在了一个新的历史时间节点上。我们不仅要铭记先辈的身影和足迹，更须让我们的步伐充满新的时代精神。这是商务人代代相传的事业，更是与国家和民族的命运始终紧密相连的事业。我们责无旁贷，必须做好我们这代人的传承与创造，让我们的努力和成果不仅凝聚成民族文化的记忆，还能成为后来人可以接续的事业。唯此，才能不负前贤，无愧来者。

商务印书馆编辑部

2017年10月

出版说明

这本《古代的地理学》编入西方古代学者、作家著作中有关地理学方面的内容，是了解西方古代地理学发展轮廓的一部著作，曾于 1958 年由北京三联书店出版。此次我馆重印，改正了初版中误植的错字，统一了体例，并请陈中同志对书末《注释》进行订正，对其中的重要人名、地名加注外文，同时对某些译名注明另一些译法。

商务印书馆编辑部

1985 年 3 月

编 者 的 话

对希腊和罗马的许多著作家在地理学领域内的记载作一个汇报,这项工作还是第一次,并且在许多方面说来都是初步的尝试。

本书对于古代著作家的原文都弁以前言,其中提供关于这些著作家的略传和他们的地理观点。

要提醒读者注意的是,本书里的若干作品都是首次翻译为俄文的,而某些作品则是近年来在苏联出版物里已发表过的译文;不过旧有的译文都经过了一番校阅。

本书末所附的"注释",是编者就正文中所有的个别地名、专有名词及术语所加的说明。

本书是供那些希望获得古代地理学知识的广大苏联读者阅读的。

M.C.波德纳尔斯基

目　次

古　希　腊

荷马………………………………………………………… 2
　伊利亚得………………………………………………………… 5
　　第十八曲　用描绘希腊生活的图画装饰起来的阿奚里的盾 ……… 5
　奥德赛 ………………………………………………………… 16
　　第 五 曲　荷马时代的航海天文学。奥德赛来到斐亚基岛上 …… 16
　　第十一曲　北风把奥德赛的航船吹到金麦里亚人的海岸。金麦里亚地方的描述 ………………………… 17
　　第十二曲　向奥德赛描述途中将遇到的危险:赛棱、漂荡的岩石、哈里布达和西拉峭壁 ……………………… 18
希罗多德(公元前五世纪) ……………………………… 23
　历史 ………………………………………………………… 29
　　第一卷　历史的女神………………………………………… 29
　　第二卷　音乐的女神………………………………………… 36
　　第四卷　悲剧的女神………………………………………… 52
　　第五卷　歌舞的女神………………………………………… 62
希波革拉第(公元前 460—前 377 年) …………………… 63

论空气、水和地方 …… 64
阿里斯托芬(公元前五世纪后半期至前四世纪初期) …… 67
云(第一幕　第六场) …… 68
柏拉图(公元前427—前347年) …… 70
对话《泰密阿斯》(万物本质论) …… 72
色诺芬(约公元前430—前355年) …… 74
居鲁士远征记 …… 75
亚里斯多德(公元前384—前322年) …… 89
论天(第二卷　第十四章) …… 93

希腊文明衰落期

马其顿的亚历山大的远征(公元前336—前323年) …… 100
克文特·库尔齐伊·鲁夫著　亚历山大大帝事记 …… 102
阿基米德(公元前287—前212年) …… 107
普萨米特(关于砂粒的计算) …… 110
埃拉托色尼(公元前275—前195年) …… 112
埃拉托色尼的"地理学" …… 119
波里比阿(公元前201—前120年) …… 134
历史大全(第四卷　攸克辛本都海的记述) …… 136

古　罗　马

朱理亚·恺撒(公元前100—前40年) …… 142
高卢战记 …… 144
第一卷　高卢地理简述及其居民(1段) …… 144

第四卷　日耳曼部落斯威维人的特性(1段)。缪斯河及莱茵河(10段) …… 146
第五卷　不列颠岛的地理记述(12—13段)及其居民(14段) …… 147
第六卷　高卢的社会制度、僧侣职责、学术、宗教、风俗及习惯(13—20段)。日耳曼人及其习惯、职业和战争(21—23段)。高卢人与日耳曼人的比较(24段)。黑森森林和多瑙河(25段)。黑森森林中的动物界(27—28段) …… 149
味吉尔(公元前70—前19年) …… 157
伊尼阿的漫游(第三卷) …… 158
辛尼加(公元前4年—公元65年) …… 162
自然科学诸问题 …… 165
第四卷　论尼罗河的泛滥及其原因和对埃及的意义(第1—2章)。论雹(第3章) …… 165
第五卷　论风及其发生的原因(第1—6章) …… 175
第六卷　论地震及其发生的原因(第1、5、21章) …… 179
斯特累波(公元前一世纪—公元一世纪) …… 183
地理学 …… 188
第一卷 …… 188
第二卷 …… 209
第三卷 …… 217
第十一卷 …… 219
第十五卷 …… 222
第十七卷 …… 239

庞蓬尼·麦拉(公元一世纪前半期) …… 242
论地球的状况 …… 243
绪言 …… 243
第一卷 …… 244
第二卷 …… 274
第三卷 …… 304
大普林尼(公元23—79年) …… 328
自然史 …… 330
第二卷 …… 330
第四卷 …… 339
第五卷 …… 348
第六卷 …… 360
科纳留·塔西佗(公元一世纪末至二世纪初) …… 364
日耳曼尼亚志 …… 365
阿古利可拉传 …… 380
小普林尼(公元61—114年) …… 384
书信集(第六卷) …… 384
革老丢·托勒密(约公元90—168年) …… 391
地理学导言 …… 400
第一卷 …… 400
第三卷 …… 443
阿维恩(公元四世纪后半期) …… 454
海岸(〔西班牙〕海岸游记) …… 454
注释 …… 471

古　希　腊

荷　马

史诗《伊利亚得》和《奥德赛》是早期希腊历史中最有价值的文献之一。这两部诗写成于公元前第八至第七世纪，但是其中所提及的事件很早就发生了(约在公元前十二世纪)。至于为什么缘故能把这两部作品归诸一个希腊的盲诗人荷马，至今还存在着分歧意见。最可靠的说法是：这两部诗是根据民间口传故事加工而成的。

《伊利亚得》中所描写的事件发生于所谓特洛伊战争时期，这次战争是亚该亚的城邦为抵抗小亚细亚的城市特洛伊或伊利阿姆而进行的。《奥德赛》描写的是一位传奇的希腊国王奥德赛的漫游，他是在特洛伊长征之后返回祖国的，因此《奥德赛》的完成时期无疑地要比《伊利亚得》为晚。根据《伊利亚得》和《奥德赛》所描写的情节加以整理，便可得出一幅关于古代希腊的社会结构、经济和法律的图景。

恩格斯在他的经典著作《家庭、私有制和国家的起源》，把人类社会发展的这一阶段，规定为希腊人在国家形成前的“军事民主”阶段。

荷马的地理概念很明显地反映在这两部诗里，然而他在地理学方面的知识，是模糊的和半神话的。Д. Н. 安努钦曾这样表述过这两部史诗："荷马所熟悉的世界仅限于毗连着爱琴海的一些地方，至于离爱琴海较远的地方，他尚知道一部分，而再远的地方，例如地中海或黑海的西半部，他就完全模糊不清，而入于幻想之境，或者是根本不知道。真实的和幻想的地理知识的差别，与这两部史诗的差别，虽不是完全相符合，却是大致相符合的。《伊利亚得》中所描写的事件发生于较为狭窄的领域内，表现了荷马的真实的地理知识；而《奥德赛》中所描写的主人公（奥德赛和明涅拉）的远游，却使我们得到当时关于遥远的和不大知道的地方的一些概念"。

在《奥德赛》中所提到的许多遥远的地区，都用的是久已不存在的地名，所以要想用我们现在的地名来辨认它们是很困难的。这项辨认的尝试自古代已经开始，到现在还仍然继续进行，但是结果差不多总不能令人满意。一些人搜寻着地中海沿岸地区的一切地点；另一些人仅在地中海的东部和黑海区域寻觅；还有人相反地在地中海的边远的西部和大西洋寻觅它们。总而言之，在这方面至今还没有达到一致的意见，许多地名还是不明白和不能理解。奥德赛的漫游和冒险反映出远地探险的故事，特别是腓尼基人的远地探险，但它们涉及神话的方面却达到了这样的程度，以致几乎不可能把真实的情况和幻想的故事区别开来。

荷马了解小亚细亚的沿岸地带甚为详细，他也知道埃及和利比亚，他谈到有矮人族居住在埃塞俄比亚人的那边；但是他却不知道亚述，也不知道巴比伦。依照这位诗人的概念，在北方有不知道任何武器和枪炮的米希亚人的土地；有不懂耕作和使用火，并且不会做饭的饮马奶人的土地；还有阿拜人的土地。

荷马的世界概念

荷马在四个方位中，只说出东方和西方，即白昼之方和黑夜之方。辨别东西方之间的差别奠定了希腊人的热力气象学；与东方较接近的地方被认为较接近太阳，所以是炎热的；而与西方较接近的地方则正相反。换句话说，整个的南方被列入了东方，整个的北方则被列入远离太阳的西方。东南西北的观念是以风的名称来表示的："博列"（北风）、"诺特"（南风）、"泽菲尔"（西风）和"埃夫尔"（东风）。

荷马所想象的大地形状是一个类似盾形的凸面圆盘，环绕着大陆四围的有一条河（大洋）。他所了解的海是与大洋的河有区别的某种东西，可能是内部的地中海。它的中央是某一个传说的俄基基亚岛，这是山林水泽女神卡利普索居住之地。铜的穹苍笼罩大地的上空，太阳即沿着这穹苍运行，每天从大洋河的水中升起于东方，沉没于西方的河水中。在滚滚的大洋河上是与地圈位于同一平面上的阿伊德①，而在阿伊德之下则延伸着塔尔塔尔②，其间的距离和天地间的距离一样远。死者的灵魂仿佛像缥缈的、失去理智的怪影一样栖息于阿伊德。失败的泰坦诸神则住在塔尔塔尔，这是宙斯因他们的反抗而把他们幽禁于此。大地被空气包围着，诸神所居之山峰有纯洁的大气，名之为以太。

诸神掌管着自然界的一切现象：宙斯有“驱云神”、“聚云神”和“雷神”等称号，他发射雷电，任意决定风向；而伊俄拉斯则是司风之神。波赛顿则职掌地震，他的绰号叫做“摇撼大地者”。荷马的地理观念大致就是这样。

伊利亚得

第十八曲

用描绘希腊生活的图画装饰起来的阿奚里的盾

……西提斯来到了格菲斯特的住房，

①② 指地狱。——中译者注（全书脚注均同）

见四壁星光灿烂,在仙宇中最是富丽堂皇,
这是跛足神自己建造,尽用铜装。
西提斯见他流汗操劳,
在风箱旁进退,疾如秋雕:
他要沿着美丽的墙壁装置三足祭坛二十具,
每具之下配金轮,
它们能自动驶入神场又能退入室堂,真是奇观绝伦!
它们的装饰齐备,
只缺精制的耳鼓,
他准备好了,以钉为补。
阿奚里的银足母亲悄悄走进他的屋里。
正当他精巧施工时,
蒙着彩巾的赫里斯趋前看见她。
赫里斯就是跛足神的艳妻,
她紧握着客人的手,寒暄且致词:
“西提斯长衫夫人,您怎来我们舍下?
敬爱的客人,您很少光临,欢迎欢迎。
请进宫廷,我以神礼款待芳卿。”
赫里斯边说边引导西提斯向里走,
请她坐在装潢美丽的银饰宝座上。
下面且放有脚凳两张。
然后向艺术家格菲斯特高声呼唤:
“格菲斯特,快出来,海神西提斯有事相商。”
著名跛足的格菲斯特回答端详:

“威严可爱的女仙来到舍下！
她救了我的性命，使我得免于祸殃，
因为我的母亲要把生我这个跛足儿的丑事隐藏，
所以把我扔出了天堂。
那时若无西提斯和攸利诺密把我抱在怀里，
我的心灵定然受到创伤；
她们是环海翻转的青年女郎。
我在深暗的洞里，九年来为她们创作了各种装饰品，
制造螺旋戒指、纽扣、颈圈和发帽；
无量的海水泡沫绕着我怒号；
在那里举目无亲，神鬼不晓；
只有救我生命的西提斯和伊妹攸利诺密知道。
于今美丽卷发的西提斯来访，
我应当罄所有以为答报；
我的娇妻，请对她优予款待；
我收拾好风箱等物立刻就来。”
他说着话就离开那笨重而污黑的铁砧，
挪着两条软弱的短腿，步履维艰；
把风箱从炉火旁撤去，
又把各种工器具往银匣里收捡；
随后用潮湿的海绵擦擦手和脸，
并擦到肥胖的颈脖、露筋的脊背和毛茸的胸前，
穿上古衫，扶着粗杖，
且行且止，走近门旁；

金制的假仆忙来搀扶，像美丽的女婢一样，
它们有理智，会说话，且有力量，
主人教会了它们各种专长。
它们匆忙扶持神主，而他拖着战栗的脚步，
走到那西提斯所坐闪光的宝座处，
紧紧和她握手，欢呼并道故：
“西提斯长衫夫人，您怎来我们舍下？
敬爱的客人，您很少来光临，欢迎欢迎，
请把您的来意说明，良心嘱我遵行，
如果我能够办到，而事情又应完成。”
西提斯一面流泪一面说：
“格菲斯特，仙界诸神中无有一人像我这样不幸，
我的心已悲痛万分，
这都是捣乱的克罗那斯害苦了我，
他使我这个海上女神屈从凡人，
我忍受伊阿卡斯之子为夫的拥抱，痛与心违，
何况他躺卧室中已成了衰弱的老人。
但我还另有苦衷，
他给我生一子要抚养成人；
杰出的英雄像幼芽似地茁长，
我把他当做花园里珍贵之花来培养，
青年时代，我以快船送他到伊利阿姆战场，
去抵抗特洛伊人的猖狂；
此后我永不见他回到伊父琉斯之家。

于今他虽还活在太阳光下，
但却痛苦万状，
我纵去看他，也爱莫能帮！
因为亚该亚人为奖赏吾儿所选拔的姑娘，
被特洛伊的暴君亚加米农掳抢，
我儿为了她心中忧伤。
强有力的亚该亚人把特洛伊人囚禁在船上，
亚哥利斯军队的长老们允以厚礼央求释放。
我儿自恃有理，拒绝同他们商量，
且把自己的铠甲给英雄帕特罗克尔穿上，
拨给他大量人马去上战场。
在斯克伊炮塔前打了一整天的仗，
当天就可以夺下伊利阿姆城厢。
这位门涅齐亚之子本是首屈一指的悍将，
若不被阿波罗踢死，赫克托尔也得不到胜利荣光。
所以我特来你处作膝下求：
请同情彼琉斯之子，给他以盾、足环、头盔和甲胄；
因为他如今已无武器在手，
特洛伊人又夺去了他忠实的朋友。
他只有躺卧地上，心里发愁。”
著名的安菲吉耶依急忙回答：
“请好自宽慰，不要为此事焦急。
啊！阿奚里虽陷入劫运之际，
但要我庇护他远离九死之地，

就像为他制造甲胄一样容易，
那甲胄将为众生看见而个个惊异！”
他一面这样说，一面离开她，走到风箱前，
把风箱移到火炉边。
二十座风箱熔炉按照主人的需要和意愿，
由各个炉孔喷出火焰。
火舌或断或续，缓急缭绕，
他钳好坚硬的铜、锡、银和贵重的金，
放到炉孔冒出的火焰前。
然后坐在笨重的铁砧旁，
一手持起大锤，一手取过了铁钳。
他先做一个巨大而坚固的盾，
盾上要装饰美妙的图案；
盾缘上的三道边金光闪闪，
并安上一条作为肩带的银链。
盾由五片合成，
周围以许多精工刻制的神像饰满。
其上有土地，有天空，也有大洋，
并有满圆的月亮和健行的太阳，
灿烂的星辰布满天空：
可看到七曜星和金斗宫的星群，以及耀眼的猎户星，
还有大熊星，人又称之为车轮；
它永远自转，光芒直射猎户星，
且只有它永不沉沦。

他在盾上又装设了普通人民的两座城：
第一座构造幽美，有婚礼和宴会的场景，
明亮的烛台从华丽的宫室沿着街道延伸，
并伴以婚歌的高唱声，
青年人在舞蹈中旋转，
他们中间响起愉快的笛声和琴音；
站在门阶前的贵妇们惊奇地望着他们。
市场上聚集着熙熙攘攘的人群；
那里有嘈杂的吵闹；两人争论被杀害者的赔偿金：
一位要求赔偿一切，且向群众说明原因，
另一位拒绝遵循。
双方决定找公证人平息纠纷。
围绕他们的群众喝彩不停，
各向其自己的一方表示同情。
传令者制止他们嘈杂的喊叫；
城中的长老们坐在神圣围场中磨光的石头上默不作声，
伸手接受大声喊叫的传令者的标签，
然后持签起立对双方各予公评。
他们面前放了两塔兰特①的纯金，
用来酬谢他们中间评判最公正的人。
另一座城处于武装闪耀的两路大军的合围中，
它们对这个城有威胁两重：

① 塔兰特是古希腊的重量单位。

全城毁灭，或者城内的财物尽被瓜分。
但城内被围的是不屈服的人民，
他们准备伏击敌人。
于是老弱妇女都上城防守，
其余的出城备战，由阿利斯和巴拉斯率领，
这两位首领是金铸的，
所穿的服装也用金做成；
他们与众不同而远远高过众人，
他们要到一个适宜的地方去掩藏伏兵，
于是来到河岸，那里有水源可饮牲畜。
他们就在那里用发光的铜来掩蔽金身，
然后派两名哨兵离开军队远远坐下，
哨兵注视四周是否有走近的牛羊畜牲。
不久就发现了畜群，后面跟着两个牧人，
一边走，一边吹着牧笛而未料到伏兵。
伏兵们看见牧人立刻加以袭击，
追赶并劫夺银毛羊和带角的畜牲：
把整个的畜群驱散，并杀死了牧人。
围城的军队听到畜群的喧叫声，
于是广场上的警卫兵纷纷跨上快马，
向着喊叫的地方奔驰，立刻遇到敌人。
双方列阵，交战于河滨，
彼此以铜矛相投，刀竖枪横。
他们之间奔驰着怨神、喊叫神和可怕的死神。

死神时或捕捉受伤者,时或捕捉未受伤的人,
或者拖着死尸的脚在混战中狂奔,
鲜红的人血染遍了她的胸襟。
活着的人仍在冲锋战斗,
彼此抢运为对方杀害的尸身。
在盾上还辟了广阔肥沃的草地,
已经三次耕耘。
耕夫们在田野上赶着架轭的牛前后调转,
耕到尽头处又回头耕近田埂;
便有人给他们杯酒慰问,
于是他们再回到自己的田里,
殷勤地把地再来深耕。
田野虽是金制,犁后变黑颇逼真,
它显出这样的奇异可惊。
这片田野间还有突出的王家田亩,
雇工们握着锋利明亮的镰刀收割庄稼。
一把把的收获物成行放下,
立刻有人把它们捆扎。
三个捆扎夫跟在收割者后面;
收割者身后紧跟着一群小孩,
把割下的作物抱给捆扎夫捆扎。
持杖的统治者站在禾堆上,
心里乐开了花。
橡树荫下的传令者正在安排食物,

他们围着宰好的祭牛工作忙碌。
妇女们要让收割者吃一顿美味的晚餐,乃以白粉洒膰肉。
盾上还辟有葡萄园,葡萄成串满藤株,
一切皆金铸,葡萄独色黟;
葡萄架以银竿为支柱。
园的周围有黑色沟渠用铅制的篱笆围住;
通入园内有一条小路,
采集葡萄时,可以随便进入。
少年男女带着儿童的喜悦心情,
摘了甜蜜的果实放进柳条筐。
美妙少年的琴声悠扬,
优美的声调伴着琴音歌唱;
人们环绕着琴师跃足起舞,
表演农家的舞蹈,且歌且狂。
盾上还有牛群,其角双举;
一些是金制,一些是铅充。
它们咆哮走出栅栏,奔向牧地,
奔向潺潺的河水边和潮湿河岸的细草丛里。
走在牛群旁的四个牧人都用金制,
九条快腿的牧狗跟在牧人身后。
有两只可怕的狮子向牛群袭击,
一头公牛被狮咬伤大声呼救;
猎狗和青年们赶快追上去,
互相拖扯,撕破一大块皮,

狮子于是饱享血肉的筵席。
牧人唬吓狮子不中用,唆使猎犬快行疾。
猎犬不听牧人话;畏缩不前不动牙,
向着狮子空作吠,随即退却一边瞅。
著名的格菲斯特在盾上还造了一片美丽的牧场,
它坐落在幽静的山谷里,可容大群白羊,
牧场上有羊圈、羊舍,也有温暖的牧人幕帐。
著名的格菲斯特还在盾上做了一个变相的环形舞场,
就像古代克诺索斯地方为卷发神阿利阿德尼所做的那样宽广。
少年以跳跃的舞步伴随着万众倾心的美妙女郎,
他们手拉着手,围成圆圈快乐地歌唱。
少年们穿着漂亮的古装,姑娘们穿着轻软的麻衣。
古装清洁得如油发光;
姑娘们戴着花冠,美妙异常。
少年们银带上佩挂着金剑,
他们舞蹈时有如风车旋转,
仿佛陶工所用的全套轮盘,
正在试验它是否转动自然。
有时舞蹈成行,一个跟着一个,
大群村民环绕着迷魂的舞蹈在一旁赞叹;
有两个人在他们中间导演,
一面与他们合拍唱,一面作惊人的旋转。
盾上还有一条波浪滔滔的大洋河,

环着壮丽的盾的边缘绕过。
格菲斯特精巧地制造了坚固的大盾，
还造了铠甲光耀甚烈火；
又做了头盔，与彼琉斯之子的头适合。
头盔装潢美丽，且冠以金巅；
又用软铅为他做了一个足环。
仙界的艺术家制造了这一切武器以后，
把它们放到阿奚里的母亲面前，
她像鹰一样从银白的仙宇跃下，
把格菲斯特制造的武器送向儿前。

俄译者　Н.И.格涅迪奇

奥　德　赛

第　五　曲

荷马时代的航海天文学。奥德赛来到斐亚基岛上

奥德赛扬帆露喜情，
乘着顺风航行；
坐在船后，把舵掌稳，
睁眼瞻望七曜星，
又看见耕夫星迟迟入海，
还看见大熊星——人称为常转的车轮，
它逼近猎户星永远自转，且永不沉沦。

女神对他提出警告：
应使航向的左方永远保持这颗星。
海中过了十七天，
到十八日始见水上朦胧胧一片山影，
斐亚基岛已咫尺在望；
它像雾海中覆着的一面巨盾。

第 十 一 曲

北风把奥德赛的航船吹到金麦里亚人的海岸。
金麦里亚地方的描述

我们靠着那暗淡的浪头伴送，
美丽的卷发女神送来一阵顺风，
它是航行者的良友，鼓满了帆篷。
我们理好绳索，安坐舟中；
孤舟随舵和风儿疾进。
海风终日鼓帆篷，
无何日落全程暗蒙蒙。
一会儿进入了大洋的深渊，
那里有金麦里亚人凄惨的市廛，
永远覆盖着浓雾和云烟，
阳光永远照不着那里的人民，
无论它离开地面向星空上升，
或从星空向大地下沉，

昏黑的永夜始终笼罩着众生。

第 十 二 曲

向奥德赛描述途中将遇到的危险:赛棱、漂荡的岩石、哈里布达和西拉峭壁

“你如今一切任务已胜利完成,我只有一言相进:
以后还有神灵将你提醒。
此去你将遇见赛棱们;
航海人接近她们十九都丧魂。
人若趋近,必听到她们迷人的声音,
于是永远回不了家门,
留得妻儿日夜盼归人。
赛棱们惯在明净的草地上打坐,
唱出甜蜜的歌儿诱人心魂;
草地上堆满白骨,
其旁有腐烂的皮肉杂陈。
你若用蜡丸塞紧从人的耳朵,
使他们欲听不得,方保你平安航行。
你若自己想听,
也要让人把你的手足在船桅上缚紧;
然后虽听淫曲亦可无动于心。
你若妄生解除束缚之念,
从人们必得更将你捆上加捆。

绕过致命的赛棱岛后有两条航路出现，
哪一条安全，我姑且不提意见；
你应该凭理智自行判断，
我只将两条航路上的情景描述一番。
首先你遇见海中壁立的悬崖，
碧眼的安菲特里达的浪头向它们汹涌澎湃；
上帝赐它们以‘流浪者’之名，
任何鸟类都不敢向它们飞来，
甚至替天父采食的鸽群也胆怯徘徊；
每当悬崖上空有一鸽坠下，
天父就得为它们再添一只。
航船若近石岩，
难逃覆没之患；
剩下残骸和断板，
任狂风巨浪翻卷。
只有一船曾游全海安全渡此险，
那是著名的亚各船，为西阿爱特所遣，
但是若无亚臧的好友格利护送，
也将被海浪抛上巉岩巅。
此后你要遇到两个峭壁；
一以尖峰插入九重天，
上绕乌云终年不消散。
那里天气四季皆阴暗；
寻常人等纵具十双手足也难攀，

因为似经磨过的岩壁光滑而陡险。
就在那岩石中间有一窟，
通向那西方的幽冥地府。
光荣独多的奥德赛，你要经过那洞穴把船督；
纵有弯弓强从海上射，
箭头也飞不入这洞谷。
可怕的西拉从来就住在那里，
不停地发出尖声有如小狗啼，
显示她是奇怪的妖魑，
甚至胆壮者也不敢前去瞻仰其容仪。
她的面前伸出十二只脚掌，
六条脖子在肩上蜿蜒很长，
每条脖子上长一颗头颅，颚内有三排牙，
牙齿密集而尖锐，闪着黑光。
可怕的西拉下半身在洞里隐藏，
上半身伸出洞外，六颗头颅四下张望。
她把脚掌伸在海涛冲刷着的岩石上，
捕捉海狗和海豚。
无数的安菲特里达冷浪下的大怪物已被她吞，
船经她处没有一个海员能逃厄运；
她六颗头上的六张嘴大如血盆，
一次攫食便有六人同时丧命。
光荣独多的奥德赛，你还将看见其旁的另一个峭壁，
它比前一个稍低，但只隔有一箭的距离。

壁上丛生无花果，枝叶密茂，
壁下哈里布达日吸黑水三吐三吞，
激起全海波浪翻腾。
当她吸水时，你须要远避，
否则海神也不能救你于万一。
最好靠近西拉崖把船划去，
宁可牺牲六人也比全船覆没好些。”
女神说到这里不再作声，
我回答她的是往下追问：
“女神啊，请你坦白相陈，使我得知究竟：
如果哈里布达的阻难得以逃遁，
而对贪婪的西拉的扑击是否能以武力相拼？”
我这样问过，女神又对我说道：
“啊！鲁莽汉，你又想立什么战功，又想作什么战，
竟敢与神祇比武，肆无忌惮！
要知道凶恶的西拉是不该死也永不会死的，
她凶猛、强暴而贪婪，你岂能操胜券？
仅凭勇敢无济于事，你只有逃走，
若在此交锋不去，必有大难临头。
她只消从岩窟中再伸出头来，
便不免再有六人性命不能留。
所以你只有快走，去向克拉帖亚祈求，
因为她是西拉之母，祸根是她所留，
唯她能约束女儿早罢休。

随后你要看见特林纳克里亚岛，
太阳神的牛羊在岛上美丽的草原上牧放。
它们五十头为一群，牛羊各有七群，
从来不多生育，也从来没有死亡，
由美丽的卷发女神法埃图萨和兰彼齐亚看养。
她们是刚强的巨人与海神相通后，
特为太阳神生下的两位牧女。
贤明的母亲把她们教养成人，
便送她们到炎热的特林纳克里亚岛，
让她们远离人群，去充当其父的牧女。
你去到那里若不伤害畜群，
纵遇大难也可回到伊大卡的故里；
如果你动手伤害了牲畜，
那我告诉你，你们全体没有好结局：
连船带人都将灭顶，
纵你一人逃出患难，
也将丧失一切而只身返回故里。”

俄译者　B. A. 茹可夫斯基

希罗多德

（公元前五世纪）

关于希罗多德传记的报道是非常贫乏的，世人只知道他出生于小亚细亚沿岸西南部的哈利加纳苏城。惟其生卒年月却不明确，一般推测他大约生于公元前484年，死于公元前426年。

西塞禄称希罗多德为历史学之父，依据同一理由，也可以称他为地理之父。希罗多德曾广事游览。他环行过小亚细亚的全部沿岸，走遍了希腊大多数的城市，访问过爱琴海的许多岛屿，熟悉大希腊（南意大利）、马其顿和色雷斯的各个地方，以及黑海的北部沿岸和西徐亚人的地方。希罗多德在埃及旅行的成果特别丰富：他对这个地方曾作过精确的描述。

希罗多德的《希波战争史》的俄译本译者，基辅大学教授米申科说："希罗多德的地理学知识和人种学知识，在他那个时代是非常广博的。这只要指出下列各点就可以证明：他对于埃及的认识直包括到今日的埃塞俄比亚；麦罗埃的名称是第一次通过他而为世所周知的；里海的真正位置和里海与其他河流的关系，也是由他首次揭示出来的；在他之前，没有一个人能这样遥远地深入北方俄罗斯的腹地，也没有一个人搜集过这么多的关于今日北非洲的许多民族的报道……这位历史学家从阿波罗尼亚城出发所作的黑海沿岸的旅行,对我们俄罗斯人来说具有特殊的价值和兴趣,虽然不能确定他深入西徐亚的大陆腹地有多么远……希罗多德关于这个地区的报道,几乎是关于公元前第五世纪俄罗斯南部的唯一历史文献。”

希罗多德的许多传说的材料和幻想的报道,其论据未必是很可靠的。据希罗多德的想象,地球是一个椭圆的平面,拱形的苍穹倚寄于其上。在夏季,太阳每天在其上运行时,正好通过苍穹的中央;而在冬季,它在寒冷的影响下,就离开这条轨道而偏南行走。

按照希罗多德的大陆和海洋的观点来看,他是接近于海洋论的拥护者。在希罗多德看来,古代世界人们所知的海洋,就像实际上那样连接起来的:麦奥齐达海(亚速海)与攸克辛本都海(黑海)相连;攸克辛本都海与普罗庞齐达海(马尔马拉海)相连;后者又与地中海相连;紧接着地中海,有大西洋在极西边流动,而赫克利斯之柱(直布罗陀)把它们分开;大西洋在利比亚(希罗多德这样称呼非洲)的南部借着南大洋与厄立特里亚海(红海)相连。希罗多德所说的厄立特里亚海,当然是指印度洋和它的一切支海及海湾而言。

希罗多德认为欧洲、亚洲和利比亚是一块大陆乃是正确的。依他看来,应当把大陆分为两个广大而不均等的部分,其北部包括欧洲和直到法息斯河(里昂尼河)和里海为止的北亚洲,而南部则包括亚洲的其余部分和利比亚。

希罗多德在他的《希波战争史》第四卷里,对居住于苏联南部的各族人民的生活方式和习惯所作的描述是非常有趣的。他想象西徐亚为一个四边形,而伊斯特尔河(多瑙河),据希罗多德的意见,从北方向南流入本都海(黑海)构成西徐亚的西边;其东边与西边一样,由麦奥齐达湖(亚速海)和坦纳伊斯河(顿河,据希罗多德的意见,它是由北向南流的)构成;其南边伸延着本都海;北边则与南边一样,从伊斯特尔河的南部河曲起直到坦纳伊斯河为止,由与西徐亚接壤的各族人的土地构成。这个四边形每边的长度为四千斯塔季亚①,这就是说,整个面积约等于三十万平方公里。

希罗多德对西徐亚所作的地理学和人种志学的描述是由西而东的:他由多瑙河和它的支流开始,列述了那里的河流和居住于两岸的各族。对东部和东北部地方描述更为详尽,这主要说明希腊人更为熟悉这个地区。

现今要指认希罗多德曾经说到的一切地区似乎是不可能的,但是他有许多关于南俄罗斯草原的一般自然地理的描述和各河流的记载,却以异常正确见称,而且易于一一识别它们。

据希罗多德的意见,西徐亚的全境几乎是没有森林的;那里完全没有树木(无论是野生树木或栽培的树木),地方平坦,拥有肥沃的土壤和茂盛的牧场。这些地方的气候比希腊寒冷,因为冬季的严寒持续几达八个月之久,黑海、亚速海和整个金麦里亚峡(刻赤海峡)都会结冰,居住在那里的西徐亚人在冰上行军,并可乘车向对岸迁徙(即由刻赤半岛向塔曼半岛迁徙)。

希罗多德对多瑙河(伊斯特尔河)、德涅斯特河(齐拉斯河)、南布格河(吉潘尼斯河)、德涅伯河(博里斯芬河)、顿河(坦纳伊斯河)和其他各河流,以及亚速海(麦奥齐达海)和刻赤海峡(金麦里

① 希腊的长度单位,合184米。

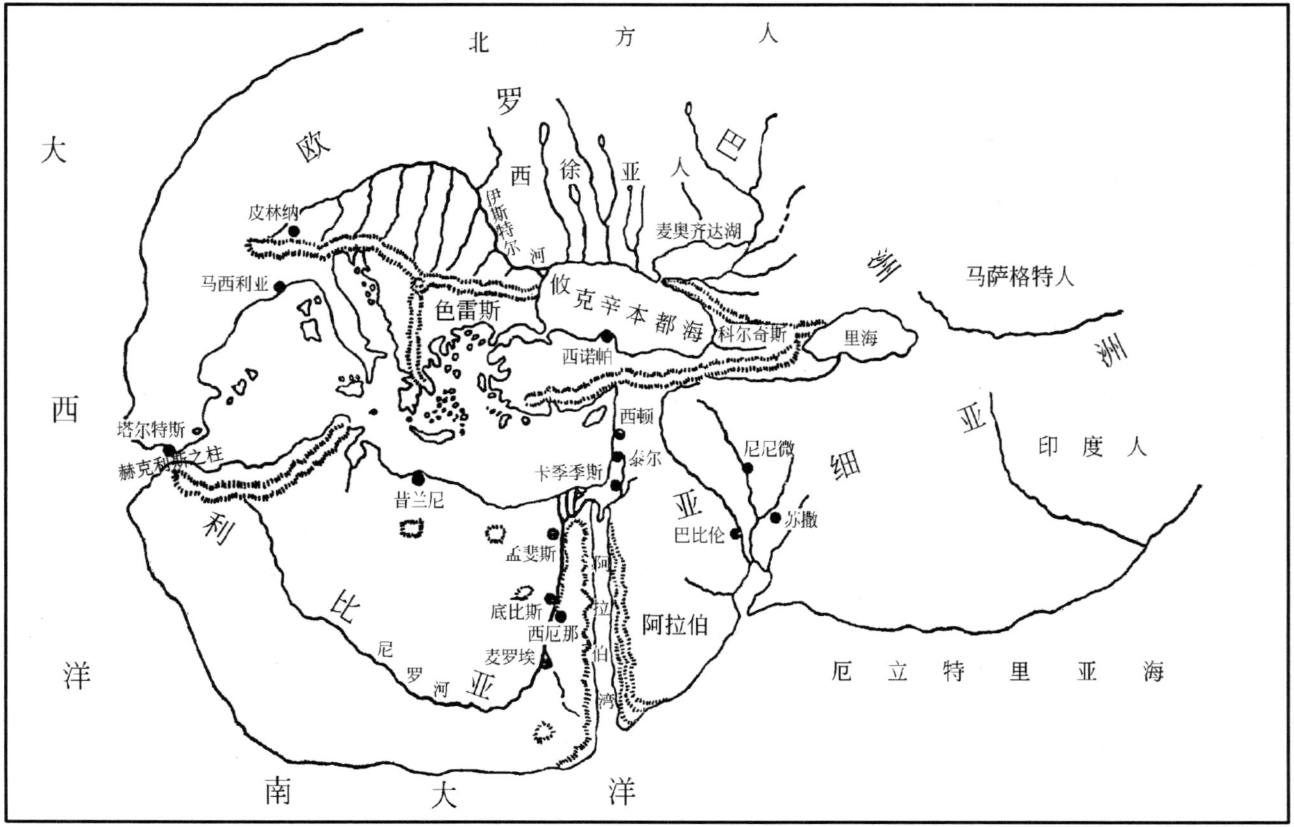
北方人
欧罗巴
西徐亚人
伊斯特尔河
麦奥齐达湖
皮林纳
马西利亚
色雷斯
攸克辛本都海
西诺帕
科尔奇斯
里海
马萨格特人
亚细亚洲
印度人
塔尔特斯
赫克利斯之柱
昔兰尼
西顿
泰尔
卡季季斯
尼尼微
苏撒
巴比伦
孟斐斯
底比斯
西厄那
麦罗埃
阿拉伯湾
阿拉伯
利比亚
尼罗河
厄立特里亚海
大西洋
南大洋

希罗多德的世界略图

嗜食人肉者
涅弗里达人
阿加菲尔斯人
黑外套人
伊伊尔克人
齐萨格特人
阿尔金彼伊人
伊谢顿人
西吕河
格尔人
博里斯芬河
庄稼人
游牧的西徐亚人
王国的西徐亚人
西尔吉斯河
潘齐坎彼河
吉潘尼斯河
帕哈里人
阿拉臧人
卡利皮德人
奥耳维亚
齐拉斯河
波拉塔河
阿拉尔河
纳帕里斯河
奥尔提斯河
伊斯特尔河
齐拉斯
吉列亚
克林内
麦奥齐达湖
塔弗里卡人
克尔金尼齐德
坦纳伊斯河
萨尔马提亚人
奥阿尔河
里海
息法斯河
色雷斯
攸克辛本都海
20
30
40
50
希罗多德的西徐亚概念

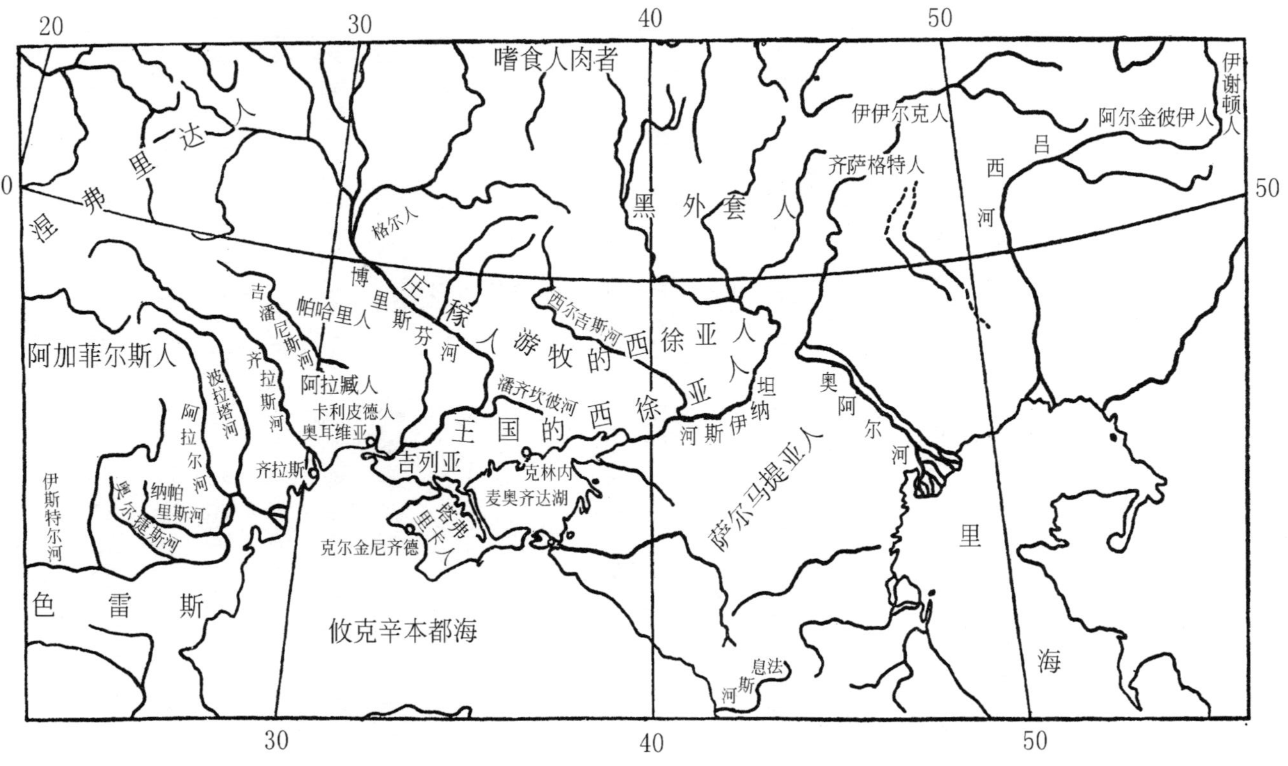

亚峡)所作的描述,基本上是正确的。

希罗多德把西徐亚人的王国划分为三个部分:农业的西徐亚人、游牧的西徐亚人和王国的西徐亚人。农业的西徐亚人沿着德涅斯特河、南布格河和德涅伯河居住;游牧的西徐亚人居住于萨马拉河和顿涅茨河下游之间;王国的西徐亚人居住在下顿涅茨河(可能是顿河)地区和亚速海西岸直到克里米亚半岛;另一部分为数较少的王国西徐亚人,则占据了相当于现今契卡洛夫省的土地。

西徐亚人的职业、宗教、殡葬和其他仪式,以及他们的邻近各族,都曾经被希罗多德描述得十分详尽,因为现今南俄罗斯墓冢(在刻赤附近的库尔—奥巴、契尔托姆雷茨基、索洛哈、尼科波尔等地)的发掘,已证明这些描述大体上是正确的。

希罗多德的著作里也有不正确的报道,例如他认为几乎所有西徐亚的河流都发源于湖泊。同时他也提到某些巨大的河流(奥阿尔河、吕西河等)是注入麦奥齐达湖的。这里我们可以看出他的关于伏尔加河(奥阿尔河)和乌拉尔河(吕西河)这两条大河的原始概念是模糊的,因为它们都不是流入麦奥齐达湖,而是流入里海的。希罗多德对里海非常熟悉,他知道里海是一个闭塞的海域。而生于希罗多德之后的地理学家们(埃拉托色尼、斯特累波、庞蓬尼·麦拉等),都以为里海是北方海洋的一个海湾,希罗多德的见解到公元二世纪才被革老丢·托勒密重新采用。

沿着里海西岸有高加索伸延着,它在一切山脉中是最高的和最开阔的,有很多不同的部落居住在那里。由东方而来的荒凉平原毗连着里海,平原上流着巨大的阿拉克斯河。人们很容易知道中亚细亚的两条大河是阿姆河和锡尔河,它们流入咸海,而希罗多德的概念以为它们汇合为一个整体,并在他所说的阿拉克斯河之内。据希罗多德的说法,阿拉克斯河只有一条支流注入里海,而实际上被沙和一连串小盐湖覆盖着的乌兹波伊河的狭窄河谷,看来是一条古代的河床。就在现今,它还由阿姆河的下游向着里海的土库曼湾伸延,所以人们推测这条河谷是阿姆河的一条支流,曾经一度注入里海。

据希罗多德说,“多岩的与不平坦的土地”绵亘在奥阿尔河流域的那边,而在这些土地的那边是难攀的高山耸立着。我们在这里又得到一个明确的地理概念:不平坦的和多岩的土地,就是指乌拉尔山的山麓地形——奥布希塞尔特丘陵,而高山就是乌拉尔山的本身。他所说的独眼的阿里马斯普人住在这些地区,那里有格里弗人所看守的许多黄金,看来就是对乌拉尔山的矿产资源和那些当时的采金者必须克服的不可思议的困难和危险,所作的故事性的反映。希罗多德援引传闻说:在更远的地方,即在“北风的外边”(北风带以外,即在极北地方)还居住有幸福的北方人。希罗多德的地理概念反映着当时的科学发展水平,其梗概就是如此。

历　　史

第一卷　历史的女神

巴比伦城(178—186 段)。谢米拉米达(184 段)和尼托克里达(185 段)。亚述的气候、灌溉和栽培植物(193 段)。航业(194 段)。阿拉克斯

河、里海和高加索(202—204 段)

178. 在亚述有许多大城,而巴比伦于尼尼微[1]被破坏之后,是最著名的和最坚固的城,又是国王的驻节地。这个城是这样的:它坐落在广阔的平原里,呈正方形,每边有一百二十斯塔季亚,城的周围共为四百八十斯塔季亚,这是城的大小。至于它的构造,在我们所知道的城中没有一个像它那样美丽的。巴比伦城首先为深邃的、广阔的和充满着水的壕沟围绕着,壕沟后面就是城墙,宽达五十个国王的肘节,高达二百个国王的肘节。国王的肘节比普通人的肘节长三个手指。

179. 同时,我还要讲一讲从壕沟挖出来的泥土作什么用,和用什么方法来构筑城墙。工人们在挖壕沟的同时,就用挖出来的泥土制造砖:他们准备足够数量的砖坯之后,就放在炉火里烧制。他们用热的类似沥青的东西充作凝结物。在墙里,每隔三十层砖就铺上一层芦苇编的席子。他们首先巩固了壕沟的边缘,然后以同样的方法建筑城墙本身。城墙顶上,沿着墙的两边建筑了许多一层楼的塔彼此对立着,楼塔之间修筑了四匹马的马车的通路。城墙的四围共有一百个城门,都是完全用铜制成的,并配有铜骨架和铜楣。离巴比伦八天路程的距离有另一个城名叫伊斯[2]。那里有一条不大的河,也叫伊斯,流入幼发拉底河。伊斯河同河水一道流出大量的类似沥青物,这类东西就是不断运到巴比伦供筑城之

① 古代亚述的名城之一。

② 今之希特,位于幼发拉底河流入冲积平原之处。

用的。

180. 巴比伦就是借着这样的方法用墙围绕起来的。它由两部分构成,因为很深的和急湍的幼发拉底河流经城的中部。河从亚美尼亚流出而注入厄立特里亚海。城墙从两面筑到幼发拉底河。从河岸起,城墙弯折并沿着两岸伸延,形成用火砖筑成的堰堤。城内充满着三层的四层的房屋;街上直道纵横,无论是顺着河的街或是通向河的横街,都是笔直的。通向沿河的堰堤方面的每条横街都装有街门;有多少街道,就有多少街门。这些街门也是铜制的,直接逼临河上。

181. 这道墙像甲胄一般环抱着城。在第一道墙之内,有另一道墙四围环绕着,其坚固程度比外墙差不太多,只是稍薄一些。城内一部分是国王的宫廷所在,位于宏伟而坚固的宫墙内。配有铜门的宙斯俾拉斯[①]庙则位于城的另一部分。这是一个正方形的建筑物,其每边为二斯塔季亚,直到现代还保存着。神庙中央屹立着一座四壁各宽一斯塔季亚的坚固的塔,其后坡上又建有第二座塔。第三座塔建立在第二座之后,如此排列以至第八座为止。上塔的坡路是绕经塔外修筑的,它像指环一般环绕着所有的塔。你走到坡路的中部,发现一个休息的地方设有长凳,上塔的人就在这里坐下休息……

184. 在巴比伦称过王的很多,在我的《亚述史》(此书未曾写出——俄译者)里所提到的诸王中,我要提到曾经建造并装饰过神庙和墙的国王,而其中就有两位是女王。她们之中有一位比另

① 俾拉斯是亚述诸神中之最大者。

一位称王较早而生在她五代之前，名叫谢米拉米达。她在平原上曾建筑值得称羡的堰堤；在筑堤之前，河水经常泛滥整个平原。

185. 在谢米拉米达之后执政的另一位女王名叫尼托克里达，她不像第一位女王那样缺乏理智，而为自己留下了执政时代的纪念品，这就是我所要记述的。她一面注意到米底人的妄动性格和好大喜功（尼尼微城就是被他们征服的城市之一），一面又采取了一切可能的防御措施。她首先在城外高地开凿运河，借此使流经城中的幼发拉底河的水流成为弯曲的，以致这条河现时三次流经亚述人的一个乡村。幼发拉底河这样流过的乡村名为阿尔捷里卡。所以，如果有人现时由我们的海沿着幼发拉底河出发到巴比伦去，那么他在三天的航程中会三次驶到同一个乡村。此外，女王沿着河的两岸建筑了堤防，其高大是值得注意的。她命人在离城地势较高之处，接近河道挖掘一个湖盆，深至水平面，并具有四百二十斯塔季亚的湖岸。她命令用挖运河掏出的泥土建筑堤防。依照她的命令，开凿湖盆之后，就把石头运到这里来沿着湖边建造围墙。女王还做了另一项工作：使河道曲折和盆地成湖，这是为了要使河流受到许多斜坡的阻碍而缓缓流动，使通巴比伦的水道变为曲折，并使航行者须沿湖周围作长途的绕行。女王在自己领土上凡是有通往米底的最短的道路的地方，就在那里设置障碍物，以便使米底人不与她的人民往来，不能刺探她的事情。

186. 女王利用这种深沟高垒的办法来保护自己以防御敌人，后来，她做了其他补充的工作。由于城由两部分构成并且有河道经流其间，所以当从前的国王们每欲从城的一边走到另一边，就必须乘船过渡，我看是很麻烦的。女王也考虑到这一点，她凿通了湖盆之后，还为自己另外留下了以下的纪念品：她命人掘出巨大的长石；当石块已经准备好了，盆地也凿通了，她把全部河水引到了凿通的盆地里。盆地被水充满以后，从前的河床便完全干枯了。她命令首先依照过去筑墙的方法，用火砖铺砌城里的河岸和从街门通至河下的坡路。然后，她命令用掘出的石块在接近城中心的地方架设一座桥梁，并用铁和铅充作混合土，把石块凝结起来。依照她的命令，在天明的时候放置许多四方形的木头于桥墩上，巴比伦人就从那些木头上走过去；在晚上拿下了木头，使巴比伦人不能过河，不能互相盗窃。当开凿的盆地为河水充满了成为一个湖，而桥梁的建筑也已经完成了的时候，女王又把湖里储存的幼发拉底河河水引到原来的河道里。这样一来，现在变成了沼泽的盆地似乎是为了防备外来的危险而开辟的，而市民们又有了一座桥梁。

193. 亚述人的土地很少受到雨水的灌溉，雨水仅足供谷类作物的根茎的滋养，庄稼的成长和谷类的成熟均有赖于河水的灌溉，可是这条河不像在埃及那样泛滥着田野，而在这里要用手和桔槔来灌溉。巴比伦全境也像埃及一样，开凿了许多运河，其中最大的可以通航，它从幼发拉底河引水往南直达另一条河流，即尼尼微城所在的底格里斯河。这个地方在我们所知道的所有地方之中，在谷物方面是最丰盛的，但是在其他一切方面却是极端缺乏的，譬如在果木方面，无花果、葡萄、橄榄就非常缺乏。相反地，得密忒[①]的果实在这里竟如此丰饶，以致土地的出产常达原播种的二百倍，遇到最好的收成时，能出产三百倍。那里小麦和大麦的叶子常有四

① 希腊的沃壤与农业之女神。

只手指的宽度；我虽然也知道粟和芝麻在这里生长硕大如树，但还是不说的好，因为我相信，即使上面讲过的谷物，对于没有到过巴比伦的人也会觉得有许多不可置信的地方。他们完全不用橄榄油，而用芝麻油。棕树在他们那里生长遍于原野，且大多数结实，人们用它制造粮食、酒和蜜糖。他们栽种棕树也用栽种无花果树同一的方法，而主要是把希腊人所称的阳性的棕树果实系在结果的棕树之上。这种做法可使黄蜂进入果实里面，促进它成熟，又使果实不脱落，因为黄蜂生在阳性的棕树果实里和生在野生的无花果里一样。

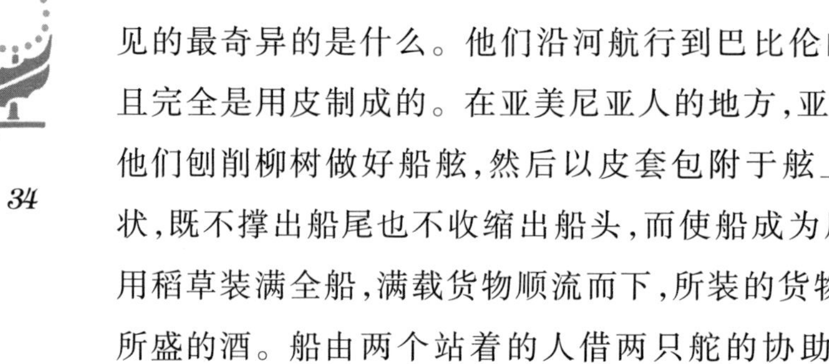

194. 现在我来说一说在这个国度里继上述城市之后，我所看见的最奇异的是什么。他们沿河航行到巴比伦的船是圆形的，并且完全是用皮制成的。在亚美尼亚人的地方，亚述人住在上游处，他们刨削柳树做好船舷，然后以皮套包附于舷上，构成船底的形状，既不撑出船尾也不收缩出船头，而使船成为盾的圆形，后来便用稻草装满全船，满载货物顺流而下，所装的货物主要是棕树木桶所盛的酒。船由两个站着的人借两只舵的协助向指定的方向驶去。他们一个人把舵向着自己拉，另一个人把舵从自己身边向外推。这些船有很大的也有很小的，其中最大的能载五千塔兰特的货物。每只船里乘一头驴，而在容量较大的船里就多乘几头。他们乘船到了巴比伦并卖完了货物之后，也出售了船的骨架和稻草，把皮套放在驴背上驮着，回到亚美尼亚。船舶逆流而上，由于水流湍急，完全不能行驶，所以不用木制而用皮制。亚述人带着驴回到亚美尼亚后，仍用同一方法制造新船。他们那里的船就是这样制造的。

202. 一些人说，阿拉克斯河大于伊斯特尔河，而另一些人说，它小于伊斯特尔河。据说，许多岛屿位于阿拉克斯河中，其大小约与列斯堡相等。岛上的居民在夏季采掘各种根茎为食物，在冬季则用某些树木的果实为食物。他们经常寻觅果实，并选择成熟的果实储存起来，以备冬天之用。相传他们还发现另一些树，把这些树的果实采下来堆在一处，然后烧起燎火，环火而坐，将果实投入火里，被烧热的果实发出气味，他们闻到它们的气味而陶醉，就像希腊人饮酒而醉一样。投掷的果实愈多，陶醉的程度就愈强烈，最后，他们起来跳舞并开始歌唱，这就是人们传说的他们的生活方式。阿拉克斯河从马齐因人的地方[1]流出，庚达河也发源于此。居鲁士曾把庚达河分为三百六十条运河，由四十个河口宣泄出去，除了一处之外，所有的河口都消逝于沼泽和泥泞之中。相传住在这里的人以生鱼为食，并穿海豹皮。阿拉克斯河的支流之一流经开阔的地区，并注入里海。这是一个单独的海，不与别的海相汇合。至于希腊人曾在那里作过各种方向的航行的海与赫克利斯之柱那边的海，以及厄立特里亚海，其实组成了一个海。

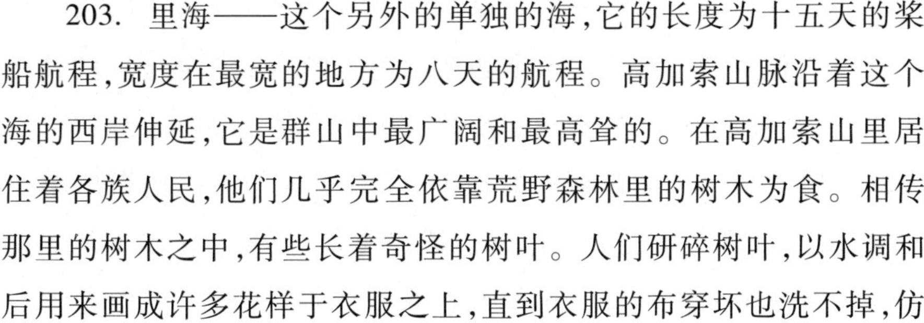

203. 里海——这个另外的单独的海，它的长度为十五天的桨船航程，宽度在最宽的地方为八天的航程。高加索山脉沿着这个海的西岸伸延，它是群山中最广阔和最高耸的。在高加索山里居住着各族人民，他们几乎完全依靠荒野森林里的树木为食。相传那里的树木之中，有些长着奇怪的树叶。人们研碎树叶，以水调和后用来画成许多花样于衣服之上，直到衣服的布穿坏也洗不掉，仿

[1] 今之库尔德斯坦，在亚洲土耳其的东南部。

佛是最初时织入布匹的一样……

204. 这样一来，里海的西方以高加索为界，而东方与一望无涯的平原相毗连……

第二卷　音乐的女神

埃及（5—9 段）。埃及的地表原为海洋及其继续上升（10—18 段）。尼罗河的定期泛滥及其成因（19—27 段）。尼罗河的发源地（28—35 段）。迷宫和米里斯湖（148—150 段）。地中海至红海运河的凿通（158 段）

5. ……埃及的自然特点是这样的：当你刚刚乘船来到埃及，在离陆地还有一天航程的地方投下测铅，你就会掏出淤泥而且察觉到海深只有十一沙绳尺，这就表明那里河川的泥土冲积是如何厉害。

6. 其次，埃及沿海岸的长度为六十斯恒纳，这和我们判断由埃及的普林芬涅特海湾起至卡西亚山附近的谢尔邦尼德湖的长度相一致，这就是说，从这个湖起恰是六十斯恒纳。所有土地稀少的人民都用沙绳尺来丈量他们的地方；稍有土地的人民用斯塔季亚丈量，拥有许多土地的人民用帕拉桑格丈量，而非常富有土地的人民则用斯恒纳来丈量。一帕拉桑格合三十斯塔季亚，而作为埃及长度单位的一斯恒纳则合六十斯塔季亚。因此埃及的海滨地带长达三千六百斯塔季亚。

7. 由此沿陆路直到格利奥波尔，这一段埃及是广阔而平坦的，有丰富的水和淤泥。由海路溯流而上行至格利奥波尔，其长度与由雅典的十二神祭坛到比萨的奥林比亚的宙斯庙一样。如果有人比较这两条道路，那么他会发现它们之间的长度只有极小的差别，不超过十五斯塔季亚，这就是说：由雅典到比萨只差十五斯塔季亚即达一千五百斯塔季亚，而由海至格利奥波尔的道路，则足足有一千五百斯塔季亚。

8. 从格利奥波尔再向上走，埃及是狭窄的。阿拉伯山脉沿着埃及的一方面由北向南伸延，没有中断地一直伸延到所谓厄立特里亚海。在这个山脉里有采石场，采得的石块为孟斐斯的金字塔之用。山脉在这里转向上述的边界。就我所知，由东向西横越山脉最广阔的部分，要走两个月的路程。山脉的东部边缘生长着乳香，这就是其中的一条山脉。埃及的另一条山脉由利比亚方面绵延而来，也是多岩的，有金字塔建筑在山上。山被沙覆盖着，和向南伸延的阿拉伯山脉的一部分保持相同的走向。从格利奥波尔向上走，埃及占据的土地已经不多了，因为在沿江航行的十四天的距离中，它都是狭窄的。位于上述两条山脉之间的地方是一片平坦的平原，但是依我看来，埃及在阿拉伯山脉和所谓利比亚山脉之间的地方是最狭窄的，不超过二百斯塔季亚。再往前去，埃及又是广阔的。这个国家的特点就是这样。

9. 从格利奥波尔向上行至底比斯，是九天的航程，其距离为四千八百六十斯塔季亚，或八十一斯恒纳。如果总计全部的斯塔季亚，那么便得出我前面（第二卷，第六段）所说的埃及沿海的长度为三千六百斯塔季亚；由海往内地去直到底比斯，其距离是多

少，我说，就是六千一百二十斯塔季亚；由底比斯到世称的埃列范亭纳城为一千八百斯塔季亚。

10. 我所讲述的这个国家的大部分地区，我认为是为埃及人添上的，正像祭司们所说的那样。还有一事对于我是显而易见的：上述俯瞰着孟斐斯城的山脉之间的中间地带，昔日曾是海湾，其情形与特洛伊、捷夫特兰尼亚和以弗所的近郊，以及米安得的平原相似。这是以小比大，情有可原。实际上，没有一条河以其挟带的淤泥形成这些地区，能在体积上可与尼罗河的任何一个河口相比拟，而尼罗河有五个河口。但是也有其他的河流在体积上虽不能与尼罗河相比拟，毕竟也造成了许多的影响。我从这些河流中举出主要的阿赫朗河，它流经阿卡内尼亚而入海，它已经使埃欣纳德群岛的一半变为大陆的一部分。

11. 在阿拉伯有一个离埃及不远的海湾，从厄立特里亚海深入大陆，正如我所指出，它是很长而又很狭窄的。海湾的长度由湾底至大海为桨船的四十天航程；而海湾的宽度在最宽处为半天的航程。那里每天有涨潮和落潮。我以为埃及昔日曾是一个同样的海湾，它从北方的海向着埃塞俄比亚伸延，正如阿拉伯海海从南方的海向着叙利亚伸延一样；它们彼此的港湾几乎是可通的，如果没有一条狭窄的地带把它们分开来的话。假若尼罗河倾注其水流入阿拉伯湾，那么这个海湾经过两万年就要被这条河的淤泥填满，这没有什么不可能的，但依我推测，只要一万年之内它就会被淤泥填满。为什么在我出生以前已经消逝的时间里，这样巨大的和汹涌的河流的淤泥不能把一个的确比阿拉伯湾大得多的海湾填满呢？

12. 我相信这些关于埃及的故事，并且我本人也有完全相同的想法，这是因为我看到埃及突出于海比邻近的地方为远，其山上又有贝壳；从地里泛起的盐质覆盖着土壤，甚至浸渍到金字塔上；而埃及所有的山，只有俯瞰着孟斐斯城的一座被沙覆盖着；此外，埃及的土壤既不像邻近的阿拉伯和利比亚，也不像叙利亚（叙利亚人占领着阿拉伯的沿海地带），而是松软的黑土，因为它是由河流从埃塞俄比亚带来的淤泥和冲积土构成的。相反地，如我们所知，利比亚的土壤是红壤和沙质土，而阿拉伯和叙利亚的土壤是黏土和石质土。

13．祭司们曾就地形上的这一成因给我指出了重要的证据：当米里斯王朝时代，河水上涨达八个肘节就淹没了孟斐斯城以下的埃及。但是，米里斯死去还不到九百年。现时如果河水没有上涨到十六个肘节，或者最低限度涨到十五个肘节，是不会泛滥土地的。所以我得出这样的结论：假如埃及的地面以像从前一样的速度或者更快地升起，又假如尼罗河不再泛滥地方，那么，在米里斯湖下游的那部分埃及居民，特别是三角洲的居民，将来会永远遭受到他们曾预言希腊人的事情。这就是：他们听到希腊人的全境不像他们的土地是靠河流来灌溉的，而仅仅靠雨水来灌溉。他们指出：希腊人的希望将会破灭，他们要遭受严重的饥荒。这意思就是说：如果神不乐意赐雨给希腊人，而打算长久地保持干旱，那么希腊人将死于饥馑，因为除了宙斯神以外，他们那里没有别的神可以赐予水源。

14．埃及人关于希腊人的这点意见是正确的，但是我现在要讲述埃及人本身的情形怎样。如我以上所说（第二卷，第十三段），假如孟斐斯下游的一部分埃及，即增长着的那部分，将来仍

像从前一样地升起，只要他们的土地将来不为雨水灌溉，并且河水将来不能够淹没田野，住在那里的埃及人大概要遭受饥荒。现在他们搜集地上的果实，的确比其他民族和其余的埃及人较少困难。他们不致力于用犁以分畦、用锄以疏土，也不从事于其他民族所必需的田间劳作。河的本身泛滥着并灌溉着田野，河水于灌溉之后便退落到河岸，那时每人播种自己的田野，并放猪到田里踏践种子入土，此后便等待收割时期，用猪踏下谷粒，这样就收获五谷。

15. 假如我们愿意采用爱奥尼亚人关于埃及的意见——据他们说，只有三角洲是埃及。这就是指从百尔修的所谓守卫塔沿着海岸，以至彼鲁西的腌渔场。在这四十斯恒纳的宽度上，埃及的这一部分从海向内地伸延到克尔卡索尔城。尼罗河就在那里分流：一条支流流向彼鲁西，而另一条支流流向坎诺布。据他们说，其余的埃及一部分属于利比亚，一部分属于阿拉伯。假如我们遵从这种见解，就可能证明埃及人以前完全没有土地，因为他们的三角洲，正如埃及人自己所宣称和我所推测的是冲积的泥土，也可以说是新诞生的。但是，假如埃及人以前没有土地，那么，他们相信他们是最古的民族，该是如何的愚蠢！在这种情形下，他们不需要考验儿童，他们最初讲什么语言。在我这一方面，我不认为埃及人是与爱奥尼亚人所称三角洲的地方同时诞生的；相反地，他们自人类起源的太古时代就已经存在了。随着土地突起在他们的面前，许多埃及人仍留在以前的住地，而许多其他的埃及人则迁往下游。原来，在古代只有底比斯才称为埃及，而这个地区的周围共有六千一百二十斯塔季亚。

16. 如果我们关于埃及的意见是正确的，那么爱奥尼亚人就

弄错了。如果爱奥尼亚人的意见是正确的，那么我就要指出，无论希腊人或者爱奥尼亚人，如果他们肯定要把整个世界划分为三部分：欧洲、亚洲和利比亚，他们自己都不能够自圆其说。如果埃及的三角洲既不属于亚洲也不属于阿拉伯，那么他们就应该把它列为世界的第四部分。实际上，按照爱奥尼亚人关于三角洲的见解，尼罗河绝不是把亚洲同利比亚分开的，却是从三角洲的上端分流，因而三角洲本身应当是位于亚洲和利比亚的中间。

17. 但是我们要把爱奥尼亚人的见解放置在一边，而自己对这个题目作这样的考虑：埃及就是那个完全为埃及人居住的国家，就像西里西亚为西里西亚人居住的国家，而亚述为亚述人居住的国家一样。同时我们知道亚洲和利比亚之间，除了埃及之外，事实上无其他任何边界。如果我们接受希腊人的见解，那么就应该承认全部埃及从瀑布和埃列范亭纳城起，便分为两部分，并且按照与它们有关的部分给予两个名称，因为它一半成为利比亚的一部分，另一半成为亚洲的一部分。尼罗河从瀑布起流经埃及的中部而入海，把埃及分为两半。尼罗河在克尔卡索尔城以上，是个单一的河，但从这个城起，就分开并向三个方向流动：向东方的称为彼鲁西的支流；向西方的称为坎诺布的支流，而尼罗河本身的直流水道是这样流动的：它从上而下达到三角洲的顶点，把三角洲分为两半，流经其中而入海。这条支流输入于海的水量不少，也颇闻名；它被称为谢宾尼特。还有两条支流与谢宾尼特分开而入海，它们的名称如下：其一称为舍易斯支流，另一条称为门捷集支流。至于博尔比特和布科利克的支流不是天然的，而是人为的。

18. 我所说的埃及占有这样大的幅员一事，也为亚梦神托言

人的格言所证实;我知道这段托言已经在我对于埃及获得了解之后。在埃及与利比亚接壤的那一部分,其中马列雅城和阿皮斯城的居民承认自己是利比亚人,而不是埃及人;他们不满意埃及人的敬神方式,即不愿意老守以牛肉为祭品的戒条。他们遣人向亚梦神说道,他们与埃及人之间毫无共同之处,他们居住在三角洲区域之外,完全与埃及人不同,希望他们被许可吃用各种食物。但是神不许可他们所请求的事,并说道,埃及是尼罗河以自己的水所灌溉的全部土地,而埃及人是居住在埃列范亭纳城下游并饮着尼罗河水的全部人民。神托言人的答复就是如此。当尼罗河水涨时,它不仅泛滥三角洲,而且也泛滥那些属于利比亚和阿拉伯地区的某些部分。这些被泛滥的部分沿着尼罗河的两边,扩展到两天路程的范围,有时比这个范围大一些,有时小一些。

19. 我既不能从祭司亦不能从任何人获得尼罗河自然特性的报道。我希望从他们获悉为什么尼罗河的水自夏至开始增涨,继续一百天,过了这个时期,由于河水减退而退回河岸,因此在整个冬季期间,尼罗河的水位不断降低,直到夏至河水重来为止。我不能从任何埃及人方面获悉什么东西,虽然我也询问过为什么尼罗河在自然性质方面与别的河流迥然不同。我曾借助于详细的探询而极愿获悉产生这种现象的原因,并曾询问过为什么一切河流中只有尼罗河完全不起风。

20. 但是有些希望以智慧而驰名的希腊人提供了有关尼罗河的三种解释。我认为其中的两种解释除非简要地提出之外,是不值得记述的。其中的一种解释是说河里水的增涨似由贸易风所致,因为贸易风阻碍了尼罗河流注入海;但是有许多时候毫无贸易风，而同样的情况仍然在尼罗河发生。此外，假如贸易风的确是产生这种现象的原因，那么其他一切逆着贸易风流动的河流就要发生与尼罗河相同的情况，并且比尼罗河的水流愈小和愈微弱的河流，它们所受的影响将愈大。但是在叙利亚和利比亚有许多河流，却毫无与尼罗河类似的情况。

21. 第二种解释比第一种更为荒谬，甚至更不可思议。它说尼罗河河水的这种升降，仿佛是因为它的水流来自海洋，而海洋则环绕着整个地球流动。

22. 第三种解释似乎是可靠的，但事实上是最不正确的。它说尼罗河由融解的雪里流出，这种解释根本什么问题都没有说明。事实上尼罗河从利比亚流出，经过埃塞俄比亚的中部而流到埃及。尼罗河既从最热的地方流到一个大半比前者为寒冷的地方，怎么能从雪中流出呢？对于能够分析此类现象的人来说，反对尼罗河从雪里流出的信念的第一个最重要的证据，就是从那个地方吹来的风是热的。第二，那个地方从来没有下过雨也未结过冰；如果那里下过雪，那么雪后五天也必下雨；因此，假如在这些地方下过雪，那么也当下过雨。第三，那里居民的黑色皮肤是由于炎热而致；鹰和燕子都终年居住在那里；鹤群为了逃避西徐亚的严寒而在冬季飞到这些地方。如果在尼罗河通过的和发源的那些地方或有少数雪的话，那么，无疑上述一切情形都是不可能有的。

23. 涉及海洋之说者，是拿含糊不清的臆说来作解释的，所以对他们的见解宁可不予以辩驳。我不晓得有任何海洋的河流，我以为这是荷马或以前的某某诗人想出这个名字而把它记入诗里的。

24. 如果否定上述各种见解，自己就必须发表关于这个模糊问题的意见，所以对于尼罗河为什么在夏季泛滥的问题，我应当讲一讲自己的推测。在冬季里，太阳被狂风挤出了自己的经常轨道而走过利比亚的上空，由这一点可用简单的语句说明整个情况：只要这个神——太阳——的所在非常接近于某一个地方，而且直接照射在它的上空，那么这个地方自然要受到酷热，而那里的江河也就干涸。

25. 讲得更详细一点，情况是这样的：太阳从利比亚的上空经过时，就发生下述的影响：由于这个地方的空气是常常清朗的，土地是灼热的，又没有风，所以在它运行的时间，它像在夏季正位于天空的中央的时候那样发生作用。就是说：它把水分向自己吸引，但于吸引之后再把水分推到地的上层；风抓住了水分而散布它，并且再使它变为液体，所以从这些地方吹来南方的和西南方的风，比其他所有的风是雨量较多的。但是我以为太阳并不全部放弃从尼罗河每年吸收的水，而保持一部分的水在自己的身旁。当冬天的寒冷暖和下来的时候，太阳仍然回到天空的中央，并且开始向一切河流同样地吸收水分。在这个季节以前，各河流拥有大量的水分，因为当雨水灌溉着土地并发生急流的时候，有充裕的雨水掺到河里。相反地，在夏季里，当河流得不到雨水的补充而太阳又吸引水分的时候，河水就减少了。但是完全不获得雨水的尼罗河，仍被太阳吸引着水分；这是各河中唯一的、冬季水分远较夏季缺乏的河流，因为尼罗河在夏季与别的河流同样地被太阳吸引水分，而在冬季则只向它单独吸引水分。所以我认为太阳是产生这种现象的根源。

26. 据我的见解，这里空气的干燥也是由于太阳的缘故，因为它所过之处烧热一切，所以在利比亚的上部经常是夏天。假如一年的季节次序变得相反，使现时刮北风和冬季寒冷的地方成为刮南风和处于南方的地位，而现时刮南风的地方变为刮北风的地方；假如发生这样的转变，太阳便可能被冬季的寒冷和北风，从天空的中央挤向欧洲的上部，像现在它在利比亚一样。我又推测，太阳经过横越全部欧洲的轨道时，它在伊斯特尔河上发生的影响，就会像现时在尼罗河上发生的一样。

27. 至于风何以不从尼罗河方面吹起的理由，我的解释是：大概因为风不能从很热的地方吹起，相反地，风常常从寒冷的地方吹起。

28. 不过这个问题还是由它去吧。至于尼罗河的水源问题，没有任何一个我向他打听过的人，不管是埃及人也好，利比亚人也好，或者希腊人也好，曾说过知道这件事，只有埃及的舍易斯城里雅典娜神圣宝物的看守者是例外。但是在我看来，他似乎向我开玩笑，使我相信他确实知道尼罗河的水源。据他说，在菲华伊达的西厄那城和埃列范亭纳城之间有两座带尖峰的山，一座称为克罗菲，另一座称为莫菲。尼罗河的无底水源仿佛就在两山之间，而且一半的水流向埃及而奔北方，另一半的水流向埃塞俄比亚而奔南方。他说，尼罗河水源是无底的，埃及普萨麦齐的国王知道了这件事，曾吩咐编织一条长达数千沙绳尺的绳子，把它投到水源里，仍然达不到底。倘若宝物看守者讲述的这个故事是真实的，我想他会讲到这个地方有强烈的旋涡和对立的水流，水冲击着岩石而分散，因此投到那里的测铅是不能达到底的。

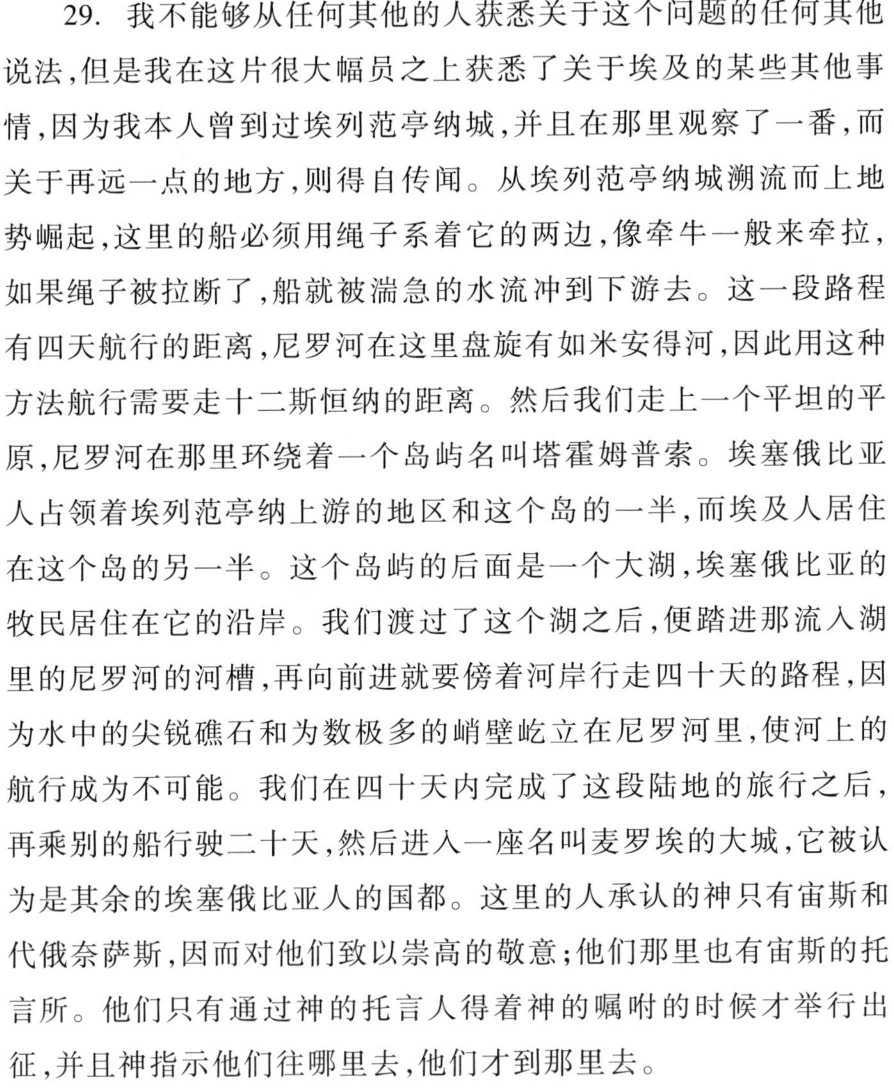

29. 我不能够从任何其他的人获悉关于这个问题的任何其他说法，但是我在这片很大幅员之上获悉了关于埃及的某些其他事情，因为我本人曾到过埃列范亭纳城，并且在那里观察了一番，而关于再远一点的地方，则得自传闻。从埃列范亭纳城溯流而上地势崛起，这里的船必须用绳子系着它的两边，像牵牛一般来牵拉，如果绳子被拉断了，船就被湍急的水流冲到下游去。这一段路程有四天航行的距离，尼罗河在这里盘旋有如米安得河，因此用这种方法航行需要走十二斯恒纳的距离。然后我们走上一个平坦的平原，尼罗河在那里环绕着一个岛屿名叫塔霍姆普索。埃塞俄比亚人占领着埃列范亭纳上游的地区和这个岛的一半，而埃及人居住在这个岛的另一半。这个岛屿的后面是一个大湖，埃塞俄比亚的牧民居住在它的沿岸。我们渡过了这个湖之后，便踏进那流入湖里的尼罗河的河槽，再向前进就要傍着河岸行走四十天的路程，因为水中的尖锐礁石和为数极多的峭壁屹立在尼罗河里，使河上的航行成为不可能。我们在四十天内完成了这段陆地的旅行之后，再乘别的船行驶二十天，然后进入一座名叫麦罗埃的大城，它被认为是其余的埃塞俄比亚人的国都。这里的人承认的神只有宙斯和代俄奈萨斯，因而对他们致以崇高的敬意；他们那里也有宙斯的托言所。他们只有通过神的托言人得着神的嘱咐的时候才举行出征，并且神指示他们往哪里去，他们才到那里去。

30. 我们从这个城再向前走时，将要到“背叛者”的地方。走这段路程所需要的时间，如同我们曾由埃列范亭纳到埃塞俄比亚人的首都所费的时间一样，是五十六天。这些“背叛者”被称为阿斯马克人。阿斯马克是埃及文，若用希腊语表示，其意义就是“站在国王的左手边者”,这些人曾是埃及的战斗之士,为数二十四万,背叛了埃及人而归属于埃塞俄比亚人……

31. 这样一来,在四个月水陆兼程的旅途中,我们所知道的尼罗河已超出它在埃及的流域之外,如果把从埃列范亭纳至“背叛者”的地方所有旅途的日期合计起来,恰恰得到这样多的月数。尼罗河从西方流到这个地方,讲到它的最远的方面,没有人知道什么确实的东西,因为这个地方由于炎热而成为沙漠了。

32. 但是我听到昔兰尼人说过以下的话。据他们说,他们曾到亚梦神的托言所,并和那里亚梦人的国王埃捷阿尔赫谈过话,其中也谈到尼罗河,提及没有人知道它的水源一事。当时埃捷阿尔赫指出:纳萨蒙人有一次曾到他那里去;他们是利比亚的人民,占据着瑟提斯的土地和距离瑟提斯以东的不大的地区。他询问纳萨蒙人他们是否知道关于利比亚沙漠的较为详细的材料,他们曾陈述了这样一段历史:从前有些最显贵的纳萨蒙人的儿子们,任性而勇敢,到成年时做出各种奇怪的事情,顺便说吧,他们用抽签方法,从他们中间选择了五个人,这五个人必须被派遣到利比亚沙漠,去观察以前的沙漠访问者还未深入过的地方,看他们是否可以从那里探得任何新的东西。从埃及起直到利比亚的最末端索洛因特角为止,这个毗连北方海洋的利比亚的一部分,除了希腊人和腓尼基人所居住的地区之外,尽为利比亚人和许多利比亚的部落所占据。而地势高于海洋和沿岸居民所在的大陆内部的利比亚,则为野兽所占据,其更高的部分绵亘着多沙的地带,那是异常干燥而不毛的沙漠。因此,埃捷阿尔赫说,被自己同辈派遣的那些青年人携带着充分储备的水和食物,最初到了有人居住的地区,越过那个地区之

后，便进入充满野兽的地方；从这里又深入沙漠，沿着路途向西走。他们走过沙漠的大部分，走了许多天，看见了树木生长在平原里；走近树前，吃了垂挂在树上的果子。在这个时候，有几个身躯比平常人矮小的小伙子碰见了他们，逮捕他们并带了他们走，纳萨蒙人完全不通晓他们的语言，而带领他们的人也同样不晓得纳萨蒙的语言。青年们被引导越过最辽阔的沼泽，然后他们来到一个城，那里的全部居民的身躯也像他们的带路人一样，并且是黑色的。有一条巨大的河流经这个城的旁边，由西向东而去，而这个河里有鳄鱼。

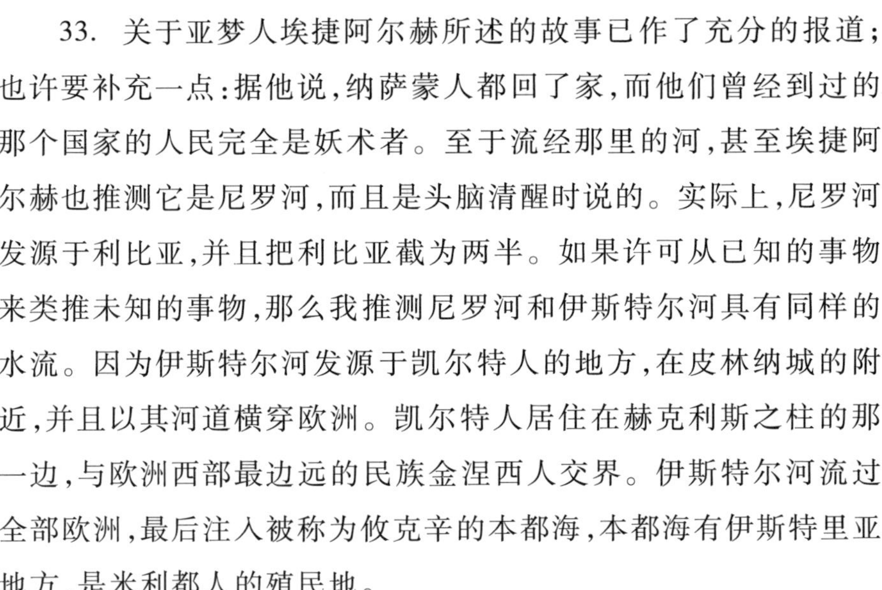

33. 关于亚梦人埃捷阿尔赫所述的故事已作了充分的报道；也许要补充一点：据他说，纳萨蒙人都回了家，而他们曾经到过的那个国家的人民完全是妖术者。至于流经那里的河，甚至埃捷阿尔赫也推测它是尼罗河，而且是头脑清醒时说的。实际上，尼罗河发源于利比亚，并且把利比亚截为两半。如果许可从已知的事物来类推未知的事物，那么我推测尼罗河和伊斯特尔河具有同样的水流。因为伊斯特尔河发源于凯尔特人的地方，在皮林纳城的附近，并且以其河道横穿欧洲。凯尔特人居住在赫克利斯之柱的那一边，与欧洲西部最边远的民族金涅西人交界。伊斯特尔河流过全部欧洲，最后注入被称为攸克辛的本都海，本都海有伊斯特里亚地方，是米利都人的殖民地。

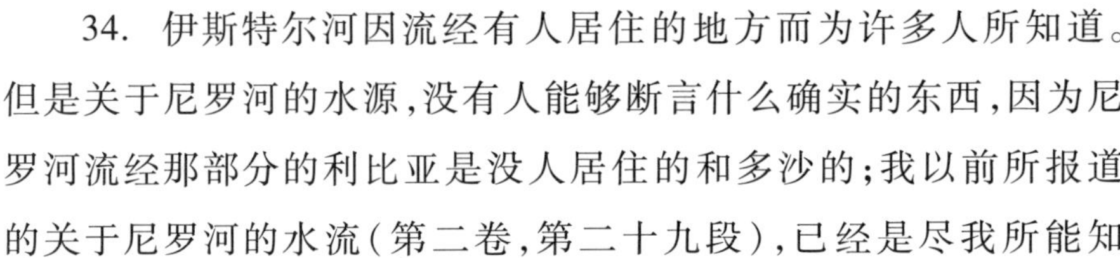

34. 伊斯特尔河因流经有人居住的地方而为许多人所知道。但是关于尼罗河的水源，没有人能够断言什么确实的东西，因为尼罗河流经那部分的利比亚是没人居住的和多沙的；我以前所报道的关于尼罗河的水流（第二卷，第二十九段），已经是尽我所能知

道的了。它最后流入埃及,埃及几与多山的西里西亚相对,从那里到攸克辛的本都海的西诺帕,一个强健的旅客要走五天的直路。而西诺帕与伊斯特尔河口相对,所以我想尼罗河流经全部的利比亚,在方向上它与伊斯特尔河相似。

35. 关于尼罗河一事已经充分地讲过了。但是关于埃及,我要详尽地予以阐述,因为在那里有很多的名胜古迹,有不能以言语形容的巨大建筑物,其规模宏大甚于其他任何国家的建筑物。为了这一点,我这里说到埃及的地方要多一些……

148. 这些国王们希望为他们自己留下共同的纪念物,因此在米里斯湖上游不远的鳄鱼城(鳄鱼场)的旁边建筑了迷宫。我看见了这座迷宫,并且觉得它的宏伟不胜记载。的确,假如把所有希腊的堡垒和其他建筑物聚集在一起,也会使人觉得它们比迷宫所耗费的劳力和金钱为少,虽然以弗所和萨摩斯的神庙也是驰名的。固然金字塔也非笔墨所能表达的,而每一个金字塔,其价值甚至等于希腊人许多的巨大建筑物,可是迷宫还超过那些金字塔。它是十二个隐蔽的殿,六个朝北,六个朝南,其门阙彼此相对。这十二个殿连接成为一个建筑物,它们被一道共同的围墙从外边围绕着。迷宫的宫室有两种,一种是地下的,另一种是在地下室之上高出地面的,各有居室一千五百间,共为三千间。我们曾亲自到过地面的宫室,在里面走过一遍,仔细观看过;我们所讲的宫室只是以此为根据的。至于地下的宫室,我们仅得知于听闻。埃及的看守宫廷者不愿意让我们看地下的宫室,因为那里仿佛安置着曾经建筑迷宫的国王的陵寝和神圣的鳄鱼,所以我们只能根据听闻来讲述地下的宫室;至于地面宫室是我们亲自参观过的,那是人类于艺的杰

作。我们曾经从殿走到室,从室到回廊,从回廊到另一个室,从一个室又到新的殿。那时,通过宫室的走廊和通过一个殿到另一个殿的蜿蜒的曲径,确实是多种多样的、巍峨壮丽的,表现出千千万万的惊人奇迹。所有建筑物的屋顶都是用石做成的,墙也是一样的。在墙上满刻着浮空的画像。每个殿的周围有许多紧密砌成的白石柱以支持之。金字塔紧密地连接着迷宫最后的一隅,它的高度为四十沙绳尺。在墙上雕刻了许多巨大的画像。有一条地下的走道通到金字塔。

149. 如果迷宫是这样壮丽的话,那么,在迷宫附近的所谓米里斯湖还更显惊奇。这个湖的周围有三千六百斯塔季亚或六十斯恒纳,和埃及的海岸一样长。它的长度是从南到北展开的,它的深度在最深的地方为五十沙绳尺。这个湖是人造的,即是挖成的。两个金字塔大致屹立在湖的中央,各高出水面五十沙绳尺;在水下的深度也是一样。在每个金字塔之上,设有巨大的石像坐在王位上,所以金字塔的高度为一百沙绳尺;如果一沙绳尺为六尺或四个肘节,则一百沙绳尺合斯塔季亚为六百尺,一尺合四指距[①],而一肘节合六指距。这个湖不是由湖地本身的水源充满的,因为这个湖所在的全部地区极其干燥。水是由尼罗河通过运河引到这里的,并且水流入湖里六个月,又从湖里流出六个月。当水从湖里流出时,它在六个月的期间里,每天就给王家国库带来一塔兰特的银,这是由鱼赚来的。但当湖水充满时,每天就仅给王家国库带来

① 指伸开拇指与小指间之距离,其长度合 9 英寸。

二十明[1]的银。

150. 据当地人说,这个湖流经地下而入利比亚的瑟提斯,同时向西流至俯瞰着孟斐斯城的山脉附近的内地。因为我看不出曾经挖出的泥土放在什么地方而感到惊讶,我就询问最接近湖的居民:挖出的泥土堆放在哪里?他们指出泥土所运往的地方,使我易于相信他们。从听闻中我知道,在亚述人的尼尼微城也有某件类似的事情:有一次盗贼们计划盗窃尼尼微王萨尔丹帕尔存在地下仓库里的巨大财宝,他们从自己的住所向着国王的宫廷挖坑道,而把从坑道掏出的泥土,于入夜时投入流经尼尼微城旁的底格里斯河里;他们进行这项工作直至达到企图的目的为止。我听到在埃及挖掘米里斯湖时,是用同样的方法进行的。当然也有这样一点区别:这里的工作不是在夜间进行的,而是在日间进行的;埃及人把挖出的泥土运到尼罗河里去,这条河就冲散了它。人们讲述这个湖是这样挖掘的。

158. 普萨麦齐有一个儿子涅霍,继他之后做了埃及的国王,他首先开掘通向厄立特里亚海的运河,以后则为波斯王大流士所完成。运河的长度为四天的航程,而它的宽度达到这样的程度:能容三层带桨的楼船并列航行。运河里的水是从尼罗河引导来的,它自布巴斯齐斯城不远的上游开始,流经阿拉伯人的帕图姆城的旁边而宣泄于厄立特里亚海。它首先是在埃及与阿拉伯交界的那部分平原挖掘的,平原就在那个向孟斐斯城伸延的山麓之下,山中有采石场。运河即在这个山麓之下,由西向东作纵长的伸延,然后

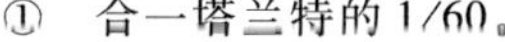

① 合一塔兰特的1/60。

转向南流，经过隘口而注入阿拉伯湾。从划分埃及与叙利亚的卡西亚山到阿拉伯湾，算是从北方的海到南方的厄立特里亚海的最短道路，其距离恰好是一千斯塔季亚。这是一条最短的道路，而运河则长得多，因为它甚为曲折。当修筑这条运河时死亡了十二万埃及人，涅霍惶惑于神托言人的格言，说他为着野蛮人工作，便在中途停止了工作。而埃及人称所有不和他们说同一言语的人为野蛮人。

第四卷　悲剧的女神

地球的形状及其各洲的划分（36段）。在法老王涅霍时代由海洋环绕利比亚的航行（42段）。亚洲（40—44段）。欧洲（45段）。西徐亚（47段）。伊斯特尔河（48—50段）。齐拉斯河（51段）。吉潘尼斯河（52段）。博里斯芬河及其他（53段）。坦纳伊斯河、麦奥齐达湖（57段）。西徐亚的苎麻（74段）。本都海（85—86段）。吕西河、奥阿尔河、坦纳伊斯河、西尔吉斯河（123段）

36. ……许多描述地球的作者，其中没有一个人合理地揭示地球的形态，看起来是可笑的。按照他们的图形，海洋围绕着地球流动，同时地球仿佛是用圆规画成一般的圆形，而亚洲被描述为与欧洲一样。我要用少数的字句来讲述每个洲的大小和它们的轮廓。

37. 波斯人居住在亚洲，直到南方的称为厄立特里亚的海为止，米底人居住在波斯人以北的高地，萨斯彼尔人居住在米底人迤上之地，科尔奇斯人又住在萨斯彼尔人迤上之地，扩展到法息斯河流入的北海[①]。这四个民族占领着从一个海到另一个海之间的地面。

40. 这是位于波斯以西的亚洲各部分。在波斯人、米底人、萨斯彼尔人和科尔奇斯人迤上向着东方的那一边，有厄立特里亚海，在北方则有里海和向东流的阿拉克斯河。有人居住的亚洲直到印度为止，过此向东则沙漠遍地，它的特性是没有人晓得的。

41. 亚洲就是这样的和如此广大的。利比亚位于另一个海角之上，它紧接着埃及。就埃及来看，这个海角是狭窄的，就是说：从我们的海至厄立特里亚海，总共为十万沙绳尺或一千斯塔季亚。然而离开这个狭窄的地方至被称为利比亚的海角，则是非常辽阔的。

42. 所以我对那些人划分整个世界为利比亚、亚洲和欧洲，并加以分界而感到诧异……事实上它们之间的差别是巨大的。就长度方面说，欧洲等于其余两个大洲长度的总和；但讲到宽度，甚至不能把它和亚洲及利比亚相比较。利比亚，除了与亚洲交界的那一部分外，原来是被水环绕着的。埃及王涅霍是我们所知道的，他曾首先证实这一点。他停止了开凿由尼罗河到阿拉伯海湾的运河之后，派遣了腓尼基人乘船入海，命令他们回航时，经过赫克利斯之柱驶入北方的海[②]再返回埃及，腓尼基人于是从厄立特里亚海

① 指黑海。

② 指地中海。

出发而驶入南方的海，到秋季来临的时候，他们靠近海岸，在利比亚的任何一个地方登陆就耕种土地，并等待收割，直到收获以后再继续从事航行。如是经过两年的航行，刚刚到第三年，他们越过了赫克利斯之柱并回到埃及。人们同时还讲述腓尼基人在环绕利比亚航行时，太阳从右边出来的事情，这我是不相信的。别人可能会相信。这是利比亚首次为人所知道的。

44. 亚洲的大部分是被大流士发现的，当时他企图获悉印度河宣泄入海的地方，除了尼罗河，这是唯一出产鳄鱼的河流。为了这个目的，他派遣了一些人去探查，以便从他们获得确实的报道。这些人物中就有卡里安达人斯基拉克。他们从卡斯帕齐尔城[①]和帕克齐[②]地方启程，从河上顺流而下，向着东方航行入海。他们在海上向西航行，并于第三十个月达到了上述(第四卷，第四十二段)埃及国王曾从那里派遣许多腓尼基人航绕利比亚的地方。当他们航绕了利比亚以后，大流士也征服了印度，并从这个时期起利用了这个海洋。由此看来，全部亚洲，除了它的东部之外，它就是和利比亚相似的。

45. 关于欧洲，没有人确实知道它在东方和北方是否被水环绕着，但就长度方面说，它等于合并起来的亚洲和利比亚，这是世所周知的。我还不能解答：为什么对一个世界给予三个名称，而且统用女人们的名字；而埃及的尼罗河和科尔奇斯的法息斯河为什么被认为是它的边界(其他的人们则不承认这最后的河，而以麦

---

① 约在印度河畔。

② 在古代波斯东部，与印度毗连。

奥齐达的坦纳伊斯河和金麦里亚的渡口为边界)。最后,我也不能获悉以这样方法来划分世界的那些人们的名字,同样也不知道那些用来称呼三个大洲的女人的名字。因此大多数的希腊人推测:利比亚是以当地的一个女人的名字来称呼的,而亚细亚是由普罗米修斯的妻子而得名的,但是吕底亚人把后者的称呼归功于他们自己,认为亚细亚是由科齐斯之子、曼涅斯之孙亚细亚而得名,并不是由普罗米修斯的妻子亚细亚而得名的。在撒狄的阿集阿达族,也以上述同一名字称为亚细亚族。关于欧洲,它是否被水环绕,从何得名以及谁给它这个名称,完全没有人知道。如果我们否认这个地方的名称是由于一个齐良族的女人名字“欧罗巴”而来,那么,它以前像其他地方一样是没有任何名字的。但是,毫无疑义的是:这个女人出身于亚细亚,并没有到过现在希腊人称为欧罗巴的地方,然而她由腓尼基到过克里特岛,并由克里特岛到过吕西亚。关于这一层我所讲的已经够了,况且我们在这里所遵循的不过是一般承认的见解。

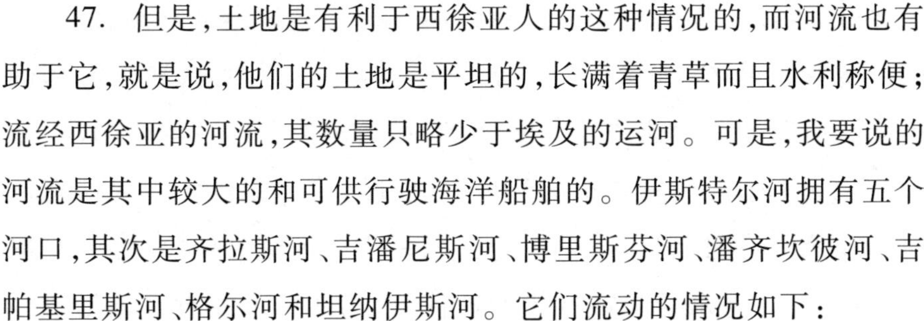

47. 但是,土地是有利于西徐亚人的这种情况的,而河流也有助于它,就是说,他们的土地是平坦的,长满着青草而且水利称便;流经西徐亚的河流,其数量只略少于埃及的运河。可是,我要说的河流是其中较大的和可供行驶海洋船舶的。伊斯特尔河拥有五个河口,其次是齐拉斯河、吉潘尼斯河、博里斯芬河、潘齐坎彼河、吉帕基里斯河、格尔河和坦纳伊斯河。它们流动的情况如下:

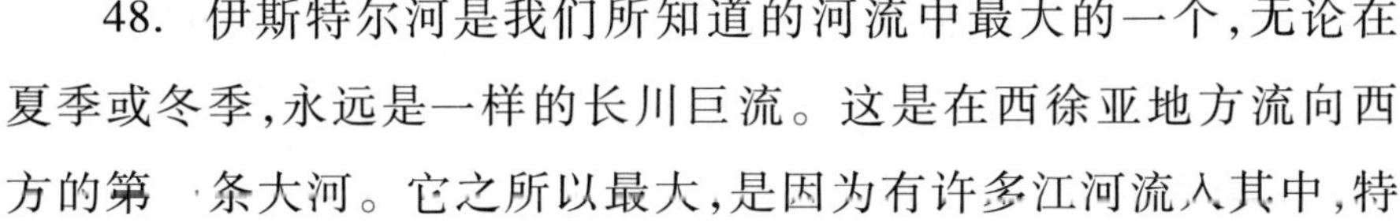

48. 伊斯特尔河是我们所知道的河流中最大的一个,无论在夏季或冬季,永远是一样的长川巨流。这是在西徐亚地方流向西方的第一条大河。它之所以最大,是因为有许多江河流入其中,特别是下述河流使它水量充足:第一,流经西徐亚的五条河流中,有一条被西徐亚人称为波拉塔河,而希腊人则称为皮列特河;其余四条为齐阿兰特河、阿拉尔河、纳帕里斯河和奥尔捷斯河。这里所说的河流,第一条大河流向东方和伊斯特尔河汇合;第二条较小的齐阿兰特河,在较远的西方流入伊斯特尔河;而阿拉尔河、纳帕里斯河和奥尔捷斯河,都在上述两条河之间流入伊斯特尔河。

49. 西徐亚的河流灌注伊斯特尔河的情形原来是这样的:从阿加菲尔斯人的地方流出的马里斯河注入其中;从格姆山峰流向北方的三条大河:阿特兰特、阿弗拉和齐比西斯河倾注入其中;阿弗里斯河、诺耶斯河和阿尔坦涅斯河流经色雷斯和色雷斯的克罗比尔人地区,也流入其中;斯基河从彼昂人地区和洛多皮山流出,冲裂梅姆山为两半而注入于伊斯特尔河。安格尔河从伊利里亚溢出并向北流入特里巴尔平原,就在这里注入布朗格河,而布朗格河又倾注于伊斯特尔河;这样一来,伊斯特尔河就容纳两条巨大的河流。此外,卡尔皮斯河和阿尔皮斯河从奥姆布里克人上游地区流向北方,也注入伊斯特尔河。伊斯特尔河横越过全部欧洲,而发源于凯尔特人地区,凯尔特人原来是次于金涅特人的欧洲极西部的民族。伊斯特尔河流贯了全部欧洲,最后流入西徐亚的境界。

50. 由于上面所列举的河流和其他许多河流倾注于伊斯特尔河的缘故,伊斯特尔河于是成为一条最大的河流。但是,如果与尼罗河比较,它在水量上还逊于尼罗河,因为实际上没有一条河或一条小溪倾注于尼罗河而补充它的水量。至于伊斯特尔河的水量无论在夏季或冬季永久是一样的这一点,我用下列的方法加以解释:这条河的水量在冬季差不多和平常一样,或许稍为多一些,因为这个地方在冬季很少为雨水所淋,而全部被雪覆盖着。当夏季来临时,冬季降下的深雪融解的水,从各方面流入伊斯特尔河。除了雪水之外,那里夏季常常大雨倾盆,又增加了伊斯特尔河的水量,所以太阳从伊斯特尔河吸收的水量,在夏季超过冬季的部分,恰等于这条河所接受的水量夏季超过冬季的部分,由于一增一减而抵于平衡,而伊斯特尔河里的水量遂永远是一样的。

51. 伊斯特尔河是西徐亚的河流之一。其次有齐拉斯河,它从北方流出,并发源于西徐亚和涅佛里达分界处的一个大湖,希腊人居住在齐拉斯河的河口,被称为齐里特人。

52. 第三条河是吉潘尼斯河,它发源于西徐亚的本土,也从一个大湖流出。人们在湖的周围可见到白野马的牧场,而这个湖被称为吉潘尼斯河之母是正确的。沿着这个湖的出口,在航行五天的距离之内,吉潘尼斯河是浅小的,而水味是甜的;从此处直到海洋,在航行四天的距离之内,由于一条苦水的小溪流入吉潘尼斯河,它的水是非常苦的;虽然这条小溪的本身不大,却使偌大的、在流长上只有少数能与之相比的吉潘尼斯河竟变为苦味了。这条小溪流经农业的西徐亚人和阿拉藏人的边界;小溪与它所流出的地方同名,这个地方依西徐亚人称为埃克萨姆帕,而依希腊语则称为圣路。齐拉斯河和吉潘尼斯河以其河曲接近阿拉藏人的地区,过此则重新转向,而分离其流,相距渐远。

53. 第四条河是博里斯芬河,它在西徐亚各河中是次于伊斯特尔河的最大河流。据我的见解,它不仅在西徐亚的许多河流中是最富饶的,而且除了埃及的尼罗河之外,是其他一切河流中最富饶的;因为没有任何其他的河流能够与尼罗河相比拟。然而博里斯芬河是其余的河流中最有利益的:它供给牲畜以最优良的和最丰富的牧场,出产最好的鱼,而数量又多;它的水是非常甜美适口的,与它并列而流的河水是浑浊的,而它的水是纯清的,在它的岸旁可耕种的田野是优良的,或有未播谷物的地方也生长着很高的青草;在河口的附近可以采集大量的天然结晶盐。博里斯芬河出产大量不长脊骨的鱼,世称为鲟鱼,适宜于盐腌;此外尚有其他许多的东西也是值得注意的。远行到格尔人地区要四十天的航程。博里斯芬河是从北方流至此地,已为人所共知,但在格尔人地区以上,这条河流经什么地方是没有人知道的。毫无疑义,它越过了沙漠,流到农业的西徐亚人地区,而这些西徐亚人沿河居住的地方扩展到十天的航程。不仅是我,而且我以为没有一个希腊人能够断言博里斯芬河的或者尼罗河的水源。吉潘尼斯河和它在海洋附近处合流,并宣泄于同一个湖里。位于这两条河之间的大陆的末端,被称为吉波尔海角,海角之上有得密忒的圣殿。博里斯芬人居住在圣殿的那一边,就是吉潘尼斯河的附近。关于这些河流,所说的不过如此而已。

54. 次于它们的第五条河称为潘齐坎彼河,也流自北方并从一个湖流出。农业的西徐亚人占据着这条河和博里斯芬河之间的地区。它流入吉列亚,而流经这个地方,即与博里斯芬河汇合起来。

55. 第六条河是吉帕基里斯河,它发源于一个湖,其水流将游牧的西徐亚人地区分为两半,而在克尔金尼齐德城的旁边流入海里,并且从右边绕着吉列亚,并作为它的边界。吉列亚即所谓阿奚里的跑马场。

56. 第七条河是格尔河，它是从博里斯芬河分流出来的，而世人第一次知道博里斯芬河即从那个分流处起。它从这个地方分流，即与这个地方取得同一的名称——格尔。它在流向海洋的途中，分开了游牧的西徐亚人地区和王国的西徐亚人地区，而作为它们的分界线。格尔河流入吉帕基里斯河。

57. 第八条河是坦纳伊斯河，它从上方的一个大湖流出而宣泄于另一个更大的、称为麦奥齐达的湖，并把王国的西徐亚人与萨尔马提亚人分开。有一条称为西尔吉斯的河流入坦纳伊斯河。

58. 这就是那些灌溉西徐亚的长川巨流。那里生长的草所增加动物的胆汁的分量，多于我们所知道的其他任何的草；在解剖动物时，可以令人相信这件事情的确是这样。

59. 因此，在西徐亚人那里最重要的东西都是丰富的……

74. 西徐亚出产苎麻，很像亚麻，只是亚麻粗而高得多。那里的苎麻是播种的，但也有野生的。色雷斯人用它做衣服，简直像亚麻一样，致使经验不足的人不能知道衣服是否用苎麻抑或用亚麻做的。若有人从来未看见过苎麻的衣料，他就会把这件衣服看做是亚麻的。

75. 西徐亚人手里拿着苎麻的种子，走到毡制的大帐篷之下，把种子撒在烧红的石头上，于是它所升起来的烟和蒸气，是在任何希腊人的浴室里都及不上的……

81. 我不可能确实地知道西徐亚人的人数，但是我曾听到关于这方面的两种不同见解：一种见解认为他们的人数是很多的，另一种见解认为西徐亚的人数本来是少的……

85. ……在一切的海洋中，这个海（本都海）是最著名的。它的长度为一万一千一百斯塔季亚，宽度在最宽部分为三千三百斯塔季亚；而入海的通道宽四斯塔季亚，这是海口，或称为博斯普鲁斯颈。在那里架设了一道桥，其长度为一百二十斯塔季亚。博斯普鲁斯通往普罗庞齐达海。普罗庞齐达海宽五百斯塔季亚，长一千四百斯塔季亚，倾注于赫勒斯滂海；后者在最狭窄之处宽七斯塔季亚，而长度为四百斯塔季亚。赫勒斯滂海流入一个广阔的海，世称为爱琴海。

86. 我曾用下列的方法进行这些测量：在一个整天的时间内，船舶通常行驶约为七万沙绳尺，在夜间行驶六万沙绳尺；由本都海口至法息斯河是本都海的最长部分，其航程延续九个昼间和八个夜间，这就得出一百一十一万沙绳尺或者一万一千一百斯塔季亚的长度；由辛基卡至菲尔莫顿特河的菲米斯基拉（本都海在这个地方是最宽的），其航程延续三个昼间和两个夜间，这就得出三千三百斯塔季亚的宽度。我曾用这种方法测量本都海、博斯普鲁斯和赫勒斯滂海，它们的确像我所记述的一样。在这个本都海之旁还有一个湖流入本都海。也许比它小一点，人称之为麦奥齐达湖，并称为本都海之母。

99. 伸延到海边的色雷斯位于西徐亚的前面；西徐亚起自色雷斯构成的一个海湾，伊斯特尔河就在这里流入西徐亚，其河口是转向东方的。我为了要描述西徐亚本土沿海部分的长宽度，先从伊斯特尔河开始；古代的西徐亚就是起自伊斯特尔河的这个地方，它向南方扩展到世人所称的克尔金尼齐德城。紧靠着这个地方，傍着同一个海，有塔佛尔人所占据的土地，它是多山之地，而突出地中海里，直到所谓严酷的半岛，然后向东伸入海里。西徐亚像亚狄加一样,有两边与海为界,一是南方,一是东方。同时,塔佛尔人占据着西徐亚的一部分,我们认为这也与亚狄加那里的情形相似。那里,居住在佛里克村和阿纳弗利斯特村之间的苏涅斯高地上的,仿佛不是雅典人,而是其他族人民;而且苏涅斯高地伸入海里恐要更远一些。既然许可以小比大,所以我就作这个比较。塔弗里卡就是如此……

100. 西徐亚人就在塔弗里卡的那边,住在塔弗尔人的上方和东方沿海地带,同时还占据着金麦里亚海峡和麦奥齐达湖的西方沿岸,直到流入这个湖的一角的坦纳伊斯河。在伊斯特尔河流经内地的那部分,西徐亚人首先与阿加菲尔斯人为界,然后与涅弗里达人为界,其次在东方与嗜食人肉者为界,最后与黑外套人为界。

101. 西徐亚是一个四角形,两面临海,陆上界线也像沿海界线一样。因此,从伊斯特尔河至博里斯芬河,与从博里斯芬河至麦奥齐达湖,都同样是十天的路程;而由海深入内陆直到西徐亚人上方的黑外套人地区,是二十天的路程。我估计每天的路程为二百斯塔季亚,所以西徐亚的直径为四千斯塔季亚;那贯通内地的各边是一样的长和一样的直。这个国家的广袤就是如此。

123. 波斯人在越过西徐亚和萨尔马提亚的全部征途上,没有发现任何可以劫掠的东西,因为这些地方在事前就已经被蹂躏了,不过他们侵入了布丁人的地方之后,曾进攻布丁人完全放弃的木堡垒,并把它焚毁。然后他们继续前进,进一步搜索敌人,待走过了布丁人的地方,便进入沙漠。这个沙漠杳无人烟,位于布丁人领土的上方,并扩展到七天的路程。在沙漠的上方,有菲萨格特人居住着,有四条巨大的河流发源于那里,并流过麦奥齐达人地区而注入所谓麦奥齐达湖。这些河流的名称是吕西河、奥阿尔河、坦纳伊斯河和西尔吉斯河。

第五卷　歌舞的女神

阿里斯塔戈尔的整个地球周圆的铜制地图

49. 米利都的暴君阿里斯塔戈尔,在克利奥米尼为王的时代曾到过斯巴达。据拉西提蒙人说,他拿着一个铜制地图与克利奥米尼谈话,地图上雕刻着整个地球的周圆,所有的海洋和一切河流。阿里斯塔戈尔在谈话时,曾说过下面的话:"克利奥米尼,不要诧异我这样匆忙地来到这里:情势逼迫如此。爱奥尼亚人处于奴役地位而无自由,是我们的最大耻辱和悲伤。这对于你比别的希腊人更为严重,因为你在希腊人中居于领导地位,所以我托庇希腊众神恳求你把你的同胞弟兄爱奥尼亚人从奴役中解放出来。这对于你是容易做到的,要知道野蛮人不是勇敢的,而你可用战斗的威武压倒一切。他们的武器是箭和短矛,在交战中穿着裤子和头戴首巾,所以征服他们是容易的。而且其他人民合并起来的财富还没有那个大陆的居民那么多:首先是金,其次是银、铜、华丽的衣服、驮载的牲畜和奴隶。你只要盼望有那些财富,而一切将是你的。那里的人民像我所指出的那样,是毗邻而居的,与爱奥尼亚人为邻的吕底亚人占据着肥沃的地方,又有大量的金钱。"他在讲话时,指出了他带去的版上所刻的地球轮廓……

俄译者　Φ.Γ.米申科

希波革拉第

(公元前 460—前 377 年)

希波革拉第是可斯岛[①]人,是一个著名的医师,而且是科学的医学的创始者。其生平知者颇少。他的父亲也是医师,授予儿子良好的教育。希波革拉第在青年时代曾从事远途旅行,但是他旅行了多久和到过什么地方,就不知道了。关于他的生活情况,传说纷纭。

在被认为是希波革拉第的著作中,有六种在现今被认为是可靠的。这六种之中,《箴言篇》包含有医学的原理。他排除了庸俗的经验主义和轻率的假定,他的理论和实践是以对人类疾病作长久的和透彻的观察与研究为基础的。

希波革拉第在他的著作《论空气、水和地方》里说明大自然与人类的互相关系,可惜这本著作流传到现在的已不是完整的了。他倡议医师们任凭命运驱使到哪里,就应把那里的地理位置和自然条件加以研究。他的关于地理位置和自然条件的作用的概念是很幼稚的。希波革拉第曾写道:"人们(居住在酷热气候里)比较

① 在地中海,罗得斯岛西北。

北方人活泼些和健壮些，他们的声音较清明，性格较温和，智慧较敏锐；同时，热带所有的物产比寒冷地方的要好一些……（但是）在这样温度里居住的人们，他们的心灵未受过生气蓬勃的刺激，身体也不遭受急剧的变化，自然而然地使人更为野蛮，性格更为激烈和不易驯服。因为从一种状态到另一种状态的迅速转变能焕发人们的精神，把他们从无所作为的状态中拯救出来。”

这部著作之所以引起不少的兴趣，还因为它报道了西徐亚部落和萨尔马提亚部落的生活方式和礼仪。

论空气、水和地方

关于西徐亚人的记述

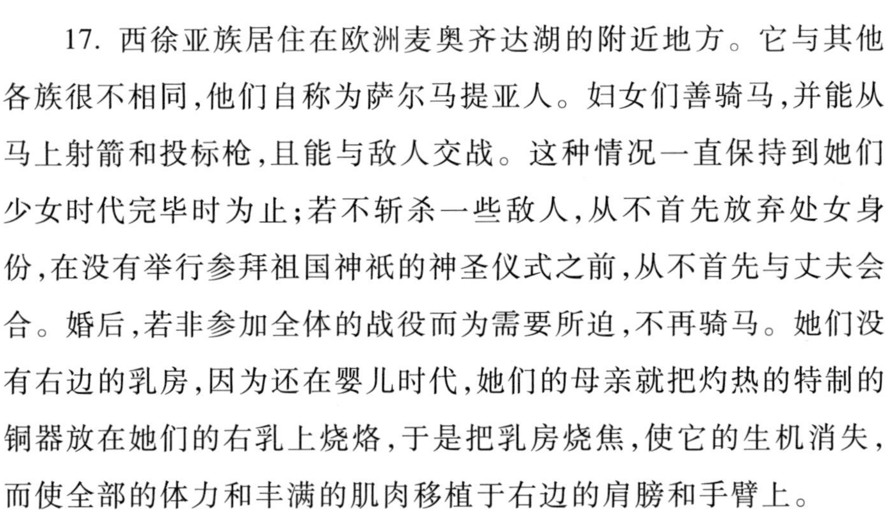

17. 西徐亚族居住在欧洲麦奥齐达湖的附近地方。它与其他各族很不相同，他们自称为萨尔马提亚人。妇女们善骑马，并能从马上射箭和投标枪，且能与敌人交战。这种情况一直保持到她们少女时代完毕时为止；若不斩杀一些敌人，从不首先放弃处女身份，在没有举行参拜祖国神祇的神圣仪式之前，从不首先与丈夫会合。婚后，若非参加全体的战役而为需要所迫，不再骑马。她们没有右边的乳房，因为还在婴儿时代，她们的母亲就把灼热的特制的铜器放在她们的右乳上烧烙，于是把乳房烧焦，使它的生机消失，而使全部的体力和丰满的肌肉移植于右边的肩膀和手臂上。

18. 至于其他的西徐亚人的容貌是互相类似的，惟与其他各族不同，应该说关于这一点是和埃及人一样的，不过埃及人受着炎热之苦,而西徐亚人受着寒冷之苦[1]。人们所称的西徐亚荒野,位于平原之上,是水量适度而缺乏树木的肥沃草地,因此许多长川巨河从这个平原吸收水流。居住在那里的西徐亚人被称为游牧之民,因为他们没有任何房屋而住在车里。最小的车有四个轮,而其他的有六个轮,车上盖以毛毡,但构造颇似房屋;一些是双间的,其他是三间的,它们都可防雨并御风雪;这些车用两对或三对无角牛(由于寒冷而不生角)拖拉着。女人与孩子们在车里度日,男人自己则乘马,随着他们后面的有成群的马牛羊。他们在一个地方停留多久,将视饲料是否足够牲畜之用,一旦饲料不足,他们即迁徙他处。他们以熟肉为食品,饮马奶,而吃"吉帕卡"(即马奶制的干酪),这就是他们的生活方式和习惯。

19. 讲到季节和人的外貌,则西徐亚人在许多方面与其他各族不同,惟本族人恰相类似,就像埃及人一样。他们繁殖力很小,而那个地方甚少孳生既不以大小亦不以数量而见长的动物。原来西徐亚正在熊山和里菲山的山麓,北风从那里吹来。当夏至之日,太阳和地面最接近,那时的阳光在短时间内当然是温暖的,但不太强烈,温暖地方的风吹不到这里来,如果吹到只是稀少和微弱的风。但是山上的冰雪和豪雨终年不绝,而被冰雪冷却的寒风由北方不断吹来,因此,那里的山地不宜于居住。在西徐亚人居住的原野,整天为浓雾所笼罩,所以他们那里的冬季几乎没有间断,而夏季仅有几天,且不太炎热。这些情况是因为那里的平原地势高耸不毛,虽由北方向南倾斜,但没有山岭的围绕。这里的野兽也不

① 这两族人的体格都是特殊的,其特殊的原因,一由于极热,一由于极寒。

大,惟出产能隐居在地下的小动物,这是因为严寒和不毛之地使它们难得有温暖和隐蔽的地方。那里的季节没有巨大的和剧烈的变化,只有微小的差别。因为这个缘故,人的容貌互相类似,他们常常吃一种食品,冬季和夏季用一种铺盖和穿一种衣服,呼吸着湿度浓厚的空气,饮喝冰雪中的水,也无任何体格的锻炼,因为凡是没有剧烈变化的地方,那里的身体和精神的锻炼是不可能的。

俄译者　В. И. 鲁德涅夫

阿里斯托芬

（公元前五世纪后半期至前四世纪初期）

阿里斯托芬是希腊杰出的作家之一，他的一生是在伯罗奔尼撒战争期间度过的。当时雅典的党派斗争非常尖锐，反对斯巴达的情绪很高。阿里斯托芬的喜剧（四十四出喜剧中只流传下来十一出）成了尖锐的政治斗争的武器。这些喜剧（《阿卡奈人》等）的作者一面反映了农民的中等阶层的利益，一面反对破坏雅典农民的繁荣基础的战争。阿里斯托芬对激进的民主政治的利益也不表示同情，并嘲笑城市平民的领袖们（喜剧《骑士》）。阿里斯托芬的喜剧的主题是极其多种多样的。例如，在喜剧《云》（公元前423年）和《宴会》（公元前427年）中，提出了苏格拉底的诡辩和哲学的危害问题。喜剧《云》引起对于地理学史的兴趣，其中提到希腊学者在那个时期（公元前五世纪）就已经企图确定地球的体积，同时还提到了当时已有的作为学习资料的地图。

云

第一幕　第六场

苏格拉底学校的前厅

斯瑞西阿得斯(指着几何仪器和天象仪):看在上帝面上,告诉我,这是什么?

学生甲:这是天文仪器。

斯瑞西阿得斯:那又是什么?

学生甲:那是几何仪器。

斯瑞西阿得斯:它们有什么用处呢?

学生甲:用它们测量土地。

斯瑞西阿得斯:是不是测量地区?

学生甲:不是,是测量全世界的土地。

斯瑞西阿得斯:说得对,这种发明既有用,又适合人民的爱好。

学生甲(指着世界地图):这是整个世界,你看见吗? 这是雅典。

斯瑞西阿得斯:真的吗? ……不可能吧! 因为我没有看见法院。

学生甲:没有疑问,这就是亚狄加。

斯瑞西阿得斯(仔细看着地图):可是我的基克恩同乡在哪里呢?

学生甲:就在这里。你看,这是优比亚,它伸展得多远呢?

斯瑞西阿得斯:我知道,我知道。我们把它延长到和伯里克理斯相等。但是斯巴达又在哪里呢?

学生甲:斯巴达在哪里? 这就是它。

斯瑞西阿得斯:离我们多么近！你好生想想,尽可能把它移开离我们远一些吧!

学生甲:这是不可能的。

斯瑞西阿得斯:嘿,这样你就会后悔的!

俄译者　M.C.彼德纳尔斯基

柏 拉 图

（公元前427—前347年）

柏拉图是古代希腊的唯心主义哲学家，他的政治见解和哲学见解是维护反动的雅典贵族阶级的利益的。

柏拉图在对话《泰密阿斯》（或《万物本质论》）和《克利提阿斯》篇里所阐述的宇宙的整个体系，与毕达哥拉斯的宇宙论的学说相类似。他首先认为球形的大地是宇宙的中心，后来则认为是火焰。

在对话《非多》篇里，我们读到“……我们居住于法息斯河与赫克利斯之柱之间，占据着世界上十分微小的一部分。我们处于‘地中海’的周围，就像青蛙聚集在沼泽之旁一样”。

在对话《泰密阿斯》和《克利提阿斯》篇里，他援引了一个有趣的传说，谈到大西洋里有一个已经沉没了的、巨大的、无人居住的阿特兰提达岛（西方乐土）。这好像是梭伦（公元前六世纪）从埃及的祭司那里听到的，并且柏拉图的叔父克利提阿斯也告诉过他。

由于阿特兰提达的传说，产生了极多的作品。有些人寻觅这个岛屿于大西洋中而无结果，另一些人则寻觅于地中海的西部；有些人以为它占据着西西里到塞浦路斯之间的地区，并认为这两个岛屿是阿特兰提达的远缘部分的残余；另一些人则说它杂陈于地中海的东部;更有一些人推测新大陆就是阿特兰提达。在上述地方确实发生过地质上的剧变,但是关于这个问题的某些研究家认为,阿特兰提达是幻想出来的。与培根的《新阿特兰提达》和托马斯·摩尔的《乌托邦》相类似。

我们现在特地援引俄国科学研究者们的有趣见解来看这个问题。阿夫拉阿姆·谢尔盖耶维奇·诺罗夫院士(1795—1869 年)在他的《关于阿特兰提达的研究》一文(载《帝国科学院第三分院科学报告》第 1 卷,圣彼得堡,1854 年版)里,证明阿特兰提达应当到地中海东部去寻找。而塞浦路斯岛是阿特兰提达沉没后的残余。阿特兰提达在昔日占有从塞浦路斯到西西里之间的全部地区,而北方则到达列斯堡。诺罗夫把博斯普鲁斯当做赫克利斯之柱。

矿物学家卡尔纳日齐基在其《阿特兰提达》一文(载《科学评论》,1897 年第 2 期)里大体上赞同诺罗夫的说法,但是他认为,离舍易斯很近的尼罗河的西方主要河口就是赫克利斯之柱。

贝尔格在其论文《阿特兰提达和爱琴大陆》里说道:"我将把阿特兰提达不放在小亚细亚与埃及之间的地区,而放在爱琴海(南方到达克里特岛)。世所周知,目前人们所公认的、形成为爱琴海的陆沉,是发生在不久以前地质学上的第四纪时期,它可能还留在人类的记忆中。柏拉图讲到'希腊人'(即巴尔干半岛的居民)与阿特兰提达人民的战争。而只有在阿特兰提达与巴尔干半岛直接接近的情况下,这次战争(假定战争的报道不是出于幻想的话)才有发生的可能。总而言之,如果柏拉图在《克利提阿斯》篇里所作关于阿特兰提达的那些描述是可以置信的话,那么他与我们关于'爱琴大陆'自然条件的报道并无丝毫不同之处，从而据此可以得出一个概念，即这个古代大陆的遗迹就是现今的爱琴海岛屿，如开俄斯岛、昔加拉第群岛、克里特岛等。埃及人与克里特岛曾有过频繁的往还。埃及的祭司们可能从克里特人（古代〔爱琴〕文化的代表者）那里得到关于曾把小亚细亚与巴尔干半岛连接起来的爱琴大陆在历史的早期发生陷落的传说。"

对话《泰密阿斯》

万物本质论

在埃及的史册里讲述过这样一件事情：你们的国家——雅典，被一股外来的力量所摧毁了。这股力量以汹涌澎湃之势冲击着整个欧洲和亚洲，它是从大西海上侵袭而来的。当时从大西海航渡（到大陆去）是容易的，因为在它的海口前面有一个岛；那个海口正如你所说的，叫做赫克利斯之柱。这个岛比利比亚和亚洲合起来还要大。对于当时的航海者来说，从它航驶到另一些岛屿是方便的；如果从这些岛屿航驶到对面的大陆，也是可能的。这个大陆所环抱着的海，在当时十分值得海的称呼，因为在海口（赫克利斯之柱）这边的那个海，我们已经说过，看来似乎只像一个具有狭窄通道的海湾；而那边的海，按海字的真正含义来说，它在当时被呼为海是正确的，正像从四面环抱着它的坚固的大陆也应该称为大陆一样。在这个阿特兰提达岛上，从前有一个强大而可畏的联合帝国，它统治着全岛和其他许多岛屿，以及大陆上的地方。那就是说,它的统治权及于直到埃及的利比亚和直到第勒尼亚的欧洲。这个强国集结了它的全部力量以后发动了远征,其目的既在征服我们和你们的国家,也在征服海口这边的全部地区。这时候,梭伦,你的国家,在全人类面前表现了它的勇敢和强大,它恃其刚强和作战经验,站在全体希腊人的最前面,后来当所有其他的(同盟者)遭到极度危险而全体败退时,它又不得不把一切责任担当起来。这个国家一方面打退了蜂拥而来的敌人而博得了胜利者的称号,另一方面它不让那些尚未被征服的人民沦为奴隶,并使像我们(埃及人)一样居住在赫克利斯之柱这边的人全体获得了解放。但是后来发生了可怕的地震和水灾,你们千千万万善战的人民于一个噩耗的白昼和致命的夜间从地面上消失了,而阿特兰提达岛也正在这样沉没到了海里。由于这个缘故,这个地方的海至今还不能渡过,也无法勘测,因为那个沉没的岛屿所形成的深厚淤泥成了障碍。

俄译者　Г. В. 马列万斯基

色　诺　芬

（约公元前430—前355年）

色诺芬生于雅典，青年时代曾为苏格拉底的学生。公元前401年，他在吕底亚州（小亚细亚）州长小居鲁士（波斯国王阿塔薛西斯之弟）所属的希腊雇佣军中充当普通士兵。色诺芬是路经敌国撤退一万名希腊人回到祖国的领导人之一。他回到希腊以后，曾为斯巴达国王亚偈西劳服务，因而被雅典人判处以放逐之罪，其财产亦被没收。斯巴达人奖赏了他，并在伊利斯离奥林比亚城不远的地方赠给他一块领地。色诺芬在这里住了二十年，从事于文学、耕种和狩猎，到了晚年才获赦免。于公元前335年死于科林斯。

色诺芬留下了卓越的文学遗产，其中有举世闻名的《居鲁士远征记》、《希腊历史》、《苏格拉底回忆录》、《苏格拉底申辩辩论术》、《论居鲁士的教育》等等。

《居鲁士远征记》或称《一万名希腊人的撤退》，全书共七卷，为色诺芬的最有意义的著作之一。该书在地理学方面也有很大的意义。这支队伍走了一段很长的路程，从库纳克斯[①]（在巴比伦附

① 居鲁士与波斯王交战于库纳克斯后，开始撤退。

近)的南边开始向北撤退。Д. Н. 安努钦说:“……在那里,他们以为在希腊殖民区一定会找到避难所,然后再经海路返回希腊。但是,他们沿途被迫要从敌对的山地部落中突围出来,不时忍受寒冷和缺乏粮食之苦,最后饱受了重重的困难和损失,终于到达希腊的达拉布松①,从这里回到祖国看起来是比较容易的。”这群希腊人从库尔德斯坦爬越山地,走向那个色诺芬误认为是法息斯河(实际上是阿拉克斯河②)的河流,他们走进了埃尔斯伦和达拉布松之间的喀斯省③境界,而在没有到达乔鲁克河(哈尔帕斯河)之前,便不断地遭到山区居民的攻击,并为饥寒所迫;他们走下了海滨以后,就到了达拉布松,由此时而顺着海岸,时而从海路前进,到达了博斯普鲁斯④。色诺芬的记述中有许多有趣的地理学上和人种志学上的观察记载。

居鲁士远征记

第　一　卷

第　五　章

(1) 居鲁士从这里经过阿拉伯沙漠⑤右边傍着幼发拉底河继

① 达拉布松在土耳其小亚细亚的东北部,位于黑海海岸。
② 阿拉克斯河在亚美尼亚境内,流入里海;而法息斯河则流入黑海。
③ 喀斯省在今土耳其的亚美尼亚北部。
④ 一万名希腊军的撤退至此结束。
⑤ 指美索不达米亚沙漠和幼发拉底河流域的地方。

续前进，在五天内走了三十五帕拉桑格[①]的路程。这个地方是个大平原，长满了苦艾，其地势像海面一样平坦。在那里发现了某种植物（灌木或芦苇）散发出一股芳香的气味。（2）这里连一棵树木也没有，但是动物种类却很繁多：有许多野生驴和巨大的鸵鸟。还可以遇见一些野雁和羚羊。人们常常骑马追捕这些动物。野驴当有人追逐它们时，就往前跑一跑，然后停下来（因为它们比马跑得还快）。当马跑近了的时候，它们又照样的跑起来，根本追不上它。除非骑马人分据在各个不同的地点，轮流地继续猎捕才能捕得它们。捕得的驴肉很像鹿肉，但比鹿肉要嫩一些。（3）但是从来没有人捉过一只鸵鸟，因为鸵鸟在逃跑的时候既利用两只脚，又利用两个高举的、像船帆似的翅膀飞快地向遥远的前方奔驰，所以那些追捕鸵鸟的骑手只好停止追逐。但是野雁是可以捕到的，如果把它突然惊起来的话，因为它像鹧鸪一样飞得不远，并且很快地就飞不动了。野雁的肉非常可口。

（4）他们行军通过了这个地区，就来到了宽达一普勒特尔[②]的马斯克河。这里有一座城名叫科尔索特。马斯克河从城的外围流过，城址宏大，但无人烟。他们在那里驻扎了三天，补充了各种给养。（5）居鲁士从此地开始走进了沙漠，右侧仍是幼发拉底河，在十三天内走了长达九十帕拉桑格的路程而到达隘口。因为这里没有草，连一棵树木也没有，所有的地方都是光秃秃的，所以在这段行程里，许多驮货的牲畜都饿死了。当地居民都在河畔挖

① 波斯长度，约合 5.534 米。

② 希腊长度，合 30 米。

掘盘石磨制成器皿，他们把制成的盘石器皿带到巴比伦出卖，再以卖得的钱购买粮食以维持生活。

（9）善于观察的人可能看出：王国的幅员极为广阔，人口也极为众多。但是因为路途的遥远，在突然受到袭击时力量显得分散，这是它的弱点所在。

（10）在跋涉沙漠的路程中，见到了幼发拉底河的对岸有一座规模宏大而物产丰富的哈尔曼达城。士兵们乘搭筏子渡到那里购买粮食。筏子的做法如下：他们把自己的皮制被褥用干草填满，然后扎好缝上，以免干草浸湿。他们坐着这种筏子渡过河去，带来了粮食、椰子果实酿成的酒和稷米做的面包，因为这些产品在当地是很丰富的。

第　二　卷

第　四　章

（12）他们在路上走了三天以后，到达了所谓米底城墙并绕过了它。这个城墙是用涂有类似沥青物的火砖砌成的。墙厚为二十尺，高为一百尺，长度据说有二十帕拉桑格，城墙的所在地距巴比伦不远。（13）他们从此地出发，在两天内又走了八帕拉桑格的路程，并且越过了两条运河，其中一条是由桥上走过的，另外一条是用七只小船把两岸连接起来而越过的。由底格里斯河修筑了许多引水的运河，使它们与全国各地所开凿的许多沟渠相贯通。所挖的沟渠最初规模较大，后来渐小，最后便成了在希腊的播种水稻的田地上所能看到的那种极小的渠道。

（24） 天方黎明，希腊人便都提高警惕，开始越过那个用三十七只小船连成的浮桥。这是因为在齐萨菲尔恩[①]那里服务的某些希腊人告诉他们在渡河时可能遭到袭击。但是，这原来是假话。的确，当希腊人渡河的时候，格卢斯曾带领卫队来监视他们是不是确实渡过了河，他亲眼看见他们渡河以后才离开那里。

（25） 他们从底格里斯河出发，四天内走了二十帕拉桑格的路程，到了宽达一普勒特尔的弗斯克河；河上有一座桥。在这个地方有很大的城市名叫奥皮斯。

第　四　卷

第　一　章

（2） 希腊人来到了底格里斯河的一个地方，这里河水很深，河面宽广，万难越过。又因为巍峨的卡尔杜赫山凌空耸立于河岸，绝不能沿岸行走。当时将军们决定跨越山岭前进。（3） 因为他们从俘虏的口供中知道，如果他们能越过卡尔杜赫山，他们就能够渡过底格里斯河的河源进入亚美尼亚。如果他们不打算这样做，那就必须绕过山区去。据说幼发拉底河的河源就在底格里斯河的河源附近，情况正是如此。（4） 希腊人之侵入卡尔杜赫人的国土，就是一面秘密地前进，一面争取占领山区高地先发制人。

（5） 大约到了值最后一个班的时候，还有足够的夜间时刻供

① 他是波斯国王阿塔薛西斯的四员悍将之一，曾与希腊人交战，使他们遭到重大损失。

军队在黑夜中走过平原，那时希腊人按照信号立即"开拔"前进，天方黎明已到达山地。

第 三 章

（1）这一天，希腊人驻扎在肯特里特河平原上的各个乡村中。肯特里特河宽约二普勒特尔，它是亚美尼亚和卡尔杜赫国家的分界线。希腊人看到平原，轻松地喘了一口气。这条河距卡尔杜赫山有六七个斯塔季亚。（2）他们在这里愉快地休息下来，因为他们有足够的给养，并且回忆着经历过的许多艰险。在他们先前走过卡尔杜赫地区的七天行程内，战斗完全没有间断过，希腊人在这里所受的损失，总合起来是前国王或齐萨菲尔恩还未使他们遭到过的。他们现在兴高采烈地沉湎于休憩中，好像一切灾难都已成为过去。

（3）可是到了第二天早晨，他们发现河的对岸有全副武装的骑兵，看来是准备防范渡河的，还有二队步兵排列在骑兵后面的高岗上，是要防范希腊人侵入亚美尼亚的。（4）他们是奥伦梯[①]和阿尔图赫的雇佣军队——亚美尼亚人、玛尔底亚人和加尔底亚人。

第 四 章

（1）约当中午的时候，希腊人全体渡过河之后，就整顿队伍

① 奥伦梯是亚美尼亚的州长。

通过亚美尼亚境内。这段行程不少于五帕拉桑格,所经之处全部都是平原和不高的小山岗。原来沿河附近的村庄,因为和卡尔杜赫的战争,已全被烧毁了。(2) 他们终于来到了一个看来很大的村庄,村中有州长的府邸,而且这里的大多数房屋都设有塔楼。(3) 粮食是丰富的。他们从这里一直到渡过底格里斯河的河源为止,在两天内走了十帕拉桑格的路程。从这里前进,在三天内走了十五帕拉桑格的路程,到达了捷列沃河。(4) 这条河流虽然不大,风景却很美丽。河的两岸有许多乡村。这个地方叫做西亚美尼亚。

(7) 从这里前进,他们在平原上行军三天,走了十五帕拉桑格的路程。齐里瓦兹①率领他的战士追踪他们,相距约十斯塔季亚。希腊人来到了一所宫殿前面,其周围有许多村庄,并储满了各种物资。他们安下了帐幕,而夜里下起了大雪。早晨,他们决定把士兵们和全体军官都安置在乡村中宿营,因为什么地方也没有发现敌人。看来大雪好像是十分安全的保证。(9) 在这里,他们有许多食物和各种物资:食用的牲畜、谷物、芳香的陈年葡萄酒、葡萄干、各种各样的蔬菜。可是分散在帐幕周围的士兵们,大家都说夜里好像看见了许多火堆。(10) 所以将军们判定了驻扎在宿营地是不安全的,必须再把士兵们集合到一处。士兵们都集合起来,看来天气好像晴朗了。(11) 但是当他们集合起来过夜的时候,又下起了大雪,以致武器和睡在地上的人们都被雪盖住了,并且驮行装的牲口好像加上了一副绊脚链似的不愿爬起来。早晨起来非常

① 齐里瓦兹是西亚美尼亚的州长。

奇怪，因为下的雪尚未融解，使睡在雪下面的人们保持着温暖。

第 五 章

(1) 到了第二天，乘敌军还未重新集合起来占据隘口之前，决定尽快地出发。他们集合起来，马上带着许多的向导，在深深的大雪地里起程，就在同一天越过了齐里瓦兹军队企图攻击他们的那座山，并扎了下军营。(2) 从这里起，他们在沙漠地方行军，三天内走了十五帕拉桑格，到了幼发拉底河，而渡河水深齐腰。据说，河的发源地就在离这不远的地方。

(3) 从这里，他们在三天内走过了十三帕拉桑格的铺满深厚积雪的平原。第三天的行程是特别困难的，因为北风迎面吹来，一切都冻僵了，把人们也都冻麻木了。(4) 当时有一位僧侣曾预言说，他们将因寒风而牺牲。预言终于实现了，而人们都清楚地看出风势好像缓和了。雪深达一奥尔吉亚①，因此冻死了许多驮货的牲口和奴隶，还冻死三十名士兵。(5) 希腊人在火堆旁边过夜。在这个宿营的地方有很多的木柴，但是迟到的士兵得不到木柴。那些早来的就燃起火堆，如果迟到的人不拿出小麦或什么其他食物来作交换品，就不让他们走近火堆。当时交换品都是他们所原有的。(6) 他们就这样交换他们各人所有的东西。燃起火堆的地方，雪因而融化，便出现了许多露出地面上的大坑，所以能够测量出雪的厚度。

① 1奥尔吉亚合1米。

(7) 从这里起,在以后整个的时期内,他们都是一直在深深的大雪地里前进,有许多人因饥饿而衰弱了。色诺芬留在后卫部队中收容那些衰弱的人,而苦于不知道他们是怎么发病的。(8) 但有一位熟悉这项情形的人对他说,这些人显然是因为饥饿而病的,他们如果能够吃点什么东西就会站起来。于是他便到给养车去找来储存的粮食,亲自分配,并通过能够走动的人把食物送到饿倒的人跟前。(9) 他们吃到食物之后,便站了起来继续前进。

(12) 有些士兵开始落后了:一些是因为受雪的影响害了眼病,另一些是因为寒冷把脚趾冻坏了。(13) 为了保护眼睛不让雪刺激,行军时在眼睛前面挂上一块黑布,而为了保护脚不冻伤,就必须不停地活动,连一分钟也不休止,到夜里还要脱去鞋袜。(14) 如果有人睡觉时不脱去鞋子,那么绑在脚上作鞋用的皮带将和脚冻结在一起,因为旧鞋已穿破了,而卡尔巴亭人所谓的鞋,都是用刚刚剥下的牛皮制成的。

(25) 这里的房屋全是筑在地下的。房屋的外口与井口相似,但是下面宽阔。为了便于牲畜到屋来,在地下掘了一条通道,而人则用梯子下来,在屋里养着山羊、母绵羊、乳牛、家禽以及幼畜;这些养在房屋里的家畜都喂以干草。(26) 那里还储存有小麦、大麦、蔬菜和大麦酒,都是放在碗里的。在装酒的器皿中浮有大麦粒,直漂到器皿的边缘,而在大麦酒中插入大大小小的没有节的芦苇秆;有人想喝酒,必须把芦苇管含在口中用它吸酒。(27) 没有掺水的酒非常强烈,但是这种酒对嗜酒者是一种非常适口的饮料。

第 六 章

(4) 自此以后,他们在七天行期中,每天约前进五帕拉桑格,终于到达了宽一普勒特尔的法息斯河。(5) 他们从这里在二天内前进了十帕拉桑格。在通往平原的山道上,赫利贝乌人、塔奥赫人和法息斯人排成整齐的阵势与他们对抗。

第 七 章

(15) 从这里出发,他们(希腊人)在七天内走了五十帕拉桑格的路程,通过了赫利贝乌人的国家。赫利贝乌族是希腊人所走过地区中的最勇敢的一族;他们和赫利贝乌人展开了肉搏战。赫利贝乌人穿的是长到腹部下面的麻制披甲,他们利用搓成股而结结实实地编成的麻绳来代替披甲的鳞片。(16) 他们还戴着护脚甲和头盔,并且在腰间悬挂着像拉哥尼亚人的宝剑,这种宝剑是用来刺杀那些被打败的人,然后割掉他们的头颅,并把这些头颅随身带着。他们瞥见了敌人的时候,就唱歌、跳舞。赫利贝乌人随身带着长约五个肘节的单锋长矛。(17) 他们埋伏在有人居住的地方,等希腊人走过去,便尾随在他们后面整整追杀了一大阵。他们住在巩固的工事据点里,把粮食也都储存在那里,所以希腊人到这儿什么东西也没有找到。只好把从塔奥赫人那里抢来的家畜用来充饥。(18) 希腊人从赫利贝乌人的地方来到了宽达四普勒特尔的哈尔帕斯河。从这里出发,他们在四天内经过了西徐亚人的地

方,在平原上走了二十帕拉桑格而到了一些村庄;他们在这里住了三天,并且补充了给养。

(19) 从这里出发,他们在四天内前进了二十帕拉桑格而到达规模宏大、物产丰饶和人口众多的吉姆尼阿德城。这个地方的统治者为希腊人派来了一位本城的领路人,以便引导他们通过与当地居民敌对的国家。(20) 这个人走到了希腊人面前时,声明说,他将会引导他们在五天之内到一个能够看见大海的地方,并以他的头颅作为诺言的担保。他一面指示道路,一面当来到与西徐亚人敌对的地区时,便开始唆使希腊人焚烧并破坏这个国家。于是大家全都明白了,这个人只是为这个目的而来的,而不是出于对希腊人的好感。(21) 到第五天,他们走到菲赫斯山前,当先锋的士兵们登上了山的时候,看见下面的海就高声喊叫起来。(22) 色诺芬和后卫的士兵们听见了这个喊声,都以为又有了什么新的敌人自前方向希腊人攻打上来,因为当时敌对地区的居民们从后面袭击他们,于是他们就设下埋伏,杀死了几个敌人,捉住了几个俘虏,还夺获了二十个厚鬃的牛皮盾。(23) 这时,喊声大起,并且从更近的地方开始喊叫起来了,这原来是后续的队伍加快地向着不停喊叫的士兵跑去,加入了他们的叫喊。所以喊声越来越大,是因为喊叫的人越来越多的缘故。(24) 色诺芬立刻想到有什么重要的事情发生了。他骑上了马,领着利基和骑兵们向前疾驰应援。他们立刻听见了士兵们喊叫"海啊! 海啊!"并且召唤其余的人都到他们那里去。于是大家都向前跑去,其中既有后卫队的人们,也有驮货的牲口和马,一齐赶上山来。

第　八　章

（1）从这里起，希腊人在三天内前进了十帕拉桑格，经过了马克朗人的地方。第一大他们就来到马克朗和西徐亚国土的分界河。

（2）在它们的右边有险峻而极难攀登的高山，左边有另外一条河，是他们必须渡过的分界河所流入的河。这条河的两岸森林茂盛，虽然树不太粗大，但却很绵密。希腊人一到了河边，就砍去了森林，匆忙地以求迅速离开这个地方。（3）马克朗人配备着长矛和盾牌，并身穿马尾鬃的外披，在渡口的对岸上排成阵势。他们互相吆喝鼓励，并把石头抛向河里，但是都没有抛到希腊人的身上，所以也没有人受伤。

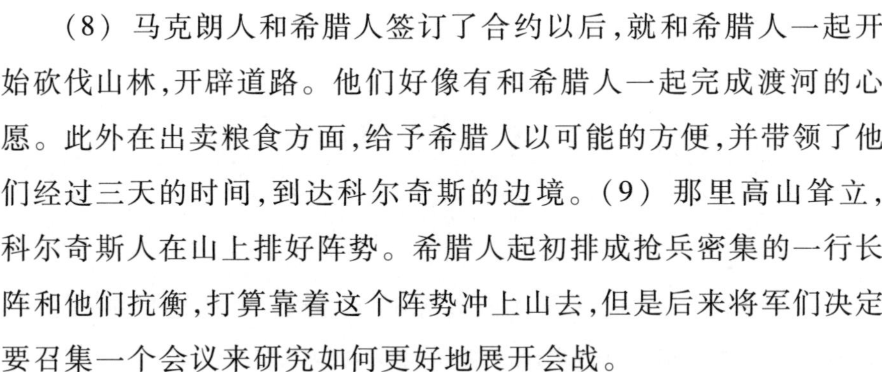

（8）马克朗人和希腊人签订了合约以后，就和希腊人一起开始砍伐山林，开辟道路。他们好像有和希腊人一起完成渡河的心愿。此外在出卖粮食方面，给予希腊人以可能的方便，并带领了他们经过三天的时间，到达科尔奇斯的边境。（9）那里高山耸立，科尔奇斯人在山上排好阵势。希腊人起初排成抢兵密集的一行长阵和他们抗衡，打算靠着这个阵势冲上山去，但是后来将军们决定要召集一个会议来研究如何更好地展开会战。

（20）希腊人爬上山时，就分驻在粮食储存丰富的村落里。一般说来，这里除了有很多的蜂房之外，再没有什么特异的东西，并且所有吃了蜂蜜的士兵都昏迷过去：他们患着呕吐、泻肚，甚至站立不住；吃了少量蜂蜜的士兵就好像沉醉了一般，而吃多了的就像疯人,甚至像死人一样。(21) 多数的人都躺卧在地上,希腊人好像在战斗中遭受了失败一样,人人都弄得垂头丧气。可是到第二天,没有一个人死亡,而且病人们大约在同一个时候(前一天那个时候他们喝了蜂蜜)开始苏醒过来。到第三天和第四天,他们起来了,好像是中毒后又恢复了神志似的。

(22) 从这里起,他们在两天内前进了七帕拉桑格,来到了达拉布松的海滨,达拉布松是攸克辛本都海岸上的一个住有许多希腊人的城市,这是西诺帕在科尔奇斯人国土上的殖民地。他们在这里的一些科尔奇斯人的村庄里驻扎了三十天,从这里向科尔奇斯进行了几次侵袭。(23) 达拉布松人把市场让出来做了兵营,很好地接待希腊人,并赠送他们各种礼物(公牛、大麦和酒)以表示款待之意。(24) 当希腊人和邻居的科尔奇斯人,尤其是居住在平原的科尔奇斯人缔结和约时,达拉布松人也帮助了他们,并且从科尔奇斯人那里带来了牛羊以作款待的礼物。

第　五　卷

第　四　章

(1) 那些由海路来到了克拉松特的士兵,仍从这里继续由海路前进,而其余的士兵则由陆地前进……

(30) 希腊人在这里吃了些食物养足了力气,继续前进时,就把加固了的堡垒都转让给了与自己同盟的莫辛诺克人①。而与希

① 当时莫辛诺克人分裂为两派,希腊人借靠一派的援助击败其余。

腊人敌对的另一些莫辛诺克人，在希腊人进军中，把所有一切易于攻入的坚固堡垒，或遗赠给居民，或自动地交了出来。(31) 大部分巩固的地点是这样的：彼此之间的距离约八十斯塔季亚，有的比较远些，也有的比较近些。而这些地方的居民们互相呼应着，从一个城到另一个城都可以听到呼唤的声音；这个地方满布了高地或深深的峡谷。(32) 在行军时，路经与希腊人友好的莫辛诺克人的国家，希腊人看见了富翁家的肥胖儿子都是用煮熟了的栗子来哺育的，儿子们的皮肤纤柔而非常洁白，身材的高矮和宽度都差不多；背部涂上各种颜色，而胸腹部满是刺青的花纹。(33) 他们想与希腊人所携带的妓女交媾于众人之前，因为他们的习惯是这样的。他们那里无论男女都是漂亮的。(34) 曾参加远征的希腊人，谈起了莫辛诺克人，就说他们是所经各地的许多民族中最野蛮的，而且就希腊人的习惯来说，是令人感触最深的。因为他们当众人面前所做的事，是别人只于私下做的或甚至私下也不敢做的；而他们在私下的行为，犹如别人在众人之前所表现的行为，例如：他们不管在什么地方总是独自地说着、笑着、舞着，好像是表演自己的技艺给别人看似的。

第　六　卷

第　四　章

(1) 这一天，希腊人驻扎在靠近一个港湾的海岸。这个港湾叫做卡尔皮湾[①]，位于亚细亚的色雷斯国。这个色雷斯国，是由本都海口起，靠着从那里驶入航行本都海的船只的右边延伸到赫拉克利亚城。(2) 就公元前三世纪情况来说，用桡来划动船只，由拜占庭航行到赫拉克利亚要用一个整天。在这两地之间没有任何一座希腊的或对希腊人友好的城市，并且在这里居住的只有色雷斯族的俾斯尼亚人。据说，俾斯尼亚人对待落到他们手里的希腊人是非常残酷的。(3) 卡尔皮湾位于从赫拉克利亚到拜占庭的海路中间，有突出在海中的一个半岛。这个半岛被海水环绕的部分，有险峻的悬崖高高耸立，最低的亦不下于二十奥尔吉亚。与大陆相连接的地峡，最宽的地方有四普勒特尔，但地峡的总面积足够供给一万人居住。(4) 海湾紧靠在悬崖的下面，并且从其西面起是一带多沙的海岸。在悬崖之下紧临海面的地方，有源源不绝的淡水泉。就在这个海岸一带有种类繁多的森林，特别是很好的造船用材林。(5) 山的高地伸延到大陆内部约有二十斯塔季亚。它的土壤成分是土质而不是沙石。它的沿海地段长达二十斯塔季亚以上，满地生长着繁茂的各种各样的大树。(6) 这个地方的其余地区幅员辽阔、风景优美，且有很多人口密集的村庄。这里的土地出产大麦、小麦、各种蔬菜、黍、芝麻和无花果，后者数量甚多，可供酿酒用的葡萄亦甚丰富。总而言之，除了橄榄果以外，一切俱全。

俄译者　M.И.马克西莫娃

① 希腊人分为三批，由海路或陆路前进，到达卡尔皮湾。

亚里斯多德

（公元前384—前322年）

亚里斯多德生于斯特里蒙湾附近卡尔息狄西半岛上的斯塔吉拉城（因此，他的别名称为斯塔吉里特）。他的父亲尼科马赫是马其顿国王阿明特三世的御医，阿明特即马其顿亚历山大的祖父。亚里斯多德在十七岁时，被送往雅典（在公元前367年）入柏拉图的学院，并留在那里有二十年之久。柏拉图逝世后，亚里斯多德仍留在雅典。而在公元前343年，被马其顿国王菲力普二世聘入宫廷充任他儿子亚历山大的教师。他从事这个职务约有八年。从公元前335年起，亚里斯多德在雅典来西阿姆地方每天作公开讲演两次；早上是向受过严格训练而范围狭小的听众讲演，晚上的听众范围则较为广泛。

亚历山大逝世（公元前323年）之后，亚里斯多德在雅典遭到了反对马其顿的政党的迫害，不得不逃往优比亚岛的卡尔息斯城，到公元前322年，他在那里逝世。

亚里斯多德留下了丰富的著述遗产。他的论著浩繁（其数目难以确定，约为四百到一千种）。马克思列宁主义的经典作家们指出，亚里斯多德哲学中最宝贵的一面就是其辩证性。恩格斯在《反杜林论》一书中写道："古希腊的哲学家都是天生的自发的辩证论者,他们中最博学的人物亚里斯多德就已经研究了辩证思维的最主要的形式。”(《马克思恩格斯选集》第三卷,人民出版社1972年版,第59页)

列宁也指出亚里斯多德宇宙观的这个特点:“亚里斯多德的逻辑学是寻求、探索,它接近于黑格尔的逻辑学,但是,亚里斯多德(他到处,在每一步上所提出的问题正是关于辩证法的问题)的逻辑学却被变成僵死的经院哲学,它的一切探索、动摇和提问题的方法都被抛弃。”(《哲学笔记》,《列宁全集》第三十八卷,人民出版社1959年版,第417页)

亚里斯多德的宇宙观对于中世纪的哲学发展发生很大的影响,但被世人严重地曲解了,用列宁的话来说,它被变成了“僵死的经院哲学”。

地理知识散见于亚里斯多德的许多著作之中,但是主要地载于《气象学》(4卷)、《论天》(4卷)、《论宇宙》、《论自然界的基本规律》(8卷)、《论万物的诞生及其毁灭》(2卷)、《力学》、《动物界的历史》(10卷)、《论动物的起源》(5卷)、《论动物的习性》(4卷)、《论植物》等著作中。在他的这些著作里,包含有科学上第一个著名的、从运动特性最一般的假设出发来建立宇宙起源学说的尝试。地球是由较为笨重的物质组成的,它不能运动,而应固定于宇宙的中心。它是球状的。上层的宇宙是宇宙的最完整部分,那就是包括着恒星的天穹,它具有不变化的超越自然界,它固有其纯粹的圆周运动;这是以太的领域。在下层(不仅是空间意义)月球下的宇宙里有行星的球体,它包括有太阳和月球,其中一切都变化;这是较为粗糙的四行(火、风、土、水)的活动领域。

上层的球体引导着下层的球体,因此个别的行星具有较为复杂的和不大完整的(即非圆周的)运动。行星(亚里斯多德认为太阳也是行星之一)的运动对地球发生极大的影响:它影响冷热的变化和与其有关的万物的诞生和消灭;影响一种物质转变为另一种物质;影响物质从宇宙(地球)的中心转移到地面及其相反的转移。地球上这种循环的变化,是地球趋于完整并接近于不变化的途径。

这个学说曾被他的同时代人采用过,并且在两千年的期间里,无论在西欧或在阿拉伯人那里,当时都给整个天文学和地理学的进一步发展印上了它的痕迹。

亚里斯多德的宇宙学说具有严格的以地球为中心的特征。在他看来,地球的中心停留于绝对的静止状态中。为了解释太阳、月球、行星和恒星的显著的运动,他制定了一个为数极多并且分布复杂的球体体系,其数目不下于55个球体。同时为了解释行星运动的特点,每个行星仿佛都与某些球体相联系,而那些球体都各有其固有的运动,且彼此的运动在速度方面亦各不相同。这种以地球为宇宙中心的观点,后来被吉帕尔赫和革老丢·托勒密在周转圆(附属的或增补的圆)和均轮(偏心圆,周转圆的中心沿着偏心圆均匀地由西向东转动,而行星的中心则沿着周转圆的圆周一样均匀地由西向东转动)的体系里曾加以详细的探讨。这个观点一直存在到哥白尼时代(公元十四世纪)。

亚里斯多德无保留地采用了毕达哥拉斯学派关于地球为球形的学说。他首先为这个原理提出了确切的证据,而这些证据即在现代关于宇宙的初级课本中也被经常引用。亚里斯多德一面援引哲学家们关于地球形状的见解,一面指出在他的时代里有许多人不相信地球之为球形。他们所根据的理由是:在太阳或月球升降时,发光体的视面与地平线的平面的交叉线是直线而非曲线;依照反对者的意见,假如地球是球形的话,其交叉线应当是曲的。亚里斯多德对这个意见作了反驳。他认为太阳与月球距我们甚远,因此,人们看得到的视面的面积很小,不可能把曲线与直线分辨出来。亚里斯多德认为月食的现象使人观察到月球上的地球阴影的形状,这就是地球之为球形的最重要的证据。月食之发生是由于地球位于太阳与月球之间,所以月食的部分就是地球的阴影,而这个阴影常常是完整的或部分的圆形,这种现象只有地球是球形才会发生。

当观察者从北向南移动的时候,比如说从希腊到埃及,天空状态的变化或天极的转移都证明了这一点。因此"这一切不仅证明地球的形状是圆的,而且还证明地球的球体是不大的。要知道在相反的情况之下,这样微小的迁移并不能引起如此显著的感觉的"(《论天》,第二卷,第十四章)。

地球呈球状这一观念,其所导致的结论就是:太阳光线投射于球面上各个不同点的投射角所造成的发光和发热的差异,成为气候带的存在原因。亚里斯多德大概首先应用了这个术语 χλτμα (倾斜度,角度),其意义与我们现时所了解的这个词相当;在他以前的时代,气候或气候带一词只含有地理纬度的意义。他认为热带是生命的剥夺者,因为太阳的直射光线发出难以忍受的炎热,焚毁一切植物。亚里斯多德在他的《气象学》里谈到风和暴风雨的发生,谈到气象、地震以及海洋的涨潮和落潮,并且力图阐明虹的现象。

亚里斯多德说道:数学家们测定地球的圆周约为四十万斯塔季亚(约六万公里,即大于实际长度的一半)。由此我们可以了解,世人把赫克利斯之柱的邻近区域与印度的附近区域连接起来,因而肯定海洋是个单一的海洋,他们所讲述的,没有什么不足置信之处(《论天》,第二卷,第十四章)。亚里斯多德也援引事实以证明上一段话的正确性。例如,援引关于动物的地理分布的事实。他指出非洲的象与印度的象的相同之点,按照他的说法,这就显示两个相距遥远地点的联系。不仅如此,亚里斯多德还断言,由于地球的球形和陆地的长度不大,在印度与赫克利斯之柱外边的海岸之间,很可能发现热带的大陆(《论天》,第二卷,第十四章)。由此看来,亚里斯多德是海洋论的代表者。

论　　天

第　二　卷

第十四章　援引逻辑的证据和观察来探讨一般的运动,特别是地球的运动及其形状和大小

我们首先要分析的问题是:地球是转动的或是屹立不动的。我们曾经讲过有两种见解:依照第一种见解,地球是群星之一;依照第二种见解,地球位于群星的中心并围绕着地极做旋转的运动。很明显,这两种见解都与实际情况不相符合。首先,如果地球是转动的,那么不问它是否位于群星的中心,它的运动应该由一种力量

所引起,因为运动不是地球本身的特性。如果这种转动是地球的特性的话,那么,它的每一个微粒都应当在同样的运动之中,然而,实际上万物都一直地趋向于中心。一种运动,如果是被迫的和违反自然的,它是不能永久的。但是,在宇宙中有永久秩序的存在。此外,我们观察到:除了第一个球体之外,一切的旋转体都在转动着,并且不止一种运动。因此,地球如果环绕中心旋转,那么不管这个中心位于它的领域之外或者它的领域之内,它必有两种运动。但是,果真是这样的话,各恒星便可能转动并且变更其位置。实际上,我们所观察到的现象丝毫不与此相似,并且同一个星球其升降也是在地球的同一个部分。地球(包括整个地球和它的微粒)的自然运动是向着宇宙的中心进行的。这就是地球位于宇宙中心的理由。由于两个中心的同时存在,那么可能发生的问题是:地球的微粒和其他沉重的物体趋向哪个中心呢?换句话说,它们为什么趋向于中心——是否因为这是宇宙的中心抑或因为这是地球的中心?毫无疑义,它们趋向着宇宙的中心。而轻浮的物体和火则趋向于相反的方向,即向着包围这个中心的壳的边缘而运动。地球的中心与宇宙的中心合而为一是偶然之事,所以物体也趋向于地球的中心。但是,这是偶然发生的,只因为地球与宇宙具有一个共同的中心。沉重的东西非平衡地向地球下坠一事,可能是物体趋向于地球中心的证据。而各物坠下的直线与通过已知的坠下点所引划的切线相交而构成的角,始终是同一的角度:因此,沉重的物体是趋向于一个中心,而地球的中心就是这个中心。这样一来,地球之位于宇宙的中心并且静止不动一事,是很明显的。这件事情的明显,不仅由于以上所阐明的理由,而且也还根据这一点,即用力向上投掷的沉重物体，尽管它受了很大的推动力而被带到无止境的高度，还是会沿着直线返回到同一的地方。这证明地球是不转动的，并且它的位置不在任何别的地方，而是在宇宙的中心。

此外，以上所述各点也阐明了地球静止不动的原因。按照观察所证明，如果说从任何一点趋向于中心是地球的自然特性的话（它与火的特性相类似，不过火是趋向相反的方向，即由中心趋向边缘边），那么地球的任何微粒，除非受到力量的影响，是不可能从中心离开的。因为一个整体有一种运动，而对一个单纯体来说，其所固有的是单纯的运动，而不是相反方向的运动。这就是说，如果任何地球的微粒不能离开中心而去，那么，整个地球当然更不能离开中心。须知道，整个的自然界是这样的：整体转动到哪里，它的分体就依照其固有特性转动到哪里，因此，在对地球所施加的力量不大于其惯性力以前，绝不能使地球运动。所以地球必然静止地停留在中心。这个结论，也可用数学家们关于天文学问题的论断来加以证实。实际上，对天空现象的观察，是以星球一定位置的外形变化和以地球为中心的假定为基础的。基于这个结论，我们关于地球的位置和其静止或运动的特性的讨论可以结束了。

地球的形状无疑地应该是球形的。它的每个微粒当其尚未到达中心时，都拥有其重量，并且由于小微粒被大微粒排挤，此两者都不能自由运动，而是互相冲击，互相压缩。为了想象这个过程，我们必须赞同一些自然哲学家关于地球起源方式的见解。然而只有一点不能同意他们，就是他们解释下坠的运动为外界力量的作用，而为坚持真理起见，宁可说这种运动的原因是由于一切有重量的物体都自然趋向于中心之故。因此，当微粒的混合体处于潜伏状态的时候,彼此尚无关联,它们一样地从各方面趋向于中心。它们怎样被散布于外表,以至怎样积聚到中心(无论是否均匀),这点对于我们没有什么意义。须知道,如果微粒同样地从各方面趋向于一个中心,那么微粒所构成的球应当具有十分匀称的形状。如果从各方面来增加的是同量的微粒,则从球的中心到它的表面的距离,自然应是各处相等,这就是说,这个球应该是球形的。如果从不同的方面趋向中心的是不同数量的微粒,则其总量是丝毫不变的,但巨大的质量一定会把前面的细小的质量向前推动,因为它们两者既都趋向于中心,而在它们未达到这个中心以前,巨大的重量是要挤压微小的重量的。至此,我们得着一个困难问题的答案,那就是地球位于宇宙的中心,而其形状是球形的。如果在地球的半边球体上增加超过其原有重量许多倍的重量,那么宇宙的中心和地球的中心就不再是同一的了。这样一来,或者地球不停留于宇宙的中心,或者,虽停留在原处而丧失了其自然中心吸力。这个困难问题在我们看来似乎是容易的,只要我们略为专心研究,并仔细观察一切拥有重量的物体怎样恰巧地趋向于中心。事情很清楚,当物体逗留于其边缘之际,它的中心吸力是不停止的。在巨大的物体未被其固有的中心吸引到中心以前,一定要发生压力。因为正是在这个时刻以前,物体的中心吸力发生作用。这种情况,无论是对泥块或是对任何微粒或整个地球,都是一样的。我们所指出的特性,不论物体的体积大小如何,都是一切具有中心吸力的物体所赋有的。所以,不管是否整个地球或者它的那一部分趋向于中心,在运动的质量未能均匀地从四面抱着中心以前,在大小微粒都因中心吸力作用向前推动,而小微粒未被大微粒迫做均匀分配以前，其运动是继续不断的。

由此看来，如果地球是由生长而成的，那么它应该由我们上述的方法而生长，而且很明显，它是球形的。如果地球不是由生长而成的，并且始终停滞在同一状态之中，那么它的特性应该像它最初生成时所获得的特性一样。地球之为球形不仅由于这个论断，而且由于这样一种情况，即一切的沉重物体并非按照互相平行的直线下坠，而其坠下的直线则构成相同的角度。这就是一种向赋有球状的物体运动的自然状态。因此，地球或者是球形的，或者至少按其性质来说是球形的。一切物体应当按照其性质所决定的情况和其特性如何来称呼它，而不应当按照其被迫违反本质的情况来称呼它。世人能够从感觉上体会到的一些现象，也可以作为地球为球形的证据。当月食的时候，其显明部分恰带有球形的形状，这还有什么可以解释的呢？在每月盈亏的时候，月球具有各种各样的轮廓：它有时是圆形的，有时是镰刀形的，有时是凹形的，而在月食的时候，月球的显明部分的边缘始终是弯曲的线条。但是月食的原因乃是由于地球掩蔽月球之故，因而这就是说，地球表面的球形确定了月球的轮廓。

此外，我们对于星球的观察也不仅能证明地球是圆形，而且能说明它的体积是不大的。事实上，向南或向北做微小的迁移，就足以明显地改变我们的视野：位于天顶点的星球，其位置会变为别的位置，如果我们向南方迁移，我们就会看见一些星球，如果向北方迁移，就会看见另一些星球。因此有的星座，例如在埃及和塞浦路斯岛附近所看见的，而在较北的地方就看不见了。但也有些星座，在北方是可以常常看见的，可是它们均升降于我们上述的地方

（埃及，塞浦路斯岛）。这一切不仅证明地球的形状是圆的，而且还证明地球的球体是不大的。要知道在相反的情况之下，这样微小的迁移并不能引起如此显著的感觉的。所以凡推测，赫克利斯之柱的附近地区与印度的附近地区是相通的。并且推测大洋因此是单一的整体的人，没有不相信是这样的。这个见解的拥护者为证明这件事，援引了下述事实，即在所谓地球的两个末端所遇见的像大象这样的动物，其外形是相同的，他们由此得出结论说，地球的一端是与另一端相通的。

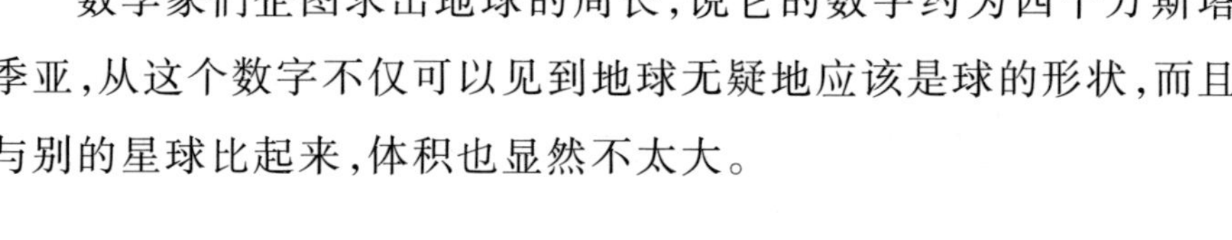

数学家们企图求出地球的周长，说它的数字约为四十万斯塔季亚，从这个数字不仅可以见到地球无疑地应该是球的形状，而且与别的星球比起来，体积也显然不太大。

俄译者　C. K. 安特

希腊文明衰落期

马其顿的亚历山大的远征

（公元前336—前323年）

由于亚历山大大帝征战的结果而建立的帝国，不曾有过自己的经济基础，而是暂时的不巩固的军事行政的联合（参看斯大林：《马克思主义与语言学问题》）。

马其顿的亚历山大的远征，在扩大古代地理概念方面有着非常重大的意义。

为了考察从印度到波斯间的海路，马其顿的亚历山大的大将涅阿尔赫曾奉命探查了印度洋沿岸；其后又做了环绕阿拉伯半岛的航行。公元前323年，格拉克利特又被派往基尔康尼亚去探查里海，以期解决里海与其他海洋的连接问题（这件事情因亚历山大的死亡而搁置了起来，直到塞琉卡斯时代才被完成）。与此同时，在亚历山大时代已经就各地间的距离和行军路线等等以官方文件的方式奠定了统计的基础，这项统计不管在军事上、科学上或贸易上都一样有用处。亚历山大是亚里斯多德的学生，亚里斯多德是善于教导他热爱科学的。在亚历山大远征中随行的人员很完备，包括各门知识的学者：自然科学家、测量学家、历史学家、艺术家、哲学家等等。测量学家测量了马其顿军队所走过的路程，并用日晷仪不太正确地观测了地理上的纬度。这一切为后来地理学者在制作地图的工作上打下了更为牢固的基础。马其顿的亚历山大每征服一个地方,便组织一个探险队来熟悉当地边区的情况。当时希腊人的世界,因为这位著名的希腊人竟扩大了将近三倍:人们所知道的不仅有波斯和印度,还有直到奥克斯斯河(阿姆河)发源地为止的中亚细亚各国,和直到伏尔加河为止的西徐亚人的地方,以及欧洲中部的各国。

关于马其顿的亚历山大的生平的故事,要追溯到希腊文明衰落时期,而人们按照马其顿的亚历山大的史官卡利斯瑟尼的名字,往往称这一时期为"拟卡利斯瑟尼"时期。亚历山大的生平故事曾讲到他本人的降生就是一件不平凡的事情:埃及的最近一位国王——魔法家涅克坦涅布,因亚梦神附在身上而潜入了亚历山大母亲的住处,这样,亚历山大似乎就是亚梦神的儿子和埃及法老的后裔了。亚历山大远征波斯,因此也就好像是向征服埃及的波斯人复仇似的。远征的记载有着冒险故事的性质:亚历山大到过巨人国、小人国、食人国、丑人国,到过有着异乎寻常的动植物的稀奇的自然界的地方,还游历过许多极乐的国家等等。其中很多地方说到了印度的奇迹和它的"赤裸裸的圣者"婆罗门。

下面我们介绍的是公元一世纪时的罗马作家克文特·库尔齐伊·鲁夫所著的《亚历山大大帝事记》十卷集中叙述马其顿的亚历山大生平的故事。该书的前两卷和第五卷后半部以及第六卷的开头部分都已失传,而在第十卷中也有遗漏之处。从这部史籍可以推断作者和革老丢皇帝(41—54)是同时代人。

克文特·库尔齐伊·鲁夫著
亚历山大大帝事记

第 四 卷

第七章 亚历山大跋涉沙漠到亚梦神庙去朝圣

埃及人因为早已对波斯的统治者有了敌视的心情，并且认为波斯人只会贪得无厌地高傲地命令他们，所以急不可待地期望着亚历山大的来临。要知道，他们甚至欢迎过一位曾附和可怀疑的全权统治者在一起做过坏事而后来投诚的阿明塔来治理他们。

广大的人群聚集在彼卢西，好像迎接国王来到这里巡游似的。亚历山大由迦萨出发远征后的第七天，就到达了埃及境内现在叫做亚历山大野营的地方，然后命令步兵向彼卢西进军，而他本人则率领精锐部队顺着尼罗河向下航行。波斯人竟被他的一部分军队吓住了，抵抗不住他的进攻。亚历山大已经迫近了孟斐斯，而奉大流士三世命令留守这个城市的最高审判官马查克，渡过奥里奥河来把八十塔兰特的金钱和国王的全部财产献给了他。他再从孟斐斯出发，顺着尼罗河继续航行，深入了埃及腹地。但是他在那里一点不破坏埃及的古代风习，而决心到朱霹特——亚梦神的托言人那里去问卜。

亚历山大的军队必须走上甚至是少数轻装部队也只能勉强克服困难的征途。大地和空气中缺乏水汽，一片荒凉的大沙漠一望无际。当烈日高照、灼热的土地烫伤了脚掌的时候，难以忍受的酷暑袭击着他们,所以不仅要同当地的炎热和干旱作斗争,还要同脚下厚厚的流沙(好容易才能挪动一步)作斗争。

即使埃及人,也常常说这条路程是非常艰苦的。可是亚历山大不满意于已死者的状况[①],也想使人们承认朱霹特是他们种族的祖先,所以渴望向朱霹特禀告。他率领着他打算随身带去的军队,沿着尼罗河顺流而下,到达了马利罗得湖畔。

昔兰尼加人的使者携带礼物前来向亚历山大请求议和,并请他到他们的城里去。他接受了礼物,并在订立了友好同盟之后仍继续执行其既定的计划。甚至在第一天以及后来的日子里,即看出路上的困难是可以克服的:当时军队还未走到幅员广阔而寸草不生的沙漠,而是到了荒瘠的、人烟绝迹的土地。

但是,当刚刚发现满覆着一层厚沙的平原,人们走进去时犹如走进大海一般,立刻极目四望,找寻着土地。可是连一棵树,一小块可耕的田地都未曾遇到。驮在骆驼背上的用皮口袋盛着的水也早已感到不够用了,而在干旱的大地和灼热的沙漠中是一点水分也没有的。

再加上太阳晒得越发厉害,一切都干枯了,人人昏迷欲睡。突然间(这是神助或是偶然的机会)天空布满了阴云,太阳被遮住了。这对热得焦头烂额的人们来说,真是莫大的安慰,虽然水仍然是缺乏的。起了暴风,带来了一阵豪雨。当然,每个人都努力设法收接雨水,甚至有人口渴难忍,张开了大嘴来接雨滴。

在大沙漠里走了四天,当一大群乌鸦来迎接军队的时候,即发

① 即不满意于认为他的祖先是人,在他看来,应认为他的祖先是朱霹特。

觉已经离神庙不远了。乌鸦就像带路人一样走在前面，指给士兵们前进的道路。它们安详地飞过最前列的旗帜时，就落在地上；当军队慢慢走近它们时，又马上飞升天空。最后，来到了供神的庙宇。

真是一件奇异的事情！在大沙漠中竟有一个四周环绕着树木的庙宇隐藏在夕日照射出的林荫里。林中到处可以见到一处处喷出的泉水，或者流出的淡水。而且，气候温和异常，简直是四季如春，这对健康的增进会给予有益的影响。

在神庙附近居住着许多部落：住在东方的是属于近亲的埃塞俄比亚人；住在南方的是一直分布到红海的、这个地区内的被称为穴居者的阿拉伯人；在西方居住着另一支埃塞俄比亚人，人们称他们为斯肯尼特人；在北方居住着从事海盗行径的叙利亚族的纳马晋人，他们住在海岸附近，在他们所熟悉的沙洲上专门抢劫为海上风暴所搁浅的船只。

丛林里的居民叫做亚梦人，散居在疏疏落落的茅舍中。丛林的中央是由三道围墙环绕着的堡垒。在第一道堡垒里有年老的统治者的宫殿，在第二道堡垒里住着他们的妻子和嫔妃，那里还建有神庙。最后一道堡垒是奴仆和骑士从者的住所。

还有另外一个亚梦的丛林。在它的中央有一口泉水，叫做太阳之水。冰冷的泉水在日出前流出，到炎热的正午时，水仍冰冷；到黄昏时，水变温暖，夜里仍是温暖的；而越是临近深夜将近黎明的时候，水就变得越冷。在一天刚要开始以前，水才勉强冷却到原来的温度。

那个受人崇奉的神像，不是艺术家们通常所能赋予一般神像的那种形态，从外形上看来，它与用绿柱石和各种宝石装饰的海产介壳非常相似。在向神像做祈祷时，有人从这里把一群僧侣护送上金船，船的两舷上悬挂着许多银钵。伴随着金船的少妇和少女们按照古代的风习，唱着一种音节杂乱的歌儿。据她们说，这种歌儿能安慰朱霹特，使他郑重地说出正确的预言。

当亚历山大大帝来到神前的时候，僧侣中一位年老的称呼他为儿子，并且肯定地说，这个名字是他的父亲朱霹特赐给他的。亚历山大此刻已经忘掉了他的人类的命运，表示同意接受这个名字，然后他问道：父亲是不是指示他统治所有的人民？那个不厌阿谀的预言家肯定地说，亚历山大将是全世界的统治者。此后，他又问道：谋害他父亲的凶手们是不是全都受到惩罚？僧侣回答说：任何罪犯都不能使他的父亲受到侮辱。腓立比城的所有谋杀者都抵偿了罪过，都伏法了；并且补充说，亚历山大在未被神厌弃以前，是不可战胜的。

祭祀完毕以后，人们都向僧侣和神献了礼物，并且解答了战友们问卜于朱霹特的事项。战友们都没有什么再要问的，只是问问朱霹特是不是吩咐他们要以神圣而崇高的地位尊重亚历山大大帝。预言家回答家：朱霹特指示他们应以神圣而崇高的地位尊重胜利者亚历山大大帝。

在适当而合理地对待信仰问题的人看来，托言人的回答当然是无稽之谈，但是命运对那些不得不只相信自己的人不断造成悲哀，而悲哀的由来与其说是出于智慧，不如说是出于贪恋光荣。因此，他不但许可人称其为朱霹特的儿子，甚至以这个名字发布命令。他希望以这个名义增加自己事业的光荣，殊不知正是他断送了这个光荣。

受帝政统治已久的、但较其他各族更为标榜自由的马其顿人摆脱了亚历山大的统治；固然，在亚历山大说来，他的祈求长生不死的愿望较之举办对于人民或他自己有益的事是更为殷切的。

俄译者 H.M.波德泽莫斯基

阿基米德

（公元前287—前212年）

阿基米德是古代伟大的数学家和物理学家。他生于西西里岛的希腊城市锡拉库兹，他的父亲菲德里是位天文学家。阿基米德从未任过官职，终身过着穷困、孤独与十分简单的生活。他曾从事长途旅行来到埃及，仿佛也去过西班牙。他在埃及的亚历山大港曾从萨摩斯岛人康农及埃夫克里特学习，并结识了多西菲耶及埃拉托色尼，他经常将自己的著作送交他们，请予以介绍和批评。

公元前214年第二次布匿战争时，罗马人从陆海两方面围攻锡拉库兹，由于阿基米德的发明和指导下制成的各种防御工事和武器，使这个城市得以坚守两年之久。但到公元前212年，终于被罗马人攻陷，并达到洗劫。阿基米德就在这时牺牲了。

阿基米德所遗留给我们的著作分为三类：

（1）几何学——《论抛物线的求积法》、《论球和柱》、《论劈锥曲面和椭圆体》、《论螺线》、《圆的变化》等等。

（2）算术学——《关于砂粒的计算》。

（3）力学——《论浮体》、《论平面体重心的平衡》等等。阿基米德认为他所引证出来的球体的表面与容积、其外切圆柱体和圆锥体之间的关系，在其全部发现中具有最大意义，因而给予非常高的评价，甚至请求亲友们用这种图形和结论来作为自己墓碑上所刻的题词。

除此以外，他证明球的圆周长介于其直径的 $3\,^{1}/_{7}$ 至 $3\,^{10}/_{71}$ 之间，抛物线和椭圆的求积法，球、椭圆体和劈锥曲面的求积法，都是由他推算出来的。

他在力学方面的发现有：液体静力学的基本定律：物体在水中的重量与其所排开的水重相等；杠杆定律："给我一个支点，我就能翻转地球"；混合滑车（复滑车）；无穷螺旋，螺旋扬水器（即阿基米德蜗牛）等等。在《论浮体》的著作中得出下列结论：一切液体的液面都是以地球中心为球心的球面（可见，对阿基米德来说，地球之为球形已成明显事实）。按照恩格斯的意见，阿基米德可以被认为是一位做"精确的和有系统的研究"的代表人物（《自然辩证法》人民出版社，1971 年版，第 162 页）。

公元前三世纪，萨摩斯岛人亚利斯塔克——这位古代的哥白尼——将以太阳为中心的宇宙观代替了以地球为中心的宇宙观。同时代的阿基米德同意亚利斯塔克的这一学说。在他的著作《普萨米特》中，便引用了亚利斯塔克在其未能流传下来的著作《建议》中曾加以阐明的学说的梗概。

阿基米德将其关于砂粒计算的著作称为《普萨米特》（由希腊语 φαάμμος——砂而来），这一著作是他写来用以反驳那些断言海中砂粒是无法计算（"海中砂粒，不可胜数"）的人们的。阿基米德还证明，假如整个宇宙球以至恒星球都被砂粒充满，其数量仍能算出。为了解决这一问题，他必须确定砂粒的大小、地球的周边、太阳的可见大小和真正大小、太阳和地球间的距离、月球的直径、亚利斯塔克的宇宙球的半径等等。

阿基米德认为，太阳的直径大于月球的直径30倍，而只及地球直径的1/30。当然，阿基米德错了，因为太阳的直径实际是地球直径的109倍，而地球的直径是月球直径的4倍，因此太阳的直径是月球直径的436倍。另一方面，阿基米德将这一修正的系数调整成整数而加以采用，从而得出太阳离地球最远达50亿斯塔季亚，即92 500万公里的结论。其实，这一距离是14 900万公里。阿基米德同意亚利斯塔克的下列意见：地球与太阳间的距离是地球半径与宇宙半径间的比例中项。根据这一点，他将9 250亿公里、即几乎等于一光年的数值，作为亚利斯塔克的宇宙半径的上限。从上述的材料中，他断定宇宙内的砂粒数目，在任何场合都要小于10^{63}。

阿基米德所建造的“球体”原来是行星仪，这给他带来了很大的荣誉。古代的人们将这一设计看做是奇迹，许多诗人都加以颂扬。西塞禄在其著作《论共和国》和《图斯库兰对话》中也谈到它。他说：“在阿基米德的发明中的那种技巧是最为奇异的，他利用这种技巧组成一个体系，而借一种回转运动的方法能够造成各种星球的如此不同的回转，同时还能观察到每次回转时，月球在地平线上怎样让路给太阳，正像月球每天在天空中让路给它那样；也可看到日食以及月球怎样逐渐隐没在地球的阴影中……”

从另外一些证据中，我们得知“球体用铜制成，其内部设有无法看到的、显然用水力推动的发动机”，也可以观察出月的盈亏、行星的移动、日食和月食。阿基米德也认为自己的这一发明有着重大意义，他甚至写成一本专书《论宇宙的构成》，但这本书没有

"流"传下来。西塞禄在看到并研究了这个球体之后,认为阿基米德具有一种与人类本质大不相同的天才。

在锡拉库兹,阿基米德很快就被人们忘掉了。而当他死后,西塞禄(当时西西里岛的出纳长)于137年想去探望他的墓地时,已经没有人能指出其位置。经过几番的查访,方为西塞禄找到,墓地虽然依旧保存着那块刻有几何图形和公式的墓碑,但已隐没在密林中的一块被人遗忘的荒僻地方了。

普萨米特(关于砂粒的计算)

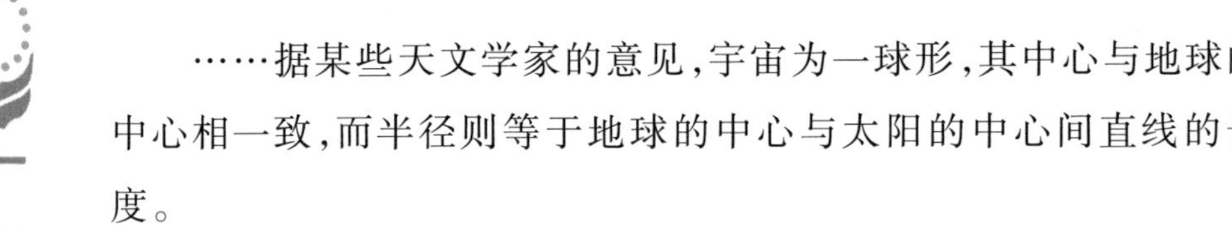

……据某些天文学家的意见,宇宙为一球形,其中心与地球的中心相一致,而半径则等于地球的中心与太阳的中心间直线的长度。

萨摩斯岛人亚利斯塔克在其用以反对那些天文学家的著作《建议》中,反驳了这点意见,同时得出宇宙远远大于上述范围的结论。

他认为恒星和太阳在空间并不变动其位置;地球以太阳为中心沿着它的周围旋转;恒星球和太阳具有同一个中心;而这一球体的大小,亦即根据他关于地球的假设而阐明的圆周至恒星的距离,与这一球体的中心至其表面的距离成比例。显然,这是不可能的。因为球体的中心并没有任何大小,所以也就不能假定它和球体表面有任何关系。

亚利斯塔克作出上面的说法时,其见解可能如下:如果认为地球是宇宙的中心,那么地球至上述的宇宙球的距离,也将与为移动的地球所画出的大圆环的球体至恒星球的距离成比例,因而他从这些假设中引申出自己的论证来。最重要的是,他想象为地球在其中运行的球体似乎就是被称为“宇宙”的那个球体……

我提出以下几个假设:第一,地球的圆周最多约有三百万斯塔季亚,但不能再大;某些人企图证明它约有三十万斯塔季亚,我认为还要大十倍,即三百万斯塔季亚,但不能更大了。

第二,地球的直径大于月球的直径,而太阳的直径大于地球的直径;我的这些假设,都是根据着上述大多数天文学家的意见。

最后,太阳的直径为月球直径的三十倍,但不会更大,因为在上述的天文学家中,攸多克萨斯肯定太阳的直径几乎大至九倍,菲季(阿库帕特尔之子)认为有十二倍,而亚利斯塔克则企图证明它大于十八倍,但小于二十倍。

为消除对我所建议的论证的各种反驳,所以我估计得更大一些,认为太阳的直径几乎为月球直径的三十倍,但不能再大。

除此以外,太阳的直径大于内接于宇宙的最大圆周的四角形的一边。太阳的可见大小,亚利斯塔克判断为其轨道(所谓黄道带)长度的七百二十分之一,我就是根据他的意见而作此假设的。

俄译者　Г. Н. 波波夫

埃拉托色尼

（公元前 275—前 195 年）

希腊学者埃拉托色尼作为地理学家、天文学家、几何学家、哲学家和诗人而闻名于世。

埃拉托色尼是昔兰尼人，曾任亚历山大港图书馆馆长，对古代地理学的发展贡献颇多。他第一次使用“地理学”第一名称来代替以前所使用的那些术语——“地志”、“海志”和“陆志”。诚然，他把“地理学”这一名词用在狭义方面，即仅仅用在地球的图解方面。而只是到了后来，“地理学”这个专门术语才从拜占庭人获得了“科学描述地球”的意义。埃拉托色尼是数学地理学的创始者。他测量了黄道的倾角，并求出它等于 23°51′19.5″（托勒密在《阿尔马格斯特》——《伟大的天文学体系》中引用的概数为 25°51′20″）。他把这个测量方法还应用到另一件更为艰难的事业上，即企图测定地球的大小。埃拉托色尼的解答见于天文学家克列奥麦德的《天体的旋转运动》一书的说明中而流传到我们。

埃拉托色尼在亚历山大港曾利用时间测量器——圭表（挖空的半球，其状如碗）来进行测量，这种时间测量器是用雕刻成凹状的半球体和置于其中的木标组成的，木标是垂直地固定在内弧面的中心处。这个木标把阴影映在圭表的内侧面上，按照这个阴影的长度可以测定出一个太阳日的时间。埃拉托色尼根据这种阴影的测量作出他的计算。

他知道,在西厄那夏至日的正午,太阳光直射到最深的井底,也就是说这时候太阳位于正天顶。日晷仪和圭表上都没有阴影。而同一个时辰,在亚历山大港(按照埃拉托色尼的意见,亚历山大港是和西厄那位于同一子午线上),日晷仪却能显出阴影来;埃拉托色尼也观察了那里日晷仪上阴影的长度。然后他论证说,如果能测定阴影的长度与圭表上的大圆周的比例数,那么这个比例数应当等于西厄那与亚历山大港间经线上的弧对地球的整个经线上的圆周的比例数,埃拉托色尼求出了这个比例数等于1/50。这一论证可以借下面的图解明显地表达出来。

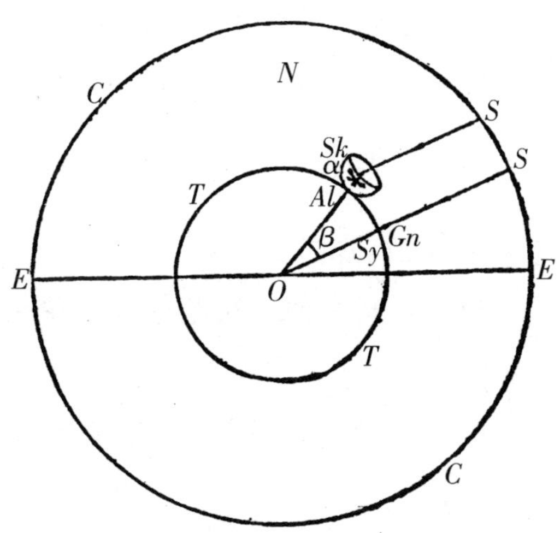

假定各同心圆以下列符号表示:*TT* 等于地球的半球体,*CC* 等于天体的半球体,皆从子午线切开成为图解所示的平面;设 *O* 点为宇宙(天体和地球)的中心,*EE* 线为赤道,*Sy* 点为西厄那,*Al* 点为亚历山大港,*S* 为太阳,*SyS* 线与 *AlS* 线为6月21日(夏至日)正午的太阳射向地球的光线(由于从地球到太阳的距离几乎是无限的;而这两条线就成为平行),*OSy* 线与 *OAl* 线为地球的半径,*Gn* 为日晷仪,*Sk* 为圭表。太阳光线和地球半径的延长线(即圭表的木标)相遇所构成的 α

角，与圭表内壁上阴影所覆盖的弧相适应，而由地球的半径所构成的β角则和西厄那与亚历山大港之间的子午线上的弧相适应；α角和β角因其是平行线上交叉的两个内角，是相等的，所以两角相对的两弧，表示在度数上，其大小亦相等。由此可知，如果圭表中木标的阴影等于圭表的大圆周的1/50，那么连接西厄那与亚历山大港之间的子午线的弧，也等于地球子午线上的整个圆周的1/50。同时，因为这两座城市彼此距离为5 000斯塔季亚，所以地球的整个圆周就等于5 000 × 50，即为25万斯塔季亚。埃拉托色尼很清楚地知道他的计算不是十分完善的，同时他自己也认为这个数字是非常近似的。不久，他又在25万上加了2 000斯塔季亚，以便能用360（他知道巴比伦的圆周分度法为360度）能除尽这个数字。而252 000 × 157.5米（这里我们把希腊的长度单位斯塔季亚换算成米）等于39 690公里，其所得的数字与我们现在所测定地球的大圆周的长度几乎相等。因此，子午线的一度等于$\frac{39\ 690}{360}$，亦即等于110.25公里。

埃拉托色尼的方法是完全正确的，但是他所用的资料太粗糙了：

（1）把圭表当做测角器，同时又当做经线仪，当然这是很不准确的；

（2）道路的长短是用商队行路的时间来测定的，这也是很不精确的；

（3）假定亚历山大港和西厄那位于同一子午线上也是不准确的（亚历山大港所在的经度是东经29°51′，而西厄那是东

弗列岛纬线
46400斯塔季亚
博里斯芬纬线
34000斯塔季亚
拜占庭纬线
32200斯塔季亚
阿米斯纬线
29900斯塔季亚
加的斯纬线
罗得斯岛中间纬线
巴比伦纬线
23200斯塔季亚
亚历山大港纬线
21800斯塔季亚
西厄那纬线
16800斯塔季亚
麦罗埃纬线
11800斯塔季亚
南方已知世界的最后纬线
8000斯塔季亚
由赤道起算每度合
700斯塔季亚
赤道
西方已知世界的最后经线
2000斯塔季亚
圣海角经线
5000斯塔季亚
赫克利斯之柱经线
13000斯塔季亚
迦太基和弗列岛经线
26500斯塔季亚
罗得斯岛经线
28000斯塔季亚
尼罗河口经线
33000斯塔季亚
萨普萨卡斯经线
43000斯塔季亚
里海门户
57000斯塔季亚
印度河口经线
73000斯塔季亚
恒河口经线
76000斯塔季亚
科利阿克海角经线
东方已知世界的最后经线
北海
弗列岛
波罗的亚
阿尔俾翁岛
伊耶尔涅岛
欧罗巴洲
伊斯特尔河
博里斯芬河
坦纳伊斯河
西徐亚人
格姆山脉
凯尔特人
马西利亚
比利牛斯山
伊比利亚人
塔拉哥讷
加的斯
色雷斯
马其顿
罗马
那不勒斯
爱琴海
雅典
士麦拿
攸克辛本都海
拜占庭
西诺帕
高加索山
里海
药杀河
阿米斯
黑黎斯河
伊索斯
里海门户
巴克特里亚
奥克斯河
马萨格特人
内海
锡拉库兹
罗得斯岛
克里特岛
亚历山大
迦太基
亚特拉斯山
瑟提斯湾
昔兰尼
孟斐斯
埃及
西顿
萨普萨卡斯
底格里斯河
巴比伦
幼发拉底河
苏撒
百泄波里
套鲁斯山脉
亚里亚
阿拉科细亚
波斯湾
波斯
亚细亚洲
恒河
帕利博弗尔
东海
利比亚
埃塞俄比亚人
埃塞俄比亚洋
西厄那
努比亚
麦罗埃
阿拉伯湾
柏累奈西
格罗波尔
阿拉伯
明涅伊人
哈特拉莫齐特人
托勒密伊达
肉桂出产地方
尼罗河水源
喀马尼亚
格多洛西亚
印度河
印度人
塔普班罗
厄立特里亚海

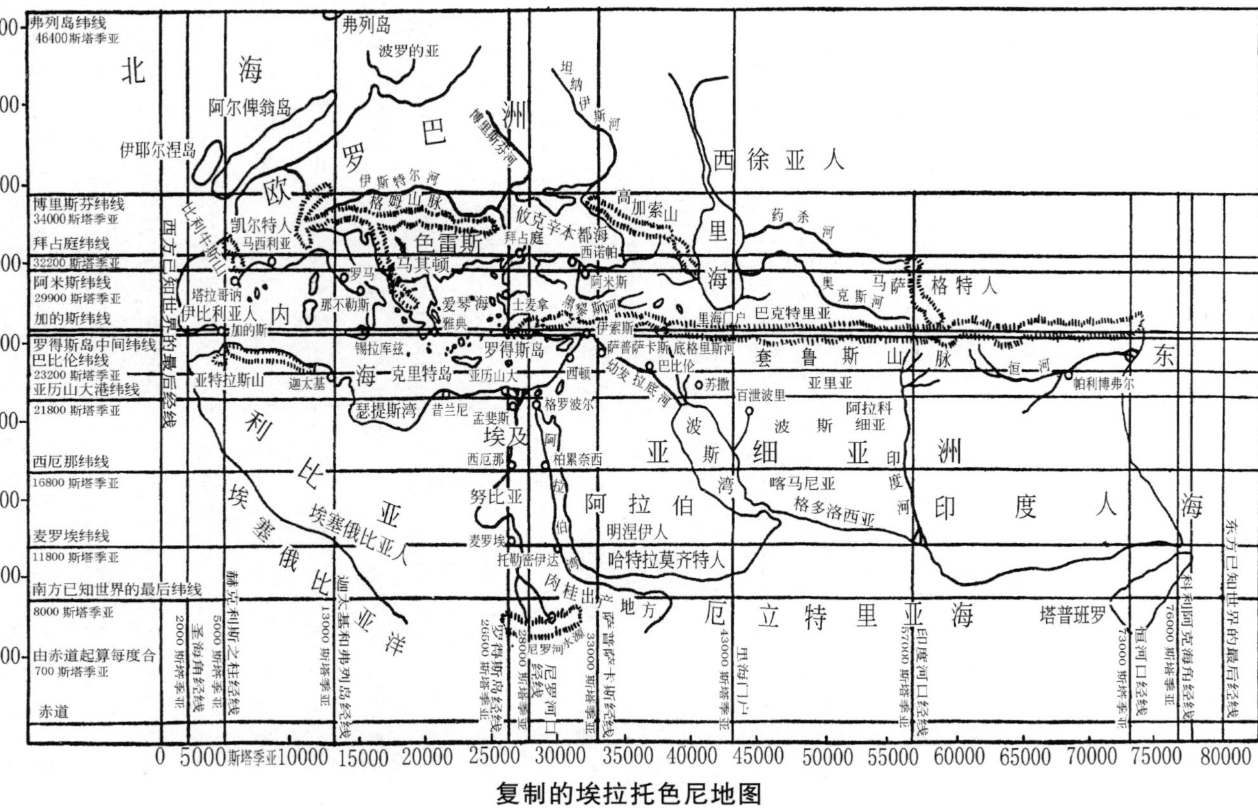

复制的埃拉托色尼地图

经32°58′)；

(4) 假定西厄那正好位于北回归线也是不准确的(西厄那所在的纬度是北纬24°07′)。

埃拉托色尼的另一个重要功绩，是根据新的比较正确的资料制成了地球上有人居住地区的地理图。埃拉托色尼由于利用亚历山大港图书馆的资料，而熟悉了自马其顿的亚历山大远征亚洲以后所积累起来的，以及由无数希腊水手和商人从各国得到的所有一切地理资料。从这些资料中，可以就当时地球上已知地区各地的距离和其相应的位置，得出大概的结论，并按照地理学的纬度，把这些地点安排于天文学上测定的某些点内。因为当时科学设备的不够，经度的测量还未进行过，就是纬度的测量也是非常不准确的。

埃拉托色尼仿效他的先辈代西亚克斯，在地球上画了一道从赫克利斯之柱起穿过地中海到伊索斯湾为止的线而把大地分开，并把这条线沿着亚洲套鲁斯山脉的南麓一直延长下去(据推测，该山伸延到亚洲的东部边缘)。埃拉托色尼所以利用这条线，是因为沿着这条线上有几个点，其纬度已测量过了。除了这条基本线外，埃拉托色尼又仿效代西亚克斯，画了一条子午线与这条基本线成直角交叉。这条子午线通过亚历山大港、罗德斯(子午线与基本纬线在此交叉)、拜占庭和博里斯芬河河口；他并且认为所有这些地点都是在一条直线上。这条线由亚历山大港往南通过麦罗埃，并横穿过尼罗河和当时已经知道的住在最遥远处的辛勃林人的地方。但是，埃拉托色尼并不以此为限。除了上述的两条线以外，又通过他已知道的名点画了7条纬线和7条子午线，其彼此之间的距离虽不相等,却相差不远。埃拉托色尼总共在自己的地图上画了8条纬线和8条子午线。这样一来,他第一次指出了根据经纬网来绘制地图的可能性和必要性。埃拉托色尼把麦罗埃、亚历山大港、罗德斯、博里斯芬线当做本初子午线。当时各地的纬度和经度或用直线量法(距本初子午线的斯塔季亚数)来测定,或用日晷仪观察所得到的抽象数字来测定。

埃拉托色尼创立了普通地理学的完整体系,并且在那本《地理学概论》著作中加以说明,同时还附有一张我们前面已经谈到的、当时世人皆知的世界地图。他在其著作中,清除了地理学的神话和传说,并删去了历史成分,而代之以自然地理学的成分。在埃拉托色尼的地图上,自然不能表现出东亚和北亚以及非洲西部和南部的真实形状,因为当时尚不知道这些情况。

正确资料的缺乏并没有妨碍他完全正确地推测到大西洋是和印度洋相汇通的,因而人们可以从海道绕过非洲。但是他错误地把里海认为是北冰洋(宽达37 000斯塔季亚,长达112 800斯塔季亚)的一个大海湾,并且设想,可以沿海路环行亚洲一周。根据埃拉托色尼的见解,大陆的宽度超过其长度的一倍以上。一般说来,埃拉托色尼认为未知的区域,即围绕在已知世界的四周围的区域,是广阔的大洋,所以也应当把他认为是一位古代"海洋论"的代表人物。

最伟大的希腊天文学家尼西亚人吉帕尔赫,约生于公元前150年,因为他精通算术,于是起来反对埃拉托色尼,说埃拉托色尼在制定地球地图时犯了不精确、假设和错误的毛病,并且写了专门论文来反驳埃拉托色尼。吉帕尔赫在他的论文中认为,只有根据天文学测定地图上各点坐标的方法，才是绘制地图的唯一科学和正确的方法。在这一点上，当然他是不正确的，因为一直到现在我们还是应用这个近似的制图法，如果没有这种制图法，恐怕不会有地图的。可是，吉帕尔赫想亲手制一张世界地图，而他制的地图比埃拉托色尼的还要坏些。不过他所描绘的地中海却和埃拉托色尼一样，都是非常准确的。

吉帕尔赫把陆地封锁地中海一事当做是典型的，并且他把这一种封锁性当做地球表面形式的所有概念的基础。这种情况在他的概念中也就根本改变了地球的一般形象：被水环绕的大陆地区在吉帕尔赫看来是为海所占据，而这个海是在紧密的大陆中间的一个大盆地。吉帕尔赫认为印度洋像地中海一样是被陆地所封锁的：其北边是南部亚洲的海岸，而南方是还不知名的大陆。在塔普罗班（斯里兰卡岛）地方，他偏偏认为是另外一个大陆的起点，在这里可能住有对蹠人。吉帕尔赫的这种观点成了整整两千年来人类探寻新地域的典范，在这种观点里已经包含了一些与海洋论相对立的大陆论的原理，和在地理学史上起很大作用的关于南方大陆的地理神话。吉帕尔赫把“地理纬度”和“地理经度”的术语，以及巴比伦人分圆周为360度、60分为1度、60秒为1分的划分方法，列入科学领域之内，并且发明了一种现象仪，我们若稍加改良，即在今天仍可使用。

还有关于埃拉托色尼的其他地理学著作的报道，例如他的《赫梅斯》诗篇，但是，其中没有任何一部流传到现代。我们只从大普林尼、波里比阿，特别是从斯特累波的著作的引文中，才知道他的这些著作。

Б. 季特玛尔教授搜集了埃拉托色尼著作的择要，并发表在《地学》杂志上（第 31 卷，第 4 期，1929 年）。现在把季特玛尔的《埃拉托色尼的“地理学”》一文摘录一部分如下。

埃拉托色尼的“地理学”

第　一　卷

埃拉托色尼否认把荷马当做伟大地理学家和思想家的观点。诗人所关心的只有一件事：使人欢喜，至于真实与否，在他看来不算一回事。希西阿则较荷马要真诚一些。亚诺芝曼德和格克捷奠定了地理学的基础。埃拉托色尼为了地理学，曾利用了前辈的各种著作和许多目击者所讲述的故事。在马其顿的亚历山大时代及其后世，关于有人居住的大陆的各种知识已大大扩充了。关于地球的形状及其变化，埃拉托色尼赞同斯特拉唐和克桑夫的意见。他反对希罗多德关于北方人的意见

埃拉托色尼在开始写他的地理学论文时，就说道，从最古的时候起，一切的人们都有一个要向公众报道自己在地理学方面的知识的愿望。因此，荷马把他所知道的关于埃塞俄比亚人以及埃及和利比亚的居民等知识，都写入了他的诗中。对于希腊及其邻国，

他还引述了过多的详细情况，又称西斯俾“盛产鸽子”，加利阿尔特“多草”，安菲顿“位于边疆”，列勒亚“在塞非萨斯泉水旁”等等。

荷马只是很忠实地叙述了那些我们所熟悉的和存在于希腊人中的事物……奥德赛漫游的故事是一种幻想的故事，而且只有当人们指出那缝制装风口袋的皮匠的时候，才可以发现奥德赛正好航行到那个地方。

诗人所关心的仅仅是使人们快乐，而不是如何去教导人们。诗人熟悉许多地方，懂得军事技术、农业、修辞学以及各种事物，这是否能因此而使他的品格更臻完善呢？

按照埃拉托色尼的意见，诗是叙述老妪的神话的，神话里面凡是足以使听众快乐的事物都是容许的。

埃拉托色尼认为荷马及其故事的解说者都是些能言善辩的人。那些认为奥德赛的漫游并不是一种幻想，而的确有那些地方的人，其陷入误解，可以用他们之间的矛盾来证明：一些人认为赛棱是在彼洛里阿达，而另一些人又认为是在距离彼洛里阿达两千多斯塔季亚的锡拉库兹，而且赛棱是一座具有三个顶峰的山岩，并把库莫湾和波西多尼亚湾分隔开来。

相反地，希西阿对于奥德赛的漫游却有所了解，他知道奥德赛曾到过西西里和意大利。这可从下列情况得到证明：希西阿不仅提到荷马所说过的那些地方，并且还谈到靠近锡拉库兹和替里纳的两个小岛：埃特纳和奥尔齐吉亚。所有这一切荷马都不知道，甚至没有想到把奥德赛的漫游与这些著名地方联系起来……“任何人都会想到，诗人是想把奥德赛的漫游安置在西方一带那些地方的，可是他却脱离了实际，其一部分原因是他认识某些事物不够精确，而另一部分原因是他没有考虑到实事求是地来叙述这个故事，而他竟全然指望那种惊险而较为神奇的事物……”荷马把那些遥远国家中的一切事物讲得非常离奇，因此，在叙述故事时便很容易言过其实了。

荷马说，西风是从色雷斯吹来的，可是西风原来是从西方的伊比利亚吹来的，而色雷斯并未扩展到那里。

荷马不知道尼罗河有几处河口，甚至不知道这条河的真正名称；而希西阿却知道，因为他谈过这条河。

埃拉托色尼说道，米利都的哲学家亚诺芝曼德（赛利斯的学生和同乡），以及米利都的格克捷等都是最早决心从事描述地球的人。亚诺芝曼德第一次创制了地图，而格克捷则编写了第一部手稿（关于地理学的），这是我们从他的其他著作中查出来的……埃拉托色尼说道，在他的那个时代，人们毫不知道本都和亚得里亚海，并且劝告大家不要轻信第一次所遇见的事物，同时还详细说明不应该这样做的原因，例如关于本都和亚得里亚海的传说。埃拉托色尼说道，古代的各国人民都是以抢劫和贸易为目的去航行的，但是他们并没有航驶到大海之中，而是靠着海岸航行，例如，亚臧下了船后，便经由陆路从科尔奇斯向着亚美尼亚和米底去了。古代，没有人敢靠近利比亚、叙利亚或西里西亚而在埃及海上航行。埃拉托色尼指出了，当马其顿的亚历山大在世时和死后，关于有人居住的大地的知识领域已有了某些扩大，因为亚历山大曾为我们发现了亚洲的大部分和欧洲的直到伊斯特尔河为止的整个北部。然后埃拉托色尼便转而对整个地球的形状作一般的讨论。有人居

住的大地呈球状,但并不像琢磨得匀整的轮子一样,因为有高低不平的地方……其次,埃拉托色尼还阐明由于水、火、震动、蒸发及其他类似现象的影响所发生的各种变化。地球的球状是由全宇宙的结构而形成的,因此任凭有多少变迁,丝毫也不会改变整个大地的形状:在这样宏大的范围内,任何显著的变化都是看不出来的。但是,这些变化也会在有人居住的地区,视各种不同的原因而发生某些改变。

据埃拉托色尼的说法,最重要的是下述的一些问题:为什么在离开海岸两三斯塔季亚的大陆内地常常会发现大量的贝壳、蠔壳和海扇壳呢?又如在亚梦神庙附近和在通往这个神庙的长达三千斯塔季亚的道路上,还可发现含海水的湖泊呢?这里散布着许多蠔壳,甚至现在还可以发现很多的盐和向上涌出的盐水。此外,还发现许多海船的碎片。据传说,这些碎片是在某些土坑中发现的。最后,还发现题有"科林斯的神圣使者"字样的圆柱。埃拉托色尼赞同物理学家斯特拉唐和吕底亚人克桑夫[①]的见解。克桑夫断言,在阿塔薛西斯的时代曾发生过严重的旱灾,以致河川、湖泊和井里的水都干涸了;他自己常在离海很远的地方,发现具有贝壳形状的石块和形如锯齿和海扇壳的印迹,并在亚美尼亚人和马其因人之间的地区以及下弗里吉亚发现了盐水湖,因此他深信从前这些平原都曾经是沧海。

按照斯特拉唐的意见,攸克辛海从前并没有流经拜占庭的那

① 斯特拉唐是密西亚的兰萨科斯人,公元前287年为逍遥学派的泰斗,绰号"物理学家"。克桑夫约生于公元前480年,著有《吕底亚历史》。

个通道，只有几条河流灌入攸克辛海，而这些河流由于自身的水势湍急而冲出了海，以后水就流入普罗庞齐达海和赫勒斯滂海峡。我们的海也发生过同样的情况：我们的海曾为几条河流所灌满，以致赫克利斯之柱的地方被水冲决，形成了出海的水道，当河水自海流出后，深邃的海底便暴露出来了。造成这一事实的原因如下：第一，现在的海[①]和内海的深度并不是完全一样的；第二，现时在海底仍有一段形如带状的地段，从欧洲延伸到利比亚，这就可以证明从前内海和外海并不是同一个流域。其次，斯特拉唐又说，本都的水是最浅的，而克里特、西西里、撒丁等的海水却是很深的。由于几条最大的河流从北方和东方流入本都，所以它就被泥滓淤浅了，而其他地方的海仍然是很深的。因此，他认为这就是本都的水之所以含有最少的咸味，它的水流之所以趋向于低下的底部而停蓄的缘故。他认为如果现在和将来仍然保持着类似的水流，则整个本都将有一日被河泥所淤塞，正因为如此，所以现在本都的左侧索尔米迭斯所在处邻接伊斯特尔河口的地区，即水手们所谓的“乳岛”，已经变成一片沼泽了。还有西徐亚的沙漠也是这样。按照他的意见，亚梦神庙从前也可能是在海边上的，由于一部分的海水流出了，现在则变为坐落在大陆之上。他推测说，这个神托所之所以赫赫有名，是由于它滨海的位置，而现在它的所在地距海如此遥远，于是它的名声与显赫俱成为不可了解的了。但是在古代，埃及也曾经被海冲洗，以致彼鲁西附近、卡西亚山旁和西尔邦尼德湖侧都成为一片沼泽。照他的说法，就是现时在埃及开采盐矿的时候，

① 指大西洋，即后文所说的外海。

尚可发现带有贝壳的沙底深坑，好像这个地方曾被海水淹没过一样。此外，卡西亚和被称为格尔的整个四周，都呈现出一片浅水滩，与厄立特里亚湾相通。当海水的水量减少了的时候，这些地方便显露出来，但是西尔邦尼德湖却仍然存在，以后也因湖堤溃决而变为一片沼泽了。而米里斯湖的沿岸之所以最似海岸甚于像河岸，其情形正复相同。

埃拉托色尼在谈到亚梦和埃及时补充说道，照他的意见，卡西亚山也正像现在称为格尔所在的那些地方一样，曾被海水淹没过，因为格尔已成为一片沼泽与厄立特里亚湾相毗连。

埃拉托色尼认为，内海虽然构成一个单一的流域，但是与邻近地区的水位并不相同。同时他引证建筑师的话来作证明：他说，狄麦多流曾经打算凿通伯罗奔尼撒地峡，以便为其舰队开辟一条自由的航路，但是建筑师们的意见拦阻了他实现这个企图，因为建筑师们经过测量之后宣称说，科林斯湾的海高于肯赫列亚的海，所以，假如他凿通了两海之间的狭长地带，那么伊斋那近旁的那个海湾就可能被科林斯湾排出的海水所灌满，而伊斋那岛及其邻近的岛屿都可能完全被淹没，因此穿过地峡的那条航路，就可能成为徒劳无益的。据埃拉托色尼的见解，由于海的这种高低不一，就发生耶乌里普的急流，而西西里海峡的急流主要就是这样产生的。这个海峡遭受到像海洋中涨潮和落潮的变化：即水流每日每夜都发生两次变化，与海洋每日两次涨潮和两次落潮相似。与涨潮相适应的那股水流，是从第勒尼安海像由高水位流向低水位一样流入西西里海，所以这股水流被称为“向下的”水流。这股水流之所以与涨潮相适应，是由于它的开始与终止正与涨潮同时出现，即水流当月出和月落的时候开始，而当月球下降至地球上方或地球下方的子午线的时候就终止。那里的逆流则与落潮相适应，被称为“向上的”水流，它像海洋的落潮一样，于月球走到两半球的子午线上的时候开始流动；而于月球到达上升点和降落点时便告终止。

据埃拉托色尼的意见，整个外海形成一个流域，甚至西方的海洋和厄立特里亚海本是一个海。由此他得出结论：在赫克利斯之柱外面的海和厄立特里亚海的水位相等，并且有一个共同的水流。

埃拉托色尼说道，我们的海并不曾与厄立特里亚海汇合成一个水流，但是因为我们的海水量丰富（由许多河流带来的）才与厄立特里亚海相接近；他又说，此外，我们的海在列赫亚和肯赫列亚那里，水位并没有同样的高度。埃拉托色尼认为，我们的海以前曾经是一个湖，当它为河水所灌满时，又接受了过剩的水量，就通过赫克利斯之柱的出口，像瀑布一样泛溢于流域之外。外海因为日益扩大，经过若干时日以后就与内海形成一个共同水流，构成一个水平面，而由于海水的优势，内海[①]遂显出了海洋的特征。

按埃拉托色尼的意见，在特洛伊的战争时期，赫克利斯之柱的陆地还没有决口，所以在埃及海和阿拉伯湾之间的地峡一带的外海与内海是保持一个水平面的。但因后来内海高于地峡，曾淹没了地峡，而自赫克利斯之柱（加季拉）决口以后，内海水位便低落了，因而卡西亚和彼鲁西附近直到红海的地带，就暴露出陆地来。

埃拉托色尼赞同某些前辈的不正确的意见，即认为另有某条

① 俄文本作“外海”，此处依英文本改译为“内海”。参看斯特累波：《地理学》，第1卷，第3章，第7节。

河与伊斯特尔河名称相同,仿佛是流入亚得里亚海,这一条河和那条伊斯特尔河是有区别的;后一条伊斯特尔河所流过的地方,其全部居民都沿用河的名字而称为伊斯特尔人;亚臧从科尔奇斯航行回来的时候,似曾取道这条河。埃拉托色尼说道,根据别尔加亚的口述:阿拉伯湾曾经是一个湖,斯特朗比赫的儿子季奥齐莫任雅典首席大使时,曾从西里西亚溯基季河而上,航行到苏撒旁边的霍阿斯帕河,他经过一百天之后才到了苏撒。这个故事虽是出于季奥齐莫口述,可是埃拉托色尼却以为惊奇:怎么能够使基季河横贯幼发拉底河和底格里斯河而流入霍阿斯帕河呢?

希罗多德说道,绝没有什么北方人,因为也没有北国这个地方,可是埃拉托色尼指出,希罗多德的这种论证近似于这样的诡辩论:它否认那些乐于看到邻人遭受不幸的人的存在,从而也认为对旁人的幸福感到高兴的人是不会有的。北国的存在可能恰好是这样的:如果在埃塞俄比亚不吹南风,那么在这个地区以南的一带便会吹南风。既然承认在任何气候下都有风在吹着,而到处都把南方吹来的风叫做南风,但是却又肯定说,有一个国家,在那里不是这种情况,这不能不令人感到奇怪。完全相反,不仅埃塞俄比亚,并且在埃塞俄比亚以北各地区一直到赤道,都应该有我们的南风。如果是这样的,那么希罗多德就应该受到责备,因为他把完全不吹北风的那个地方的人叫做北方人。虽然诗人只在寓言里谈到这一点,但是他的解释者必须对于真实有所了解,即住在极北部的人是应该体会到北风的。北方国家以北极为境界,而南方国家以赤道为境界;各个境域内有其相应的风。因此,埃拉托色尼对于那些相信明明白白是幻想和不可能的事物(一种是近似神话的,而另外一种则冒充真实的历史)的人均予以反驳。

第　二　卷

埃拉托色尼认为在地理学中引用数学和物理学的原理是必要的。地球的形状及其体积。根据子午线和纬线计算距离。大陆的划分。划分人类为希腊人和野蛮人的不正确性

在第二卷里,埃拉托色尼对地理学企图加以修正,并提出自己的意见。他建议在地理学中引用数学和物理学的原理,这是正确的。他认为地球像整个宇宙一样呈球状而且周围都有人居住的意见,以及其他类似的想法,也都是正确的。埃拉托色尼详尽地解释地球的形状,并且证明整个地球及其有水的区域,也正像天空一样是球状的。

此后,埃拉托色尼在测定有人居住的大地的宽度时,肯定地说,从麦罗埃沿着子午线到亚历山大港的距离是一万斯塔季亚,从亚历山大港到赫勒斯滂约为八千一百斯塔季亚,然后到博里斯芬是五千斯塔季亚,最后按彼泰阿斯的说法,弗列岛位置在列多维特海附近,距离不列颠的北边约有六天的航路,从通过弗列岛的纬线圈到博里斯芬,大约有一万斯塔季亚。因此,如果在麦罗埃以上①的国家再增加三千四百斯塔季亚,以便把埃及人②的岛屿金纳莫

① “以上”二字,英文本作“以南”。参看斯特累波《地理学》第1卷第4章第2节。

② 指埃及逃亡者,参看前书第1卷第4章第3节,及第2卷第5章第14节。

莫佛尔[①]和塔普罗班包括进去，那么共得三万八千斯塔季亚[②]。

埃拉托色尼在测定有人居住的大地的长度时，肯定地说，从印度边境到印度河之间的最狭窄的地方有一万六千斯塔季亚，如果把印度各海角计算在内，那么就必须把长度增加三千六百斯塔季亚；从印度河到里海出口处有一万四千斯塔季亚；然后，到幼发拉底河有一万斯塔季亚；从幼发拉底河到尼罗河有五千斯塔季亚；到坎诺布河口还有一千三百斯塔季亚；继续再到迦太基有一万三千斯塔季亚；到赫克利斯之柱不下于八千斯塔季亚。总共计算起来，长度是七万零八百斯塔季亚[③]，而超过了宽度。但埃拉托色尼认为，必须把赫克利斯之柱外面的、在伊比利亚对面而向西弯曲的那个欧洲部分的大约三千斯塔季亚，加到这个长度上。此外，按照彼泰阿斯的说法，这个沿岸的各个不同的海角，和其间的一个在奥斯特米人地区内而称为卡别的海角，以及邻近这里的一些岛屿（其中最远的一个是乌克西萨莫岛），相距有三天的航程。埃拉托色尼提到这些地点以后，就把这些海角附近的边远地区和靠近奥斯特米人地区的乌克西萨莫，以及他曾提到的那些岛屿都连接在一起，因为所有这些地点的位置均近于北方，而它们是凯尔特人的地区，而不是伊比利亚人地区。在上述的长度距离上，埃拉托色尼在西方增加了二千斯塔季亚，在东方也增加了二千斯塔季亚，使得宽度看不出来是长度的一半有余。

此后，埃拉托色尼力图详细地证明：根据自然条件本身来说，

① 斯特累波称为肉桂出产地方，参看斯特累波《地理学》。

② 按照以上数字计算，只有36 500斯塔季亚。恐原书有错。

③ 按照以上数字计算，为70 900斯塔季亚。

东方与西方之间的距离是大于其他部分的。他说:“根据自然的条件,有人居住的大地,如我所说过的那样,由东至西的长度应该相当于日出和日落之间的距离,而不是很长的。如果数学家们的见解是正确的,那么地球便是一个各边极连接在一起的球状。因此,如果辽阔的大西洋不能阻碍我们的话,我们就能够在同一纬度圈上,从伊比利亚横渡到印度。倘若通过雅典的整个纬度圈的长度为二十万斯塔季亚弱,而我们沿着它测量出印度和伊比利亚之间的距离为整个纬度圈的三分之一强,那么这个纬度圈其余部分的长度对于上述已记载的距离是一种补充。”

埃拉托色尼接着说道:“许多人都曾讨论过大陆,一些人曾以尼罗河和坦纳伊斯河为界线来划分大陆,因而把大陆当做许多岛屿;其他一些人又凭若干地峡来划分大陆,一条地峡延伸在里海与本都海之间,另外一条地峡是在厄立特里亚海与埃克列格马特[①]之间,因此又把大陆当做许多半岛。”同时,埃拉托色尼指出说,他不了解像这样的研究会有什么用处,这种意见分歧只是某些人的一种争论,而与德谟克利特同出一辙。因此他说:“如果各地之间没有一条准确的、像科列特和米利大那里的石柱或石墙之类的界线,我们就只能笼统地说:这是科列特,那是米利大,而不能确切地定出一条那里的界线。这就是关于某些地区之间的疆界问题常常发生争执的原因所在,例如,亚哥利斯人和拉西提蒙人[②]关于菲列亚的争执,雅典人和彼阿提亚人关于奥罗帕的争执。但是当希腊

① 在下埃及西尔邦尼德湖通向地中海的湖口处。

② 即斯巴达人。

人辨别出三个陆地的时候，并没有注意到有人居住的整个地球，仅仅注意到自己所居住的一部分，和它对面的爱奥尼亚人及其邻近部族所居住的加里亚；以后随着时代的演进，希腊人已有进步，当他们知道的地方越来越多的时候，他们也对这些地方的领域加以划分。”

埃拉托色尼认为，从伊大卡岛到科赛拉岛有三百斯塔季亚；从埃皮丹到帖撒罗尼迦有九百斯塔季亚。马西利亚与赫克利斯之柱之间的一段距离，他测定为七千斯塔季亚。埃拉托色尼推测欧洲有三个半岛：一个延伸到赫克利斯之柱，另外一个延伸到意大利所在的西西里海峡，第三个延伸到马列亚，其上住有散居于亚得里亚海、耶弗克辛和坦纳伊得之间的一切部族。埃拉托色尼计算，赤道圈等于二十五万二千斯塔季亚。从亚历山大里亚到西厄那有五千斯塔季亚，从西厄那到麦罗埃有五千斯塔季亚，从麦罗埃到金纳莫莫佛尔所在的纬度圈有三千斯塔季亚，而从金纳莫莫佛尔到赤道有八千八百斯塔季亚。

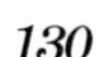

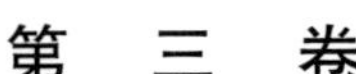

第三卷

古代的地图需要加以修正

埃拉托色尼在他的《地理学》的第三卷里，绘制了一幅有人居住的大地地图，并在其上画一条从西到东与赤道平行的线，把地球分成两部分。他认为这条线的西端是赫克利斯之柱，东端是印度北界山岳的终极部分。他把这条线从赫克利斯之柱穿过西西里海峡以及伯罗奔尼撒和亚狄加的南端，一直延伸到罗德斯和伊索斯湾。同时，埃拉托色尼补充说，直到现今，这条线还是穿过海和与其毗连的陆地的，因为我们的海本身便是从西里西亚伸过去的；然后他又把这条线几乎笔直地沿着套鲁斯山脉延伸到印度。埃拉托色尼说，套鲁斯从那个以赫克利斯之柱为起点的海那里，沿着一条直线绵亘着，把整个亚洲横切为南北两部，所以套鲁斯和海一样，是从赫克利斯之柱伸向亚洲的，其位置在经过雅典的纬度圈之下。

接着，埃拉托色尼发表意见说，修正古代的地图是必要的，因为地图上面东部山岳的各部分太偏北了。印度是与这些山岳向同一方向伸过去的，比它实际上所在的位置过于偏北。他以下列的理由来证实他上面所说的意见：第一，许多作家都根据气象学和天空现象的相似之点，一致认为印度的南端是与麦罗埃国家遥相对峙的；按帕特罗克尔的说法（因为帕特罗克尔所处的地位和他的地理学识都很重要，所以他比其他的人更可凭信），从麦罗埃到位于高加索山麓的那些印度最北面的地区，其距离为一万五千斯塔季亚。而从麦罗埃到雅典所处的纬度圈几乎是同样的距离，因此与高加索山麓相毗连的印度北方各地区，都是在这个纬度圈上。

他引用另外一个例证说，从伊索斯湾到本都海（即到阿米斯和西诺帕附近），由南到北的距离大约有三千斯塔季亚，也就是说，正好等于山地所占的宽度。“若从阿米斯向东边去，我们首先发现科尔奇斯，然后才到达通往基尔康海的狭窄通道，而在这通道外面又有一条道路到巴克特里亚，和到居住在道路另一侧的西徐亚人地区，而那些山岳则伏卧在道路的右侧；这条线若由阿米斯向

西引去,则通过普罗庞齐达和赫勒斯滂。"从麦罗埃到赫勒斯滂有一万八千斯塔季亚,而从印度南边到巴克特里亚人附近地区也是同样距离。还应当在印度的地面一万五千斯塔季亚上,再增加三千斯塔季亚,这和上面的三千斯塔季亚一样,也是山脉所占的宽度。

埃拉托色尼说,帕特罗克尔在关于印度北边的长度问题上不赞同麦加斯芬的意见:麦加斯芬测定这个长度是一万六千斯塔季亚,而帕特罗克尔则从这个数字里减去了一千斯塔季亚。埃拉托色尼说,如果他的手边再有另外一个作家的著作的话,他就会遵循后者的算法了。这是因为埃拉托色尼既不相信麦加斯芬,也不相信帕特罗克尔,因为他们两人的意见分歧,而且所叙述的也不足置信。他们讲述了那些睡着了的、没有嘴的、没有鼻子的、一只眼睛的、长腿而脚趾向后的人们的故事。他们还重述了荷马关于侏儒与仙鹤斗争的寓言,而称这些侏儒为三巴掌大的人。他们并叙述了口吐黄金的仙鹤、平顶脑袋的森林精怪和吞噬牝牛和长角鹿的大地,而在这些故事中,他们又互相揭露对方的虚伪荒诞之处。

据埃拉托色尼说:捷伊马赫说道,印度位于秋分线和冬至线之间;而麦加斯芬肯定说,熊星群隐没于印度的南部,而其星光却投射到相反的方向。依照埃拉托色尼的意见,事实上这些现象之中没有一个现象是在印度领域内发生的。埃拉托色尼差不多完全赞同菲朗的意见,菲朗曾描写过他在埃塞俄比亚的航行,其中谈到那里夏至前四十五天以内,太阳经常是在天顶上的,而在热带和赤道上,日晷的阴影也显示出同样的情形。

埃拉托色尼用一条从西到东的线，把有人居住的大地分为南北两部，又企图把这两部之中的每一部划分成可能划分的部分，并把这许多部分称为“Sflagid”。[①]

① 此字在希腊文中直接的含义是“印章”、“小块”，很难以中文表达，姑且按汉语拼音方案音译。

波里比阿

（公元前201—前120年）

波里比阿是罗马化的希腊人，生于伯罗奔尼撒的美加罗波里城，青年时代曾积极参加阿基安同盟的活动。公元前168年，他被列入人质送往罗马，十七年后才返回祖国。在罗马，他与非洲的西庇阿相结识，曾和他一同到过非洲。波里比阿曾游历西班牙、高卢和普罗庞齐达海沿岸，在拜占庭住过一些时候，并搜集了散处在本都海北岸各国的资料。他的主要著作《历史大全》四十卷，是在公元前146年完成的。其中第三十四卷系统而专门地叙述了地理。作者写成这卷，一方面是为了避免经常叙述到地理方面而破坏历史叙述的完整性，另一方面是要使作者所认为对历史如此重要的地理资料的叙述既不草率也不偶然，而要具有相当根据地加以报道。最遗憾的是：波里比阿所著的《历史大全》，流传下来的多有遗漏，而第三十四卷竟全部失传了，关于他所记述的地理资料，我们只能根据斯特累波的有限的指示，以及分散在《历史大全》中其他部分的材料，才可判断出来。

例如，波里比阿在谈到汉尼拔时，就记述了关于阿尔卑斯山的资料。他称阿尔卑斯山是世界上最高的山脉，要登上这条山脉需要五天的时间。通过这条山脉有四条路可以走，汉尼拔曾率领军队走过其中的一条(大概是大圣伯尔拿)。他还知道阿尔卑斯山区内的一些大湖。至于亚洲和非洲方面,他的叙述就很有限了。

公元前一世纪的作家和天文学家格明也指出,波里比阿关于有人居住的赤道地方的一般地理学问题的著作没有流传下来。波里比阿在著作中,力求论证赤道附近地区具有比回归线附近更适宜的气候,不仅宜于居住,而且人烟也稠密。同时,他在一部分篇幅里引用这些地方的游历资料,在另一部分篇幅则遵循着关于太阳的周年运行和地球形状等等理论上的见解。他援引了以下的论据:当太阳经过回归线到离开回归线纬度的时候(至日),会长久地停留在回归线附近,因此它几乎有四十天的时间停留在那里;所以在那里,白昼时间的长短也几乎有四十天是相同的。又因为太阳在赤道上运行的时间很短,所以当昼夜平分的时候,昼夜时间的长短在那里虽然相差不大,但这种情况很快就改变了。因此比较温和的地方是位于赤道至回归线的半途地带,而实际上最热的地方是在这个地带以外至回归线下。

此外,波里比阿认为赤道地带所处的位置高于其他地方,因此在贸易风把北方大量积云吹到这个高地的时候,赤道地带就被雨水灌溉了。

波里比阿把地球分为六个气候区域:两个在极圈的内部,两个在极圈和回归线之间,两个在回归线与赤道之间。

历史大全

第　四　卷

攸克辛本都海的记述

38.（1）拜占庭人占据的地区，在海洋方面就安全和益处来说，是全世界最适宜的地区；而在陆地方面，这两者都是非常不利的。（2）他们从海上控制着本都海的入口，以致未得他们的许可，任何商船都不能出入本都海。（3）在本都省有很多有利于别族人生活的产品，拜占庭人把这一切产品掌握在自己手中。（4）本都省周围的一些国家为了取得必要的生活必需品，供给我们牲畜和大量真正优良的奴隶，而为了取得奢侈品，供给我们大量的蜂蜜、蜂蜡和咸鱼。（5）这些国家也从我们国家富有的产品中取得了油类和各种酒类；这些国家和我们交换粮食，时或输出时或输入，视需要情形而定……

39.（1）被叫做本都的这个海，周围几乎有二万二千斯塔季亚，并有两个出口彼此相对：一个是出普罗庞齐达海的海口，另一个是通麦奥齐达湖的湖口，这个湖本身方圆八千斯塔季亚。（2）由于亚洲的许多大河和欧洲更多的水量最大的河流汇合于上述区域，麦奥齐达湖受这些河流的灌注，湖水就经过该湖口注入本都海，再由本都海流入普罗庞齐达海。（3）麦奥齐达湖的湖口叫做金麦里亚海峡，它的宽度约三十斯塔季亚，长度为六十斯塔季亚，包括全部浅水在内。（4）与这个本都海出口类似的叫作色雷斯海峡……(5) 在加尔西顿和拜占庭之间有十四斯塔季亚距离的地方就是普罗庞齐达海海口的起点。(6) 据说,亚臧从科尔奇斯回来时,他在本都省的所谓圣地曾第一次向二十个神供献了祭品……(7) 从麦奥齐达湖和本都海流出滔滔不绝的水流决定于两个原因:其中一个是直接的并且大家都看得清楚的原因,就是由于大量的水流入一定范围的区域之内,而且水分愈来愈多地经常积蓄在这些区域之内。(8) 由于水流这样不断地增加,当一切水源减退的时候,它还必须不断地浸积更多的蓄水的空间;而在水源激发的时候,过剩的水就要不断地流出,经过现有的海口急泻出来。(9) 第二个原因就是,由于暴雨之后,河流把大量的淤泥从各地冲到上述的沿海区域,于是被日益加厚的冲积层所排挤出来的水就不断地上涨,这样就越过现有的水源而流出。(10) 可是正因为冲积层经常不断地加厚和河水的支流不断地增长,所以经过海口吐出来的水,也就经常地源源不绝。

40. (4) 我们肯定地说,自古迄今本都海一直被淤泥壅塞着,当然,假若这些地方始终存在着这样的自然条件,并且壅塞的原因经常发生影响,那么麦奥齐达湖和本都海将有一天全被壅塞了。(5) 事实上,因为时间是无限的,而这些蓄水盆地各处都有它一定的限度,那么很明显的,甚至在轻微的冲积条件下,也要逐渐地把它们完全填满……(6) 假使冲积层不是少量而是大量地集聚起来,那么我们的预言不是在遥远的未来,而是很快就要实现了。很明显,这种现象事实上已在发生。(7) 麦奥齐达湖的壅塞已经是实现了的事实:它的最大部分的深度只达五或七奥尔吉亚,所以没有领航人员的大型船舶,已经不可能在这个湖上航行。(8) 正如大家一致确认的，它在古代起初是和本都海合流为一个海的，现在因为海水被冲积层排挤和流入的河水占了优势，麦奥齐达湖本身便成了淡水湖。(9) 本都海也会发生类似的情况，甚至目前已经发生了，但是因为蓄水盆地容积巨大，大多数人是不易发觉的，而观察家只要稍加注意，便会立即看出这种现象。

41. (1) 因为流经欧洲的伊斯特尔河是从若干河口流入本都海的。因而在河的出口前面，形成了一个距离陆地有几天路程的沙洲。沙洲从河口冲积的淤泥算起，长达几近一千斯塔季亚。(2) 在辽阔的本都海航行的海员们，有时在夜间不知不觉地搁浅于沙洲之上，并且把船碰破；海员们管这里叫做"乳岛"。(3) 这个冲积层不是靠近陆地而是远远地伸入海内的，它的形成取决于以下的原因：(4) 当河里泄出的水，由于它本身的冲力大过海水而排挤海水时，只要它还继续流动，无论是泥沙或河流所挟带的其他东西，都不可能立刻停留或沉淀下来。(5) 但是只要水流消逝在深邃和大量的海水中，其所挟带的淤泥便很自然地停留和沉淀下来。(6) 所以，许多长川大河的冲积物总在远处下沉，而与大陆接近的地方仍深邃如故；短小的和流动缓慢的河流，便在河口构成浅滩……就是这个缘故。

42. 所以对于这么多的、这么雄壮的、不断流动的河流产生着上述的现象，并终于会把本都海壅塞起来一事，不要惊奇。(3) 这种情况可由以下的现象来证实其确已发生：现在麦奥齐达湖的水比本都海的水淡了多少，也就是本都海和我们的海有了多大的差别。(4) 由此不难明白，这个蓄水盆地比另一个蓄水盆地大多少倍，而它所经过的填塞时间就比麦奥齐达湖的填塞时间长多少倍,那么本都海也就像麦奥齐达湖一样,会变成浅水的、淡水的和泥泞的沼泽了。(5) 但是,需要想到,注入本都海的河水越湍急和水量越大,这个情况就发生得越快。

43. 我们刚才谈过(第4卷第9段第4句),连接着本都海和普罗庞齐达海的海口,其长度为一百二十斯塔季亚,在普罗庞齐达海的一端是圣地,在本都海的一端是拜占庭城的中心地区。赫梅斯[①]的圣殿位于这两端之间的欧洲海岸上,它建立在伸入海中的状如海角的峭壁之上,这个圣殿距离亚洲只有五斯塔季亚,也是一个最狭窄的出入口。正如大家所说的那样,在这里,当大流士与西徐亚人交战时,曾架设桥梁跨越海峡。

俄译者 Ф.Г.米申科

① 希腊之神,司商业发明及竞技,是畜群及旅人的保护者。

古　罗　马

朱理亚·恺撒

（公元前100—前40年）

揆雅斯·朱理亚·恺撒出身于尤利贵族，且受过高深教育。

他不仅作为一个古代大政治家，并且也作为一位著作家而闻名于世。恺撒曾有两部名著《高卢战记》和《国内战争记》。他写成这两部著作是有用意的，即意在证明他对高卢的侵略和他与庞培所发生的内战是正确的。所以他往往故意歪曲历史事实，对于曾发生的各种事件避而不谈，或予以不正确的解释。

《高卢战记》里描述了高卢、日耳曼和不列颠，这对地理学家来说，是很有兴趣的。大家都知道在公元前55—前54年，恺撒曾两次远征不列颠，两次横渡莱茵河，并按照他的建议，在该河上架设了第一座桥梁。

恺撒曾决定挖掘科林斯地峡，还企图凿通罗马至塞栖间的运河，把台伯河和塔拉秦附近的海接连起来。此外，他还想放干粪溺的和贮水的沼泽的水，使其变成可供数万人耕种的良田。他曾准备在当时被海水淹没的罗马近郊的海岸上修筑堤防，毁掉奥斯齐海岸上的水下岩石；最后，修建海港和可供大船停泊的码头。

恺撒曾改革历法：从前罗马每年为355昼夜，这就是较天文年少了10昼夜。为了消除这种差误，由僧长公开宣布补足所差的日数。

照那样计算日数曾造成这样的混乱,比如到冬季方开始庆祝收割节。恺撒乃于公元前46年聘用著名的埃及天文学家索集根,他曾向恺撒建议在罗马采用二百年前托勒密·埃维尔格特在埃及当政时所制定的历法。恺撒审阅此项计划后,赞同他的建议,并在罗马帝国全境内颁行新历法,因此命名为朱理亚历法。这个历法沿用至1582年始加修改,自该次修改后直至现在,仍沿用这个历法。

第四世纪拉丁的地理学家耶齐库斯·伊斯特里奥所著的《宇宙志》中记载,罗马元老院根据恺撒的提议,由测地学家测量所有领土的决议是很著名的。元老院也把这个事业委托了天文学家索集根,他为了完成这个工作,曾延聘了许多埃及的测地学家。首先在罗马的广场上建立起里程标,从这里开始测量。罗马的许多道路用石标划出里程,石标上注明距离主要地点的里程数字。这项测量在东方、非洲和意大利北部已告完成,那时是公元前32年,恺撒已经去世了;在一些国家——意大利、希腊、埃及和其他地方——也进行了尽可能准确的测量;而在另一些国家里,则根据路程所需的日数测量距离。马尔克·韦普桑·阿格里帕对于测量事业的成功贡献颇多,并于测量工作完成后,曾搜集了所有材料,根据这些材料绘制了世界地图,这个地图是刻绘在罗马练兵场上一个宫殿的回廊壁上的。阿格里帕在这个图上作了注解,这个注解曾经长期地成为地理学上重要的资料。这个地图的抄本曾传到各大城市,也传到各文武官员的手里。其中一张虽然是最晚的抄本,但显然是地图的根据,世称《波依丁格挂图》。

高卢战记

第一卷

高卢地理简述及其居民(1 段)

1. 高卢共分为三部分。一部分住有卑尔吉族,另一部分住有阿奎丹族,第三部分住有自称为凯尔特族而我们称之为高卢的一族。他们彼此之间各因其特殊的语言、政制和法律而有所区别。高卢族与阿奎丹族之间是以加隆那河为界的,而高卢族与卑尔吉族之间则以马特朗河[①]和谢克万河[②]为分界。卑尔吉族是他们之中最勇猛的,因为他们居住的地方距离该省[③]较其他两族为远,而自有其文化和教育的生活方式。此外,很少有商人进入他们的境内,特别是携带着伤风败俗的商品[④]的商人。加之他们与莱茵河对岸的日耳曼人最为邻近,不断和日耳曼人发生战争。由于同样的原因,格尔乌特族的勇猛也超过了其余的高卢人,因为他们几乎每天都要与日耳曼人作战,或是打退他们的侵入,或是在他们的领土内进行战争。我们所说过的高卢族占据的那一地区,是由罗丹河起,以迄加隆那河、大洋和卑尔吉族地方为边界的,但是从谢克万族、格尔乌特族方面看,它也与莱茵河相连接,全区地区向北

① 即马恩河。

② 即森河。

③ 罗马统治时代约公元前 121 年设置的省,名为 Gallia Navbonensis。

④ 指奢侈品。

波依丁格挂图

伸延。卑尔吉族的地方是从高卢最远的边界起,直到莱茵河下游,其位置趋向于东北部。阿奎丹族的地方由加隆那河起,伸展到比利牛斯山脉和西班牙所濒临的那部分大洋。这个地方位于西北部。

第　四　卷

日耳曼部落斯威维人的特性(1段)。缪斯河及莱茵河(10段)

1. 第二年冬季(这是格奈伊·庞培和马·革拉苏任执政官的一年),两个日耳曼部族——乌斯彼特和天克捷尔——成群结伙地渡过莱茵河,迁至距离莱茵河入海不远的地方。这次移民的原因,是由于他们多年来遭受到斯威维部落侵扰的痛苦。斯威维人时常以战争来骚扰他们,并且妨害他们的耕种。这是全日耳曼的最大而好战的一族。据说,他们的国家由一百个郡所组成,每一郡每年要派一千名士兵到外国去作战。家里剩下的人要养活自己,也要供应这些士兵的给养。剩下的人过一年后,轮着次序配备武器,而那些先派去的人又留在家里。这样一来,他们无论在耕田或在获得 军事知识和经验中,都没有休息的时候。他们完全没有土地所有权,任何人也不能在一个地方停留一年以上从事耕种。他们吃的东西,谷类较少,主要的是自己牲畜的奶和肉。此外,他们的很多时间是在狩猎中度过的。由于特殊的食物和每天的锻炼以及充分自由的缘故,狩猎就不断地发展他们的体力,使他们长得身材高大;因为从童年起就没有使他们养成顺从和守纪律的习惯,所以他们只做自己喜欢的事情。他们终于锻炼了自己,甚至在最寒冷的地方,也只穿着短短的兽皮,让身体的大部分露在外面,而常常在河里游泳。

10. 缪斯河发源于佛日山脉的林冈人居住的地方,以后得到莱茵河的一条支流华卡尔河的灌注,遂和它形成一个巴塔夫人的岛屿,并在距离这岛屿约八十里①的地方流入大洋。而莱茵河发源于阿尔卑斯山的列庞特人的地方,以后成为湍急的长川流过楠图阿特人②、格尔乌特人、谢克万人、麦季奥马特里克人③、特里博克人④、特列魏尔人的地方。它在距离大洋不远的地方,分出几个支流而形成许多大岛,这些岛上的大部分居民是未开化而野蛮的民族,他们之中一些人似乎只以鱼类、鸟卵为食物。最后莱茵河经许多河口注入大洋。

第　五　卷

不列颠岛的地理记述(12—13 段)及其居民(14 段)

12. 不列颠内陆住着几个部落,这些部落根据古代的传说,认为自己是土著,而沿海的部落则被认为是由比利其卡为了掠夺和进行战争渡海而来的移民(这里所有的部落都以他们的原始部落来命名);战后他们就留在那里从事耕作业。此间人口非常稠密,

① 这里的“里”,俄文为“Миля”,泛指各国不同的距离长度单位,下同。

② 住在法国萨伏依北部的古代部落。

③ 住在法国洛林的古代部落。

④ 住在阿尔萨斯的德国古代部落。

房屋相距很近，大部分像高卢地方的房屋，牲畜很多。他们这里通用金币，或者以一定重量的铁棒代替货币。在该岛内陆发现有锡；沿海地方发现有铁，但为数很少。至于铜，在他们这里则是输入品。森林除了柏和枞树以外，一切都生长着，就像在高卢一样。捕食兔子、母鸡和鹅被认为是罪恶，但是人们却捕养它们以供娱乐。气候较高卢温和，因为不像高卢那样寒冷。

13. 该岛的地形是三角形。其中一面与高卢相对，这面向东部的一角是肯德的海岸，并且几乎所有从高卢驶来的船只都停泊在这里，而另一个地势较低的一角则向着南方，这一面长达五百里左右。向西方的另一面对着西班牙，伊别尔尼亚就在这个方向。据推测，它比不列颠小一半，它与不列颠的距离和不列颠与高卢之间的距离相同。在中途有一岛，名叫人岛。人们推测，这里还有若干小岛，许多著述家说，其中某些岛当冬至时，夜间要继续三十昼夜。但是，我们在详细询问中并没有得到这样的消息，仅根据滴漏工具的正确测量，才了解那里夜间比较大陆的夜间要短一些。这西面的长度，根据上述著作家的判断，可能有七百里。第三面是向着北部的，它的对面没有任何陆地。但是这一面的角主要地是对着日耳曼，它的长度似乎有八百里，这样一来，全岛周围就有两千里。

14. 所有这些居民中最开化的是肯德人，这个地方完全是海岸，他们的生活方式与高卢人没有多大差别。不列颠内陆的居民大部分不从事耕种，而以牛奶、肉类为食物，衣着兽皮。然而所有不列颠人一般都涂染大青，这使他们的身体都呈淡青色，因此在战役中，他们的外表比其他人都可怕。他们留着头发，但是除了头部和上唇外，全身都刮光。他们每十人或十二人，特别是弟兄和弟兄、父亲和儿子共同有一个妻子，由于这种结合而出生的子女，属于他们的母亲为处女时娶她为妻的人。

第　六　卷

高卢的社会制度、僧侣职责、学术、宗教、风俗及习惯（13—20段）。日耳曼人及其习惯、职业和战争（21—23段）。高卢人与日耳曼人的比较（24段）。黑森森林和多瑙河（25段）。黑森森林中的动物界（27—28段）

13. 在高卢的全部地方，一般说来，居民只有两个等级，这两个等级有一定的意义，并受到一定的尊敬，而这里的平民都处于奴隶地位，平民不能独自解决任何事情，也不能参加任何大会。大多数人苦于债务、苛税和狂暴人的欺凌，自愿投身于显贵做奴隶，这些显贵对于他们有对奴隶的一切统治权。而上述的两个等级，就是督伊德僧侣[①]和骑士。僧侣积极参加拜神事宜，监督正确执行公共的祭祀，阐明有关宗教的一切问题，许多青年来到他们这里受学术上的训练，这些僧侣在高卢人中一般都受到极大的尊敬。有关公共的及个人的一切争执问题的判决，都由僧侣们提出；关于犯罪或杀害的行为是否成立，关于遗产或地界的诉讼是否能进行，也

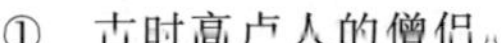

① 古时高卢人的僧侣。

都由他们解决。他们也规定奖励和惩罚,如果某人——无论个人或团体——不服从他们的裁判,他们就不准犯罪者参加祭祀,这是他们最重的惩罚。被褫夺这种权利的人算是不敬神者和罪犯,大家都回避他,避免与他见面和谈话,免得招致灾祸,恰像躲避传染病患者似的;无论他怎样恳求也不对他进行审讯,因为他没有任何应得的权利。在督伊德僧侣中,一个享有最高威信的人领导着全部僧侣。这个人死后,由最有资格的人继承,如果有几个同等资格的人,那么僧侣以投票方法解决这个问题,可是有时甚至以武器来解决优先权的争执。在一年的规定时期内,这些僧侣在被认为全高卢中心的卡纽提族人地方的圣地召开会议。所有原告及被告由各处聚集到这里来,服从僧侣的裁判和决定。他们认为他们的学术是起源于不列颠,由那里传到高卢来的,人们被派遣到那里学习,直到精通学术为止。

14. 督伊德僧侣通常不参加作战,也不缴纳与其他人相等的税款(他们一般是免除军事义务和所有其他义务的)。由于有这些特权的鼓励,许多人自愿或由父母和亲属派遣来到他们这里学习。据说,他们在那里学习背诵许多诗句。因此某些人在僧侣的学校里待了二十年以后,在一切场合,不管是作公共的或个人的记录,都使用希腊文字,但是他们认为记录这些诗还是有罪的。我觉得他们实行这种制度出于两种原因:僧侣们不愿意让他们的学习成为大众化的,不愿意使他们的弟子过于依赖记录而不重视巩固记忆;然而确有许多人发生了这种情形,他们以记录来给自己作保证,而很少努力背诵和记住学过的东西。僧侣们特别尽力巩固对灵魂不死的信仰,按照他们的学说:灵魂当一个肉体死去后就转到另一个肉体上;他们认为这个信仰可以消除对死的恐惧,并以此激发勇敢精神。此外,他们对自己的青年学生,讲了许多关于星球和它的运行、世界和地球的大小、大自然的境界,以及永生神祇的威力和权衡。

15. 另一个阶级是骑士。当有必要和发生战争时,他们全部出征(可是在恺撒的征伐以前,他们几乎每年都进行进攻的或防御的战争)。当时谁愈著名、愈富足,他拥有的奴仆和保护者就越多。他们就是拿这一点来衡量个人的一切声势和威力的。

16. 高卢人都虔信神祇。因此患重病的人与参加战争和其他危险工作的人,都贡献自己的身体作祭品或宣誓作这样的贡献,僧侣就管理他们这种贡献事宜。高卢人正是认为:为着人的人命,也一定要用人的生命来做贡献,才能慰藉永生的神。他们甚至举行这种公共祭祀。某些部落则在祭祀时使用树枝制成的假人,把活人塞在假人里面,从下面纵火焚烧,那些活人就在火焰中化为灰烬。但根据他们的见解,把犯有盗窃、抢劫或其他严重罪行而被捕的人作祭品,是永生的神更为愿意的;可是找不到这种人时,他们甚至要贡献无罪的人。

17. 他们最尊重的神是商神。它的形象比所有其他的神都大,人们认为它是一切艺术的保护者,是旅行中的指路者和向导。特别是帮助人积累财富和进行贸易事业。其次,他们也尊敬阿波罗、马斯、朱霹特和明涅尔瓦。关于这些神的象征,高卢人所具有的观念近似其他族人:阿波罗驱除疾病,明涅尔瓦教导简单的手艺和艺术,朱霹特握有支配天国的最高权力,马斯领导战争。在决战前,他们通常把将来的战利品禀告马斯,在胜利后把所有生俘的人贡献给他做祭品，而其余的战利品送到一处。在许多公社的圣地上，可以看见一堆一堆的这样的物品；很少有人违背这个宗教的惯例，而敢于私自收藏战利品或从堆积处拿走。因为对这些行为规定了非常严厉的惩罚。

18. 高卢人都承认自己是始祖季特[①]的后裔，又说这是督伊德僧侣的传说。正因为这种原因，他们计算或规定时间不是按日而是按夜，计算生日以及一年一月的开始也是这样，即认为夜是在先，日是在后的。在其他的习惯上，他们不同于其他族人的是：他们的儿子没有达到成年或服役年龄的时候，不许他们当众人面前接近自己，未成年的儿子与父亲同时出现于公共场所是失体面的。

19. 丈夫娶妻可以获得嫁妆，而丈夫也要从自己的财产里，按照估定的价格加入同数量的钱，凑在一起作为共同积蓄，连同所收益的钱一并存储起来。夫妇中谁要后死，谁就可以得到全部本钱加上全部时期所生的利息。丈夫对妻子也像对子女一样操有生死之权。当显要的人——族长死去的时候，就把他的亲友召集拢来。如果对他的死亡有所怀疑时，就拷问他的妻子，像拷问奴隶一样；经过各种拷问后，如果揭发出来，便处她以死刑，譬如用火烧死。高卢人的葬仪比他们的生活方式还要豪华，破费很大：把他们认为死人生前所喜爱的一切东西，甚至连牲畜都加以焚化；就在我们现代的不久以前，他们还遵守全部的葬仪，把死者的奴隶和被保护人同死者一道火葬，只要这些奴隶和被保护人的确是死者生前所宠爱的。

① 黑暗地狱的神。

20. 在组织最完善的公社里，定有严格的法律，凡从邻居那里听到消息的人，不管这些消息是否为单纯的闲话或是某种谣言，只要涉及公社的公共利益，就应当报告酋长，而不泄露于任何人。因为经验证明，谣言常常吓坏了鲁莽和冒昧的人，激动他们作出轻率的行动，并会使得他们在最关紧要的问题上采取重大措施。酋长认为有守秘密的必要，就隐瞒着事情；认为是有益的，就向众人宣布，但是一般的公共事务，只许在大庭广众的地方谈论。

21. 日耳曼人的习惯在许多方面和高卢人不同，他们没有掌管祈祷仪式的督伊德僧侣，因为他们不大重视祭祀。他们只信仰他们所看见的和明显地帮助他们的那些神，就是日神、火神、月神；关于其他的神，他们连听都没有听说过。他们的一生是在狩猎和军事训练中度过的，从童年起，就养成了勤劳和严肃生活的习惯。青年人保持童贞越长久，在他们那里就越有声誉。按照他们的观念，这样可以使身材长得高大，可以加强筋肉力量；未满二十岁时，如果与女人发生关系，便认为是最大的耻辱。但是他们在这方面却又一点也不避讳，因为男女经常同在河里洗澡，身着兽皮或短小毛皮，身体的绝大部分是赤裸裸的。

22. 他们很少从事耕田；他们的主要食物是奶、奶酪和肉。他们任何人都没有固定的土地和一般的土地所有权，但是酋长和头目们每年要分配给各氏族和各亲族联盟以土地，至于土地的数量和地点，则照他们的需要而定。可是一年以后，又要迫使他们搬到另一个地方去。他们认为实行这种制度是有多种理由的：怕人们安于定居生活，不关心战事而从事农业；使他们不致热衷于广阔庄园的占有，并使强者不致驱逐弱者离开其土地；人们不致建筑过分坚固的房屋来躲避天气的冷热；使他们不发生对金钱的贪婪，因为贪婪会使人朋比为奸和引起纷争。最后，还能使各人看到自己在财产地位上并不逊于最强有力的人，从而使人们保持着知足心，这就是管理人民的最好办法。

23. 著名的公社使邻近的土地荒废得越多，使公社周围的空地越加宽广，它就越有声誉。日耳曼人眼里的真正光荣是要把被撵走的邻居撵得更远，使任何人也不敢在他们的附近安身。同时他们认为，如果消弭了受意外侵袭的危机，他们的处境就更为安全。当公社进行防御战或攻击战的时候，他们选出操有生死权的特别领袖来领导公社。在和平时期，他们却没有领导所有部落的一个共同的领袖，不过各地区的最长者，在他们之中可以进行审判和调停争执。从事境外的抢劫，在他们那里不认为是耻辱，甚至他们还颂扬抢劫是锻炼青年和消遣闲暇的最好办法。如果某一个头目当众倡议愿意带头去作那样的侵袭，并且号召人们有愿意的就跟他走的时候，那么赞同他的行为和性格的人都站起来，当着赞同的群众面前许以援助的诺言。而那些实际上不参加的人就被认为是逃避者和背信者，以后在任何事情上也不相信他了。日耳曼人认为侮辱客人是罪恶，无论谁有任何事情都不来麻烦客人，以免他受委屈，客人被认为是不可侵犯的，为了客人公开一切房屋，大家和客人共分食物。

24. 曾有一个时期，高卢人比日耳曼人勇敢，并向日耳曼人发动了战争。他们因为土地不足而人口过多，遣送了移民到莱茵河彼岸。因此，沃尔斯基族的特克托萨格人占据了日耳曼的黑森森林（据我考查，这个地方曾以埃拉托色尼和某些希腊学者传闻为奥尔金森林而著称)附近的最肥沃的地方,并在那里定居下来。他们到现在还在那里居住,并且因为他们的正直和作战勇敢而享有无上的光荣。但是现在日耳曼人继续过着同样贫困的生活而仍然甘之如饴;他们还吃从前那样的食物和穿从前那样的衣服。至于高卢人,与罗马领土相距甚近,并熟悉海外贸易,因而有助于他们的繁荣和刺激新的需要,这样,他们就慢慢地习惯于克服生活上的困难。高卢人于多次失败后,甚至自己也不想与日耳曼人争雄了。

25. 上述的黑森森林的宽度,善于走路的人要走九天,用其他方法测量它的宽度是不可能的。因为日耳曼人不知道有长度。这个森林从格尔乌特人、涅麦特人①、拉乌里克人②的境界开始,直到达西亚人和阿纳尔特人地方这一段,它是与多瑙河平行的;从此它又离开多瑙河向左方发展,由于它蔓延的面积很广,就穿过许多部族的地方。在日耳曼这一地区,没有人能说出他曾走到过这个森林的末端(虽然他已经在路上走过六十天),或者听说过这个森林的末端在何处。正如大家所知道的,在森林里有许多在其他地方所看不到的动物种属。它们之中最奇异和最著名的有以下几种:

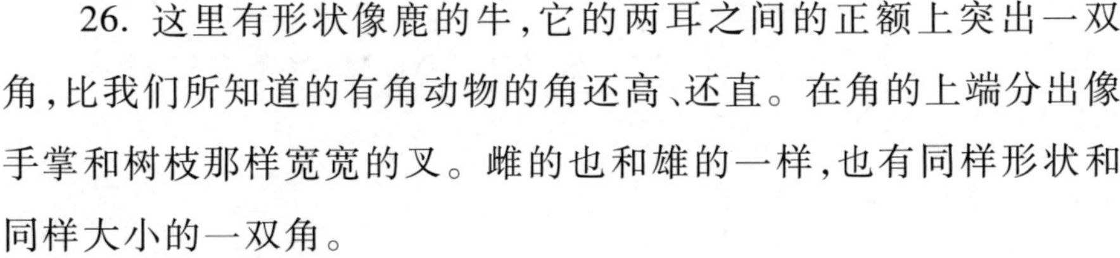

26. 这里有形状像鹿的牛,它的两耳之间的正额上突出一双角,比我们所知道的有角动物的角还高、还直。在角的上端分出像手掌和树枝那样宽宽的叉。雌的也和雄的一样,也有同样形状和同样大小的一双角。

① 古代德国部族之一,居于莱茵河斯拜尔城附近。

② 古代德国部族之一,居于今之瑞士巴塞尔附近。

27. 还有所谓麋。它们的体态和斑纹像山羊,但是比山羊的大一些。它们的双角是钝的,而四足没有韧带和关节。因此它们想睡觉的时候并不躺下,如果因为某种原因而摔倒,既不能用脚立起,也不能抬起身来。树林成了它们的巢穴。它们依靠着树木,把身子稍稍向后仰去,就这样睡觉。猎人只要根据足迹发现了它们通常的休息地方,就在这个地方的一切树根下掘洞,或者切断树木,但要使它看来似乎牢固地生长在那里。麋只要一靠着这些不牢固的树木,就以自己的力量推倒它,而和它一同倒下。

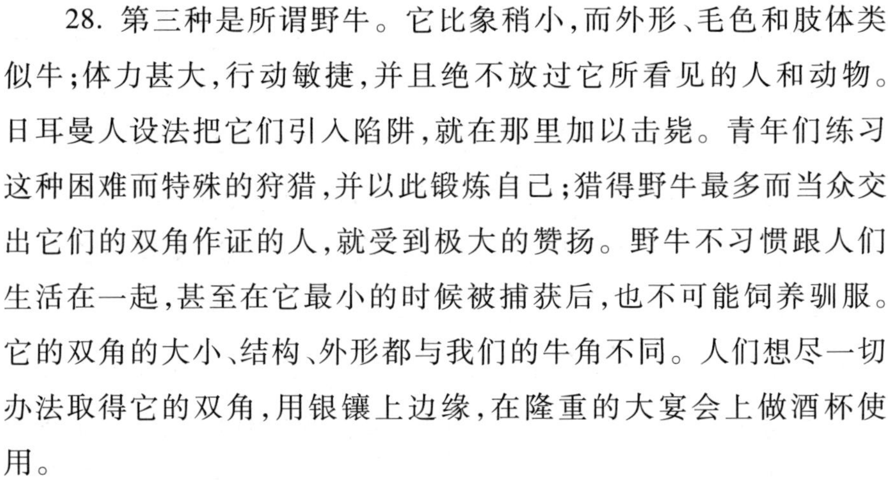

28. 第三种是所谓野牛。它比象稍小,而外形、毛色和肢体类似牛;体力甚大,行动敏捷,并且绝不放过它所看见的人和动物。日耳曼人设法把它们引入陷阱,就在那里加以击毙。青年们练习这种困难而特殊的狩猎,并以此锻炼自己;猎得野牛最多而当众交出它们的双角作证的人,就受到极大的赞扬。野牛不习惯跟人们生活在一起,甚至在它最小的时候被捕获后,也不可能饲养驯服。它的双角的大小、结构、外形都与我们的牛角不同。人们想尽一切办法取得它的双角,用银镶上边缘,在隆重的大宴会上做酒杯使用。

俄译者 M.M.波克罗夫斯基

味　吉　尔

（公元前70—前19年）

罗马诗人巴布利阿斯·味吉尔·马罗作为《牧歌》、《田园诗》和《伊尼阿的漫游》（共叙事诗十二卷）等作品的作者而享有广大的声誉。

味吉尔在青年时代受过良好的教育，通晓享乐主义的哲学。在他的作品《牧歌》和《田园诗》里，他歌颂农村的自然和耕作的劳动，而《伊尼阿的漫游》则反映出罗马帝国初期社会的意识形态；当时正是经过内战时期的流血和混乱以后，恢复了往昔盛世的，人们所称的罗马共和国的“黄金时代”。

《伊尼阿的漫游》在许多方面模仿荷马的史诗，根据它的内容可分为两部，各部有六卷。第一部描写伊尼阿漫游海洋，相当于荷马的《奥德赛》；第二部叙述伊尼阿在意大利的功绩，相当于《伊利亚得》。这部诗的内容如下：伊尼阿于特洛伊陷落之后，曾访问过色雷斯和提洛斯。在那里他要做的事就是问卜于阿波罗。其后，他被派遣到西西里，但他被暴风吹到非洲的海岸。伊尼阿在这里受到腓尼基人代多的殷勤款待（代多是神话中迦太基的创立者）。其后经过了七年的漂泊生涯，伊尼阿航行到意大利，在那里建立拉文尼阿城，并与当地部落作斗争后，占领了意大利的拉丁姆地区。

在奥古斯都时代,《伊尼阿的漫游》享有特殊的声誉,因为人们把它当做关于在位王朝出身于神的故事来传诵。

《伊尼阿的漫游》所报道的地理知识,反映着味吉尔当时的罗马社会上层关于地球结构的认识水平。味吉尔的作品,表现出荷马时代已经流行起来的那些神话和传奇式的报道又有了广泛的传播。

伊尼阿的漫游

第 三 卷

特洛伊国王柏理亚的儿子黑雷那斯,在布特罗特城告诉伊尼阿往意大利的途中有西拉和哈里布达以及埃特纳火山等危险遭遇(第 410—432 行)。伊尼阿和特洛伊人起航到意大利(第 512—523,548—582 行)

起航时,风儿把你向西西里海岸吹送,
狭窄的帕罗拉有水道可通,
你要靠左岸航行,从左边远绕海道走,
可避开右岸和海洪。
此地曾因猛烈的海啸而分裂——
那是远古年代的强烈变迁——
据说,从前这儿两地合为一处,

忽然海水冲入其间；
怒涛把格斯彼里亚和西西里分离，
激浪浸没了沿岸的城市和田园。
那西拉便藏在右边，而凶恶的哈里布达盘踞在左面，
她三次吞吸巨浪到渊底，
然后又向上吐涌浪腾腾；
浪花势欲薄星辰。
那西拉在岩洞里暗处隐藏，
当她伸嘴时，引诱船舶到石旁。
她上身现人形，美貌少女齐腰胸，
惟有下部至惊人，遍体似海龙，
便便狼腹，掩盖海豚尾。
你最好绕道特林纳克里的帕欣角①。
首长途，你要慢慢航渡，
较胜于偶然看到可怕的西拉暗洞处，
还有黑犬狂吠震荡岩石虚……

荷雷领带的夜神，还未达到半路程，
巴利纽拉斯起床颇敏聪，
他频频试风势，窃耳听微风；
仰视碧静的天空，群星流动，
既有降雨的金牛和牧夫，也有北斗二重，

① 帕欣角在西西里岛。

环顾猎户星，披着金篷。
际此天朗气清，
他从船尾发出响亮的号信；
我们拔起阵营扬帆前进。
既而曙光红，群星逝，
在朦胧深远处，我们遥见小丘和平坦的意大利。
阿开提斯首先高呼“意大利”……

顷刻间，我们的誓愿一一都满意，
我们对着风向扭转船帆的角桁，

从此抛弃希腊的家园和不可信赖的海滨。
如果传说真可信，
赫克利斯的他林敦海湾可由此看见，
拉秦尼的圣地、卡夫朗堡和使船舶沉没的西拉都在对面。
特林纳克里亚的埃特纳将出现于遥远的水里，
我们听到了海浪的怒号、岩石的拍击，
海岸旁的响声若断若续；
忽然沙滩突没，水花激起混沙砾。
父亲安开栖兹对我们说：“这一定是哈里布达，
这就是巉岩和黑雷那斯告诉我们的石壁。
伙伴们，齐出救，奋起划桨力。”
他们竞竞执行他的吩咐，
巴利纽拉斯首先把咯吱声的船儿驶向浪头左，
全体伙伴顺着风儿使劲把桨向左揣。

巨浪掀翻隆起,高举我辈朝天空,
无端下沉,又令我们黄泉堕踪。
岩洞穴居者叫嚣凡三次,
我们也三次看见了浪花溅讴和星光滴露。
适当日落,风随我们共疲倦,
茫然于迷途中漂泊到独眼巨人的海岸处。
那里海港本身至深闳,不闻风儿袭击声。
唯独埃特纳火山相距不远,雷霆爆裂骇人,
乌云疾冲穹隆,
浓烟卷起黑脂和火热的灰烬;
火山喷出的石块弥漫了天空;
熔炉里喷出的岩石,往往在空气中化为熔岩,岩石堆集成墙,
又从其深底处飞扬,
自古有传说,这堆岩石压着百臂的巨人,
其身体为雷电烧伤,
雷霆万钧的埃特纳蹲居其上,由决口的熔炉吐出火焰,
只要它辗转懒倦的腰躬,
特林纳克里亚全岛震动作霹雳,乌云卷蔽天空……

俄译者 A. A. 菲特

辛　尼　加

（公元前4年—公元65年）

琉喜阿斯·安那阿斯·辛尼加是罗马的理论学家和哲学家。就他的观点来说，他实际上是一个折衷主义者，因为他有许多方面承袭了毕达哥拉斯、伊壁鸠鲁和柏拉图等人的学说。辛尼加出身于骑士阶级，是个大富翁；他和宫廷的统治集团很接近，因数度参与宫廷的倾轧而被放逐到科西嘉岛，在岛上居留了八年。回到罗马之后，受聘为十一岁的尼禄的教师。由于皮臧的阴谋，辛尼加终于在公元65年遵照尼禄的命令，以自杀而结束了他的一生。

恩格斯在《布鲁诺·鲍威尔和早期基督教》论文中曾对辛尼加作了极详尽的评定："这位讲道德谈克制的斯多噶派，是尼禄宫廷中的头号阴谋家，不可能不阿谀奉承。他让尼禄赏赐金钱、田庄、花园、宫室。当他宣扬福音中贫困的拉撒路时，他实际上正是这个寓言里的富人。"①

罗马著名的修辞学家克文齐利安（公元一世纪）把辛尼加大部分的作品分为《演说集》、《诗集》、《书信集》和《对话集》。我们仅概略地谈论上列各作品与地理学有些关系的那部分，例如：关于

① 《马克思恩格斯全集》第十九卷，人民出版社1965年版第333页。

《自然科学诸问题》的论文和悲剧《美狄亚》。

辛尼加在流放期中曾给他的母亲写信说："我正在研究地球与其有关的各个部位，然后再研究海洋、涨潮和退潮，然后再研究天空与地球之间所发生的雷、电、风、雨、雪、雹；最后，逐渐进入高深的领域——一面陶醉于太空的壮丽景色，涉遐想于宇宙之永恒与无极；一面探索那过去、未来、万古长存的奥妙。"这番话里，似乎已包含了他后来所著述的、题为《自然科学诸问题》的一书的写作大纲。而在这部作品中，他很详尽地叙述了自然地理的各种对象和现象，例如水（第1卷），水的机械作用和化学作用、河流的形成、水的温度和颜色、间歇泉、空气与风（第5卷），地震（第6卷）及其波及的范围等等。比如，辛尼加在谈到地震时，就详细地分析了古代关于地震的各种假说。这些假说往往把地震现象或者解释为地下火的作用，或者说成是受浮载着大陆的茫茫大洋的波动的影响，或者认为它是受地下气体的压力，或由于上述某几种原因综合起来而发生的。而辛尼加本人则偏向于解释地震是由于积蓄在地下面的气体所发生的压力的结果。

《自然科学诸问题》是流传到现在的、罗马科学这一领域内的稀有著作之一，而毫无疑义地，首先是文学领域内的稀有作品之一。作者在这部作品里，利用了文学史料中所沿袭的许多事实和论断，而又不能随时对这些论断加以应有的批判，因为就物理—数学的深奥知识来说，他在这方面还没有充实的基础。凡是他认为是最真实的，或者是他唯一所喜爱的，他均表示赞同。辛尼加在这方面表现出他是一个修辞学家，实际上按照他所受的教育和他的思想性情来说，也的确是这样的。

辛尼加的描写地方志的作品(印度志和埃及志),显然是根据文献的资料写成的;这些著作并没有流传到现代。大普林尼在他所著的《自然史》(第6卷第21章)中提到这些著作时,曾说道:"我们的辛尼加在他描写印度的尝试中,曾算出共有六十条河流,一百二十二个部族。似乎值得费同样的劳力来把山脉数一数。"

十分明显,辛尼加是同情于大陆论拥护者的,因为他曾断言大西洋也许没有那么大,船舶在顺风的时候,几天之内就可以横渡过去。

在辛尼加的悲剧《美狄亚》第二幕的一场中,合唱队歌唱着一艘第一次冒险横渡大海窃取圣物的海船"阿尔戈"号;歌唱着罗马帝国从那时起,史无前例地扩大了地理疆界,并在结束这一场演出时作出了惊人的预言。后来这一预言便成了预见到发现美洲的一个卓越的例证,而常常为人们所引用:

这样的时候即将来到,
那时,海洋摆脱大自然的锁链,
一片广阔的大地将被发现,
西提斯将要揭露许多的新地方,
弗列岛不再是世界的边缘。

辛尼加:《美狄亚》第2幕,第376页

当然,辛尼加的这一预言,是以他的渊博的文学知识为基础的。在古代希腊和罗马的文学里,例如斯特累波(公元前一世纪)、西西里的季奥多尔(公元前一世纪)、波卢塔克(公元前一世纪)、大普林尼(公元前一世纪)、庞蓬尼·麦拉(公元前一世纪)等人,均常常谈及大西洋西岸上的一片辽阔的大地。

自然科学诸问题

第　四　卷

论尼罗河的泛滥及其原因和对埃及的意义（第1—2章）。论雹（第3章）

第1章　总之，西西里岛本身以及与它毗连的区域，虽然是许多著名的地方，但是我暂时放下一切与你的省份有关的问题，而使你的注意力转向于另一方面：我且与你分析一下，我在上册书中所谈到的问题——为什么在夏季月份里，尼罗河是那么水量充足。哲学家们教导说，多瑙河的本质与尼罗河相似，这一则因为多瑙河的水源仿佛不明，再则因为它的水量在夏季里要比在冬季里更为充足。不管哪一个原因，都是与事实不符的。要知道，我们已明白多瑙河的水源是在日耳曼，尽管事实上在夏季里它的水量要较为充分些，但这是在刚和暖的头几天里，即在春末，当尼罗河还没有泛出河岸的时候开始的，也就是开始在阳光猛烈和积雪融解的时候，而这些积雪也是在尼罗河的水势还没有开始高涨以前便融化的。在夏季的其余时期内，多瑙河的水势都是下降的，并且恢复到冬季的水位，一直保持到泛滥开始时为止。

第2章　至于尼罗河，它的水位上涨是在狼星出现以前，昼夜平分以后的盛暑之际。尼罗河在自然界一切河流中是最有益的河流；大自然所展现于人类眼前的也正是这样。在埃及，灼热的焦土深深吸收着水分，而每年的干旱，使泥土尽量吸收那么多的水量以满足它的需要。在这个时候,大自然便安排好使尼罗河的水每年及时地灌溉埃及。就因为向着埃塞俄比亚的那些埃及地区,或者完全不下雨,或者下一点儿雨,就使得不习惯于天空水汽的土地没有什么用处。埃及的一切希望都寄托在尼罗河。这是你知道的。年成的丰收或歉收,全靠尼罗河泛滥出来的水量多寡而定,正如一位诗人所说:

"农夫们谁都不仰视天空。"

所以我不想和我的诗人开玩笑,而把奥维得的诗句插入他的诗里,奥氏说道:

"连青草也不祈求朱霹特赐予甘露……"

如果能说出尼罗河发源于何处,那么就可以辨明它涨水的原因了。但是我们只知道,它在沙漠中流过,泛滥着,同时形成许多沼泽。在这些沼泽之间,居住着各个部落,一直到淮利岛附近,才由许多游离不定的和分散的支流汇合成为一条完整的河流。淮利是山陵起伏而四面陡峭的岛屿。两条巨流围绕着它,然后汇合在一起。它们流入尼罗河,因此都称为尼罗河。岛屿的全部面积为一城市所占据。尼罗河从埃塞俄比亚和从有一条通往印度洋的通商大道所横穿过的沙漠地带流出时,便沿着这个岛屿宽阔而徐缓地流过。然后它的水流骤然为一堆石滩所截住,这是个以风景优美而著名的地方。在尼罗河的流程中,有许多险峻的、呈锯齿状的峭壁激起水流。当它冲过所遇着的岩石时,鼓足其全力,时而战胜了它的障碍,时而又在障碍面前退却下来,以惊涛骇浪冲过岩石间的狭路。这是尼罗河水势湍急的地方,而在这以前都是沿着平坦的河床安静地流动着。从这里起,尼罗河穿过狭窄的通路,始有急湍而奔腾的水流,而河水不再像从前一样——已变得那样的混浊而多泥了。在这些地方,水由岩石裂缝之间流过,使水上布满着泡沫,带上一层非它所固有的、似乎在这里受了损伤而变成的颜色。最后,这个急流克服了各种障碍,骤然从很高的地方降落,倾泻而下,同时发出震动四周的可怖的声音。居住在这些峭壁巉岩之间的部落,因为忍受不了这种震耳欲聋的不断的轰隆声,此后他们都迁移到别的地方居住了。尼罗河两岸居民的无比勇敢的精神,是与我所知道的尼罗河的名胜分不开的。从前有两个居民乘了一只小破船,一个撑着船,另外一个不断地舀出船里的水。后来,尼罗河的狂涛骇浪把他们颠簸着向前推进,历时很久。他们终于为自己开辟了一条非常狭窄的航路,沿着这一条路,他们才得通过那峭壁的狭路。他们随着急流向下漂流的时候,两手抓着翻倒了的船只,头向下方奔驰而去,使观众大惊失色。当仿佛可以为他们哀悼的时候(因为这样大量的水流会淹没了或粉碎了他们的),这两个人像炮弹般从他们飞落下来的那个地方,已航游了一段很远的距离了。原来奔驰的大浪并没有把他们淹死,而把他们送到了平静的水流中去了。这是我们所知道的尼罗河开始涨水的地方,亦即我刚才说过的那个在淮利岛附近的地方。距离这个岛不远,尼罗河的水流就被希腊人称之为“阿巴唐”(难于攀登的)的峭壁所分开。除了上面所讲的那两个人而外,任何人都没有攀登过这个峭

壁。这个峭壁是发觉尼罗河涨水的第一个地方。然后经过很远的一段距离又出现两个峭壁，居民称之为尼罗河的动脉。水从这里源源不绝地涌出，可是要以其灌溉全埃及还是不够充分的。每当举行神圣的仪式时，僧侣们均向这峭壁的深洼处投掷许多金钱作为献品，而官长们则投以黄金作为礼品。尼罗河从这里开始，便沿着幽深而平坦的道路在深深的河床里流着，已失去了上涨的力量，并且由于山岳的障碍，使它不能往宽处发展。最后，尼罗河在孟斐斯附近得以畅流无阻。它流入平原，同时分成许多支流，并散流入人工的水道；这些水道是为了使那些分散的水流，按着固定的行列有节制地流灌全埃及。最初它分散成许多个别的支流，然后形成一片汪洋的水面，俨如一望无际而波浪汹涌的大海在泛滥着。左右环绕着全埃及的尼罗河的水，沿着辽阔的地区扩展着，而广阔的地区不断地消耗水流的力量。尼罗河愈是泛滥，则一年的丰收愈有希望。这个指望从来没有欺骗过农夫，因为土地肥沃的程度全靠河里的水位而定。尼罗河除了带来水之外，还把土壤带到干燥而多沙的地面上。要知道，当尼罗河奔流着的时候，它在那些吸收水分的干燥的地方留下了淤泥，并且把随着河水带来的一切肥料都投到干燥的地面上。田野由于两种原因而得到尼罗河的益处：一则是因为这条河灌溉了它们，二则因为还给它们施上了肥料。因此，它没有流到的地方仍然是贫瘠而荒芜的。如果水涨得超过了需要，那就将酿成一场灾害。这条河的自然特性也是非常奇特的：当其他的大河往往带走或冲去土壤的时候，而尼罗河在同一时期不仅什么也不冲去、不带走，相反地，却增加了大量的土壤，而且在这河里几乎没有危害于土壤的东西；它带来淤泥时，便供给了土

地以营养,并且使沙土增加黏性。埃及感谢尼罗河,不仅为的是土地肥沃了,而且为的是埃及本身得以生存。在田野上泛滥着的尼罗河真是一幅壮丽的景色。平原隐没在水下面,盆地为水所淹没,而城市则突出于水面宛如一群岛屿。在远离海的内地,船舶成了唯一的交通工具,当地居民看见自己的土地变得愈小,就愈感觉得高兴。尼罗河当其还没有溢出河岸而经过七处河口流入海的时候,它的景色也是非常壮丽的。这些河口之中的任何一个都是真正的海。在那里还有许多无名的支流从尼罗河伸延到各海岸。此外,在尼罗河中还有许多野兽,这些野兽无论就身体的大小和生性的残暴来说,都不比海产动物逊色。从这些巨大的动物栖息于此,而且有足够的食物和足够的活动范围来看,我们也能判断出尼罗河的规模。巴尔比勒是一位品质优秀而具有各种科学知识的稀有人物,他肯定说,当他在埃及任地方长官的时候,在格拉克列河口,即尼罗河的最大河口,曾看见过非常奇妙的景象:从海里出来的许多海豚和从河里成队地爬出的鳄鱼,好像排成了两面交锋的阵势。鳄鱼被那喜欢海居而又不互相咬打的动物——海豚所战败。鳄鱼躯干的上部分是坚硬的,甚至于庞大的动物的牙齿都不能咬穿它的皮肤,但是它躯干的下部分却是柔软的。海豚沉入水中,以其凸出于背上的尖锐的鳍刺入了这个部分,用力把鳄鱼撕裂了。于是,大多数的鳄鱼的腹部都被割开,其余的鳄鱼便相继逃跑了。这种动物的行动是畏缩而勇敢、勇敢而畏缩的。天齐尔城的居民之所以战胜鳄鱼,并不是由于他们自己的血统或阶层上的某种特质,而是由于轻蔑和讨厌它们的缘故:居民们开始追逐鳄鱼,而当鳄鱼掉头逃跑时,便用绳套来捕捉。同时也死了许多人,这就是那些缺少

勇气去继续追击的人们。捷奥夫拉斯特断言说,从前有个时期,尼罗河的水曾经是海水。大家知道,在克利奥佩特剌统治时期,曾经一连两年,即在其统治时期的第十年和第十一年,尼罗河的水并没有上涨。有人说,这就是有两个君主要倒台的预兆。而事实上,安多纽和克利奥佩特剌的统治是完结了。卡利马赫报道说,从前有一个时期,尼罗河的水九年之内均没有上涨过。但是现在我要着手研究尼罗河的水在夏季上涨的原因。先从最古老的解释开始。安纳克萨戈尔说,由埃塞俄比亚山岭上的积雪融化而成的水下流时,流至尼罗河。古时候大家都信从这一个意见。这是埃斯希勒、索佛克勒、埃弗里皮德都曾传述过的。可是有许多论据都确切地证明这样的解释是不正确的。首先是埃塞俄比亚居民的黑色皮肤以及穴居人所住的地下室,均足以说明埃塞俄比亚的气候是非常炎热的。石头不仅在正午的时候,就是在日没后也会燃起火来。人的脚不可能在这灼热的沙上行走,银子会变得像铅一样,塑像的接头处会自然溶化,而嵌镶在各种物品上的任何装饰品亦没有一样能保持住的。而且从那些边远的地方吹来的南风是最温和的风。凡在冬天寒冷的时候要躲藏起来的动物,在此地绝没有一个会隐藏起来。这里甚至在冬季里,地面上还可以看得见蛇;距离这炎热地带很远的亚历山大港不常下雪,而且在比较更高一些的地方是不常降雨的。在这样炎热笼罩的地方,怎么会下雪,而且雪怎么还能这样地维持整整一个夏季呢?当然,那里也有某一些山有时在下雪,可是这些山绝不会比阿尔卑斯山高大,也绝不会比色雷斯或者高加索的山脉高大。要知道,这些山中河流的水量,在春季和夏初的时候是较为充足的。可是在一年的寒冷的时候,水就减少了。这显然是由于春雨把雪冲去，而最初的暖和天气又把残余的雪也消除了的缘故。无论是莱茵河、罗丹河，也无论是伊斯特尔河或卡伊斯特尔河，都没有这种夏季涨水的灾难。其实，向北的山岭积雪很深。如果雪不顾夏天的炎热能够使河水水位上涨，那么在同一时期，法息斯河和博里斯芬河的水也同样会上涨的。除此而外，如果这是尼罗河的水上涨的原因，那么它在天气刚刚开始温暖的时候，水量可能是最充足的。因为在雪特别多的时候还没有开始融化，而要在天气微微变暖的时候才开始融化。其实尼罗河的泛滥往往要继续四个月之久，而它的河水都是平均上涨的。如果相信赛利斯的话，那么贸易风是逆着尼罗河的水流而吹来的，贸易风吹着海水流到尼罗河的出口处，借以阻挠尼罗河的水流入海中。这样一来，尼罗河的水流成为后退，而回到自己的河床里。它的水并不上涨，而在失掉出口之后便停滞住了，只在那两岸可以泛滥的地方流出来。请看一看马西利亚人埃弗菲明的证明："我曾完成了一次大西洋的航行。尼罗河从那里流出，这条河的水量当贸易风的季节是最充足的，因为贸易风赶来了海水。当贸易风停息的时候，海上风平浪静，因此尼罗河水流的力量便减小了。而且这里海水的味道并不咸，而各种水栖动物好像是尼罗河所产的。"如果说这条河的水位上涨是由于贸易风所引起的，那么在贸易风的季节以前，它的水为什么就开始上涨了呢？而在贸易风季节终了的时候，它还保持它的水位呢？当贸易风吹得更猛烈的时候，它的水位并不再增高，它的水流亦不因风力的强弱而有所减弱或增强。如果风的力量会成为尼罗河涨水的原因，则水量或增或减都可能发生。如果解释尼罗河的起源是由于贸易风吹动了它的泉

源，那么对那些说贸易风是逆着尼罗河的水流而吹到埃及沿岸的人又该怎么办呢？尼罗河就应当是从贸易风吹起来的那里流来的。此外，如果这条河是从海中流出来的，则它的水就该是澄清的，它的颜色就该是蔚蓝的，但是实际上，水却是混浊的。况且埃弗菲明的报道已为许多论证所驳倒。当陌生的地方还没有被人发现的时候，往往把幻想认为是真实的。当时可能传说着一些神话。而现在外海的全部沿岸有许多商船在航行，现在这些商人谁也不再说尼罗河的水是蔚蓝色的，或者那里的海水有着另外一种味道。后一种说法是违反自然的。因为依照这一种说法，则所有淡味的或无形体的东西，都将被阳光所吸收。除此而外，为什么尼罗河水在冬季里不上涨呢？因为既然贸易风已经停息，冬季里的风也能够把海洋激起波浪，有时更为猛烈。假使这条河是从大西洋流出来的，那么它的水就会立即泛滥于全埃及。而其实它的水位却是逐渐上涨的。开俄斯人恩诺皮德说，在冬天，热气是保存在地下的，所以在洞穴里冬天是温暖的，井里的水还要更温暖些。根据这一点，他认为地球的内部，由于内在的热变得干燥了。当别的地方雨水增加了河水水量的时候，而在同一时期，毫未得着雨水帮助的尼罗河的水就要变得少一些。及至夏季来到的时候，尼罗河水量又变得较为充足了，因为夏季里使地下泉水恢复水源的寒冷笼罩着地下。但是，如果真是这样，那么许多河里的水位都会高涨，所有的井都要充满了水。此外，我不认为冬季里地下有较高的温暖。地下水、洞穴和井之所以经常是温暖的，是因为冷空气从外面不能透进它们里面来。因此，绝不能说地下水、洞穴和井具有自己的温度，只不过是寒气未透入它们里面来罢了。根据这一理由，所以夏

季里它们是凉的:温暖空气不能透进地下水、洞穴和井里面,因而它们与温暖的空气相隔绝。阿波罗尼亚人待俄泽尼说:“太阳经常吸收水分。干燥的土地有时从海洋,有时从旁的水流获得水分。但是这样并不可能使地球在这一个地方变成干燥的,因为在旁的地方或者有过剩的水分流出,整个地球是由一些互相联系着的通路贯穿其间的,干燥的地方总会从水分充足的地方得到水分的。如果地球得不到适当的水分,那么它就会干透。固然,太阳夺走了一部分水。但是南方的地区,从地球上却吸进了较多的水分。干涸的土地为自己吸收了大量的水分。正如灯里面的油一样,哪里在燃烧,它就向哪里流。水呢,为炎热所晒热了的土地把它往哪里吸引,它就趋向哪里。但是水究竟是从何处来的呢?很显然,是从北方来的。冬季,水从那里源源不绝地流出来。所以本都海不断地急湍而奔放地流进埃特鲁斯海,而且是经常地向同一方向流的。因此本都海是与其他一切的海有所不同的。在其他的海,炎热的天气是轮流更替的,时而在这边海岸,时而在那边海岸。如果本都攸克辛的水流是另外一种,如果它在土地上的流程中,无论水分怎样欠缺都得不到补充,无论水分怎样过剩都得不到排泄,那么整个地球或者就要成了一片干涸,或者就要成了一片泽国。”很想问一问待俄泽尼:如果所有的河流都与海相连接,那么为什么在夏季里河里的水不是到处都在上涨呢?人们反驳这个说:在埃及,太阳晒得比较灼热,所以尼罗河的水便涨得较高。但是,要知道在别的地方,河水也常常有类似的高涨。其次,如果每一地区都是从旁的地区吸收水分,而且在地球的某部分愈是炎热,它吸收的水分就愈多,那么在地球的某些地方就可能完全没有水分。最后,如果尼罗

河的水是从海里来的，那么为什么它的水是淡的呢？原来没有一条河的水不是更淡过海水的。

第3章　如果我对你说，雹的形成是和冰的形成一样，即是由于整个云层冻凝的结果，那么我说得太冒昧了。因此我就把自己置身于那些二等见证人的行列里，他们说他们虽然想着，却没有看见，但是却听见过所想听的，而我自己一定要依照历史学家所做的那样去做。他们起初总是说他们所认为是对的谎话，可是后来他们拒绝证实某一说法的正确性，并补充说：对真实性要由说话的本人来负责。因此，你如果不十分相信我，那么，对于上面所谈到的一切和以下将谈到的，都应由波西多尼阿斯来负责。他将肯定说，并且他似乎曾经肯定说过，雹是由饱和水的和已经变成水分的雾所形成的。但是雹粒为什么会是圆的，只要你注意水滴总是要紧密地收缩着，那么你不必请教别人也会明白的。这个现象既可以在聚积着我们呼出水分的镜子上面看出，也可以在布满着许多小水滴的茶杯上和任何其他光滑的表面上看出：例如，水滴如果落在树叶或草叶上，那么它们都是圆形的。

“最硬的是石头，而最柔软的是水。
毕竟是软的水会穿过坚硬的石头。”

或者如另外一个诗人所说的：

“一滴接着一滴落下时，凿穿了石壁……”

而且凿穿的窟窿总是圆形的，由此得出结论，穿过的那个东西也应该是同样形状的，因为它穿过的地方应当与自己的形状和外表完全一致。除此而外，也许最初雹粒并没有这种形状，只是在落下来的时候才变成圆形的。它经过许多次的围着中心轴旋转，当它飞过充满浓厚空气的空间而均匀地转来转去时，于是便变成了圆球。雪花就不会发生这种情况，因为雪花不仅没有雹那样的密度，而且一般都是极柔软的；而且雪是从不很高的高度降下来的，是在离地面不远的地方发生的。这样，雪花在空气中飞过的时间很短，它的开始与落下的过程也是不长的。既然任何场合都不会不比哲学家们享有更多的平等权利，为什么我们不像安纳克萨戈尔那样大胆说话呢？雹不过是从高空落下来的冰，而雪花不过是在风中飘来飘去的一片片的霜。原来我们已经谈过，霜和冰之间的区别，就是水和露之间的区别。因而雪与雹之间也是有同样的区别的。

第　五　卷

论风及其发生的原因（第1—6章）

第1章　风就是空气流动。某些人曾下过这样的定义：风就是向一个方面流动的空气。这第二个定义显然要更正确一些，因为空气绝不会像处在完全静止的状态一样不动：它是经常运动着的。我们可以同样地来谈一谈海，当海微微地作浪，而波浪没有向一方面漂荡的时候，它是平静的。因此，如果你读过这一句诗：

“当海顺从风的时候，它是平静的。”

那么你就会明白,海不是不动的,而是微微起伏着波浪,其所以称它为平静的,是因为它既不冲到这方面,也不冲到那方面。必须说空气也有同样的情形:虽然空气常常是平静的,但它绝不会常常是不动的。在下列的例子中即可以了解这一点。当太阳的光线投射到某一个四面都遮起来的地方,我们可以看见许多极微细的尘埃飞扬到相反的方向,即一些在上面,一些在下面,彼此互相冲撞着。因此,说"波浪是海的运动"的人所下的定义是不够正确的,因为平静的海也是处在运动状态中的。可是那抱十分慎重的态度来处理事情的人却下了这样的定义:波浪是海往一方面的运动。这个定义的拥护者,对于恰好作为我们研究的对象的这个问题并没有弄糊涂,因为他曾这样说:风是向一方面流动的空气,或者:风就是急剧流动着的空气,或者这是趋向一方面的空气压力,或者这是在某一方面的更为激烈的气流。我认为,要是提出下面的反问,可能对于第一个定义是有益的:为什么必须补充说"流向一方面的空气"呢?原来在任何情况下,流动的东西都是流向一方面的。如果只有水的内部运动,而它不往哪里流动,那么任何人也不能说水是流动的。这就是说,运动是可能的,但没有流动。相反地,除非水向一方面移动着。它绝无其他的流动。但是,如果这个简短的定义可以避免歪曲的解释的话,那么我们就可以引用它。如果谁要更慎重一些,那就让他不要吝惜地多说一句话,以避免一切吹毛求疵的补充。现在转回来谈谈问题的实质吧,因为对定义的公式的议论已经够了。

第 2 章 德谟利克特说,风是许多叫做原子的微小的物体存在于小空隙中的时候发生的。相反,在一个很大的空间有极少的微小物体的时候,空气却经常处于静止的状态。正如在市场里或街道上一样:人少的时候即不感拥挤,一旦人群聚集在一个狭窄处所,人们就会互相推撞着,便拥挤起来了。我们周围的空间也是这样的:如果许多物体充满在一个不大的地方,那么这些物体不免就会彼此碰撞着,前后推动,互相障碍,而且还遭受着挤压。当许多微粒经过长时间的互相碰撞和动荡之后,开始挤压到一边的时候,风就形成了。如果极少的微粒在一个很大的空间内移动,那么它们既不会互相接触,也不会互相挤撞的。

第 3 章　正当空气被云层加重的时候,风势最为减弱,纵然可以由此得出结论,这也是不正确的。而其实当最大量的微粒堆聚在一个不大的空间的时候,结果使紧密的云层增加了重量。我们还可以补充说,在河和湖的近旁常常下雾,这些雾就是由许多微粒所聚集而成的,可是却没有风。有时雾是浓得甚至连站在旁边的人都不能看见,然而,如果那许多的微粒不是聚集在一个小的地区,那么这种现象就不会有的。实则任何时候,都不像在有雾时那样连一点儿风都没有的。我们还可以补充一个相反的例子。当太阳出来的时候,它就使早晨潮润的浓密的空气疏散开了。当微粒有了出路,其浓密的堆积散开的时候,便吹起了微风。

第 4 章　你要问风究竟是怎样发生的呢?须知你并不否认风之发生的真正事实。于是这里可以举出不止一个样式来。比如地球本身有时从它的内部喷出大量的空气;而且还常常不断地自下而上散出大量的与地球分离的蒸气,而这种蒸气与空气自相混合在一起的变动就引起了风。的确,没有什么能劝说我,让我相信第一种方式,或者避而不谈它。食物在我们的身体内会引起空气的积聚,放出这样的空气往往是难闻的;当胃要放这样空气的时候,有时发出响声,有时没有响声。因此其结果是,一切生物之母分泌它的营养物质时,它就会放出空气。它更仁慈地让我们经常地消化食物,否则我们就要担心任何不洁净的东西。更确切地说,那就是许多微小物体同时不断地从各方面游移着,它们聚集起来,然后在太阳的影响下,开始消散,因此一切在窄狭的空隙中扩大的东西,就要占据一个较大的地方;而风即由此而形成。

第 5 章　究竟是这样吗?这就是说水和地球的蒸气也应该认为是形成风的唯一原因吗?是不是开始的时候,它们使空气变得沉重,然后它们尽量地扩散,因为凝结的东西在放散时经常要占据一个较大的地方,是不是这样呢?按我的意见,这不过是许多原因之一,但是还有另外的、更为真实而更为重要的原因,就是空气的本质具有一种运动的力量,而且这种力量不是从任何地方得来的,而是蕴藏在它本身上的。这种力量是像其他的物质一样为空气所特有的。绝不能假定说,给我们以一种力量来推动,而空气则仍然是静止不动的。本来水有自己的运动,即使在没有风的时候,它也是动着的。如果不是这样,在水里动物就不能繁殖。我们也看见在水里生长着青苔,在水面上则漂浮着某种草本植物。

第 6 章　可见,在水里总是有生气勃勃的东西的。那么,关于水还谈些什么呢?即使能够消灭一切的火,也还可以产生些东西。在火里也会产生许多生物——这似乎是不可靠的,可是这也是对的。就是说,火里是有某种力量的,所以它时或变得紧密,时或扩大而播散;时而缩小,时而伸长又消失。因此,空气与风之间的差别,也就是湖与河之间的差别。归根结蒂,太阳本身就是风的起因,因为它散布着冷空气,并使空气摆脱那种浓厚和紧密的状态。

第 六 卷

论地震及其发生的原因(第1、5、21章)

第1章 最亲爱的卢其利,我们知道在卡莫潘尼亚地方的名城庞培,那里一边是苏连特和斯塔比亚的沿岸,另一边是赫丘娄尼恩的沿岸,这样连接着形成一个壮丽而狭窄的海湾。庞培因地震而陷塌了,这个城市四周都受了震动,而且这个灾难是发生在冬季,而我们的祖先认为,一年之中,冬季在这个问题上是安全的。震动是二月九日在列古尔和维尔金尼亚领区内发生的。在卡莫潘尼亚从未防备这种灾难,因为直到那时并没有遭受过这种灾害,而且许多次都避免了危险,这一次却遭受了最大的毁坏。赫丘娄尼恩城的一部分毁坏了。甚至余下的一部分,因震动也不坚固了。如果努采林的移民区并未全部遭难,那么这里就有理由可以诉冤了。这个骇人听闻的灾难曾轻微地波及那不勒斯城,那里许多私人住宅毁坏了,但是许多公共建筑物却保存下来。至于那些位于陡峭地区的田地则未受震动。这次地震的后果,还震死了六百头羊和打碎了许多塑像。据说在这以后,有一些人因丧失了自制力而疯狂起来,前走后退地徘徊着。当前的工作性质和现在恰巧发生的这个不幸事件,均要求我们研究事故的原因。我们必须使惊惶失措的人们得到安慰,必须使他们不受恐惧的威胁。事实上,如果宇宙本身在震动,如果宇宙上的无比坚硬的某些部分在摇撼,那么谁还能认为有什么是够坚固的呢?如果用作万物的支柱的、世

界上唯一不动而且不可动摇的东西都动摇起来,如果地球连它本身的那难以破灭的一部分都会丧失,那么还有什么东西能屹立不动呢？到底,威胁我们的东西究竟在什么地方呢？如果危险由下面发生而且透过那样深的地方,那么身体还能找什么避难所来避免震动呢？灾祸笼罩着一切的人们。当房屋预示要倒塌,屋顶开始破裂得发响的时候,人们慌忙逃避,他们离弃自己的家园而流浪异地。可是,如果地球本身都要毁灭,如果支持和保护我们的世界基础,就是大城市建立于其上的和某些人称之为我们世界的基础,都要崩裂和摇撼,那么还能预备什么避难所和怎么样地求援助呢？当无处可以逃避灾难的时候,还能讲什么样的安慰呢？更不必谈援助了。我还能够再说什么是坚固的呢？还有什么足够坚固的东西可以作为自己的和别人的堡垒呢？如果有城墙,就不能让敌人逼近。位于高高的峭壁上的堡垒还能够挡住大军,因为要进入这些堡垒是非常困难的。我们在港口里有掩蔽处,就可以防御风暴。住宅可以保护我们避开暴风雨的威力。火灾并不追逐躲避它的人。躲避雷电的可靠工具,是地下室和凿得很深的洞穴。这种天空的火灾不会打穿地球,而地球上最微小的障碍物都会拦阻它。当发生了传染病的时候,居住的地方可以更换。没有不能解脱的灾难,闪电从来不焚毁人民。为鼠疫所毒化的空气,可以使许多城市变得荒凉,但是不能把城市带走。可是这个灾难蔓延得空前未有的广泛,使人们无法逃避,它是贪得无厌的,是社会的祸患。

第5章　地球发生震动的原因,根据一些人的意见是水,另一些人的意见是火,第三种意见是地球本身,第四种意见是空气,第五种意见是上项大多数的物质,第六种意见是所有这些物质。某些人声明说，他们很清楚，原因是在于这些物质中的一种，但不知道，究竟恰好在那一种物质里。现在我们对于每一个意见分别地加以研究。我首先应当说，古人所发表的意见并不准确，在这些意见里往往流露着无知。一直到现在还仍然徘徊在真实的外围。第一次议论这个问题的人，一切都是新的。以后更精确地修正这些知识，如果又新发现了什么，就必须同样地借着这些最早原有的知识加以论断。人们必须以很大的勇气来揭露大自然的秘密，当观察它的外表而不感满足时，应当探索内部，钻研神灵所隐藏的秘密。那些期望能发现真理的人，为了科学上的发现都做过很大的努力。因此，人们必须虚心地来听取古人的意见。凡事一经开始之后，没有一件不会没有结果的。不仅在最大和最难的事业中，每一代人都要作若干新的探讨，从而经过多次的努力才获得许多新的发现，而且在一切其他事业中，开始距离成功总是遥远的。

（辛尼加陈述了米利都人赛利斯·安纳克萨戈尔、亚诺芝曼德、亚里斯多德、开俄斯人麦特罗多尔、德谟克利特及其他哲学家的意见之后，赞成那些认为空气是地震原因的人的意见）

第21章　我们也认为，只有空气才能造成这样的变化；世界上没有比空气更有威力和更有能力的东西了，如果没有空气，任何东西，甚至力量最大的也不能在世界上存在。空气吹起了火；而且如果没有风，水就会静止的。只有当空气的压力驱赶着水的时候，水才有了力量。这种压力可能向地球的一个很大的空间吹散，可能使新的山岳突起,也可能在海洋中造成从未见过的岛屿。谁还能怀疑那呈现在我们眼前的爱琴海中的那些岛屿如台拉、台拉吉亚以及一些新的岛屿不是由空气所造成的呢?正如波西多尼阿斯所想象的,地球的运动有两种,每种都有它自己的名称:一种是震动,这是当地球震撼而发生的;另外一种是摆动,这是当地球像船一样,时而向这一边倾斜,时而又向那一边倾斜时所发生的。我认为还有第三种,我们为它取了一个特别的名称。我们的祖先称它为“地球的颤动”,本来不是没有道理的。而颤动并不像称为地震的那些种类中的任何一种,因为当颤动的时候,既没有任何震动,也没有任何摆动,更没有任何震撼。这是地震中危险情况最微小的。摆动是震动中危险较大的,因为只有向相反的方向做急剧摆动,才能使倾斜的部分调整平衡,才能防止在倾斜时的不可避免的毁坏。所有这一切种类的地动彼此都不相类似,而且引起这些运动的原因也各不相同。

俄译者　C. K. 安特

斯特累波

（公元前一世纪—公元一世纪）

斯特累波是本都的阿马西亚城人。他的生卒年代不详，仅知道他是庞培、朱理亚·恺撒、奥古斯都及提庇留的同时代人物，可见得他已经活到颇高的年龄了。他受过优良的教育，并旅行过许多地方，据他说（见《地理学》，第2卷第5章第11段），他曾到过西方，是由亚美尼亚去到撒丁岛对面的埃特鲁里亚地方的；他也到过南方，是从攸克辛的本都去到埃塞俄比亚的边境的。

斯特累波在八十三岁时完成了四十三卷《历史》的著述之后，便着手地理学的著述，顺利地完成了十七卷，世称之为《地理学》。

他在这部著作中只发表了一些关于数理地理学最需要的知识，而用了很大部分的篇幅（约占全书的七分之一）来作自然地理学的阐述，但这一部分在他的著作中，只不过是主要偏重于政治描述的“地方志”部分的一个绪论而已。

斯特累波断言，有人居住的全部世界仅占温带陆地的三分之一，他认为能够而且可以相信在这个空间之外，还存在着另一个甚至不止一个的有人居住的世界，但这些住有其他种族的世界，是负责描述已知世界的地理学家所不必研究的（《地理学》，第2卷第5章第13段）。

斯特累波的同代人很少重视他的《地理学》著作。直到公元第五世纪，这部著作仍是寂寂无闻，所以无论是大普林尼或托勒密都没有借重过它；但在后世的希腊人看来，斯特累波主要是一位地理学家，虽然他的大多数著作都带有历史学的性质。

斯特累波所报道的知识，使他的《地理学》成为现今地理学的非常重要的泉源，因为他陈述了罗马帝国初期的地理情况。

为了表明斯特累波对地理学本质的理解，我们援用一些引文："……在地理的研究上，我们不仅要观察一个地方的形状与大小，而且像我们说过的，要观察它们的互相关系。"(《地理学》，第2卷第5章第18段)"我们必须谈到地方的各种自然条件，因为它们都是经常不变的，而各种人为条件是要发生变化的。但是应当指出，这些人为的条件中，有些在某一个时期内还是保持着不变的。"(《地理学》，第2卷第5章第17段)"当我们需要分为各部分而对它们逐一地加以详细描述时，我们就应该宁可按关节来划分，而不宜随便作部分的划分，因为只有采用第一种方式，才能获致明显的形式和准确的界限(也就是我们所称为的自然领域)。地理学家所需要的就在于此。"(《地理学》，第2卷第1章第30段)

斯特累波是一个典型的地方志学家，这从他确定地理学的研究对象就可以看出来。他说："像测量土地采用天文学家的基本原理，而天文学家采用物理学家的原理一样，地理学家应当以已经测量过的整个地球的报道作为真理，并相信地理学家过去所相信的原理，首先测定我们所居住的土地(人类居住的全部区域)的面积、它的形状、自然特性和对它所有(全地球的)土地的关系，这就是地理学的特有对象。然后，地理学家还要对陆地与海洋的个别

部分作适当的报道。”(《地理学》,第2卷第5章第4段)

虽然斯特累波在地理学方面,以其地方志学的特长而成为代表作家,但他对于普通地理学也不是门外汉。他在描述地区的著作里,提出许多自然地理的一般问题,表现他自己是最优秀的古代自然地理学家;在他的著作里,阐述了他的许多特别有趣的观察。

在斯特累波的数理地理学的短篇里,富有兴趣地提出了存在着自然规律的论断。依照这个规律,每个单独的物体为其重心所吸引,因此在地球上处于静止状态的任何液体表面,都具有球面的形状(《地理学》,第1卷第3章第11段)。航海者可以清楚地看见海面的曲形,因此他们不能看见远处的与他们的眼睛保持同一高度的火焰。但是若使这些火焰的高度升高,纵然距离较远也可以看见。同样的道理:如把观察者的地位升高,就可以看见先前看不见的物体。还有一事也恰是这样:如有人向着海岸游泳,在他的前面,大陆是逐渐展开的。那当初似乎是低下的陆地就越来越升高(《地理学》,第1卷第1章第20段)。为现代所有的地理学基本读物所采用,类似这样的一些关于地球是球状的论证,斯特累波已在地理学的文献里第一次采用了。

斯特累波赞同“海洋论”的见解,所以他认为由海道航行可以绕过非洲,这就是说,大西洋和印度洋是连接着的。

斯特累波想象陆地本身就是一个岛屿的样子,被大洋或外海所围绕。这个海洋构成四个大海湾,深深地楔入大陆:第一个是北方海湾——基尔康海(里海);那时已经有人认为所有的海必与大洋相通,因此也产生了一种推测,认为有一条支流把里海与大洋连接起来;根据这个推测,可能有一种说法是,从里海往北方去的大贸易水道大部分是由伏尔加河构成的，不过这在斯特累波来说是还不曾知道的。第二个是西方的大海湾，就是所谓内海或地中海，而本都海（黑海）就是内海的东方海湾；斯特累波不甚了解本都海这样多的水是从哪里来的。这就是说：到底是本都海流入地中海呢？还是相反地，是地中海经由普罗庞齐达海（马尔马拉海）流入本都海呢？斯特累波判断本都海的周边为25 000斯塔季亚，而麦奥齐达海（亚速海）只有9 000斯塔季亚；在斯特累波以前和他以后的时代，承认麦奥齐达海为本都海的发源地的夸大的见解占着优势。第三和第四个海湾，恰当于现代的红海和波斯湾。

斯特累波划分世界为三部分：欧洲、亚洲和利比亚。尼罗河隔开亚洲和利比亚、坦纳伊斯河（顿河）隔开亚洲和欧洲。不过，他也知道其他的见解，即苏伊士地峡把亚洲和利比亚连接起来，而高加索则把亚洲和欧洲连接起来。斯特累波说道：“在同一温带内，尤其是在通过雅典和越过大西洋画一个圆圈的附近地方，可能有两个，甚至两个以上的有人居住的地方。”（《地理学》，第1卷第4章第6段）

斯特累波在地貌学方面的贡献特别巨大。他首先注意到陆地的水平切割，特别是欧洲陆地的划分，而正确地估计它较之其他各洲为甚。欧洲拥有许多破碎的半岛，例如具有两个尖端的意大利，和由许多半岛组成的伯罗奔尼撒等等。斯特累波划分岛屿为大陆的和海洋的，采用陆地垂直切割的分类方式。他研究陆地的升沉、水的破坏性与建设性作用和三角洲的构成。他把天文气候与从属于地方条件的地文气候区别了开来，而明确了地方条件在位于同一纬度上的各个地方，产生着各不相同的气候。他知道温度随着高度而降低，知道雪线、雪崩和冰川现象。他知道风上升时，水蒸气凝结，由此也知道山（例如套鲁斯山）作为气温分界线的意义。

在欧洲，斯特累波不甚知道或完全不知道莱茵河以东和伊斯特尔河以北的地方。关于这些地方，他仅仅知道日耳曼人居住在由莱茵河口至阿尔比河（易北河）的海岸。他补充说道："我们完全不知道在海洋附近的阿尔比河的彼岸究竟是什么地方。"他指出，在欧洲的西徐亚辽阔幅员之上有下列的河流：齐拉斯河、博里斯芬河、吉潘尼斯河、坦纳伊斯河（显然，他所指的是德涅斯特河、布格河、德涅泊河及顿河）。在上述各河中，由于布格河（吉潘尼斯河）与德涅泊河（博里斯芬河）的混淆，他就把自己的注意力集中到重定名称上。斯特累波很不确切地指出这些河流的方向，例如，他承认自己几乎不知道坦纳伊斯河（顿河）在河口以上的部分。据他的意见，博里斯芬河和吉潘尼斯河是与坦纳伊斯河平行的，而坦纳伊斯河是与伊斯特尔河（斯特累波也知道这条河的另一名称——Danubis）平行的。一般地说，无论海岸线或甚至大陆本部，斯特累波比希罗多德所知还少。

斯特累波描述地区时，从伊比利亚（西班牙）开始，其次是高卢（法兰西）、不列颠、伊耶尔涅（爱尔兰）、意大利、希腊、小亚细亚，最后是非洲。这样描述地区的次序已成为后世的传统，并在地理学的文献上久已根深蒂固了。试细看我们的任何欧洲地理的俄文读本，甚至是十九世纪后半叶的，就可看到欧洲地区的描述，一定从西班牙和葡萄牙开始。

依照斯特累波的看法，地中海是世界的中心，而意大利、日耳曼、小亚细亚各地，是他讲得最多而且描述甚详的诸邦。为了作出关于它们的明晰的概念，他利用了其他作家所曾记述的全部精华，并援用了许多引文和引证之类。关于由莱茵河以迄顿河的北欧洲，他说得非常简单，而对希罗多德关于里海以北和以西的地方及其居民的报道，则毫未提及。

地　理　学

第　一　卷

第一章　研究地理学是哲学家应有的课题（1段）。陆地与海洋的形状和位置，涨潮与落潮（8段）。对亚诺芝曼德与格克捷的评介（11段）。地理学对于国家与社会生活的效用及与其哲理、几何、天文、数学、生物学的关系（12—22段）

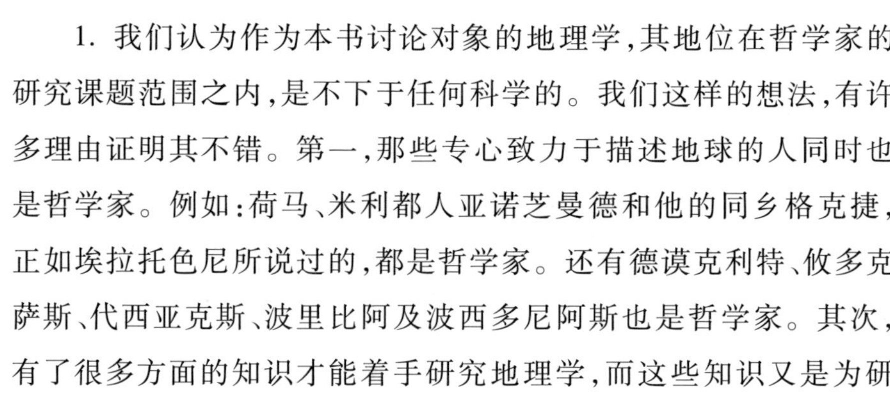

1. 我们认为作为本书讨论对象的地理学，其地位在哲学家的研究课题范围之内，是不下于任何科学的。我们这样的想法，有许多理由证明其不错。第一，那些专心致力于描述地球的人同时也是哲学家。例如：荷马、米利都人亚诺芝曼德和他的同乡格克捷，正如埃拉托色尼所说过的，都是哲学家。还有德谟克利特、攸多克萨斯、代西亚克斯、波里比阿及波西多尼阿斯也是哲学家。其次，有了很多方面的知识才能着手研究地理学，而这些知识又是为研究神灵的和人类的事物——关于这些事物的学识叫做哲学——的人们所特有的。最后,地理学的应用是各种各样的,许多国家及领袖们可以利用它,它便利人们通晓天空的现象,认识陆地与海洋的动物、植物与果实,以及在各地所见到的其他任何物体。地理学的这种特性,也是哲学家们及探讨社会的生活艺术和福利的人们所能预想到的。

8. 从我们的经验和感觉所证明的道理来看,可以断定有人居住的大地是个岛屿。凡是人类可以到达的大地的边极,都可以发现有我们称为大洋的海。即使有的地方不能以感觉来认识这个现象,理智也能令人信服。航海者已经绕过了印度人居住地区的东面,和伊比利亚人与摩里得尼亚人居住地区的西面、北面和南面的大部分地区是一样可以绕过的。其余的地方我们的船只至今未曾到过,因为我们从它们相对的地方绕过,而彼此之间缺乏互相联系。这些地方是不很大的,如果把我们所航行过的距离和它们比较的话。我们很难相信大西洋流域由两个海所组成。假如是这样,大西洋就是被狭窄的地峡分开来了,这似乎妨碍着环球的航行。但很可相信的是:大西洋在一个流域里流动着并未被截断。因为,那些曾经决心环绕地球而后来回来的人们都断言,他们之所以终止较远的航行,不是由于任何大陆屹立于航程之中而妨碍前进,只是因为存粮的缺乏与茫无人烟的境界,但当时海上便利于航行与以前并无二致。我们认为也可以根据海潮涨落时,在海面见到的情况来证明这一点:海面的变动是到处一样的,即潮水涨落时总是出现同样的状态,或者只有微小的差别,仿佛这样的涨落是在一个海内受同一的原因所影响而发生的运动。

11. 现在我们所讲过的已足以肯定一点,即荷马奠定了地理

学的基础。毫无疑问,那些承袭他的地理学的大师中,有些也是著名的和通晓哲学的人。埃拉托色尼所说的他的继承人中,最早的两位是赛利斯的学生兼同乡亚诺芝曼德和米利都人格克捷。按照埃拉托色尼的说法,亚诺芝曼德首先制出了地图,而格克捷则留下了这样一部手稿,这部手稿由他的别种著作证实是他的作品。

12. 许多人已经说过,为了研究地理学,需要许多方面的知识。吉帕尔赫在他的为反对埃拉托色尼而写的论文里很好地证明:无论是未受教育者或是科学研究者,都一样地需要地理学的知识。但是他们如果不了解天体的现象,而不能作日月食的判断,就不能掌握足够水平的地理学知识。例如:缺乏"纬度地带"的知识,就不可能知道埃及的亚历山大里亚在巴比伦的北方还是南方,和它在巴比伦或南或北的距离多少;同样地,要知道任何地点是否较为接近东方抑或西方,只可借助于日月食的比较。吉帕尔赫关于这个题目所讲的就是这样。

13. 凡从事解释地区特征的人,为了阐明该地区的形状、大小、相互的距离、气候、冷暖和周围空气的一般性质,需要特别重视天文学与几何学。因为甚至一个打算造房子的木匠或者建设城市的建筑师,也应该预料到这些情况,何况其才智包罗全部人类居住的大地的人更需要如此;这对于后者尤为重要。对于微不足道的地方,被排列在北方抑或南方是没有多大差别的;但在有人居住的世界的全部范围之上,若把北方包括到西徐亚或者凯尔特的境界内,而南方到达埃塞俄比亚部落的边界,那就构成很大的差别了。还有一种同样的情形也是相差很远的,比如论到某些人是否住在印度抑或住在伊比利亚。我们知道,他们之中一些人是远在东方,而另一些人是远在西方;他们似乎是彼此对着脚掌而居的。

14. 一切相同的现象既然起源于太阳和其他星球的运行,以及它们的中心吸力,这就迫使我们的目光转向于天空,并注视人人所见到的空中的现象。根据不同位置的观察,看出天空现象的重大差别,所以有人要阐明许多地区间的差别而没有详尽地注意到这一切现象,他难道能够正确而充分地加以解释吗?如果按理说,本书的性质应当是以政治为主,因而我们不能够对一切事物作准确的判断,那么提出这些知识毕竟还是有益的,至少从事社会生活的人可以利用它们。

15. 一个人只要把自己的思想提高到了这样的高度[①],他就绝不会放弃对整个地球的描述。因为任何一个人,如果希望正确地描述有人居住的大地,有意提到天空的现象,并利用它们来作自己的解释,但是,如果他不注意地球的整体,不看到为人所居住的地方不过是地球的一部分,如果他不能说明整个地球的面积是怎样的,它的特性是怎样的,它在整个宇宙里占着什么地位;又如果他不说明地球上有人居住的地方,是否仅仅为我们所占有的那部分抑或另有许多部分为别人所居住,如果有的话,究竟有多少,而同样地,没有人居住的部分其情形又是怎样,它有多少和为什么无人去住等等问题,那是不合理的。从这一点就可明白:地理学的这一部门是与气象学和几何学都有关系的,它把地面和天空的现象结合起来,成为一个非常接近而彼此不可分的东西,“如天地之不可分”(《伊利亚得》,第8曲,第16行)。

① 意指注重天文学和几何学。

16. 我们还应该把地面上的知识与这些多方面的知识结合起来。所谓地面上的知识，就是动物、植物及其他物体的知识，无论这些物件是由陆地与海洋产生的，对人是有益或有害的……

但是，我以为地理学的很大部分是与政治生活的对象有关的，这似乎对于我现时的结论特别重要。因为人类活动的场所，就是我们居住的陆地和海洋——它用于不重要的事情就是渺小的场所，用于重大的事业就是重要的场所；而最重大的场所就是总合起来的整个地球，老实说，就是我们称为有人居住的地球，因此它应该是最重要事业的场所。其次，最强有力的执政者，必是那些能够管理全部海陆区域，并领导所有人民及城市在一个政权之下，归向一种政治制度的人。由此可见，整个地理学影响到执政者的活动，因为地理学描述位于有人居住地区以内或以外的全部大陆及海洋。对于有这样一些意见分歧的人，如是否所有一切就是这样抑或是那样，是否这是已知之事还是未知之事，对这样的人来说，地理学就显得重要了。显而易见，如果一个执政者了解一国的大小和它所在的区域，并知道周围的气氛和当地土壤的特性怎样，他就能够更好地管理它。由于一些人物统治着这一个区域，其他的人物统治着另一个区域，又由于他们留在自己的故乡和自己的国家里来处理事务[①]，而且他们还不断地扩张自己国家的边疆，那么，他们不可能在同等的程度上来了解这整个地球，就是地理学家也是不可能的。可惜在统治人物和地理学家方面，往往对这一件事了解甚为清楚，而对另一件事又不甚清楚。因为，纵使全部可居住

① 意指他们从不同的观点处理事务。

的土地归属于一个政权，并由一个制度的国家来管理，要想同样地了解一切，恐怕也是不可能的。往往是比较接近的地方研究就多一些。因为这些地方是较别处更为我们需要了解的。为了充分地了解它们，当然必须把它们的特征尽可能地加以详细的说明。由此看来，假如某一个著作家较为适宜于描述印度人的国度，另一个著作家较为适宜于描述埃塞俄比亚人的国度，第三个著作家较为适宜于描述希腊人和罗马人的国度，这是毫不足奇的。假如让一个印度地理学家，也照荷马那样讲述彼阿提亚[①]人的事情说："这些人[②]占据了吉里亚[③]和多岩的阿弗利达，还占据了斯霍英和斯卡尔"（《伊利亚得》，第 2 卷第 496 行），这又好得了多少呢？

这些详细的描述，在当时于我们是有用的。但是从另一方面看，有关印度人及任何其他民族的事物，我们就不需要那些详细的描述，因为那不是我们迫切需要的，像这样的描述，其繁简程度，首先是由需要与否来决定的。

17. 我们在地理方面所讲的哪怕是微小的事情，例如打猎一事，也肯定是有用的。如果一个猎人晓得树林的性质与面积，将更能成功地打猎；同样地，只有熟悉地形，才能合理地建立野营、布置埋伏或者指导前进。在战事中，地理学的效用更为显明，因为有地理知识的人将得到更多的好处，而一无所知的人将遭到更大的失

① 彼阿提亚人居于希腊东部。

② 指彼阿提亚战争的将士们。

③ 吉里亚等处是彼阿提亚士兵在战争时期占据为居住的地方。这里的意思是指：如果印度地理学家讲述彼阿提亚人，而提及这些繁琐的事情是不合用的、不恰当的。

败:这是可以成正比例的。比如说,亚加米农的舰队,因为误信密西亚为特洛伊地方而劫掠了密西亚,以后感到羞惭而退却。同样,波斯人及利比亚人误认了可以航行的水道为不通航的浅水滩,遭受了巨大的危险,甚至留下了他们轻率的纪念物:波斯人在卡尔息斯的耶弗里普附近留下了萨尔干涅的坟墓,因为萨尔干涅指挥了他的舰队,由马列亚角驶至耶弗里普而被认为背信弃义处以死刑;利比亚人留下了波洛尔的坟墓,他也为着同样的罪过而被判处死刑。在薛西斯的长征中,希腊人都看见了许多破船,这说明伊奥利斯人及爱奥尼亚人的移民,也曾遭到许多类似的不幸。从另一方面看,由于熟悉地方情况而获致成功的也颇有其例。例如,相传埃菲阿尔特在德摩比利山道指示了波斯人横越崎岖难行的山路,控制了李奥倪大的军队,并带领了波斯人沿着皮尔山的南方前进。不谈古代,我认为罗马人征伐帕提亚人、日耳曼人及凯尔特人,就足够证明我上面所说的。当时野蛮人混战于沼泽及没有道路的森林里,有些不熟悉当地情况的人,把附近的地点误认为似乎很远的地方,野蛮人却堵塞了道路,以便劫掠罗马人的食物及其他物品,这都是充分的证明。

18. 总而言之,我们说地理学的大部分对于统治者的生活及其需要都有关系,而道德的哲学与政治的哲学也大部分影响着统治者的生活。我们在区别一个国家的体制时,往往视其统治者而定,就可以证明这一点。我们常说这一种统治是君主专制政体,或称为帝制;那一种统治是贵族政制,第三种统治是民主政制。我们所知道的这许多国家体制,都是用统治者的名义来称呼的,犹如国家生活方式的原则也是由统治者而来的一样。实际上,法律有由君主制定的,有由贵族或人民制定的,而法律也构成我们所称为的国家类型,即国家体制。因此某些人给正义下了一个定义——最强有力者的利益。如果政治哲学主要地听命于统治者,而地理学正适合他们的需要,那么,地理学应该比其他科学具有优越性,虽然这一优越性对于生活的实践有其固有的意义。

19. 但是,地理学对于艺术、数学及物理学有着重要的理论上的意义,而历史和寓言也具有这样的意义,不过它们与实际活动完全没有关系罢了。例如,任何人诵读了奥德赛、明涅拉和亚臧的漫游故事以后,他不能从其中得到任何东西来启发其从事实务所需要具有的智慧,充其量他只能对这些旅行家们在遭受困难中所取得的有益的教训,有所同感而已。而那些到神话发生地去参观的人,也许会满意地喜欢这些小说;许多精明干练的人,也会因为这些地方的著名和美丽而神往。但这不会是长久的,因为他们所最关心的还是有益的事业和有用的东西。所以一个地理学家,也应该好好地钻研有用的东西胜过欣赏美景。谈到历史与数学也是一样,在这些科学中,应该多多地研究有用的和真实的东西。

20. 但是我以为我们的地理学所最需要的,如已经说过的,是天文学和几何学,而且这是完全正确的。因为不“借”助于这两种科学的方法,就不可能好好地了解地方的面积、气候和长宽度之类。因为在别的段落里,我们已经证明了这两种科学关系到整个地球的测量,那么这里我们必须相信那儿所阐明的假定,即必须相信宇宙是球状,而地面也是球状的。必须首先相信天体的中心吸力[①]。这一假定,无论凭我们的感觉或一般的智力,都是易于理解的。因此,像地球是圆形的说法,我们只用简短的词句就可以加以说明。这个学说不是直接地用天体的中心吸力来加以证明的,而是用每个单独的物体倾向于本身重心的规律来证明的;或者借助于浅近的方法,即通过海上及天空所发生的现象来加以证明,因为凭这些现象,我们的感觉与一般的理解是可以证明无误的。航海者可以清楚地看见海面的曲形,因此他们不能看见远处的与他们的眼睛保持同一高度的火焰。但是若使这些火焰的高度升高,纵然距离较远也可以看见。同样的道理:如果把观察者的地位升高,就可以看见先前看不见的物体。诗人荷马也指出这个现象,因为他下面的句子就提到了这点:"向前一远看,洪浪正高翻。"还有一事也恰是这样:如有人向着海岸游泳,在他的前面,大陆是逐渐展开的,那当初似乎是低下的陆地就越来越升高。从许多现象来观察,天体的旋转运动是很明显的,例如从日晷上观察到的现象就特别明显。从这些现象看来,我们的理智可以立刻判断:假如地球扩展它的边角到无边无际之处,类似这样的情况便绝不会存在。

21. 现在,从我们已经阐明的地理知识中,可以得出某些有益的指南,为政治家和军事长官们之用。我们绝不可对于天空的现象与地球的位置,愚昧无知到这种程度,以致到了一个地方,看见某些已为人所熟识的天空现象发生变化时,就惶惑不安地叹气而呼嚷:

① 斯特累波意指包括一切的天体。他认为地球是静止不动的,一切天体围绕着地球由东至西旋转不息。在天空中和地球一样,存在着中心吸力。

"辛苦的伙伴们,
我们有一言请听!
我们如今是,东西方向不能明,
究不知此光华日,何处初升何处沉。"

(《奥德赛》,第 10 曲,第 190 行)

另一方面,我们也不需要一个人有这样精确的知识,如确定什么星球在任何地方升起、降落和经过子午线的时间,都是相同的;两极地方的高度是怎样的;因地平圈和极圈的变更而发生的天顶点的改变及其他类似现象,是仅仅看来如此的呢,还是实际上如此?一个人可以对这些完全不加探讨,除非他为着哲理的思维而希冀加以讨论;另外一个人也可以相信他所不知其所以然的某些事物,因为阐明这些事物是哲学家的事情,而政治家没有这样多的余暇或者不常有余暇来探讨它们。但是,任何人若要阅读这部地理学著作,就不应该如此浅薄无知,以致事先不看看地球和画在它上面的周圈,不看看与周圈平行的纬线,和与纬线成直角的另一些线条及其他斜线,也不知道回归线和赤道,不知道太阳循之回转、并可用以解释气候和风向差异的黄道的位置。假如任何人不能正确地了解地平圈、极圈和属于数学知识内的相当的事物,那么他也不能探讨这里所阐述的问题。有人既不晓得直线,也不晓得曲线;既不晓得圆周,也不晓得圆面或平面;既不晓得天上的七颗大熊星,也不晓得同类的任何事物,那么他或者完全不需研究地理学,或者至少不需通晓那些必须首先通晓才能领会地理学的基本概念。

22. 简而言之，这部著作的用处应该是一般性的，既对政治家有益，也对群众有益，如同我的那部《历史》一样……

第三章　埃拉托色尼、斯特拉唐和吕底亚人克桑夫关于陆地上所发生的变化的理解，斯特累波反驳这些见解，并阐明其本人的观点（3—12段）

3. ……整个地球的球形起源于整个宇宙的结构，而他（埃拉托色尼）所指出的变动，丝毫不能改变整个地球的形状：盖如此微不足道的变动将消失于巨大的体积之中；但是这些变动，却在人类居住的地面上引起了某些变化，并且它们是取决于不同的原因的。

4. 据他说，最重要的问题是为什么离海两三千斯塔季亚的大陆内地常常发现大量的贝壳、蚝壳和海扇壳，同时也发现盐水湖。例如他说，在亚梦神庙的附近，和通往神庙长达三千斯塔季亚的道路上，为什么遇见这些东西？这里散布着许多蚝壳，就是现在还有时发现盐和向上涌出的盐水。此外，据说从一些土坑中发现了海船的破片，在带有船头木的圆柱的末端上，刻着“科林斯的神圣使者”的字样。埃拉托色尼讲述这些之后，同意物理学家斯特拉唐以及吕底亚人克桑夫的见解。克桑夫断言，在阿塔薛西斯王朝时代曾有过严重的旱灾，因而河流、湖沼和许多井都变为干枯，他常在离海很远的地方，发现具有贝壳形状的石块和形如海扇壳的印迹，同时也在亚美尼亚人和马齐因人之间的地区以及下弗里吉亚，发现了盐水湖,因此他相信这些平原昔日曾是沧海。至于斯特拉唐,他更进一步探讨了所有这些现象的原因。据他看来,攸克辛海从前并没有流经拜占庭的那个通道,但是流注攸克辛海的河流,借其水流之力冲出了一条通道,此后海水就排泄于普罗庞齐达海和赫勒斯滂海峡。斯特拉唐推测我们的海也发生过同样的情况,就是我们的海曾为几条河流所灌满,以致赫克利斯之柱的地方被水冲决,形成了出口的水道,当河水自海流出后,便显露了那深邃的海底。他也提出了造成这些事实的原因:第一,外海和内海的海底深度不同;第二,现时在海底还有俨如带形的地段由欧洲伸延至利比亚,因此我们可以相信,从前的外海和内海似乎不是同一个流域的。其次,他说,本都的海水最浅,而克里特、西西里和撒丁的海水甚深。因为许多长川巨流由东方和北方流入本都海,它的海底便被泥沙所淤浅了,而其他地方的海则深邃如故。他推测本都海的海水之所以是咸味最少的,它的水流之所以向着海底的低落方向流动,其原因也在于此。他说如果同样的水流将来继续下去,全部本都海终有一日将为淤泥所壅塞。他继续说,正因为如此,现在本都海的左方,索尔米迭斯所在处邻近伊斯特尔河口的地方,即海员们所谓的"乳岛",已经变为一片沼泽了。还有西徐亚的荒漠也是这样。根据他的意见,亚梦神庙从前可能是在海边上的,而现时却在大陆之上,原因是一部分海水流出去了。他推测这座亚梦神的托言所之所以如此著名,是由于它滨海的位置,而现在它的所在地却距海如此遥远,它现时的著名和显赫是难以理解的。但是也有相反的情形,在古代埃及曾被海水冲洗,以致彼鲁西附近、卡西亚山旁和西尔邦尼德湖侧都成为一片沼泽。据他说,就是现时在埃

及挖掘盐田时，还发现带有贝壳的沙底深坑，都像那里曾被海水淹没过一样。此外，卡西亚山和被称为格尔的整个四周，都呈现一片浅水滩，与厄立特里亚湾相通。当大量的海水减少的时候，这些土地暴露出来，唯有西尔邦尼德湖依然如故，以后则因湖岸溃决而成了一片沼泽。而米里斯湖的沿岸所以最似海岸，甚于像河岸，其情形也是如此。我们应该承认大陆的大部分，昔日曾为水所淹没，后来才从水面出现。现时在水底的全部地面，不是一个相同的平面。同样还要承认我们居住着的未为海水淹没的土地，曾遭受了许多的变化，这些变化就是埃拉托色尼前面所讲过的。因此在克桑夫的议论中，看不出有任何妄诞之说。

5. 有人持着这样一种相反的意见，即认为可以看出斯特拉唐忽略了变化的许多真实原因，而代之以胡乱的解释。他说第一个原因是内海（本都海）和外海（普罗庞齐达海）的海底和深度不同。相反的意见以为，海洋的升沉和某些地方之所以原为海水淹没而后来露出水面，其原因应当不在于海底的差别，即一处浅些，另一处深些，而在于海底本身有时升起，后来再下沉。海就随着海底时或升起，时或下沉。海升起了，就泛滥着大陆；海下沉了，就恢复到以前的水平。要不然，泛滥必随着海水的骤然增加而发生，正与河水来潮的时候也发生泛滥的情形相似。这就是说，在海水高涨的情形下，海水是从某些方面流来的；在河水来潮的情形下，是水量的增加。但是由于河水来潮而增加海水，既非常有之事，也非骤然之事；从另一方面说，海水的高涨不会继续那么长久的时间：涨潮是十分正常的，而在我们的海和任何的海都不会发生泛滥的现象，因此我们只有从那些经常在海水下面的土壤的性质上，或从那些偶尔被水淹没的土壤的性质上,来探讨这些变化的原因。但最好是从那些经常在海水下面的土壤的性质上来探讨,因为它饱含水分,极易游动,而且一切充分湿润的土壤是更易遭受变化的。造成这类现象的原因中,空气的力量也甚为重要。但是我曾经说过,变化的原因是海底本身有时上升,有时下降,而不是一部分的海底比较另一部分为高。斯特拉唐采纳这后一个关于变化的原因的见解,他认为在河流里发生的现象也可以在海里发生,那就是水流发源于一部分高地之说。要不然他不会发现拜占庭水流的原因,是在于海底高度的差别。他说,攸克辛海的海底比普罗庞齐达海及其邻海的海底高些。同时,他补充相当的理由说,河流由高处挟带着淤泥来充填攸克辛海,使它变为浅狭,所以海水流出境界以外。他也引申同样的论断,来探讨整个我们的海对于外海的关系,因此他想象我们的海的海底,比较大西洋的海底高些,因为我们的海为很多的河水所充满,并容纳着淤泥的沉淀,它的海底似乎比较高些。那么在这种情况下,赫克利斯之柱和卡尔彼附近的海流,似应与拜占庭附近的海流相似。但是我们可置之不谈,因为人们说在那里(赫克利斯之柱附近)所发生的同样情形,隐藏在涨潮和落潮之中,是看不出来的。

6. 但是我现在要提出疑问:不管攸克辛海以前是海,或是比麦奥齐达大些的湖,在拜占庭附近有水道使它与普罗庞齐达海相通以前,和当攸克辛海海底低于普罗庞齐达海及其邻海的海底时,是什么阻碍着河水倾注于攸克辛海呢?如果在这个问题上,人们接受我的意见,我所要补充的看法如下:攸克辛海和普罗庞齐达海的水面,在保持着同样水平的情况下,由于压力和阻力平衡于其

间，海水停滞不流。后来内海的水平提高，过剩的水由内海决口成流，溢于外海，使外海与内海形成同一的水平。无论它以前是海或是湖，由于水流的贯通，后来变为沧海了。如果人们承认我这个意见，那么显然地，没有什么东西能够阻碍目前海流的形成，并且不像斯特拉唐所说，现时的海流是从较高的或倾斜的海底发生的。

7. 我们可以引申上述的原理来探讨全部地中海和大西洋的水流问题。我们认为，水流的原因既不在于海底，也不在于海底的倾斜，而在于河流。因为依照埃拉托色尼和斯特拉唐的见解，可能发生这样的情况：纵使我们的海以前整个是个湖，它被河水充溢着，在容纳了过剩的水量之后，终于通过赫克利斯之柱的通道溢出境界，倾泻如瀑布；因此外海的水量不断地愈益高涨，经过一段时间，与内海形成了一个汇合的海流和一个水平面，由于外海的海水占着优势，它就显出了海洋的特性。这个见解把海与河相提并论，完全与物理学的原理不符，因为河水沿着倾斜的河床而流动，而海洋实则没有这样的斜坡。形成海峡的海流决定于另一个原因，并非决定于河水的淤泥填高了海底之说。淤泥的冲积正发生在河口的附近，例如，伊斯特尔河口附近的所谓“乳岛”，西徐亚的荒漠和索尔米迭斯都是一些小溪的淤泥冲积而成的。在法锡斯河口附近那多沙的、低下的和泥泞的科尔奇斯海岸也是一样，在菲尔莫顿特河口和伊里斯河口附近的冲积土，整个菲米斯基拉，亚马逊人的平原和西顿城[①]的大部分，以及其他河口处发现的冲积土等等亦复如此。所有这些河流，似乎仿效尼罗河把河口前面的一部分海洋

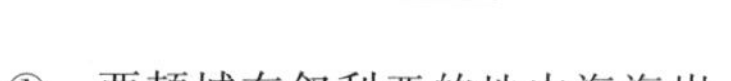

① 西顿城在叙利亚的地中海海岸。

冲积起来连接着大陆，不过一些河流冲积快些，其他冲积慢些罢了。冲积慢些的河流，所挟带的泥沙不多；冲积快些的河流，带着许多的泥沙沿着淤泥壅积的河底流动，并接纳着许多支流的泥沙。皮拉姆河是其中之一，它给西里西亚扩大了很大一片土地，人们传颂着关于它的这样的名言：

“后代子孙们将遇到这样一件好事：波澜壮阔的皮拉姆河使西里西亚海岸延伸到塞浦路斯圣岛。”（《神谕集》，第4卷，第97行）

皮拉姆河流经卡塔昂尼亚平原的中部时，恰好便于航行，其后经过西里西亚的套鲁斯隘口倾泻而下，流入西里西亚与塞浦路斯岛之间的海峡。

8. 河流的冲积物不流到海里深远之处，这个现象的原因，是海洋借着一种它所特有的相反的运动，使冲积物向后沉淀。海洋像动物一样不间断地呼吸着，因而发生着经常的、从本身出发又回到本身的相反的运动。如果有人站在海岸观察海的波浪，他就明白这一点，因为他的脚时而被海水冲洗，时而海水后退，他的脚就暴露出来，后来再被海水冲浇，如是继续不断。接着一个浪，又来一个浪，纵使它是最轻微的，仍然向前冲动，具有越来越大的水力，把一切外的东西抛到岸上。

“沧海抛出了许多海草到岸上来。”（《伊利亚得》，第 1 曲，第 7 行）

当顺风的时候，海总是抛出大量的东西，可是在风云平息或风由陆地吹来的时候，也是一样：波浪纵然迎着逆风还能翻滚到岸上，好像有某种海所固有的运动与波浪同时发生似的。我们从这种现象，就想到下面一段荷马的诗，它说：

"弯曲的波浪在海角附近，
从海底掀起、翻腾，
排出滚滚的浪花，
远近难分。"

(《伊利亚得》，第4曲，第425行)

又说：

"当滚滚的浪花向前奔腾的时候，
汹涌澎湃的声音在海岸喧嚷着。"

9. 依照上述的见解，海浪的运动具有某种力量，足以把外来的物体从海洋中抛出去。人们称这种现象为海的清除。由于海的清除，海浪抛掷许多尸体和破船的碎片到岸上。但是海的相反的运动是落潮，其力量如此薄弱，不足使海浪所抛掷在岸上的尸体、木头或甚至最轻的木片，由最接近海水之处回到海里去。由此可知，河流的淤泥和混浊的河水，同时被海水借其固有的重力所排开，致使河水在未流到远海之前，就停滞于海岸附近，因为河水刚刚流到河口稍远之处，水流的力量即被冲断。那么，在这样情形下，假如海洋不断为河泥冲积，则从海岸起以至它的全部，不久将为淤泥填满。据说，撒丁海比较现今一切测量过的海为深，它的深度正如波西多尼阿斯所确定的，达到一千奥尔吉亚。纵使我们假定本都海深于撒丁海，本都海也将为淤泥填满。

10. 上述现象的解释，或许比埃拉托色尼的见解照例为人所少信，所以利用较为明显的东西和我们每天所看到的东西，来说明它的原理是比较好一些。例如，大水灾、地震、火山爆发和海底的隆起，同样可使海洋升高；另一方面，陆沉也能使海洋低落。巨大体积的熔物可以从海升起，渺小的岛屿像大岛屿一样可以从海升起，甚至大陆也可以从海升起。同样的情形，下沉的区域可大可小，有时全部的地区和村落会陷入万丈深渊。传说，布拉城[①]、比臧纳[②]和其他地方，由于地震而被吞噬。同样有这样的可能：西西里岛并非从意大利分隔开来，而是由于埃特纳深渊的火焰喷吐出来的。利巴利群岛和皮特库斯群岛也是这样。

11. 这是一件滑稽的事情，埃拉托色尼身为数学家，竟然否认阿基米德的论文《浮体论》的见解。在这篇论文里，阿基米德说："一切液体的表面，在静止的状态中都具有球面的形状，而这个球体与地球具有共同的中心。"一切只要稍为研究过数学的人，都会接受这个原理。但是据埃拉托色尼说，他虽然承认地中海构成单一的流域，但他认为地中海甚至与它的毗连部分，也没有同一的水平面。他援引建筑家们的见解，以支持自己这样的无知，虽然许多数学家都说明建筑学只是数学的一部分。他说，狄麦多流曾企图打通伯罗奔尼撒地峡，以便为其舰队开辟一条自由的航道，但是经过建筑家们测量后，他们的意见阻止了他这个企图的实现。建筑师们以为科林斯湾的海高于肯赫列亚的海，假如打通了两海之间的狭长地带，伊斋那旁的那个海湾，便可能被科林斯湾排出的海水

① 布拉城面临科林斯湾。

② 比臧纳地方在攸克辛海的色雷斯海岸。

所灌满，而伊斋那岛和它邻近的群岛都可能完全被水淹没，因此打通地峡的航道终归无用。据埃拉托色尼的见解，由于海的这种高低不一，将会发生耶乌里普的急流，而西西里海峡的急流主要就是这样产生的。他说，这个海峡曾遭到像海洋中涨潮和落潮的变化：海峡里的水流每日每夜变化两次，与海洋每日两次涨潮和两次落潮相似。与涨潮相适应的水流，是从第勒尼安海像由高水位流向低水位一样流入西西里海，所以也称为向下的水流。这个水流之所以与涨潮相适应，是因为它与涨潮同时出现和停止。那就是说，在月出和月落的时候开始，而当月球下降至地球上方或地球下方的子午线时即行停止。那里的逆流与落潮相适应，被称为向上的水流，它像海洋的落潮一样，于月球到达两半球的子午线时开始，而于月球到达上升点和降落点时即告终止。

12. 关于涨潮与落潮的现象，已有波西多尼阿斯和阿芬诺多尔充分地说明了。至于海峡的逆流，在自然科学方面将得到较为深刻的讨论，这里只要申述这样一点就够了：在一切海峡里水流的方向没有相同的。要不然，西西里海峡就不像埃拉托色尼所说的那样，每日改变两次水流。但是卡尔息斯的水流每日有七次改变，而拜占庭的水流从未有过这样的改变，因为后者只有从本都海流入普罗庞齐达海的唯一水流。据吉帕尔赫说，它有时甚至“停止不动”。但是，假如在一切海峡里的水流方向甚至是同一的，其原因也不是如埃拉托色尼所说的，即两处高低不平的海具有不同的水平面。甚至在河流里亦不是如此高低不一的，如果它们没有瀑布的话。此外有瀑布的河流，其本身就没有改变的水流，它只是沿着河床下泻。究其原因，河床与水面是同样倾斜的。但是谁能够说海的水面是倾斜的呢？特别是如果我们赞同四种元素体是球形的原理[①]，那么江河[②]不仅没有逆流，而且是不停滞、不静止的。究其原因，江河里水流的水平面不是一致的，而是一处高些、一处低些，所以水是长流不息。因为水的特性与陆地不同：陆地坚固，有固定的形状，所以在其表面，有固定的山洞亦有高隆的岗峦；而水则借其固有的重力流动于地球之上，形成阿基米德所描写的那种表面。

第四章　关于大陆上有人居住土地的面积（有人居住的世界），关于大陆的讨论（7—8段）。划分人类为两部分（9段）

7. ……他（埃拉托色尼）说："根据自然的条件，有人居住的大地，如我所说过的那样，由东至西的长度，应该相当于日出与日落之间的距离，而不是很长的。如果数学家的见解是正确的，那么地球便是一个各边极连接在一起的球状。因此，如果辽阔的大西洋不能阻碍我们的话，我们就能在同一纬度圈上从伊比利亚横渡到印度。倘若通过雅典的整个纬度圈，长度为二十万斯塔季亚弱，而我们沿着它测量出印度与伊比利亚之间的距离，为整个纬度圈的三分之一强[③]，那么这个纬度圈的其余部分的长度，对于上述已记

① 四种原素体是：地、水、火和空气。西方古代哲学以地、水和空气均属球形。

② "江河"，英文本作海峡。

③ 印度与伊比利亚（西班牙）之间的距离，是埃拉托色尼所说的有人居住的世界。其长度，据他计算为77 800斯塔季亚。

载的距离是一种补充。”但是埃拉托色尼算错了，他关于温带或我们的地带的计算，与数学家的见解相符，是可以置信的。但是，有人居住的世界只是温带的一部分，他却不能牵强说温带就是有人居住的世界。按照后面这个名词的意义来说，我们以为那只是整个地球上，我们现在所居住的和知道的一部分，而在同一温带里，可能有两个或者甚至更多的有人居住的地方，特别是通过雅典和越过大西洋的周围的附近地方。另一方面，他重复地墨守着地球圆形论的论证，因而在同一问题中，不断抨击荷马，殊不知他自己也应受批评。

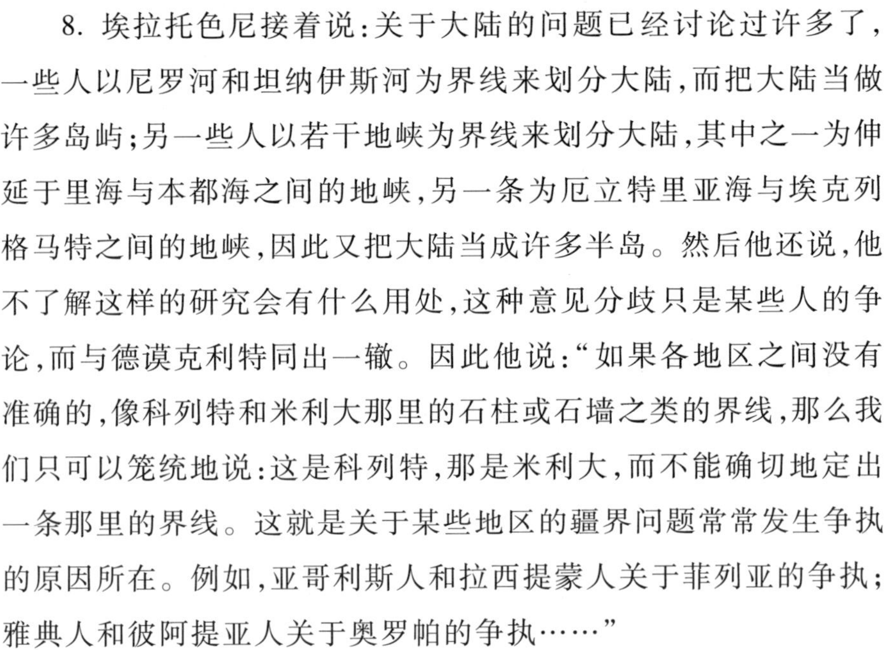

8. 埃拉托色尼接着说：关于大陆的问题已经讨论过许多了，一些人以尼罗河和坦纳伊斯河为界线来划分大陆，而把大陆当做许多岛屿；另一些人以若干地峡为界线来划分大陆，其中之一为伸延于里海与本都海之间的地峡，另一条为厄立特里亚海与埃克列格马特之间的地峡，因此又把大陆当成许多半岛。然后他还说，他不了解这样的研究会有什么用处，这种意见分歧只是某些人的争论，而与德谟克利特同出一辙。因此他说：“如果各地区之间没有准确的，像科列特和米利大那里的石柱或石墙之类的界线，那么我们只可以笼统地说：这是科列特，那是米利大，而不能确切地定出一条那里的界线。这就是关于某些地区的疆界问题常常发生争执的原因所在。例如，亚哥利斯人和拉西提蒙人关于菲列亚的争执；雅典人和彼阿提亚人关于奥罗帕的争执……”

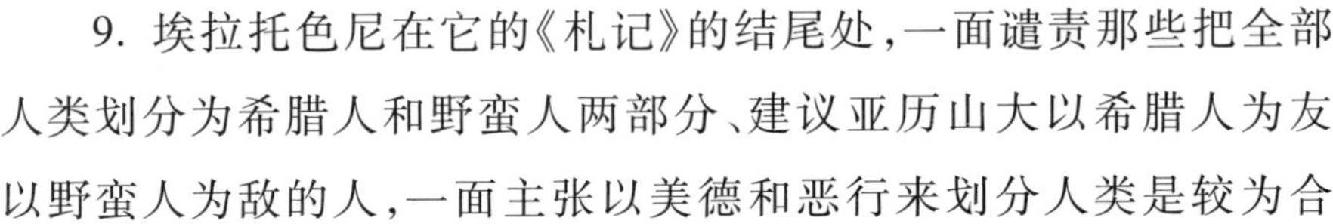

9. 埃拉托色尼在它的《札记》的结尾处，一面谴责那些把全部人类划分为希腊人和野蛮人两部分、建议亚历山大以希腊人为友以野蛮人为敌的人，一面主张以美德和恶行来划分人类是较为合

理的。因为在希腊人中，有许多是卑污恶行者，而在野蛮人中也有某些良好的政治组织者：例如印度人和阿利安人，至于罗马人和迦太基人以其辉煌政体而享有盛名，更是不消说了。亚历山大之所以不顾他们的建议，尽量选拔了许多卓越的贤能置于左右而礼遇之，就是这个缘故。那些把人划分为可鄙的和值得赞扬的两部分，而说他们一部分是遵守法律、有政治组织并有学识和智慧；而另一部分则完全相反的人也恰好一样。亚历山大虽没有轻视这些劝告者，并且同意他们的意见，照他们的意见行事，但是却并非故意与他们执拗，而对他们所提建议的真正意图也颇为注意。

第二卷

第一章 气候视地方的地理纬度和高度为转移，地理上划分区域的原则（15—16段，30段）

15. 如果这些地方的若干部分气候寒冷而又是高地和山地，这是不足为奇的；因为就是在南方地带的山上和在一般高地上，纵然地势平坦，气候也是寒冷的。在攸克辛海附近的卡帕多基亚地方，比套鲁斯山的附近地方偏北得多，但是位于阿尔格山[①]和套鲁斯山之间的广阔的巴加丹尼亚平原，虽然在本都海南面三千斯塔季亚以外，却很少生长果树。而西诺帕城、阿米斯城的郊外和法那哥利亚城郊的大部分土地，却都种植着橄榄树。他们又说，那条把

① 阿尔格山在卡帕多基亚地方。

巴克特里亚和索格底内分开的奥克斯河是非常便于航行的，因此经由奥克斯河输出的印度货物，很容易沿着其他河道运往基尔康尼亚和远至本都海的地方。

16. 博里斯芬河的附近地方和濒临大西洋的凯尔特族的地方，不栽种葡萄，或虽栽种而不结实，难道还能找到像那样条件优越的地方吗？但是在此以南的、濒临地中海和沿博斯福鲁的地区，虽然盛产葡萄，但果实却很小，冬季还须窖藏于地下。此外，麦奥齐达湖的湖口附近则厚结冰层，致使米特里达特将军能用骑兵战胜野蛮人于冰上，而到夏季那里冰层融解，又用水兵击败了那些野蛮人。在潘齐坎彼地方的医神庙里，留存着一个为冰所裂的铜缸，在铜缸上刻着一首题词，埃拉托色尼引述如下：

“如果人们有不相信我们国度里发生的事情，请他看看这个缸，他就相信了。斯特拉齐祭司奉献在这里的铜缸，不是作为一个献与神的美丽供品，而是作为凛冽隆冬的证物。”

30. 从哪一点上可以给予埃拉托色尼以公正的指责呢，那就是从下述一点上。像解剖学一样，按关节来分解是不同于局部的分解的（因为按关节分解时，所遵循的是自然的划分，即按照恰当的关节和明确的形状下手。所以荷马这样说：“逐节地分割了〔祭品〕。”（《奥德赛》，第1曲，第291行；《伊利亚得》，第14曲，第409行）而局部的分解则迥然不同）。我们可按照适宜的时间和需要的情况，恰当地采用这种或那种方式来加以分解。处理地理方面的情况也与此相似。当我们需要分为各部分而对它们加以详细描述时，我们就应该宁可按关节来划分，而不宜随便作部分的划分，因为只有采用第一种方式，才能获致明显的形式和准确的界限。地理学家所需要的就在于此。如果一个国家的境界,可以利用河流、山脉或海洋来划分,或者利用一个部族或许多部族来作标志,甚至只要许可的话,利用它的形状和明确的面积来判断,那么在这样情况下,这个国家的境界便可能清楚地加以确定。但是在一切场合下,一个简单的一般的定义,就足以代替几何学的定义。所以关于一个地区的大小,如能说明它最大的长度和宽度就可满意了。例如:关于有人居住的地方,说它的长度为七万斯塔季亚,宽度略少于长度之半数,这样的说明就足够了。如果讲到一个地区的形状,能把该地区比做某一个几何形状,例如把西西里岛比做三角形,或比做其他为人所熟悉的形状,如把伊比利亚半岛比做一块兽皮,把伯罗奔尼撒比做槐树的叶子,这都足够说明了。一般说来,在一个地域内划分地区,地域的面积愈大,则所划分的地区愈得其大概。

第三章 西齐卡斯人攸多克萨斯由海道绕利比亚的航行(4 段)

4. 他[①]提到那些被认为是绕利比亚作海上航行的人说,据希罗多德的意见,有些人曾奉大流士之命完成了这一航行,又说本都人格拉克利特在他的《对话录》里,报道过某一僧侣来到格朗王前宣告他完成绕利比亚航行的事。波西多尼阿斯批评说,这些报道都没有充分的证据,接着就叙述了一个故事:西齐卡斯的攸多克萨斯曾以藩王兼亲善使节的身份,于埃魏尔格特第二在位时期,前往

① 指波西多尼阿斯。

埃及参加科里神的竞技会。这位攸多克萨斯因此得与国王及其随从往还,主要在查询溯尼罗河而上的航行方法,因为他对于这个国度的地区特征感到很有兴趣,尤其是对于尚无所闻的地区。与此同时,还发生了这样一桩事情:阿拉伯湾的守卫曾经带领了某一个印度人晋谒他们的国王。他们报告,发现了这个印度人垂死于一艘破船之上,但是由于不懂他的言语,所以不晓得他是什么人,从哪里来的。国王于是命人负责教他希腊语。他学会了希腊语之后,便讲述他曾由印度出航,误入迷途,同行者均死于饥饿,他则被救生还。当时他表示,如果国王派人远探印度,他愿意作水道引路人偕同前往,以报答国王的恩惠,而攸多克萨斯就是被派遣者之一。他携带着礼物驶航至印度。以后,回来时携带着各样的货物和宝石,其中一些是掺杂沙石之间被河流冲洗出来的,另一些是从土中挖出的,还有一些则由液体形成,像我们这里的水晶。可惜攸多克萨斯的致富幻想落空了,因为埃魏尔格特夺占了他的全部货物。埃魏尔格特死后,他的妻子克利奥佩特剌继承王位,再度派遣攸多克萨斯远探印度,并供给他更多的装备。他在回航的途中,被风吹至埃塞俄比亚以南的一个地方。他在这里和当地某些人相遇,把他们没有的东西如面包、酒和干枣,分给当地的居民作礼物,借此从居民获得水和领航者的协助;他还记载了当地言语的一些字句。当时他获得了一块完整无缺的、从破船上弄下来的船头木,上面刻着一匹马。经查问后,他晓得这艘破船是由西方而来的航行者遇难以后留下来的,于是在回程中携带着这块船头木。他回到了埃及,那时景象全非,统治埃及的已不是克利奥佩特剌,而是她的儿子。后者发现攸多克萨斯曾侵占过一些财物,因此再度剥

夺了他的全部财产。但是攸多克萨斯携带了这块船头木,至港口的市场出示于许多船主,因而得悉这是加季拉人的船头木。盖富裕的加季拉人常造大船,而贫者造小船。鉴于船头上所刻的形象,遂称之为“马”。渔夫们常驾驶这种小船,沿着马乌鲁集亚①的海岸航行,到利克斯河去捕鱼。据说船主中尚有人认识这块船头木:当时许多船只从利克斯河驶出,作极远的航行而久未回航,这块船头木即属于这些船只之一。

攸多克萨斯从上述的事实中得出结论,以为绕利比亚的航行是可能的,于是回家把所有的财产装载于一艘船上,由港口出航。他首先到达季克阿尔希亚,然后到达马萨利亚,并相继访问了沿岸的许多地方,而且远至加季拉城。他在所到之处都宣布了他所从事的事业;在积聚了足够的财资之后,便建造了一艘大船和两艘像海盗式的小艇,乘载着小孩、乐师、医生和各种工匠,向开阔的印度洋驶去;沿途频频得着西风吹送的便利。当同行者厌倦了漫长的航程的时候,他无可奈何地驶向陆地,因为他害怕海潮的涨落。果然他所害怕的事发生了:他的船搁浅了,但幸而是逐渐地搁浅,尚不至于顿时破裂,因而得以将货物和大部分的木料都卸于陆地。攸多克萨斯用这些木料造成了第三艘船,它的航行力约与五十支桨的船相等。于是继续航行,驶至一个地方,那里的人所用的语言是攸多克萨斯事前曾加以记载过的。当时他知道这里的居民是属于埃塞俄比亚人的一个部落,也和博格②的王国的居民相似。至

① 马乌鲁集亚,约今之摩洛哥。

② 博格是马乌鲁集亚的国王。

此,攸多克萨斯终止了印度之行而回到家乡。在回程中,他发现了一个荒芜的海岛,岛上有饮水和木材,供应上都很方便;这些情况他均予记载。攸多克萨斯平安到达马乌鲁集亚,并出售了他的船只之后,就徒步走到博格王的宝座前,劝他从事海洋探险。但是博格王的许多朋友以相反的理由相劝,要他考虑探险的后果将会便利敌人侵袭国土,因为这给了企图侵入国土的外人开辟了道路。当时攸多克萨斯获悉博格王表面上派他出去探险,实际上打算把他放逐于荒岛之上,他就逃到罗马人的占领区,而从那里前往伊比利亚。攸多克萨斯仍然继续不懈,又装备了一艘圆形船和一艘五十支桨的长形船;前者用来查探海岸,后者用来在大海上航行。他在船上装载了农具和种子等物,还带了许多精巧的木匠出发,从事上述同一的探险。他的打算是:如果航程上受到阻难,就在从前探悉的海岛上度过冬季,于庄稼收获之后再完成原定的航程。

第五章　制作地球为球体形象的原则。马洛斯人克拉捷斯的地球仪。斯特累波的旅行。地理学的综合方法(10—11 段)。黑海和亚速海(22—23 段)

10. 现在我们要解决的问题,就是在一个圆面上绘画有人居住世界的区域。如果有人想对其所制作的形象尽量求其逼真,他必须像克拉捷斯一样,把地球表现为球的形体,还须在球体上画出四角形,在四角形内记载着地理一览表。但是需要一个巨大的球体,以便使只占球体很小一部分的上述四角形,足以清楚地记载有人居住世界的所有部分,并使观察者能够看得清楚,那么,如果可能,他最好构造一个适当的球体,它的直径不小于十英尺但是如果他不能够准备这样体积的球体或相差不大的球体,那么他应该在至少七英尺的平板上绘画这个球形。须知道,如果我们以直线来代替纬度圈和子午圈,其分别甚微,我们还可以借着它们来标明气候、风和其他的差异,以及地球上各部分之间的互相关系及其与天空的关系。我们绘画直线——平行线以代替纬度圈,又绘画直线以代替子午圈,使其与纬度圈成直角。因为我们的了解能力,是很容易把眼见的平面形象和面积转变为圆面、球面形象和面积的。我们讲到直线和曲线也与此相同。虽然经过两极的子午圈均辐合于球面之一点,但是假若直而短的子午线只在平面上辐合,那就不关重要了。此外,这种辐合的子午线往往也是不需要的,因为在一幅平面地图上以直线所画的线条,当研究的时候,就会不知不觉地视为球面了。

11. 我们以下的讲述是作为把图形绘制在平板上来讲的。我们将根据亲身观察所得的或者根据从他人的口述和笔述而得的报道,来阐明一些陆地和海洋的记载。我本人曾经由亚美尼亚起程向西方旅行,到过埃特鲁里亚[①]的与撒丁岛遥遥相对的地方;另外又从攸克辛海向南旅行到埃塞俄比亚边界。至于其他的地理学家,没有任何一人所走的区域比我走过的区域为大。因为那些曾深入西方比我走得更远的人,就没有到达过如此遥远的东方地点,

① 埃特鲁里亚在意大利西部,即多斯加尼地方。

其他在东方比我走得更远的人,却在西方比我落后了。讲到南方和北方的区域,也可以同样地断言。但是关于各地方的报道,其中总有大部分来自别人的口述,所以我们所阐述的与别人的报道,总有相似的地方。例如,我们论及地球的形象、面积、性质及其许多组成部分时,我们的智慧便根据印象而形成对它们的概念。正如人们的感觉从苹果的形象、颜色、体积以及它的味道、香气、硬度和酸味等获得了印象以后,智慧又根据这些印象构成苹果的概念一样。甚至对很大的形象,感觉只能了解它的某些部分,而智慧则能根据感觉的了解,构成一个整体的概念。爱好学问的人们都是如此行事的。他们把那些到过不同地方而看到地球上一定地区的人,作为自己的感觉器官而相信他们,于是根据个别的口述,而构成一幅世界地图的印象。至于军事家们也正是如此处理一切事情的:他们并不亲临各地,但是他们信赖许多的报告,并依照所得的情报而发布必要的命令,于是通过别人就能处理许多事情。有的人只认为亲眼见过的才算是知识,而不相信从口述中获得的报道。殊不知就学识方面来说,耳闻比目见重要多了。

22. 在这后一段地带的附近,有一个长达七斯塔季亚的海湾位于谢斯特和阿比多斯之间,爱琴海和赫利斯滂海通过这个海湾,向北流入另一个海,这个海称为普罗庞齐达海;而这个海又流入另一个海,即所谓攸克辛的本都海。最后这个海似由两个海所组成,在它靠近中部的地方伸延着两个海角,其一是在北面由欧洲即由北方地区伸来的,另一个是由与北面海角相对面的亚洲伸来的。这两个海角使居于它们之间的通道变得狭窄,于是构成了两个大海。欧洲方面的海角称为克里乌麦托普,亚洲方面的海角称为卡拉姆比。它们彼此间的距离约有一千五百斯塔季亚。其次,在西方的海,由拜占庭起以迄博里斯芬河口,长达三千八百斯塔季亚,宽达二千斯塔季亚,列夫克岛屹立海中。在东方的海成椭圆形,它伸延到季奥斯库里阿达城附近的一个狭窄的深渊,长度约达五千斯塔季亚以上,宽度约三千斯塔季亚,海的全部海岸长二万五千斯塔季亚。有些人用西徐亚人的弓来比拟它的周边形状,而把本都海的右方地带比做弓弦。那里从海口起,有一条航路通季奥斯库里阿达城的附近地方,因为那里除了卡拉姆比海角外,全部海岸甚少凹凸之处,其形与直线相似。他们又用弓的角来比拟海岸的其余部分,弓的角有两个曲形,上面一个弯曲较大,下面一个弯曲较小,因此他们说这段海岸构成两个海湾,其中西方的海湾比东方的海湾更为弯曲。

23. 在东方海湾的北方有麦奥齐达湖,它的周边为九千斯塔季亚强,它通过所谓金麦里亚海峡流入本都海。本都海通过色雷斯海峡流入普罗庞齐达海(事实上,人们称拜占庭海峡为色雷斯海峡),色雷斯海峡的宽度为四斯塔季亚。相传普罗庞齐达海的长度,由特罗阿达以迄拜占庭为一千五百斯塔季亚,其宽度亦约相同。有几个位于海中的小岛环绕着西齐卡斯岛。爱琴海向北冲刷的洪流就是如此壮阔的。

第　三　卷

第五章　海洋涨潮与落潮现象的观察和解释(8段)

8. 我不明白为什么一向认为腓尼基人很聪明的波西多尼阿

斯，竟会在目前情况下，认为他们与其说是机智不如说是愚笨的。一日和一夜是借太阳的转动而测定的，它有时转到地球的下面，有时转到地球的上面。但据波西多尼阿斯说，海洋的运动与天体的圆周运行相适应，并且与月球的运行一致，而显出每日的、每月的和每年的周期。因此，当月球上升在地平线以上达到一黄道带的高度时，海水开始高涨并沿着大陆泛滥，直至月球上升至天心为止；当月球下降的时候，海水开始逐渐退落，直至月球降到地平线之上一黄道带的高度为止；以后海水开始停留于静止状态，直至月球达到正西方；海水越来越平静，直至月球运行在地球之下，离地平线一黄道带的高度。此后海水仍复上涨，直至月球在地球之下再运行到天空中间为止；以后海水再开始退落，直至月球接近东方，离地平线一黄道带的高度；然后海水开始停留于静止状态，直至月球升到地球之上一黄道带的高度；而后海水再度上涨。这就是波西多尼阿斯所说的每日周期的海潮。至于每月周期的海潮，每当新月的时候[①]常常发生更大的海洋的涨潮与落潮；其后，海潮退落直至上弦月的时候；再后海潮再涨，直至满月的时候；于是海潮仍复退落，直至下弦月的亏缺时候；此后海潮上涨的继续时期和迅速程度大为增长[②]，直至新月的时候为止。随后，波西多尼阿斯论及从加季拉人获悉的每年的周期，他们都相信每当夏至之日，海潮的涨落最大。他本人据此论断，这些现象由夏至到秋分的时期逐渐减小；又由秋分至冬至的时期逐渐增大；由冬至到春分再次减

① 当太阳和月球运行至同一的黄道带，其位置相合，此后即为新月。

② 从每月一公转的第四分之三直至新月，在这一段时间内，涨潮与涨潮之间的时间距离已见增长（落潮与落潮之间亦同），而潮水的涨落亦见迅速。

小;又由春分到夏至再次增大。由于每日每夜发生周期性的涨潮和落潮,所以在每日和每夜的连续期间里,海水必然上涨两次和退落两次。那么,既然如此,随着潮水的退落,井泉的水如何能常常充满呢?而它的水为什么不常见浅呢?抑或虽然常常如此,但其所谓"常"是否能平均?纵或平均,究竟多少次呢?加季拉人既未观察到每日发生的现象,难道他们还能观察到一年一次的周年循环的海潮吗?但是,波西多尼阿斯相信他们的说法,他本人表示海潮减小与增大的现象,是由一次至日到另一次至日而发生的,然后发生相反的运动。从这一点看来,很明显地他接受了加季拉人的说法。但是那些专心的观察家们不看已经发生的现象,而相信未发生的事物,这是不可置信的。

第十一卷

第一章　欧洲与亚洲间的界线。亚洲被套鲁斯山脉划分为两部分。北亚洲四个区域的描述(1—5 段,7 段)

1. 亚洲直接与欧洲毗连,沿着坦纳伊斯河和它接壤,所以我们为着明确起见,就必须用某些自然的界线先把亚洲划分开来,然后再加以说明。埃拉托色尼曾研究过整个有人居住的世界,那么我们也应该对于亚洲作相应的研究。

2. 套鲁斯山脉呈带状由西向东伸延,穿过这块大陆的中部,而把大陆的一半隔在山脉之北,另一半隔在山脉之南。这两部分大陆，希腊人称呼其一部分位于套鲁斯山脉的这一边，另一部分为位于套鲁斯山脉的那一边①。关于这一点我们以前虽然讲过了，但是为着便利记忆，现在有重述的必要。

3. 这条山脉在许多地方的宽度约有三千斯塔季亚，其长度约与亚洲的全部长度相等。这就是说，由罗德斯的海岸起，到印度和西徐亚迤东的边缘止，约达四万五千斯塔季亚。

4. 套鲁斯山脉可划分为许多部分，且各有不同的名称，并可借着大的或小的边界互相分开。在这样异常辽阔的山区里居住着一些部落，其中有些几乎是人所不知的，而另一些是很闻名的，例如帕提亚人、米底人、亚美尼亚人、一部分的卡帕多基亚人、西里西亚人和彼西底亚人；现在我们应该将住在山区北部的部落划入北部，住在山区南部的部族划入南部；其次，那些居住在山区中部的部落也应该划入北部，因其气候寒冷与北部相同，而南部的气候则是温暖的。从这条山脉发源出来的所有河流几乎也是一样的，分别向相反的方向流着：一些流向北方，另一些流向南方；在水流开始的时候，至少是这样的，虽然在后来的流程中，也有某些转向东方或西方流去的。因此，河流使我们易于利用山岭为界，来划分亚洲为两部分。在赫克利斯之柱这边的海②也像这种情形：由于这个海的大部分和套鲁斯山一同沿着直线伸展，使我们易于划分欧洲和利比亚两个大陆，而把它作为两个大陆的显著界线。

5. 当我们对地球的描述由欧洲转到亚洲时，从两个互相分离

① 即在套鲁斯山脉这边的亚洲和在套鲁斯山脉外边的亚洲。

② 即地中海。

的部分中首先见到北部，所以我们应该从此开始来论述亚洲。在这北部里，首先就是坦纳伊斯河附近的区域，这条河是我们拿来当做欧洲和亚洲间的分界线的。这个区域表现出半岛的形状，因为坦纳伊斯河和麦奥齐达湖，从西方冲洗着这个区域一直到博斯普鲁斯，并到以科尔奇斯为终点的攸克辛海岸为止；在北方它以海洋为界，直到里海的港口[①]为止；在东方它为上述的海冲洗，直到阿尔巴尼亚和亚美尼亚的分界线为止，那里是居鲁士河和阿拉克斯河流注入海的地方，而阿拉克斯河流经亚美尼亚，居鲁士河流经伊比利亚和阿尔巴尼亚。在南方，我们所描述的区域，以居鲁士河口至科尔奇斯的地带为界，这段地带由一个海到另一个海，其距离约有三千斯塔季亚，它通过阿尔巴尼亚人和伊比利亚人的领土，因而称之为地峡。别的著作家把这个地峡说得很小，说它像克列塔尔一样，并肯定地说这个地峡为两个海洋所浸没，这是不足置信的。

波西多尼阿斯判断这个地峡的宽度为一千五百斯塔季亚，差不多与彼鲁西和耶里弗拉[②]之间地峡的宽度相等。他说："我认为位于麦奥齐达湖和海洋之间的地峡，和这个地峡没有多大区别。"

7. 亚洲北部的第二部分，是在基尔康海（我们称为里海）那边的地方直到与印度人相接近的西徐亚人的地方。第三部分是直接毗连着上述地峡的地区，它连接着地峡及里海的入口处，并且有一部分很接近套鲁斯山这一边[③]的地方和欧洲，那就是米底、亚美尼亚、卡帕多基亚和位于它们之间的地方。第四部分是沿着黑黎斯

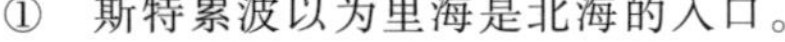

① 斯特累波以为里海是北海的入口。

② 在红海附近。

③ 即山北面的一边。

河这一边地带[1]的地区，其后为套鲁斯山脉和山脉那一边的地方，一直扩展到那个把本都海和西里西亚海分开来的地峡所形成的半岛的最后边界。

至于位于套鲁斯山的那一边的亚洲另一部分，我们把印度、阿利安以及直到波斯海、阿拉伯湾、尼罗河和埃及海、伊索斯海的各族都列入其中。

第 十 五 卷

第一章　描述印度的困难(2 段)。印度的边界和面积(11 段)。印度河和恒河的水流(13 段)。塔普罗班岛(14—15 段)。涅阿尔赫和阿里斯托布勒对于江河的流域和泛滥的起源的解释(16—17 段)。米和印度小麦(19 段)。印度的富饶(20 段)。印度无花果、棉花和其他植物(21—22 段)。印度与埃及的类似之点(25 段)。印度河的支流(26—27 段)。泰克始罗和阿比萨尔王国(28 段)。波鲁斯王国，猿的捕获(28—29 段)。卡法亚和索彼夫地方(30 段)。亚历山大回返舰队(32 段)。帕塔林

① 即黑黎斯河以西地带。

纳的沼泽海岸(34 段)。印度的生活方式(34 段)。恒河(35 段)。帕利博弗尔——普拉西人的首府(36 段)。关于印度吉潘尼斯河彼岸的琐碎见闻(37—38 段)。印度人划分为七个等级(39—41 段,46—49 段)

2. 读者们应该以宽大的态度,接受我们的有关印度的报告,因为这是一个最辽远的国家,只有少数人亲自访问过它;其他的人只看过它的某部分,而且他们所说的大都是耳闻而来;即使亲自看过的人,也是在远征军中和侵略的时候看来的。所以关于同样一件事情,报道可能各有不同,虽然那些报道似乎是经过仔细研究之后作出来的。还有一些目击者共同参加过同一次远征和旅行,例如当亚历山大远征亚洲时,他的随从们就是这样的;但是目击者之中,各人的报道也常常彼此不同。如果他们谈起曾见过的东西时,彼此之间尚发生这样的分歧,那么我们从传闻中所得到的东西应该怎样加以考虑呢?

11. 印度从阿利安至东方的海的北面,以套鲁斯山脉的边缘为界。当地人把套鲁斯山的这些地方,分别地称为帕罗帕来斯、埃莫德和伊马等,而马其顿人则称之为高加索。印度的西面以印度河为界,而南面和东面比其余直到大西洋的两面长得多。由此可见,这个国家是呈菱形的,因为在最长的两边中,每一边都比其相对的一边长三千斯塔季亚,而这个长度就是东面和南面沿岸与其余两面保持同样距离的两边所超过的部分。至于印度的西面,由高加索山至南海,即沿着印度河至它的河口,约计一万三千斯塔季亚;因此,相对的东面加上超出的三千斯塔季亚,共有一万六千斯塔季亚。这就是这个国家最大的和最小的宽度。它的长途是由西至东计算的,其达到帕利博弗尔的大部分是可以准确地断定的,因为曾经用斯恒纳[①]测量过它,并且作为一万斯塔季亚的王军道路的组成部分,而其余部分的长度,是以由海沿着恒河航行至帕利博弗尔的时间,约略测量出来的,这段长度断定约有六千斯塔季亚。埃拉托色尼根据扎营地的充分可靠的表册,所断定的印度的全部长度也正是一万六千斯塔季亚。麦格斯芬同意他的说法,而帕特罗克尔则少算一千斯塔季亚。如果把向东方伸出的海角的长度加到这个距离上,那么加上这三千斯塔季亚,就构成最大的长度了[②]。这就是从印度河口,沿着其以下的海岸到我们所谓的海角和它的东方极端,即所谓康尼阿克人居住的地方。

13. 印度的全境被许多河流灌溉着,其中一些河流与印度的两条最大的河——印度河和恒河相汇合,而其他的河,则经由本身的河口流注入海。一切的河流都发源于高加索,最初流向南方,其后一些河流仍是趋着一个方向流动,主要流入印度河,但是其他的河流,像恒河,则转向东方流动。恒河从山岭倾泻而达平原,然后转向东方,缓慢地流经一个最大的印度城市帕利博弗尔,虽然它是印度最大的河流,但只有一个河口全部流入那里的海。印度河经

① 斯恒纳是古代埃及的一种长度单位,等于六十斯塔季亚。

② 即一万九千斯塔季亚。

由两个河口流入南方的海里，而它的水流是环绕着所谓帕塔林纳地区的，这个省很像埃及的三角洲。依照埃拉托色尼的见解，印度由于这些长川巨流的水蒸气和贸易风的降临，受到了夏季雨水的渗透，致使平原变成沼泽。在雨季的时候，那里种亚麻、黍，以及芝麻、印度小麦和米；在冬季那里种小麦、大麦、豆类，和我们不认识的各种其他东西。此外在印度繁殖着与埃塞俄比亚和埃及几乎同样的动物；在印度的河川里繁殖着其他河川中所有各种的动物，只是没有河马，不过奥涅锡克里特则断言：这里河川也有河马。至于印度的居民，其中南方人的肤色像埃塞俄比亚人，而面貌和头发则像其余的人们；因为潮湿的缘故，头发不卷曲。印度的北方人则像埃及人。

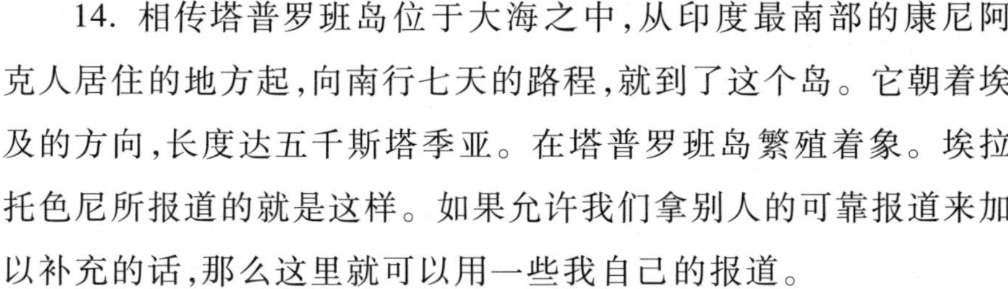

14. 相传塔普罗班岛位于大海之中，从印度最南部的康尼阿克人居住的地方起，向南行七天的路程，就到了这个岛。它朝着埃及的方向，长度达五千斯塔季亚。在塔普罗班岛繁殖着象。埃拉托色尼所报道的就是这样。如果允许我们拿别人的可靠报道来加以补充的话，那么这里就可以用一些我自己的报道。

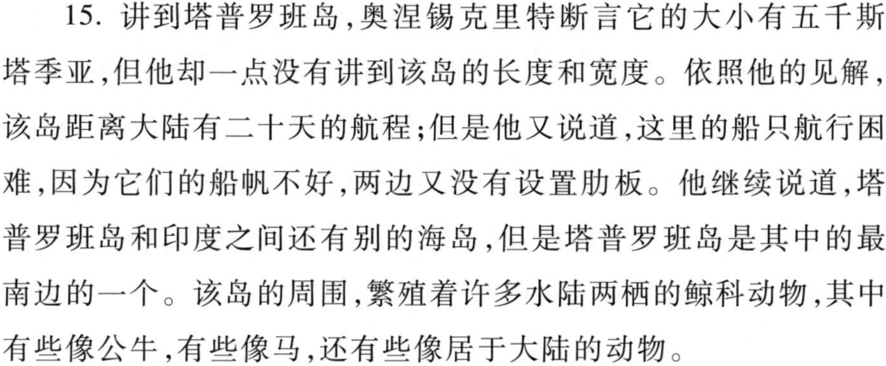

15. 讲到塔普罗班岛，奥涅锡克里特断言它的大小有五千斯塔季亚，但他却一点没有讲到该岛的长度和宽度。依照他的见解，该岛距离大陆有二十天的航程；但是他又说道，这里的船只航行困难，因为它们的船帆不好，两边又没有设置肋板。他继续说道，塔普罗班岛和印度之间还有别的海岛，但是塔普罗班岛是其中的最南边的一个。该岛的周围，繁殖着许多水陆两栖的鲸科动物，其中有些像公牛，有些像马，还有些像居于大陆的动物。

16. 涅阿尔赫讲到河流带来的淤泥的冲积时，引用以下的例

证:格尔姆河、卡伊斯特尔河、米安得河和卡伊克河的平原,之所以得名于各该河流,是因为后者挟带着的淤泥扩大了这些平原,或者较为确实地说,构成了这些平原。因为河流从山间所带来的泥土,都是品质良好的和松软的。河流把它们带向下游,因而平原就仿佛是这些河流的产物。依照涅阿尔赫的见解,这些平原属于河流所有是完全正确的,这与希罗多德所说:毗连尼罗河的土地是尼罗河的礼物完全一样。所以涅阿尔赫认为尼罗河也可以称为埃及河。

17. 据阿里斯托布勒说,只有山岭及其山麓的小丘,受到雨水的浸润和雪的掩蔽;平原既没有雨也没有雪,仅仅受到河川泛滥的浸润。山岭在冬季的时候为雪所掩蔽,而春初则开始降雨,当贸易风的季节雨量更加急剧地增多,昼夜不息地大雨滂沱,至牧夫座中一等恒星上升而止。因此河流为雨雪的水所充满,就泛滥平原。他继续说道,他本人和别人都曾观察过这种现象,当时正在七曜星没落之后,他们从帕罗帕米斯出发前往印度,在吉帕集人的地方和阿萨坎的山区中度过冬季,至春初则下山到平原,并到了一个很大的城市泰克始罗,从那里前往海达泗披河和波鲁斯的地方。他们在冬天只见过雪,但完全没有见过水;在泰克始罗城首先降雨。他们向着海达泗披河下行,战胜了波鲁斯之后,他们的行程往东,向着吉潘尼斯河前进,然后从那里再回到海达泗披河。雨下个不停,特别在贸易风的季节更甚,但是当牧夫座中一等恒星刚刚上升,雨就停止了。他们在海达泗披河上造好船舰之后,在七曜星没落的前几天,便开始从那里航行,然后他们在整个的秋季、冬季,以及下一届春季和夏季里从事航行。约当天狼星上升的时候,他们到达

了帕塔林纳。他们的航程就这样地在十个月的期间完成了，但是，甚至在贸易风吹起的时候，他们没有遇到过一次雨，然而原野已经被溢满的河水淹没了。因为逆风起来了，海上的航行已经是不可能了。

19. 其次，阿里斯托布勒指出了这个国家与埃及和埃塞俄比亚的共同之点，又指出它与这两国不同的特点，其特点是尼罗河受到南方雨水的泛滥，而印度河受到北方雨水的泛滥。他指出这点之后，便问道，为什么在这两国之间没有雨。例如：菲华伊达至西厄那和麦罗埃的附近地方，以及由帕塔林纳至海达泗披河某些的印度地方就是如此。相反地，阿里斯托布勒说，那伸延在高于这些地方的有雨和雪的地区，也如同印度以外的其他地方一样，为人所耕种，因为这里有雨雪湿润着土地。从他的讲述中，可见这里被丰富水分所浸松的土地易于遭受地震，并且土地如此松裂，以致河川也易于改变河床。他说，当他奉某种使命而被派前往时，他亲自看见过一个地区，有一千多个城市和乡村变为废墟，因为印度河抛弃了原有的河床而转折到左方，向别处更深的河床流去了，而且水流如此低下，致使右方的地区不再受到河水泛滥的浸润。因为那里不仅高过新的河床，而且高过泛滥季节的水流。

20. 关于河流的泛滥和大陆上不起风这一点，奥涅锡克里特赞同阿里斯托布勒的说法。据他说，海洋的沿岸多沼泽之地，特别是在河口附近的地方，这首先是由于河川的淤泥，其次是由于海洋的潮水，最后是由于这里海风的优势。麦加斯芬认为，印度每年两次收获的果实达到加倍的数量，就是印度富饶的最显著特征。埃拉托色尼同样地肯定说，播种是一次在冬季，另一次在夏季；下雨也是一样：一次在冬季，另一次在夏季。据他说，那里没有一年冬季和夏季不下雨的，所以如此富饶，因为土地是无时不出产果实的。又据他说，那里出产许多木本的果实和草本的根茎，生的和熟的味均甜美，因为无论是天空降下的雨或是河川的水，都一样地受到阳光的温暖。他的意思是说，在别处人们所称果实和果汁的成熟，在他们那里就仿佛是果实和果汁的煮熟，因为在这种情况下成熟的果实，其味道一点也不亚于用火煮熟的果实。他说，正因为如此，那些制造车轮外缘所用的树枝是柔韧的；由于同一原因，某些树木上开着绒花[①]。据涅阿尔赫说，精细的绒制品是由绒絮织成的；马其顿人则用绒絮作褥垫，并用以填装马鞍。“谢里克”也是属于这一种类的，就是从某些树木的树皮上所采集的绒絮而制成的丝织品。又据他说，那里的甘蔗虽没有蜜蜂而能产生蜜糖，因为这好像是果树，蜜糖是由它的果实制成的，而且吃了未成熟的果实就会令人陶醉。

21. 印度生长有许多奇异的树木。随便说罢，其中有这样的树，它的嫩枝下垂至地而蔓延，而树叶比盾牌还大。奥涅锡克里特仔细研究了印度最南部分的穆西坎地区的名胜时，谈到某些大树的枝，高达二十个肘节，并且向下生长，呈弯曲状，直至触及地面，以后伸入地下，在那里生根；然后再向上生长成为树干。它的树枝以同样的方法生长新的嫩枝，这些新的嫩枝又这样生长新的，如是连续相生，以致由一棵树的树叶可构成一个大覆盖物，而那些树叶则像有许多柱子支撑着的帐篷。讲到一些树木的大小时，据说，五

① 即棉花。

个人难以围抱它们的树干。阿里斯托布勒又讲述在阿克辛河与吉阿罗齐河汇流处的附近,生长着树枝下垂的树木,它的范围如此广大,几乎在一棵树下,中午可以容纳五十匹马遮阴,但据奥涅锡克里特说,可容四百匹马。阿里斯托布勒还提到别的树,范围不大,有荚似豆,长有九寸,饱含蜜糖,吃过这种荚豆的人难以医治。但是,讲到树木的大小,有些人说仿佛看见过吉阿罗齐河那边的一棵树,它在中午所投的阴影有五斯塔季亚。这些人所说的这样的故事,使所有谈论过这方面的人都感到逊色。据奥涅锡克里特的供述,树木上生长的绒花含有种子,取出其中的种子后,其余的部分可加以梳刷,如梳绒毛一样。

22. 奥涅锡克里特报道说,在穆西坎地区生长着野生的谷类,与小麦相似,也生长着造酒的葡萄藤,而当时别人说印度没有酒。安纳哈尔西斯谈到西徐亚,那里除了要把戏者的铙钹、小鼓和响板之外,既没有笛,也没有别的乐器。奥涅锡克里特和其他的人都说,印度盛产各种草本的和根茎的植物,一部分是治病的,一部分是有毒的,却一样地富有色彩。此外,他补充说道,那里有一条法律,如果一个人发明了毒药而未同时发明解毒药,则治他以死刑;如果他发明了毒药也发明了解毒药,就获得国王的奖赏。在印度的南部也有肉桂、松香及其他香料。印度像阿拉伯和埃塞俄比亚一样,也朝着太阳光线的方向,所不同于它们的就是水的充裕,因此印度的空气受到水分的浸润;无论在土地方面,或在水的方面,它都比那些国家较为肥沃,并富于生产力,所以印度的水陆动物都比别处的要大些。

25. 此外,为大家所承认的、另一个说明印度与埃塞俄比亚及

埃及之间的相似点的现象，是凡未经泛滥的原野都成为荒原。涅阿尔赫论到尼罗河发生满潮的旧问题，他企图用夏季的雨，来解释为印度河流所发生的同一满潮现象的原因。他说，当亚历山大看到了在海达泗披河的鳄鱼和在阿克辛河的埃及豆时，他把这些河流作为尼罗河的水源，因此他装备了到埃及去的船舰，企图沿着海达泗披河到达埃及。但不久之后，他仿佛知道了他曾估计的那件事是不可能的，因为“其间有许多巨大的河川，急速的水流，而首先有个海洋”，一切的印度河川都流入这个海洋里。其次还有阿利安、波斯湾和阿拉伯湾，以及阿拉伯本土和穴居者的地方连接其间。这就是他们所讲的风、雨，以及河川的满潮和原野的泛滥。

26. 但是，我们也应当报道关于河流的一些详细情况，以期尽量地适合地理学的需要，而我们本身也需要尽量整理已有的材料，因为河流是地区的面积和形状的天然边界，往往很有助于我们工作的完成。尼罗河和许多印度的河流，具有超越其他河流的优点，如果没有它们，则现在所航行的地方和耕种的土地可能已经荒瘠了，既不可身临其地，甚至完全不可居住了。我们有关于印度河的最大支流的资料，也有它们所流过的地区的资料，而其他的地方，我们宁可说不知道。亚历山大发现这个地方最早，当大流士的谋杀者掀起巴克特里亚人的叛乱时，亚历山大曾认为首先必须追击他们并消灭之，所以他通过阿利安人的地方向印度的邻近区域进军。他把印度放在右边，而从北方越过帕罗帕米斯山和巴克特里亚。当他刚一征服了所有隶属于波斯人的地方并继续推进时，他就把进军的矛头指向了印度，而那时曾有许多人对他讲述印度，虽然讲得不甚清楚。他在向后回师时，先把印度放在左边，而从最短的道路越过了同一的山区,然后立刻转向印度,向着它的西方边境,向科法河和霍阿斯帕河前进。霍阿斯帕河在普列米里城的附近流入科法河,从另一座城市戈里德旁边流过,流经班多宾纳和干达里齐达。亚历山大知道了印度最肥沃的地方是山岭地带的和北部地区,而相反地,南部地区有一部分是干涸的,有一部分为河流所淹没,且为炎热所熏蒸,那里适宜于动物较甚于人类。因此,他计划首先占领印度的著名地方,同时考虑他所必须渡过的河川,是要在水源附近的地方较易于渡过的,因为这些河川是横着穿过印度的。此外,他曾听得大部分的河川流入一条河里,而且向前进展越远,则河流越多,这是越来越难前进的,尤其在缺乏船只的情况下。亚历山大对这种情形有所恐惧,他于是渡过了科法河,把伸延在西方的全部山区征服了。

27. 亚历山大到科法河之后,又到印度河,然后到海达泗披河,又到过阿克辛河和吉阿罗齐河,最后到了吉潘尼斯河。他被阻止不能前进了,因为首先顾虑到神的托言人的格言;其次是顾虑到士气的衰落,使他不得不停止进军;士兵们由于劳苦而疲倦不堪,并且那里绵绵不断的雨水使他们受尽了潮湿之苦。因此,在印度的东部,我们所知道的地方是位于吉潘尼斯河的这一边,而在吉潘尼斯河那一边的其他地方,是那些继亚历山大之后,深入吉潘尼斯河彼岸直到恒河和帕利博弗尔人的地方的人们报道出来的。却说,印度河流经科法河的下游,位于这两条河之间的地区内有阿斯塔肯人、马西安人、尼谢人和吉帕西人。其次说到阿萨坎地区,那里有个马索加城,是国王的驻节地。另一个彼夫科拉伊齐达城位于印度河的附近,亚历山大曾在城边架设一道桥以运送军队。

28. 泰克始罗城位于印度河与海达泗披河之间，是个具有良好政治制度的大城市，城的四周环绕着广大而富饶的郊区，直与原野相毗连。这个城的居民和他们的国王塔克西勒曾亲切地招待亚历山大，因此他们所接受的礼物多于奉送的礼物。马其顿人曾妒忌他们，并扬言说亚历山大在未渡印度河之前，未曾给过任何人以财物。一些人认为这个国家比埃及还大。在地势较高的山中，有阿比萨尔国王的地区。据国王的使节所述，国王养了两条龙，一条长八十个肘节、另一条长一百四十个肘节。奥涅锡克里特亦这样说过。关于亚历山大的传说把奥涅锡克里特称为战争祸首，比称他为亚历山大舰队的长官较为恰当。亚历山大的一般随从者宁取奇异而舍真实，但从传奇小说的一部分看，奥涅锡克里特似乎比所有的随从者好一些：他往往报道似是而非的和值得注意的消息，所以不相信的人也不能漠然置之。至于说到龙的事情，也有别人讲过，据说是在埃莫德山里捕得，并养之于洞穴中的。

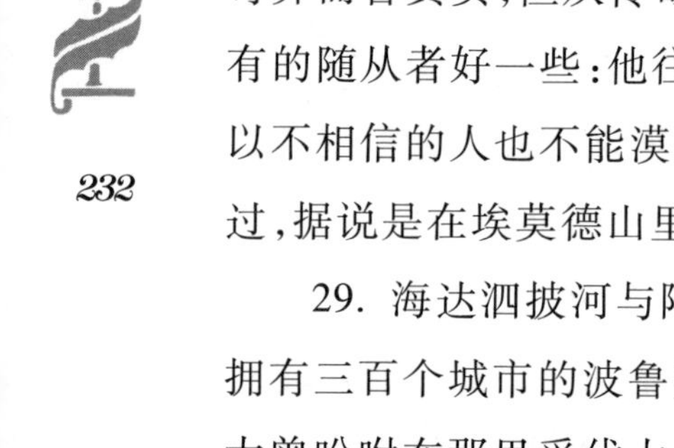

29. 海达泗披河与阿克辛河之间，绵亘着广阔而肥沃的，大约拥有三百个城市的波鲁斯国土。而埃莫德山附近有树林，亚历山大曾吩咐在那里采伐大量的枞、松、柏和其他树木，送到海达泗披河岸去；在沿着该河两岸他所建立的城市旁，他建造了船舰；然后渡过河，战胜了波鲁斯国。他与波鲁斯国交战中阵亡了一匹马，即以此马的名字命名其中的一个城市为布采法利亚（这一匹马因为前额广阔，故称为布采法勒；亚历山大在战争中常常用它作为良好的战士）；另外的一个城被称为尼克亚，是由于在那里获得了胜利。人们说，在上述的森林里有许多躯体很大的长尾猿，马其顿人有一次看见了它们在开阔的山丘之上成群地排成了战斗的行列

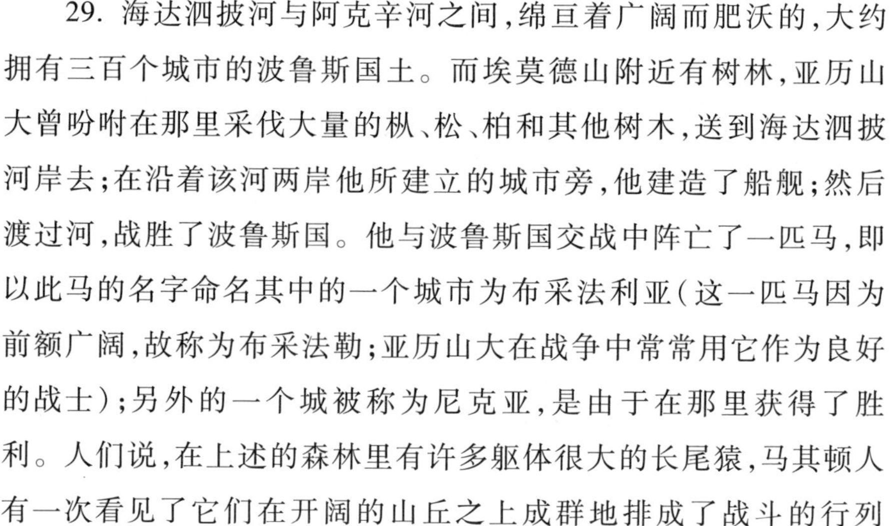

(这种动物在智力上,就像大象那样与人类很接近),他们把它们当成是一队士兵,向它们冲击。后来从当时在亚历山大麾下的塔克西勒王处得知了真实情况,才停止了冲击。捕猎这种动物有两种方法:由于猿有模仿的癖性并在树上逃跑,所以捕猎者看见了它坐在树上时,就当着它的面前,拿着一满碗的水洗着自己的眼睛,然后换了一碗粘鸟胶放在地上,走到一边去远远地窥伺着;当猿跳下树来,把粘鸟胶涂在自己的眼睛上而粘住了眼皮的时候,捕猎者就走过去将它活捉起来,这是一种捕猎的方法。另一种方法是:捕猎者们穿上像裤子的袋,然后走开,留下另一些开口的、毛制的、样式相仿的口袋,而在袋里涂上粘鸟胶,猿穿上这种口袋时就易于捕捉了。

30. 有些人查勘卡法亚和当地首长之一索彼夫的地方,是在两条河流之间[①],而另一些人查勘它们在阿克辛河和吉阿罗齐河的那一边,是与另一个波鲁斯王的国土接壤的,这个波鲁斯王是被亚历山大所俘虏的波鲁斯王的堂兄弟。他所统治的地区称为干德里达。关于卡法亚流传着奇怪的传说,说那里珍视人的美貌如珍视马和犬的美观一样;据奥涅锡克里特所说,在王国里选出他们最美貌的人为王;而每个出生的儿童,于出生两个月之后,便应接受人民的讨论,看他是否具有合乎法律规定的生存的体格,然后依照审判长的判决,或者允许这个儿童生存,或者予以杀死。这个地区的居民为了增加自己的美丽,用大量的和最鲜艳的颜色涂染自己的胡须。而且许多印度人也照这样修饰了头发和衣服,因为他们

① 即海达泗披河和阿克辛河。

的土地出产许多奇异的颜料。因此,印度居民在其他各方面虽十分简朴,但却热爱修饰。卡法亚人的特点据说如下:求婚的男女可以彼此择配;而妻子要与已死的丈夫一同烧死。这仿佛是出于这样一种原因:她们有时与青年们通奸而遗弃了她们原来的丈夫,或毒死了他们,这项法律仿佛是为了防止毒杀而颁布的,但讲到这项法律和其理由,均不足令人置信。相传在索彼夫的地方,有某一座山里,蕴藏着可以供给全印度食用的大量的矿盐;离那里不远的另外一座山里有金和银的矿脉,曾为精通这件事情的戈尔吉所证实,但是因为印度人既不知道采矿,亦不知道熔炼,所以也不知道自己有这样的财富,更不能很好利用它们。

32. 通到海达泗披河的道路大部分是朝向南方的,但是从那里通到吉潘尼斯河的道路是朝向东方的,且全部的道路盘旋于山岭的多,经过平原的少。亚历山大逐由吉潘尼斯河回到海达泗披河和船舰停泊处。他建造了舰队,并沿着海达泗披河航驶。一切上述的河流都流入一条印度河,而吉潘尼斯河是其中最后的一条。这些河流中值得记述的,最低限度有十五条。印度河受到一切支流的汇注而上涨,由两个河口流入南海,并把帕塔林纳变成了一个岛屿(夸大的论者断言,印度河在有些地方宽达一百斯塔季亚;较为稳健的论者则说,河的最大宽度为五十斯塔季亚,最小的宽度为七斯塔季亚。沿着印度河有许多城市和部族)。亚历山大放弃印度的东部而采取了这样的决定,第一是因为渡越吉潘尼斯河受了阻碍;第二是由于他从经验上相信这样一种不合理的说法,仿佛酷热的原野适宜于野兽的生存较甚于人类。所以他放弃了东部而向原野进军,因为后者更为人熟悉。

34. 奥涅锡克里特肯定说，那里海岸的大部分化为沼泽，而主要地是在河口附近的地方，这是由于海潮和缺乏大陆的风而发生的；相反地，在这些地区占优势的是由大海吹来的风。奥涅锡克里特讲到穆西坎的地方，他赞扬这个地方的许多优点，其中的一些优点是一般人认为与印度其他地区相同的，例如居民的长寿便是如此，因为那里的居民有活到一百三十岁的；不过有些人认为，塞尔人比这个地区的人还要长寿些。他们还具有节食与健康的特性，虽然这个地方什么都充足。他们有一种举行类似拉哥尼亚人的"聚餐会"的风气，在一块儿进餐，同时还有打猎所获得的美肴。此外，他们不使用金和银，虽然他们有这些充裕的矿产。他们利用少壮的青年们代替奴隶，就像克里特人利用阿法米奥特人、拉哥尼亚人利用斯巴达奴隶一样。除医学之外，他们不热心研究任何科学，他们甚至责备热心研究某些技术为恶行，例如军事和类似的科学。除非由于杀人或暴行，他们不进行诉讼，因为任何人都不能依靠诉讼的力量而避免这两种罪行的侵犯，相反地，各种事务上的一切损害，可由当事人自行解决，所以任何人有失信的行为，对方只有忍受之；你要仔细考虑你所信任的人物，而城市里不应该为诉讼所充斥。这就是亚历山大长征的参加者的报道。

35. 克拉捷尔在给他的母亲阿里斯帕拉的信里，曾讲到许多不可置信的并与其他任何报道不相吻合的事情。随便说罢，其中说道亚历山大仿佛曾到过恒河，同时书信的作者也断言，他本人曾看见过这条河及河里的鲸鱼，但是他所报道的河的长度、宽度和深度，与可能的情况相去甚远。至于说恒河在上述三个大陆上的一切河流中，是最大的一条河，第二是印度河，第三和第四是伊斯特尔河和尼罗河,大家对于这些说法的意见是十分一致的。可是论到详细情形,各人对于同一事物所讲的就各不相同,因此有此人认为恒河最狭的宽度是三十斯塔季亚,其他的人说是三个斯塔季亚,而依照麦加斯芬的说法,恒河中部的宽度达到一百斯塔季亚,而最浅的深度是二十沙绳尺。

36. 帕利博弗尔(城)位于恒河[①]与另一条河汇流处的附近,城长八十斯塔季亚,宽十五斯塔季亚,成平行四边形,四周围以同等长度的木制围墙,通过其中的眼孔可以射箭,墙外有壕沟兼作防御和收容城中垃圾之用。这座城的人民称为普拉西人,是最优秀的人民。他们的国王,除了出生时所接受的自己的姓名外,还要冠以帕利博弗尔城的名字。例如麦加斯芬被派为使节前去朝觐的桑德罗科特王便是这样。在帕提亚人那里也有同样的例子,他们全都称为阿尔萨克,但是国王的本名一个是奥罗德,另一个是弗拉阿特,还有一个是别的什么名字。

37. 依照一般的见解,最好的地方是位于吉潘尼斯河的那一边,但是关于这一地方的叙述并不精确,一切的叙述,都由于对它一无所知和它本身的遥远,往往是夸大其词或说为奇迹的。例如,有人讲到掘金的蚂蚁和其他奇异体格的动物,以及具有奇才异能的人物,例如谢尔人的生命被说得很长,似乎有活到两百岁或超过两百岁的。讲到这里国家的贵族制度,有人说政府由五千个顾问组成,而每人投政府一票。麦加斯芬说,在普拉西人的地方有最大而最凶猛的老虎,它的大小几乎超过狮子一倍,所以一只驯服的老

① 俄译本作印度河,此处依英译本改为恒河。

虎由四个人牵着时,它还可抓住了一头驴子的后脚,使它靠近自己的身边来。有尾猿比最大的犬还大,它们不是黑脸的便是全身皆白的,或者相反。它们的尾比两个肘节还长,但它们是十分驯服的,不伤人,不袭击,也不偷窃。人们从泥土挖出来的石头,其甜味甚于无花果和蜜糖,并且带有香花色。有些地方发现带着皮翅膀而类似蝙蝠的两尺长的蛇,它们常在夜间飞行,并从体中放出一滴滴的尿或汗,以伤害那些未加防备的人。那里还有非常大而能飞的蝎子。那里生长黑檀树。有一种勇敢的犬咬着物件时,只有把水注入它们的鼻孔,才能把被咬的东西取掉。有些犬的眼睛因为咬得猛烈而为之扭歪,而另一些犬的眼睛竟至完全坠下。一条犬甚至抓得住一只狮子,也可抓住一头公牛,而被犬咬住了鼻子的公牛,在来不及救出来以前就要因气绝而死。

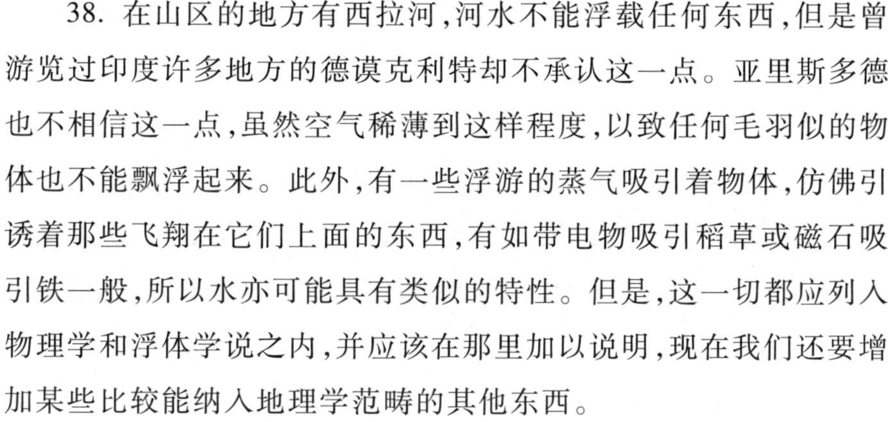

38. 在山区的地方有西拉河,河水不能浮载任何东西,但是曾游览过印度许多地方的德谟克利特却不承认这一点。亚里斯多德也不相信这一点,虽然空气稀薄到这样程度,以致任何毛羽似的物体也不能飘浮起来。此外,有一些浮游的蒸气吸引着物体,仿佛引诱着那些飞翔在它们上面的东西,有如带电物吸引稻草或磁石吸引铁一般,所以水亦可能具有类似的特性。但是,这一切都应列入物理学和浮体学说之内,并应该在那里加以说明,现在我们还要增加某些比较能纳入地理学范畴的其他东西。

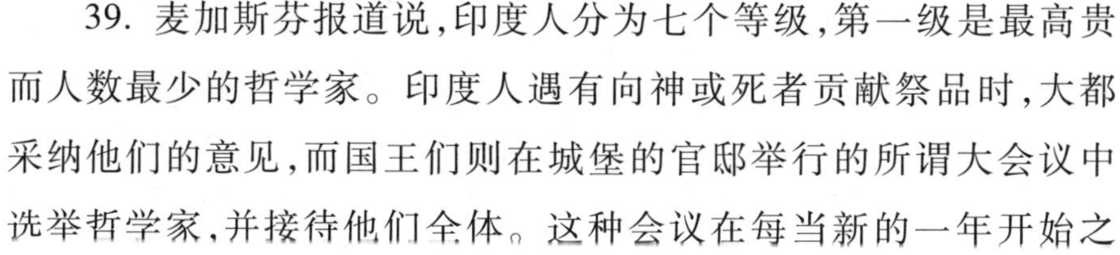

39. 麦加斯芬报道说,印度人分为七个等级,第一级是最高贵而人数最少的哲学家。印度人遇有向神或死者贡献祭品时,大都采纳他们的意见,而国王们则在城堡的官邸举行的所谓大会议中选举哲学家,并接待他们全体。这种会议在每当新的一年开始之际举行,到时各哲学家对于果实、动物或国家制度,所想出来的或观察所得的有益事项公开地加以阐明,若有被揭出为撒谎三次者,就应该依法缄默终生;其报道准确者,就免除其捐献和赋税。

40. 农民属于印度人的第二等级,是居民中人数最多和最纯洁的一级,他们免服兵役,他们的工作不受任何侵犯,他们不到城市去,不从事任何其他的事务,亦不负担任何公共的义务。因此常常发生这样的事:在同一个时间和同一个地区里,士兵们严阵以对敌人并与他们决战,而农民们耕田耘土不受任何危险,因为士兵们为他们而作战。全部土地归属国王,农民为工资而耕耘土地,工资等于收成的四分之一。

41. 第三个等级是牧人和猎人。他们是唯一被许可狩猎和牧养牲畜者,并许可出卖与租赁牲畜。因为他们免除了野兽和吃谷鸟的危害,所以国王偿给他们粮食。他们居住在窝棚里,过着流浪的生活。私人不许可饲养马或象,这二者都被认为是国王的财富并有专人看管。

46. 据麦加斯芬说,高于牧人和猎人的就是手工艺者、商人和一切从事手工劳动者的第四等级。他们之中一些人纳捐税并负担规定的义务,而制造武器的工匠和造船者,则从国王领取工资和供应品,也只为国王而工作。士兵的武器是由总司令供给的,而海军司令则出租船只给水兵和商人。

47. 军人是第五个等级。他们所有的全部时间,除了战时之外,都消磨于闲游和酒会。他们靠国王的金钱供养,以便他们在需要的时候得以迅速出征。同时,他们除了一身之外,不携带任何东西。

48. 第六个等级是巡监察人。他们担负细密监视一切事情的责任，并秘密报告于国王。他们的助手，在城市里是城市的妓女，而在兵营里则是兵营的妓女。只有最好的和最可靠的人才能被任为这种监察人。

49. 国王的顾问和助手属于第七等级，从他们中间选出官吏与法官，并且把全部国家的事务委托他们管理。谁都不能与隶属于另一等级的人结婚，谁都不能与他人调换自己的职业或手艺，而一个人也不能兼事几个职业。但是圣贤者可以例外，因为他们有高尚的品格，变更职业是许可的。

第十七卷

第一章 埃及祭司的博学多才（29 段）。克尔克苏尔城郊攸多克萨斯的天文台（30 段）。自然和天意（36 段）

29. 我们曾在格利奥波尔看见祭司们居住过的宏大房屋。相传这个城是古时祭司们、哲学家们和天文学家们的主要居住地，但是现在学者们的团体已经解散，研究工作亦已终止了。我们在那里从来不曾遇见从事这种工作的人，而只有主持祭祀和为外国人讲解神庙古迹的人。当时有一位名叫哈列蒙的祭司，随着埃及的地方长官埃利加尔取道亚历山大港来到埃及。他以从事这类工作而自命不凡，但常常被讥笑是个冒昧无知的大言不惭者。在格利奥波尔，也有人指示我们看了祭司的住宅以及柏拉图的和攸多克萨斯的临时住所。攸多克萨斯与柏拉图确实曾到过这里。一些人说，这两位学者一同与祭司们住了十三年的时间，祭司们往往只知道一部分天体现象的知识就视为秘宝，不肯与人交谈学问，而要那些想从他们学习一点学术的人对他们多献殷勤。与此相反，野蛮人却保藏着一大部分的知识，随便说罢，他们学会了用三百六十五个昼夜以外的余数，来补足一年的真正时间。但是希腊人仍然不晓得一年有多少时间以及许多其他的知识，直至现在为止，晚近的天文学家才从翻译祭司的著作获得了这些知识，甚至现在希腊人还采用埃及祭司的和加尔底亚人的许多学说。

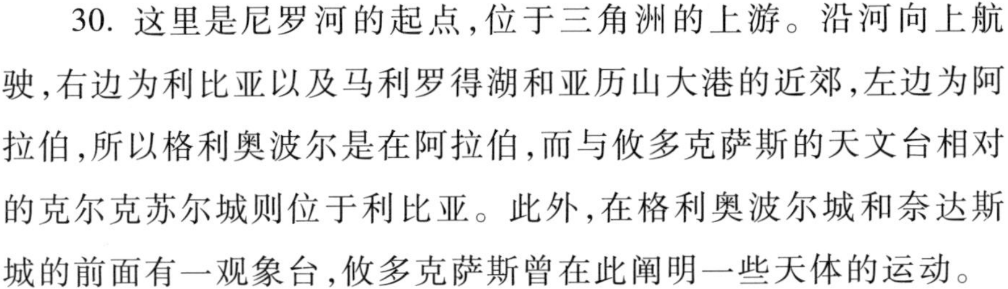

30. 这里是尼罗河的起点，位于三角洲的上游。沿河向上航驶，右边为利比亚以及马利罗得湖和亚历山大港的近郊，左边为阿拉伯，所以格利奥波尔是在阿拉伯，而与攸多克萨斯的天文台相对的克尔克苏尔城则位于利比亚。此外，在格利奥波尔城和奈达斯城的前面有一观象台，攸多克萨斯曾在此阐明一些天体的运动。

36. 自然是这样一回事：万物集中于一点，即集中于一个中心并旋转在它的周围。宇宙的中心和最致密的部分是陆地，而较为稀薄的又与陆地最接近的部分是水。这两部分构成一个球形，前一部分是密实的，后一部分是空虚的，并且把陆地包在中间。天意则是这样的：它是万物的创造者和巧妙的缔造者，它决意首先创造了优越于其他一切东西的生物，其中最高尚的是神和人类，而为了人类创造了一切。天指定了穹苍属于神，地球属于人类，以作为整个宇宙两部分的极端，因为宇宙球的两端就是它的中心和外围。水既然环绕着陆地，但人类不是水的动物，而是陆地的动物，需要大量的光和空气，所以天使许多处的陆地升起，也使许多处陷落，这样便把水聚会在深渊,使全部的或大部分的陆地被覆盖在水下;而相反地,陆地在较高处突出又把水覆盖在它的下面,只留下人类、动物和植物所需的水量在外面。其次,由于万物在不断地运动和发生无数的变化(因为不如此便不可能支配宇宙间如此大量的这类物体),所以可以假定陆地不会永远处于这种状态中,永远保持着这样没有任何增减的面积,而水也不会永远保持现有的状态,并且,无论陆地或水都不能停留于原有的位置。因此更可推测:大块的陆地可变为水,而大量的水可让位于大陆,像已为人所观察到的陆地上所发生那样多的变化一样。因为,在一些地方的泥土是松软的,而另一些地方是坚硬的和多岩的,有些地方则含有铁和别的矿物。人们也观察到水具有许多类似的差别:一些水是咸的,另一些味甜而宜作饮料,其他则含有毒质或具有医疗价值;一些水是冷的,而另一些是温暖的。令人感觉惊奇的是:现时有人居住的某部分陆地在昔日曾为沧海,而我们的海在昔日曾是有人居住的陆地。一些泉水、河流和湖泊与此相似,现在已经干涸了;同时又出现了另一些泉水、河流与湖泊。一些溪谷代替了山岭,而另一些山岭亦代替了溪谷。

俄译者 Φ. Γ. 米申科

庞蓬尼·麦拉

（公元一世纪前半期）

罗马地理学家庞蓬尼·麦拉是西班牙的齐根捷拉族人，生于公元一世纪前半期。他编辑了古罗马人最早的地理学三卷，书名为《地理图志》，也称为《寰宇地志》。庞蓬尼·麦拉并不是像地理学家或旅行家那样的一个研究者，他是根据文献史料从事著述的，所以他的著作不是创造性的研究，而是他所易于做到的编纂，主要是希腊史料的编纂。他的目的在于把自己所知道的各方生活习惯、风土人情和各地区情况，给读者作一个生动的叙述和有趣味的报道。

他先就地中海海岸，次就黑海海岸，最后就大洋的沿岸进行一系列的描述。他是海洋论的拥护者。庞蓬尼·麦拉写道：极北边气候严寒，那里的海洋定要结冰，是无人烟的地带。相反地，在遥远的南方则气候炎热，因此那里的海洋可能像沸腾的锅里的水一样，在陆地上也只有地神和火魔神等等生存着。庞蓬尼·麦拉在把这种观念运用到地球为球状的概念中去的时候，得出了一个结论，就是地球表面可划分为五个地带，人们只能在其中两个地带居住。在两极里都有寒冷和荒芜人迹的地带，在南北两半球上各有一个温带，这两个地带四季的变化是相反的。

北温带是“有人居住的世界”，南温带住有对蹠人，关于他们的情况，我们什么都不知道，因为在我们和他们之间存在着一个不能通过的热带。麦拉认为塔普罗班（斯里兰卡）是有人居住的，而且是某一个另外世界的起点。

论地球的状况

绪　　言

我着手描述地球。这是一项艰巨而远不同于雄辩的工作，也可以说，这项工作是要按照一定的顺序列举出各族和各地方的名称。这个顺序是非常紊乱错杂的，而且这个研究对象与其说是令人快慰的，倒不如说是繁冗的。但是，它却十分必要加以注意和研究，并且能使读者的劳动得到适当的代价，那就是说，如果他没有能力自己去阐明这个对象，那么最低限度，他可通过事实的本身来认识这个对象。后面我将要更详细、更准确地来加以讲述，而现在为了使读者了解全部内容，我只简略地叙述一下。我首先要说明整个地球的形状是怎样的，地球的最大部分是什么样的，地球上的个别部分要伸展到什么时候为止，并到什么时候才有居民。然后再回到各个部分上来，叙述它们每一部分的边界和海岸——包括内部的和外部的，即海洋突入的边界和海洋环绕的边界。此外，我还要附带讲述一些个别地方的自然名胜和那里的居民。为了便于理解和体会上述的全部情况，我将预先作一个简短的概述。

第 一 卷

第一章 世界划分为四部分

我们所称为天和地的那个整体，无论怎么说，它始终是统一的、包罗万象的。这个整体按其方向说有以下的区别：太阳升起的那方叫做东方或日出之方，太阳没落的那方叫做西方或日入之方，太阳开始低下的那方叫做南方，相对的一方叫做北方。地球耸立于这个整体的中央，被海洋从各方面环绕着，并且被海洋在方向上划分为东西两部分，即所谓两半球。地球上共分为五个地带：中部地带最热，而两极地带最冷，其余两个地带有人居住，那里一年中有相同的四季，但季节到来的时间是不同的。对蹠人居住于这两个地带中的一个地带，我们则居住于另一个地带。前一个地带的情况不详，因为被一个很炎热的地带把我们与它隔离开来，因此我们只能叙述后一个地带的情况。

这个地带从东向西伸延，因此它的长度稍为超过其最大的宽度。全部地带被大洋包围着，有四个海从大洋方面与这个地带相接：一个来自北方，两个来自南方，第四个来自西方。我们在适当的地方要提到前面的三个海。至于第四个海乃是狭窄的，起初的宽度不足一万步，而把陆地分开并突入其内部，接着便向远处和宽处泛滥，迫使海岸后退很远，而当海岸几乎又相接近的时候，这个海又变得这样狭窄，以致连一千步的宽度也不到。其后，它又再次展宽，但是宽度已经不大了，而又进入比以前更狭窄的境界。海水由此处溢出的时候，又变得宽大，并借赖狭窄的出口和巨大的湖泊

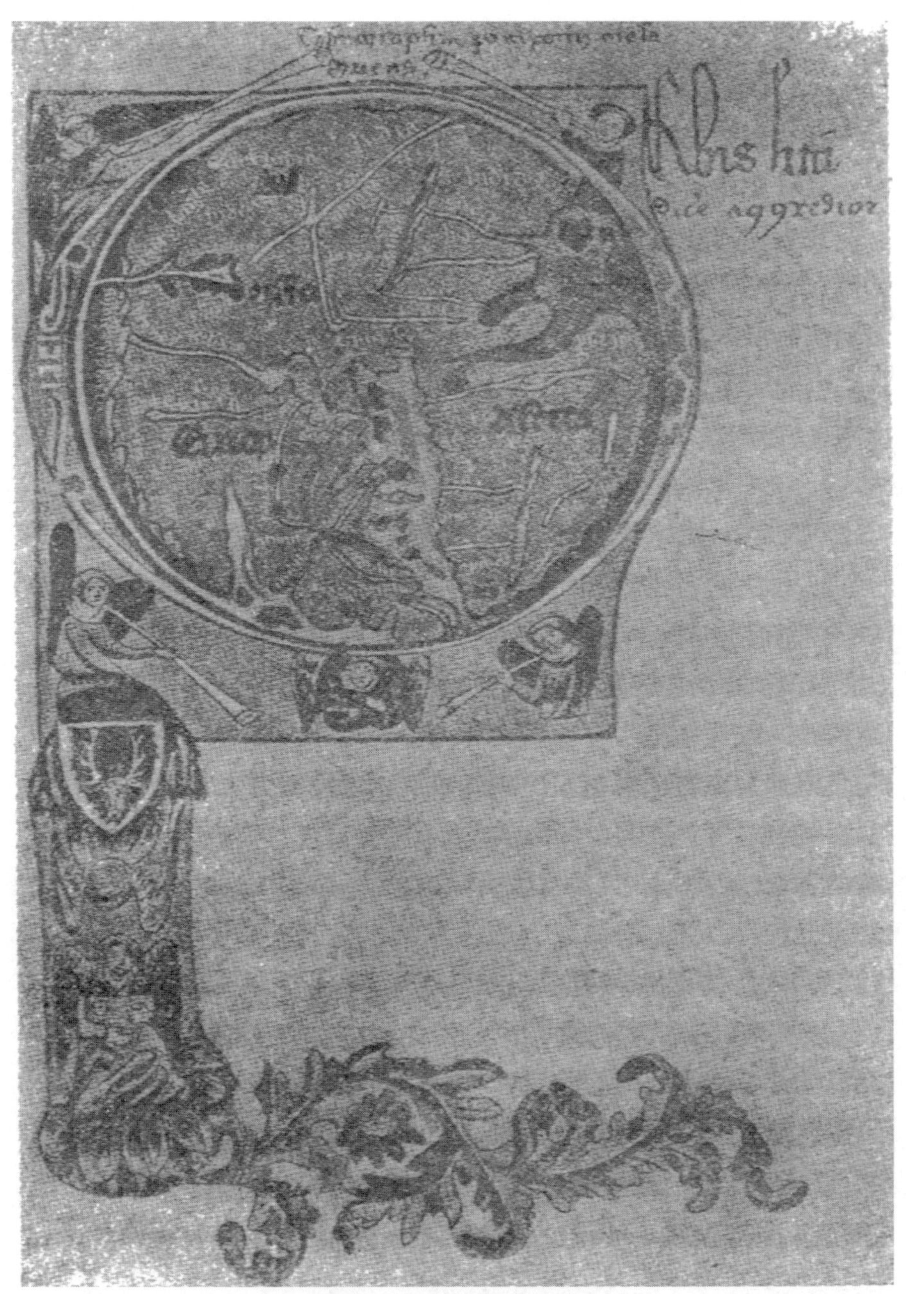

庞蓬尼·麦拉的《寰宁地志》

相连接。所有这一切的海峡和宽阔部分有一个总的名称——我们的海。我们把大海通过的狭路叫做海峡,而希腊人叫做渡口。在海水泛滥的地方,各有不同的名称。第一个狭窄的地方叫做赫勒斯滂海峡,宽阔的地方就叫做普罗庞齐达。第二个狭窄的地方叫做色雷斯海峡。第二个泛滥的地方叫做攸克辛的本都海。与湖泊连接的地方叫做金麦里亚海峡,而湖泊的本身叫做麦奥齐达。全部地带被这些海和两条主要大河——坦纳伊斯河和尼罗河——分为三个部分。坦纳伊斯河从北往南流时,注入麦奥齐达湖的中部。尼罗河从相反的方向注入大海。从海峡到这些河之间的、海岸那一边的全部土地叫做非洲,而在海岸的这一边的全部土地叫做欧洲。即是说,接近尼罗河的那片地方是非洲,接近坦纳伊斯河的那片地方是欧洲,在这以外的全部地方都是亚洲。

第二章　亚洲的概述

因此,亚洲是三大陆地之一,它的周围被海洋环绕着。海洋的各个部分各有其不同的名称。它的东部叫做东海,南部叫做印度洋,而北部则叫做西徐亚海。亚洲有一片广大的海岸地带朝向东方。亚洲的东端非常宽阔,其宽度等于从非洲最南端到欧洲最北端的距离,还要加上地中海的宽度。印度洋楔入亚洲形成阿拉伯海和波斯海,而西徐亚海楔入亚洲则形成里海。陆地在相当的地方其宽度较小。但是,从这些海洋往西去,陆地的宽度也和亚洲最东部地方的宽度一样广阔。亚洲西端的中部濒临着我们的海,它的北部达到坦纳伊斯河,而南部则达到尼罗河。因此,亚洲的疆界是沿着尼罗河开始,以后又沿着地中海沿岸。亚洲的地中海沿岸地带形成了巨大的海湾,以后转了一个弯,达到赫勒斯滂海峡。再后,亚洲海岸又转折回来,形成几个海湾,达到博斯普鲁斯海峡和本都海。亚洲海岸在麦奥齐达湖入口处一带,从外形上看来俨如一个楔形。亚洲的边界,一直到坦纳伊斯河这一段都是沿着麦奥齐达湖,而后又沿着坦纳伊斯河的。

根据我们的报道,亚洲最东部的民族是印度人、塞尔人①和西徐亚人。塞尔人居住在亚洲东部沿岸地带的中部,印度人和西徐亚人则沿着东部海岸的边缘地区居住,印度人和西徐亚人占据着广大领土。这两个民族的居住地方不仅濒临东海,印度的南端且达到印度洋。印度洋沿岸地带,除了若干地区由于酷热无人居住外,大都是人口密集的。西徐亚也是这样,其北部濒临着西徐亚洋,而西徐亚洋的沿岸直到里海海湾(除了因严寒而不能到达的地方外)都有人居住。与印度直接毗连的是阿尔比安纳,以后是亚里亚、格多洛西亚和一直伸展到波斯湾沿岸的波斯。波斯人傍着波斯湾沿岸居住,而阿拉伯人则傍着阿拉伯湾沿岸居住。亚洲沿岸地带的其余部分(阿拉伯人地区与非洲之间),全属于埃塞俄比亚人所有。西徐亚人的邻人——卡斯彼人沿着里海口岸居住。有这样一种说法,就是安马孙人住在他们的北边的地方,北方人住在更北的地方。亚洲的内部居住有各个部落。丹达尔人、帕里干人、巴克特拉人、索格底内人、加尔马托特罗弗人、科马尔人、科曼人、帕拉帕米集人和达格人的领土,是在西徐亚人地区及西徐亚沙

① 即中国人。罗马人对中国人作如是称呼。

漠的那边。而霍马尔人、马萨格特人、卡杜集人、希尔加尼亚人、厄布鲁人的地区,则在里海海湾的那边。金麦里亚人、集格人、根尼奥赫人、戈尔吉普人、莫斯赫人、克尔克特人、托列特人和阿里姆菲人的领土,位于安马孙人和北方人地区的那边。最后,在亚洲的陆地突入于我们的海的地方,住有马齐因人和我们最熟悉的米底人、亚美尼亚人、康马根人、穆兰人、温涅特人、卡帕多基亚人、加洛—希腊人、力卡奥尼亚人、弗里吉亚人、彼西底亚人、爱骚利阿人、吕底亚人和叙利亚—西里西亚人。这些族中最南方的一些,一部分居住在直到波斯湾为止的沿岸,另一部分居住在远离海岸的地方。帕提亚人和亚述人的地区位于波斯湾那边的内地,在阿拉伯湾那边住有巴比伦人,而在埃塞俄比亚人居住海岸的那边住有埃及人。但是,埃及人也沿着尼罗河沿岸和地中海沿岸居住。

阿拉伯以其狭窄的部分突入海中。叙利亚在阿拉伯和海岸线转弯地方之间,而西里西亚正在那个转弯的地方。其次,在趋向赫勒斯滂海峡方面,有旁菲利亚、加里亚、爱奥尼亚、伊奥利斯和特罗阿达等地方。俾斯尼亚位于赫勒斯滂和色雷斯海峡之间。在本都海沿岸地方,居住有一些不同的族。每一族都有自己本族的领土,但是人们给他们全体一个共同的名称——本都人。麦奥齐达湖沿岸的居民是麦奥齐达人,而坦纳伊斯河沿岸的居民是萨尔马提亚人。

第三章　欧洲的概述

坦纳伊斯河、麦奥齐达湖和本都海是欧洲的东方边界,我们的海的其余部分是欧洲南方的边界,大西洋是欧洲西方的边界,而不列颠大洋是欧洲北方的边界。坦纳伊斯河和赫勒斯滂海峡之间的欧洲沿岸(也就是坦纳伊斯河、麦奥齐达湖、本都海、普罗庞齐达海和赫勒斯滂的欧洲沿岸)地带,在外形上看来相当于对岸的亚洲沿岸部分。在赫勒斯滂与海峡之间,欧洲大陆时而突入海内,时而退向北方,因而形成三个非常大的海湾,为三块陆地突出部分所分开。欧洲沿岸自海峡起向西伸延成弯曲状,其中间部分弯曲尤甚。以后,它的海岸线就转向北方。如果没有两个漫长而未深入陆地的海湾,那么通往北方的海岸线就可以说是呈直线形的。以上所述的欧洲三大海湾中,第一个海湾叫做爱琴海。第二个海湾的入口处叫做爱奥尼亚海,海湾的内部叫做亚得里亚海。第三个大海湾是我们称之为埃特鲁斯海,而希腊人称之为第勒尼安海。

欧洲从西徐亚开始,但不应该把后者与亚洲的西徐亚相混。西徐亚从坦纳伊斯河起,大约伸延到本都海沿岸地带的中部,然后则为色雷斯,后者占据了一部分爱琴海沿岸地带。马其顿直接从色雷斯的那边开始。其次就是希腊,它是陆地的突出部分,并把爱琴海和爱奥尼亚海分隔开来。伊利里亚位于亚得里亚海的沿岸地带。意大利伸展在亚得里亚海和埃特鲁斯海之间。高卢紧靠着埃特鲁斯海的内陆,西班牙则在高卢的那边。这个地方的一个海岸朝向西方,而另一个也是十分漫长的海岸则朝向北方。高卢的沿岸地带,则随着西班牙的北海岸开始。因此,高卢的领土,从欧洲的北部沿岸地带伸延到遥远的我们的海的沿岸。高卢之后是日耳曼,日耳曼之后是萨尔马提亚,而萨尔马提亚已经与亚洲接壤了。

第四章　非洲的概述

非洲东部的边界是尼罗河，而其他各方面的边界则为海洋。欧洲的长度比非洲大，因为只有地中海的南部沿岸一部分属于非洲，而其北部沿岸则完全属于欧洲。但是非洲的长度（东西疆界之间的距离）大于其本身的宽度（南北疆界之间的距离）。紧靠尼罗河的那一部分，是非洲最宽的地区。在远离尼罗河往西的地方，大陆的地面，特别是其内部的地面，离尼罗河越远则山地越多，其宽度也逐渐减小。非洲陆地以极西部的为最狭。非洲有人居住的地区是非常肥沃的，但是其他大部分地区，由于有不毛的沙漠、干燥的气候和各种野兽，所以无人居住。

非洲北濒利比亚海，南濒埃塞俄比亚海，西濒大西洋。昔兰尼加地方在利比亚海沿岸，直接靠近尼罗河。然后就是与整个大陆的名称相同的阿非利加地方。利比亚海沿岸地带的其余部分，住有摩里得尼亚人及努米底亚人。摩里得尼亚人也居住在大西洋沿岸地带。尼格里特人为其南部的邻居，而法鲁集亚人地区还在更南的地方。然后是埃塞俄比亚人领土的起点。大西洋沿岸的剩余部分以及非洲的整个南部沿岸地带直到与亚洲接壤的地方，均属于埃塞俄比亚。

在濒临利比亚海的地区的那一边，居住有利比亚的埃及人、列弗科——埃塞俄比亚人和格图尔人。格图尔人是一个庞大而多部落的一族。接着就是一片荒无人烟的广大区域。在这个区域的那边，根据我们所得的报道，有加拉曼特人、阿弗吉尔人、穴居人和阿特兰特人居住的领土(我们所列举的是从最东部的民族开始,至最西部的民族为止)。如果能相信传说,那么在非洲内地居住的,有埃吉潘人、布列米人、干法赞特人和仅与人类稍微相似的半人半羊人。这不如说是半野兽。他们没有住所,也没有固定的居留地,而过着游牧生活。

我们地球上的一般情况,就是上面所说的那样;其最大部分是那样,各个部分的轮廓和居民也是那样。现在我们要来详细叙述全部海岸了。从我们的海所流出的那个海峡的右岸开始叙述是最为适宜的。然后,我们按照海岸位置的顺序,详细叙述其余的海岸。我们这样研究海岸时,也就遍历大洋的沿岸地带。我们循着这样的次序,就能遍历地球内外的全部海岸,并且可以回到我们开始叙述的地方。

第五章　非洲的详述。摩里得尼亚

我们已经谈过,非洲西濒大西洋。如果从大西洋进入我们的海,那么左边是西班牙,右边就是摩里得尼亚。欧洲是从西班牙开始的,而非洲是从摩里得尼亚开始的。摩里得尼亚沿岸地带的终点是穆卢哈,其起点则是一个海角,希腊人称之为安彼卢西(葡萄的);这个海角的非洲名称,在意义上也同于希腊的名称。纪念希腊英雄赫克利斯的岩穴位于这个海角上,在岩穴那边有一个非常古老的城,人们称它为坦格。根据传说,安泰是坦格城的创立者。城内保存着大象皮制的巨大盾牌,它大得没有人能使用。当地居民完全确信地断言:安泰使用过这个盾牌,因此人们特别崇拜它。

其次,是极高的阿俾拉山。与这个山相对峙的是另一座耸立在西班牙海岸之上的卡尔彼山。这两座山叫做赫克利斯之柱。据传说,这两座山从前曾被连绵的山脉连接起来,但是赫克利斯把它们分劈开了,那时被山脉挡住的大洋的水淹没了现在地中海流域的区域。在赫克利斯之柱以东的海变得更加宽广,并特别有力地排挤着陆地。

摩里得尼亚是一个不很大的地区,或许这里没有什么名胜古迹:摩里得尼亚的城市和河流都非常小,其居民是不配享有他们所居住的肥沃土地的。由于居民不爱活动,所以他们的国家也不著名。假使说在摩里得尼亚有什么值得叙述的话,那首先就是高耸的大山,这些大山连绵成一条链子,好像是有人故意把它们排成了一定的顺序。因为这七座山彼此相似,人们称它们为“七兄弟”。我们也发现了塔穆阿达河及鲁斯加达和锡加两座小城市,以及因其规模之大而称为大湾的港湾。至于我们上述的穆卢哈,只不过是河而已。现在,穆卢哈河是个别部落土地之间的分界线,而从前这条河是博格王国和尤古尔塔王国的分界线。

第六章　努米底亚

努米底亚位于穆卢哈河和安帕萨克河之间。这个国家的面积比摩里得尼亚的面积为小,但较为富裕,因为土地耕种得较好。努米底亚的最大城市是齐尔塔和伊奥尔。齐尔塔不是沿海的城市。现在它是锡齐安人的移民地,而从前曾是皇帝的皇城。在锡法卡时代,这个城市以特别豪华而著名。伊奥尔城从前是一个不著名的沿海城市，现在它很著名：过去曾是尤巴皇帝的京城，如今称为恺撒城。在伊奥尔城更西的地方，大约位于努米底亚沿岸地带的中部，有不大的卡尔亭纳和阿尔辛纳城，以及克维查要塞，拉图尔湾和萨尔达巴列河。伊奥尔城更东的地方，有皇室陵墓的古迹，以及伊科集亚城和鲁齐集亚城，而萨布河和纳巴尔河流经这两座城市之间。关于努米底亚沿岸地带的其他地方，如果对我们的著作和它们的荣誉来说都没有任何损失的话，就可以不提了。

如果相信传说，在离海岸相当远的努米底亚内部地方，还有一些荒瘠平原上本不应有的奇怪物体：被海浪磨光的鱼骨、岩螺和牡蛎的贝壳，以及与海中的石头没有区别的石块和卡在岩石中的铁锚等。所有这些发现物，都是从前海水曾到过这些地方的标志。

第七章　阿非利加地方

在麦塔冈尼亚角和菲连纳祭台之间，是被称为阿非利加的地区。王城吉庞、鲁集卡达和塔布拉卡城就在这里。在这些城市的东部，有三个海角（白角、阿波罗角和麦尔库里亚角）远远地突入海中，形成了两个巨大的海湾。

其中第一个海湾叫做吉庞湾，因为其海岸上有吉庞—季阿里特城。另一个海湾的海岸上，有列利耶弗瓦和科尔涅利耶瓦的兵营、巴格拉达河口，以及犹提喀城和迦太基城。这两座名城都是腓尼基人所创立的。犹提喀城因卡唐的罹难而闻名。现在迦太基城是罗马人的移民地，而从前这座城市曾经成为罗马的劲敌。虽然目前它是一座富足的城市，然而其盛名应归功于其过去的威力，而不应归功于现在的繁荣。坐落在迦太基和瑟提斯之间的一些小城市，我们发现其中有很著名的加德鲁麦特、列普齐斯、克卢皮亚、马科马迪、芬内和那不勒斯等城。

瑟提斯湾入口处的宽度约一百里，其沿岸地带方圆约三百里。这里没有港湾。由于有许多浅滩，海湾内航行非常危险，而主要是因为涨潮和落潮的时候波浪汹涌。

在这些海湾的那边有一个大湖，由于特里屯河注入其中，所以称为特里屯湖。明涅尔瓦的别名——特里屯尼亚也得之于此，因为根据当地居民的说法，她诞生于这个湖的岸上。为了强调这个传说的可靠，人们组织姑娘们庄严的比赛来纪念她的假定的诞辰。其次是埃阿城和金尼普斯河的河口。这条河道通过最肥沃田野，而在河的那边有第二个列普齐斯和第二个瑟提斯湾。第二瑟提斯和第一瑟提斯不仅名称相同，就是整个自然条件也极相似。但是，第二瑟提斯湾入口的宽度和沿岸地带的长度，比第一瑟提斯湾几乎小一半。第二瑟提斯湾的边界是博里昂角，如传说所说，属于洛托法格人的海岸是从这个海角附近开始的。海岸一直伸延到菲昆特角，其间并没有港湾。

菲连纳祭台是以两兄弟的名字来命名的。这两兄弟是被迦太基人派遣到昔兰尼加居民那里去，以便缔结和约而停止战争。这次战争进行了很久，起因于两族人争执共同的边界，而为双方带来了许多灾难。迦太基人和昔兰尼加人约定，双方在同一时间各派使者，在使者相遇的地方将建立两国国境的标志。但是，昔兰尼加人的使者们觉得他们国家的领土较小，因而拒绝签订条约。当时迦太基的两兄弟重新发誓说：把他们后方的全部土地退还他们的同胞,并让人把自己活埋在使者相遇的地方。这是多么惊人而值得纪念的功绩啊!

第八章 昔兰尼加

昔兰尼加地区位于阿非利加和卡塔巴特姆之间。我们从昔兰尼加的古迹中发现了亚梦的神托所,这个神托所是以灵验的预言而著名的;并发现被称为太阳泉的泉水和专司南风的峭壁。只要用手一摸这个峭壁,马上就会刮起这样猛烈的南风,以致掀起沙浪。带沙的狂风俨如海上的风暴。这个泉水是奇异有趣的,泉水每在夜半时光就沸腾起来。午夜后水就开始逐渐冷却,黎明时,变成了冷水,随着日出,它的冷度仍有增加,结果到正午就达到最冷的程度。午后水又变热,傍晚水就变成温暖,但温度不断上升,并且在午夜时候又沸腾起来。在昔兰尼加沿岸地带,有泽菲里昂和纳弗斯塔特姆两个海角,以及帕列唐尼亚湾、格斯彼里亚城 阿波罗尼亚城、托勒密伊达城、阿尔辛诺亚城和昔兰尼城,这个地区便是以最后这个城的名字来命名的。非洲沿岸地带,直到与埃及交界的卡塔巴特姆平原而结束。

这个沿岸地带的居民的风俗,和我们的风俗非常相似,只有语言和宗教是不同的:昔兰尼加人信奉自己祖先的宗教。在离海稍远的地方就遇不到城市,但是在非沿海地带却有神殿。这些神殿叫做马帕利亚。这些地方的居民过着艰苦的生活,任何娱乐都没有。贵族们都穿粗糙的斗篷,而平民则穿着野兽和家畜的兽皮。人们吃饭和睡觉都是在地上。他们用木头和树皮制造器具,喝的是牛奶和果汁,而他们的食物是肉类,主要是野兽肉;他们尽可能地保护家畜,因为这是他们唯一的财产。离海岸较远的地方的居民更加野蛮,他们随着自己的牲畜过着游牧生活。当牲畜离开牧场的时候,他们就把自己的幕棚搬到另外的地方去。他们在黄昏到来的地方过夜。虽然他们的家庭是混乱分散的,并且不共同解决公共财产的问题,但是他们经常有很多的子女和亲属:每个人一下子可以有几个妻子。

据说在沙漠的那边居住的有阿特兰特部落。每当日出和日落的时候,阿特兰特人就咒骂它,因为太阳用海洋来威胁着人们和他们的土地。阿特兰特人没有各人的名字,他们不吃肉,并且与其他平常的人们不同,他们不懂得睡觉。还有穴居人,他们没有任何财产,讲话好像嗞嗞叫。他们的住处是洞穴,食物是蛇类。在加拉曼特人的地方,有一些巨大的、特种的有角兽,如果把它们的头颈弯转下来,使它们的双角触及地面,脖子不得伸直,它们就驯服了。加拉曼特人的妻子是共有的。在这样混乱的婚姻制度下,男人收养那些外貌上与他相似的子女,并且看做自己的子女去照顾他们。阿弗吉尔人仅把祖先的灵魂认作神,向它们发誓,并把它们当作神的托言人而向它们请教。他们在提出必要问题之后,就躺在坟冢上,认为在睡梦中所看见的事情,便是神的托言人的回答。这个部落的妇女有一种习惯,在结婚的夜里,她得委身于带来礼物的任何人。根据他们的说法,妇女们与最多数男子接触过,就引为是最大的荣幸。一般说来,这个部落的妇女为人都非常朴素。干法赞特人都裸着身体,他们不知道任何一种武器。他们对投掷的武器没有防御能力,也不会投掷武器。因此他们躲避迎面而来的人,只和

自己类似的人们谈话。布列米人没有头部,他们的脸长在胸部。半人半羊人除了外形以外,没有什么像人的地方。人们关于埃吉潘人的外形的说法,完全是真的。这就是关于非洲的一切情况。

第九章　亚洲的详述。埃及

埃及是亚洲的第一个国家,它位于卡塔巴特姆与阿拉伯之间。它的领土自我们的海起,向南延伸到埃塞俄比亚的边境。虽然雨水不灌溉埃及的土地,但是它仍然非常肥沃,充裕地养育人和动物。它所以这样肥沃,是因为有一条注入我们的海的最大的尼罗河。这条河从非洲沙漠流出,其上游不能通航的地方,不称为尼罗河。该河最初水势汹涌,以一条河床流经很远的地方。后来流入埃塞俄比亚境内,乃分为两条支流。这两条支流间有一大岛——麦罗埃。一条支流称为阿斯塔博尔,另一条支流称为阿斯塔彼。这两条支流后来汇合在一起,从这汇流处起才称为尼罗河。尼罗河有些地方水流湍急,有些地方可以通航;继续流到可怕的悬崖处,便从悬崖上急剧地倾泻下来。其后又形成一个塔霍姆普索岛,接着便水势奔腾,波涛汹涌地一直流到埃列范亭纳(埃及一个城市)地方。在这里,它的水流终于平静下来。当尼罗河已经成为完全可以通航的河流时,它在克尔克苏尔城附近又分出三个支流。后来,尼罗河又在三角洲和密拉地方一而再、再而三地分出支流,流遍全埃及,最后以七个宽阔的河口注入海中。尼罗河不仅流过埃及,而且在夏至时节还泛滥起来,灌溉埃及,河水特别有助于生产,给土壤带来非常多的养分,更不必说众多的鱼类和硕大的野兽

如河马、鳄鱼之类。尼罗河加强了土壤的生命力，使土壤变成生物。这用下述的事实可以证明：当泛滥停止和河水退回河床的时候，湿润的土地上留下了特殊的生物，它们虽然还没有定型，但是却已有了生命；它们身体的一部分已经形成了，其余部分还是泥土的。

关于尼罗河的泛滥有各种不同的解释，可能是当埃塞俄比亚的高山上积雪融解时，全部的雪水流到这里来，以致河的两岸不能容纳而泛滥。可能是冬季太阳离地面很近，晒干了尼罗河的水源，而在夏季太阳升高的时候河床就充溢了。此外，也可能是夏季贸易风吹来，把乌云从北方赶到南方，而这些乌云恰好把雨水倾注在尼罗河的水源上。也可能是逆着尼罗河的水流吹来的贸易风阻碍了河水流出，或者因风作浪，海浪把沙子卷到海岸上来，堵塞了河口。由此看来，河水之所以溢出两岸，或者是因为河水遇到阻塞，或者是因为河里接纳的水太多，而流出的太少。假如在南方的确有另外一块为我们的安齐赫唐人居住的土地，那么预料尼罗河发源于安齐赫唐人的地方，由地下河床流过海底，又在我们这里露出地面，不是太不足信的。因此尼罗河当夏至时节溢出河岸：在这个时节安齐赫唐人那里正是冬天。

埃及尚有其他的奇迹。在一个湖里有一座浮岛——恒米斯；岛上有小丛薮、树林和阿波罗大神殿。这个岛随着风向飘移。这里也有用三百英尺长的石材建筑的金字塔。其中最大的一座（共计三座）的底基占四尤格尔土地，它的高度和底基的一边相等。麦里达湖所在的地方，从前是平原。该湖周围有二十海里，深度可容大型货船航行。普萨米提可斯修建的迷宫，以一堵连续不断的墙壁围抱着三千个大厅和十二个殿堂,它们墙壁和屋顶是大理石的。迷宫仅有一个入口,内部有无数弯曲的通路,可通往各方,并且互相连贯。在迷宫的回廊上有门外廊,两者是相同的。回廊又彼此环绕着,这就造成了紊乱,但是仍可以分辨。

埃及的居民在风俗上与其他居民根本不同。他们自己涂上了泥土去哀悼死人。在他们这里,烧毁或埋葬尸体被认为是罪恶。他们精巧地把尸体涂上香料,然后放入陵墓里。他们写字是从右往左写。他们以手混合黏土,却用双足来揉面团。他们这里,妇女从事社会和国家工作,而男子纺线并管理家务。人们通常用肩背重东西,而埃及人用头顶着。别的民族的子女一定要供养贫困的父母,而埃及人的子女在这方面是没有义务约束的。他们在户外的街道上进餐,却在室内排粪。他们崇拜的是兽类的画像,特别是兽类本身,并且各人崇拜他们各自所有的兽类。这种崇拜达到了这样程度,甚至偶然地杀害某些兽类,在他们这里也要被处死刑。当圣兽因病或意外的灾害而死亡的时候,照例地哀悼它们,并把它们埋葬起来。亚庇斯[①]是埃及所有居民的神。这是一只黑牛,身上有特殊的斑点,尾巴和舌头也与别的牛不同。这种牛繁殖极少,正如人们所确信的,它不是由于交尾,而是由于根据神的意旨所发生的天火而受胎的。亚庇斯牛的生日是居民的伟大节日。

埃及人断言他们是最古的民族。在他们可靠的史册里,记载着到阿美斯为止统治埃及的三百三十个皇帝。这些史册,若以数字计算,可以肯定古老到一万三千年以上。从史册中可以得出结

① 埃及的圣牛。

论：自有埃及人以来，星宿已经有四次改变了轨道，太阳在现在日出的地方降落了两次。在阿美斯王在位时期，埃及人有二万座城市；现在，他们的城市更多了。远离海岸的城市中，最著名的有舍易斯、孟斐斯、西厄那、布巴斯齐斯、埃列范亭纳和底比斯。根据荷马的意见，底比斯以它有百座大门而闻名，而根据另外一些人的说法，这是官长的一百个宫邸和同数的住宅；遇有必要的时候，每个大门中可以走出一万名武装士兵。沿岸的城市中，最著名的是和非洲接壤的亚历山大港，以及和阿拉伯接壤的彼鲁西。埃及的沿岸地带被尼罗河的许多河口——坎诺布、博尔比特、谢宾尼特、帕特麦特、门捷集、卡拉西里——把它和彼鲁西分隔开来。

第十章　阿拉伯

阿拉伯从我们的海伸延到红海。靠近红海的那一部分较为富庶，那里有许多芬芳的树脂和其他的芳香品。靠近我们的海的部分是贫瘠的平原，其上仅仅突起一座卡集山。阿拉伯人商贾汇集的阿佐特港即在这一部分。卡集山所构成的高峰是这样的高耸，以致夜间三点钟登上峰顶即可看见日出。

第十一章　叙利亚

叙利亚有漫长的海岸线和较长的国境线。这个国家有各种不同的称呼，有的称它为科列，也有人称它为美索不达米亚、大马士革、阿季阿宾纳、巴比伦、犹太和康马其尼。叙利亚与阿拉伯接壤的沿海部分称为巴勒斯坦，较远的地方为腓尼基，与西里西亚接壤的地方称为安提俄克。从前，叙利亚在很长期间是一个强盛的国家。在谢米拉米达女王在位时期，它的威力特别强大。当时完成了许多著名的事业，其中特别著名的有两项：建筑了规模惊人的巴比伦城，并从幼发拉底河和底格里斯河开凿了运河以灌溉干旱地区。

规模宏大而非常坚固的迦萨城位于巴勒斯坦。波斯人用迦萨这个词称呼国库。这座城当冈比西（和埃及战争前夕）在这里建筑了军需库和国帑库的时候就有了。亚斯卡兰城也不比迦萨城小。据说，伊奥皮亚城建成在洪水之前。这个城里的居民都断言说克菲曾统治过这里。根据他们的说法，那些古老的祭台就是这件事的证据：祭台上保存着克菲和他兄弟芬涅的名字。这些祭台被认作最伟大的圣地。在这里还可以看到巨大海兽的骨骼，这应该认为是百尔修曾在这里挽救过安德罗美达的证据；也正是在这里发生了诗篇和传说中所提到的著名事件。

第十二章　腓尼基

腓尼基的光荣应归功于它的居民，即特别擅长于战时工作及和平工作的最有能力的人们。他们创造了字母和文字，并且推行了其他各种技艺，如海上航行、海上战斗、管理人民、帝王秉政和决战。在腓尼基有一个推罗城，从前它是一个岛，而现在和陆地连接以后就衰落了。亚历山大占领推罗城时所建筑的连接陆地的堤坝，现在住满了居民。在推罗城附近，至今还有富庶的西顿城。这座城在波斯人占领以前,是最大的沿海城市。在西顿城和埃弗普罗索庞角之间有两座城——比布洛斯和博里特斯。从前在埃弗普罗索庞角后面有三座城,彼此间之距离为一斯塔季亚,其全部地方总称为的黎波里。还应当提到锡米尔要塞和非常著名的马拉弗城。

在这个地方,亚洲海岸线已不再是平直地环绕着海洋了:海岸线急剧地转向西方,形成了一个范围很大的海湾。由于海湾的地理位置,沿岸的居民生活得很富裕,因为海湾的沿岸地带是肥沃地区,全部地面有许多通航的河川互相贯通。因此这里很便于进行贸易,而通过贸易可以交换和调配土产和海产资源。这个沿海地带的第一部分地区是叙利亚的末端,名为安提俄克。在这里有几个沿海大城市——塞琉细亚、帕尔特、别里特、雷奥狄栖亚和罗斯。在这些城市之间,有吕西河、巴弗达河和奥伦梯河的河口,而在这些河口的那边有阿曼山。在阿曼山那边,有一座与西里西亚接壤的城市。

第十三章　西里西亚

在海湾沿岸地带的最后面,有一个地方是从前亚历山大粉碎波斯人和击溃大流士的决战地。现在这里没有任何城市,甚至最小的城市也不存在,而在当时这个地方是因为有最大城市伊索斯而闻名的。因此,海湾也在伊索斯海湾的称呼下而知名。

离这里远远的地方,在皮拉姆河和基季河之间,有一个阿莫德角。皮拉姆河距伊索斯城甚近,流过马洛斯城旁。向海洋流去的基季河在不远的地方流经塔苏斯城附近。塔苏斯城之后，还有一座城，从前是属于罗德斯人亚哥利斯人的，后来被庞培转让给皮拉特人。现在它被称为庞培奥波利斯，而从前我们曾称它为梭里。离这座城不远的一座小坟墓上，有诗人亚拉图的纪念碑。我之所以提到纪念碑，是因为石头投到纪念碑上即被粉碎成小块，而发生这种现象的原因尚不得其详。离这里不远有科利克城，其周围是海洋，有一个海港，并且有一条狭窄的地带以连接大陆。在这个城外有岩窟，叫做科利克岩窟，它具有这样非凡而绝妙的特征，以致要描绘它是不容易的。这个岩窟在山顶上开出一个大洞口。山岭耸立在海岸上，最陡的山坡长达十斯塔季亚。岩窟形成进入山内的入口，然后，随着下降的程度逐渐展宽而深深地降落下去。翠绿的丛林从岩窟四周向下悬垂着，枝叶交叉形成全部岩窟的拱门。这种景象令人惊奇和艳羡到这样程度，以致初看时使人感到心慌意乱，可是后来就舍不得离开了。有一条狭窄而不平坦的斜坡通入岩窟，长达一千五百步。树木的阴影在这里造成了令人愉快的清凉。从四面八方流过来的小溪潺潺作声，颇有乡村风味。当你达到窟底的时候，又出现了一个新的岩窟。它值得提到是另有原因的。那就是走进岩窟的人都对强大的铙钹响声感到惊骇，仿佛这种响声是由最大力量所引起的。在离入口不远的地方还可以辨别物体，但是再进去远一点就变得越来越黑暗了。有大胆深入岩窟者，就像在地道里走路一样。在岩窟的深处用大铁杆也可以掘出急流，但是刚一出现，便迅速地流过短短的路程而又消失在地下。岩窟的深度不明。这个岩窟非常可怕，以致任何人也不敢深入到岩窟的较远处。所有这一切，就产生了一种雄伟的和真正神

圣的印象。你要相信这是值得崇拜的神的住所。这里的一切都令人起敬,仿佛是神授意的。再远一些还有一个岩窟,即所谓百头怪子①岩窟。它的入口狭窄,且处在非常低洼的地方,因此在岩窟里永远是黑暗笼罩着,其中的一切事物是肉眼难以看到的。我们所以必须谈到它,第一是由于有若干传说与它有关,第二是由于它自有其自然界的特征:从前这岩窟是百头怪子的洞穴,而现在一切生物只要在这里一出现,立刻就会死去。再过去有两个海角,一个是萨尔彼顿角,往昔曾是萨尔彼顿王国所在;一个是安涅穆里角,它是西里西亚和旁菲利亚分界的地方。在这两个海角间,有萨摩斯人的移民区克连捷里斯和纳吉多斯,前者距离萨尔彼顿较近。

第十四章 旁菲利亚

在旁菲利亚境内,在埃弗里麦顿特河和通航的墨拉斯河,西狄城即位于两河之间。在埃弗里麦顿特河的河口附近,雅典战略家基蒙在大规模的海战中战胜了腓尼基人和波斯人。亚哥利斯人所建筑的、后来被邻近的部落占领的阿斯品德城,位于高高的山冈上,从这个山冈可以看见发生这次战争的海面。再远一些有两条大河——克斯特拉河和瀑布河——的河口。克斯特拉河可以通航。瀑布河的名称则得自它的激流。在这两条河流之间有别迦城,城里有一座神殿,人们根据城的名字称它为别迦神殿。较远的地方有萨尔捷米斯城和莫普斯所建筑的法泽利斯城,后者在旁菲

① 出自古典神话。

利亚最边缘的地方。

第十五章　吕西亚

再向前去便到了吕西亚。它所以这样命名,是为了纪念潘季昂之子吕西王。从前吕西亚受过希麦拉山喷出的火焰的威胁。在庞大的海湾的边缘,有西狄湾和套鲁斯山的突出部分。套鲁斯山脉起源于亚洲的东部海岸,它从那里以右侧斜坡朝北,左侧斜坡则朝南,连绵不绝地向西伸延。这个山脉成了一个大部族和另外一个部族的天然分界线,一直伸延到海滨为止。这些山岭是一个单一的整体,但只在它的极东部分才叫做套鲁斯,其他部分叫做埃莫德、高加索、帕罗帕米斯、里海门户、尼法特和亚美尼亚门户。突入我们的海的那一部分,又重新称为套鲁斯。在这些山脉那边,有一个利米拉河的河口,该河流过与它同名的城市旁。在吕西亚还有许多城市,但是除帕塔拉城之外,它们都没有任何可以驰名之处。帕塔拉因阿波罗神殿而著名。这个神殿以前在壮丽和神谕的灵验方面与特尔斐的神殿相若。再往前去有克桑夫河和克桑夫城,以及克拉格山和吕西亚最后的一个城市——捷尔麦斯。

第十六章　加里亚

以后便到了加里亚。加里亚居民的来历不能确定。一些人认为他们是土著居民,另一些人推测他们是彼拉斯格人,还有一些人认为他们是克里特人。从前,加里亚人是好战的,甚至为了一定的报酬而替外邦进行战争。这里有几个要塞和两个海角——彼达利昂和克里阿。在卡尔布河上有一座卡弗恩城。该城声誉很坏,城内居民以身体不健康著称。在这座城和哈利加纳苏之间有罗得斯人的几个移民区,还有两个港湾:一个称为格洛斯,一个是与它岸上的齐赞努札城同名的。在这两个港湾之间的地段上,有拉隆纳城和突入海中的潘季昂山冈。再过去有三个海湾——亭皮、斯恒和布巴西,它们是彼此挨着的。第一个与第二个海湾之间以阿弗罗季西角为界。在第二个海湾的岸上有一座吉拉城,而在第三个海湾的岸上有一座基昂城。再向前进,是位于半岛突出部分的奈达斯城,和位于奈达斯与克拉米湾之间低洼地上的埃弗坦内城。哈利加纳苏是亚哥利斯人的移民区。这座城所以值得提起,不仅是因为它是亚哥利斯人所建筑的,同时也因为这里有毛索拉斯王的陵墓,墓上有阿尔捷米西亚所树立的毛索拉斯王纪念碑。在哈利加纳苏那边有所谓列夫克沿海地带,还有蒙德城、卡里安达城、那不勒斯城、伊阿斯湾和巴锡利克湾。在伊阿斯湾的岸上,有巴尔吉尔城。

第十七章　爱奥尼亚

巴锡利克湾之后,便是爱奥尼亚的沿岸地带。这个沿岸地带的弯曲处形成了几个海湾。第一个弯曲处起自波西捷角。在这个海角境内有阿波罗神托所,以前称为布兰希迪,现在称为季季马。这里还有米利都城,从前曾是全爱奥尼亚在军事上和平常事务上的主要城市,也是星相家赛利斯、音乐家齐莫菲和物理学家亚诺芝曼德的故乡。由于这些和其他一些当地的杰出人物，凡是知道爱奥尼亚的人，都知道米利都的这个荣誉。在同一个海湾的岸上，有吉普城和拉特马斯山位于米安得河口附近。拉特马斯山由于卢纳的情人因季米昂的传说而闻名。再过去是环绕着普里因纳城和格兹河口的沿海地带的新的弯曲处。它的后面的一个海湾，拥有较长的弓形的沿海地带，并包括了相当多的地方。这里有潘尼昂尼亚圣地；它之所以叫做潘尼昂尼亚，是因为爱奥尼亚人一致关心它。菲格拉城也在这里，据说它是逃亡的奴隶们所建筑的。城的名称也说明了这一点。有著名的岱雅娜[①]神庙的以弗所城也在这里。据传说，以弗所城是安马孙人统治亚洲时开始建筑的。由此往前是卡伊斯特尔河的河口，以及雷培多斯城、克拉罗斯茨的阿波罗神殿和科罗丰城。阿波罗神殿为齐列集亚的女儿曼托所建，它是在埃皮冈人战胜了菲万人、而她摆脱了埃皮冈人的羁绊以后建筑的。科罗丰是曼托的儿子摩普萨斯建立的。至于环抱这个海湾的海角，又借其另一边的海岸形成另一个海湾，称为士麦拿湾。那时这里的海角开始是个狭窄的地峡，而后来扩大成为半岛形状。在海角的狭窄处有两座城市：在这边岸上的是提俄斯，另一边岸上的是克拉佐门内。这两座城市的背面连接有一道共同的城墙，而其正面则各对着两个不同的海面。在海角呈半岛状的那一部分，有科林纳城。格尔姆河注入士麦拿湾，而海湾的岸上有列夫克城。再往前去便是爱奥尼亚的最后一个城市佛斯亚。

① 古代以弗所的守护女神。

第十八章　伊奥利斯

其次一个地区,自从这里住有伊奥利斯人时起,即称为伊奥利斯,在这以前称为密西亚,而其紧接赫勒斯滂的部分称为特罗阿达,因为它是属于特罗阿达人的。伊奥利斯的第一个城市是米林纳,其所以这样命名,是为了纪念它的创立者米林纳。从米林纳往前去,有彼洛普斯战胜埃诺马之后,从希腊归来时建立的一座城市。安马孙人的领袖基麦把从前的居民从城里驱逐出去以后,便改称为基麦城。在埃列亚城和皮坦纳城之间,有卡伊克河的河口。阿尔克西拉诞生在皮坦纳城,他是一位悉听神命不下断言的学派的著名创始人。另外,在一个海角上有坎纳城。坎纳城附近有一个海湾,突入大陆不远,是由沿海地带的平坦而不显著的洼地形成的。这个海湾以伊达山的斜坡为终点。海湾沿岸地带的起点布满了一些小城市,其中以基斯芬纳最为著名。海湾沿岸地带的内部为平原,称为菲万田野,其间有阿德拉米齐、阿斯齐尔和赫里萨城。这些城市按我们上面所说的顺序排列着。在海湾的另一个海岸上有安坦德尔城。关于这个城名的起源有两种说法:一些人说伊尼河之子阿斯坎尼在这里称王的时候,被彼拉斯格人所俘,于是把这个城当作赎身金交给了他们;另一些人认为,这座城是安德洛斯岛的居民建筑的,但是暴徒们强迫他们离开了这座城市。在离这里不远的海岸上,有伊奥利斯移民区加尔加拉和阿松。随后,在离伊利阿姆城(已在一次著名的战争中被毁)不远的地方,沿岸地带又弯曲下来,形成亚该亚港湾。以前,西格城曾在这个地方,并在这

里设有亚该亚人的兵营。斯卡曼得河·西莫耶斯河从这里的伊达山流下,这两条河虽然很小,但名气颇大。

讲到伊达山,就要牵涉到古代关于女神的争论和巴里斯的判决的传说。从这座山顶看日出不是像通常在其他地方一样:在半夜时分,天空遍布着闪烁的火光。火光随着白昼的迫近而越来越聚集,终于融合在一起。火光的数量逐渐减少,最后开始结成一团火焰燃烧起来。这个明亮的火焰很长时间都像发生大火一样,其后便收缩起来,逐渐形成一个整体而变成极大的球。这个球长久地保持着它的大小,仿佛固定在地球上。以后慢慢地扩大,越大越亮,终于消除了黑夜。当白昼来临,球就变成圆盘似的太阳升在大地之上。在海湾那一面有列捷的沿海地带。这里有较大的城市列捷和达尔丹。而这个沿海地带,因为有阿奚里的坟墓而博得盛名。其后海面变得较为狭窄,它不是冲洗陆地,而是把陆地重新分隔开来。海洋以狭窄的赫勒斯滂海峡把海岸隔开,迫使陆地平卧在自己的两侧。

第十九章　俾斯尼亚、帕夫拉哥尼亚,以及本都海和麦奥齐达湖的亚洲沿岸的其他地方

俾斯尼亚人和马里安丁人居住在离海较远的某些地方,而希腊的城市——阿比多斯、兰萨科斯、帕里依、普里阿普——分布在海岸之上。阿比多斯城以一个奇异的关于爱情的传说而著名。佛斯亚人之所以这样称呼兰萨科斯城,是因为他们曾问过托言人,他

们住在什么地方最好。那托言人建议他们应该定居在他们第一次看见闪电的地方。过了这一段海岸以后,海面又扩展开来,形成普罗庞齐达海。在注入普罗庞齐达海的格兰尼克河岸上,曾发生过亚历山大与波斯人的第一次有名的战役。在河的那边,有连接一个半岛的地峡,其上有西齐卡斯城。它所以如此称呼,是为了纪念西齐卡斯,因为据说他在远征科尔奇斯时,战斗中遭到了明尼亚人意外的杀害。再过去是彼拉斯格人的小移民区普拉基亚和斯基拉克。在这个移民区后面,耸立着一座奥林帕斯山(当地居民叫它密西亚山)。林达克河从这个山上流下,灌溉着我们下面将要提到的地方。在林达克河两岸栖息着巨大的蛇类,它们不仅巨大得惊人,而且害怕强烈的阳光,所以潜藏在河底下,把张开的嘴不断伸出水面捕捉飞过的鸟类,即使鸟类飞得很高而且很迅速。在林达克河的那一面,有达斯基尔城和科罗丰人的米尔列移民区。再远一些地方,有两个规模不大的海湾。其中一个海湾没有名称,紧靠着齐昂城,最便于邻近的弗里吉亚被用为贸易港。另一个海湾称为奥尔比安诺斯。海神庙位于这里的海角之上,而墨加拉人建筑的阿斯塔康城则位于内部沿岸。再往前去,被海水隔开的陆地又重新接近了,在我们的海流入本都海处,形成一条还要狭窄的海峡,它的宽度为五斯塔季亚,把欧洲与亚洲分隔开来。这就是所谓的色雷斯海峡。在这条海峡的入口旁有一座城,在出口旁则有一座神殿。那座城叫做加尔西顿,是墨加拉人的首长阿尔希建立的。神殿作供奉朱霹特之用,是由亚臧建筑的。

辽阔的本都海就在这里展开,其海岸从海峡向两侧远远地伸延,如果没有个别的海角突出其间,则几乎形成一条直线。因为海峡对面的海岸,比本都海左右两岸为短,那么左右两岸伸展成平直的直线,便与海峡对面的海岸形成一个锐角。本都海的轮廓极似西徐亚人弯曲的弓形。这个海的特点是:水不过深,气候恶劣,多雾,海岸险峻而沙土不多,港湾也很稀少。本都海濒临着刮来北风的地方,因此这个不深的海被风刮得波涛汹涌,骇浪沸腾。本都海从前曾被称为阿克辛(不欢迎客人的)海,在其海岸地带有一些野蛮的部落居住。后来,由于与其他部落的往还,本地居民的风俗才变得温和了,而这个海就被称为攸克辛(欢迎客人的)了。

在沿海地带开始的一端,传说有一座城是由亚哥利斯的赫克利斯所建筑的,城内住有马里安丁人。城名为赫拉克利亚,这就使传说更加可信了。附近地方有一个阿赫鲁西的岩窟,据说这个岩窟和阴界相通,并从窟中曾找到采尔别尔人[①]。再过去是齐奥斯城,从前曾是米利都人的移民区,现今这座城所占的地方已划入帕夫拉哥尼亚。在这座城内居住的有帕夫拉哥尼亚人。卡拉姆比角大约在帕夫拉哥尼亚沿岸地带的中部。在海角这边,有帕尔芬尼亚河口,以及谢扎姆城、克罗姆恩城和弗里克斯之子基齐佐尔建成的基托尔城。再往前去有金诺利斯城、安齐金诺利斯城和帕夫拉哥尼亚的最后一座城——阿尔明涅。著名的阿米斯城和西诺帕城(这里是犬儒派学者待俄泽尼的故乡)、黑黎斯河和捷尔莫顿特河均属于帕夫拉哥尼亚人的邻邦哈利布人所有。利卡斯托城位于黑黎斯河岸上。捷尔莫顿特河流过从前捷米斯库尔城所在的平原。这里也曾有过安马孙人的兵营,因此这个平原被称为安马孙平原。

① 古代弗里吉亚的一个部族,已罕见。

哈利布人的邻居齐巴连人爱游戏和开玩笑,这对他们说来是最大的幸福。在海角的那边,有莫津人住在木塔里。他们全身都画满符号,并且接受外人施舍的食物。他们的婚姻非常混乱,并且是公开进行。他们以投票方法选举国王,选出以后把他们置于严密保护之下而禁闭起来,如果他们因为治理不善应受到惩罚时,就断绝他们一整天的食物。一般说来,他们是野蛮和愚昧的,并且仇视外邦人。他们的邻居马克罗克法尔人、别赫尔人和布泽尔人虽然习气也是粗暴的,但不甚野蛮。这里城市很少,最大的城市是克拉兹和达拉布松。

这里有那么一块地方,在那里,从博斯普鲁斯伸延过来的平直的海岸线出现了急剧的转折。这就是本都海的锐角,也是色雷斯海峡对面海岸的起点。科尔奇斯人居住于此地。法息斯河就在这个地方流入本都海。靠近该河有一座城与河同名,为米利都人菲米斯塔戈尔所建。这里也有弗里克斯的神殿和由于古代传说的关于金羊毛的神话而闻名的丛林。与里彼山脉相连的很长的山脉在这里开始。它的一条支脉趋向攸克辛海、麦奥齐达湖和坦纳伊斯河,另一条支脉趋向里海。这两条支脉被称为塞劳尼,也有人称它为弗塔里卡山、莫津山、卡斯彼山、科拉克西山或高加索山。这些山脉也像它所经过的土地上的各族一样,名称是多种多样的。在这个海岸上的第一个海湾的附近有一座城,据传说是希腊商人建成的,他们称它为基克恩(即天鹅)。黑暗的暴风雨把希腊人抛到此处,他们不知道这是什么地方,忽然听见天鹅的叫声,于是决定用新的城名来永久纪念这次事件。这个海岸的其余部分住有野蛮而愚昧的部族,他们住在大海附近。这些人是黑外套人、塞尔人、西拉克人、科利克人、科拉克西人、弗齐罗法格人、根尼奥赫人、亚该亚人、克尔克特人和辛顿人。辛顿人居住在本都海和麦奥齐达湖交界的地方。在根尼奥赫人地区,有季奥斯库里阿达城,为卡斯托尔和波卢克斯[①]所建,他们是和亚臧一起进入本都海的。在辛顿人的地区,有一座为土著居民所建立的辛德城。由此往前是一条狭窄的地带,朝着本都海和麦奥齐达湖之间的博斯普鲁斯方面伸展过去。科罗康德马河以其一条河道流入麦奥齐达湖,而以另一条河道流入本都海,便把这条地带变成为半岛。这里有四座城,即克尔蒙纳萨、肯诺亚、法那哥利亚和金麦里。所有这些城市都分布在麦奥齐达湖岸,而金麦里则紧靠在海峡的出口处。麦奥齐达是一个又长又宽的湖。它的内部沿岸地带是弯曲的,而毗连本都海的那一部分沿岸地带,除海峡入口处外,以轮廓平直为特点。这个湖与本都海的主要区别是在于面积方面。

博斯普鲁斯与坦纳伊斯河之间的一条弯曲的沿海地带,住有麦奥齐达人、托列特人、阿列赫人、菲科尔人和伊克萨马特人。伊克萨马特人就住在坦纳伊斯河的河口。所有这些族的妇女从事与男子同样的工作,因此她们连战斗的任务也都不能免除。他们的男子充当步兵,用弓射击。妇女们参加骑兵作战,但不用刀剑攻击,而用绳索套住敌人拖曳着走,就这样把敌人杀死。妇女的结婚时间不以她们是否成年为定:没有杀死一个敌人的女人始终是处女。

坦纳伊斯河是从里彼山流下来的,水流甚急。当邻近的河流,

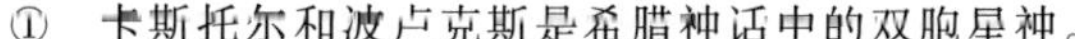

① 卡斯托尔和波卢克斯是希腊神话中的双胞星神。

甚至麦奥齐达湖和博斯普鲁斯,以及本都海的某些地方因冬季严寒而结冰的时候,只有坦纳伊斯河仍以以前的速度流动着。无论严寒或炎热都不影响它的水流。这条河的两岸及其邻近的地方,住有萨尔马提亚人。这是属于一个族的居民,但是他们之间分出若干部族,各有其不同的名称。首先,在妇女管辖下的麦奥齐达人以及安马孙人地区的居民,便是属于这一族的。这个地区的平原是极好的牧场,虽然总的说来,这里的土地是不肥沃并且植物稀少的。在格朗诺斯木头城里住有布丁人。在他们附近的地方分布有广阔的森林,其中住有齐萨格特人和伊伊尔克人。他们靠狩猎为生。往前去直到阿林菲伊人的附近,伸展着宽广、荒凉而多山的地方,遍地都是峭壁。阿林菲伊人是一种习尚最温和的人,他们的住所是丛林,他们的食物是野果。他们那里的男女都流行着光头。阿林菲伊人被认为是神圣的部落。其周围的野蛮部落,没有一个使阿林菲伊人受过任何伤害。阿林菲伊人的领土也成了他族人士的避难所。再往前去,有里彼山耸立着,山的那边便是濒临大洋的地区。

第　二　卷

第一章　欧洲的西徐亚

亚洲的地中海沿岸地带在这里便告终止,而正如我们已经讲过的,亚洲在这里是以坦纳伊斯河为边界的。如果我们沿着这条河回航到麦奥齐达湖,那么刚才在我们左侧的欧洲则变在右侧了。最接近里彼山脉(这些山脉就伸延到欧洲为止)的地方因不断地降雪而不能通行，旅行者不能透过雪层而看见什么东西。随后便到了一个气候虽然适宜却无人居住的地区，因为这里蟠聚着怪兽和凶恶贪婪的野兽。它们酷爱从地下取得的黄金，所以特别关心地守护着，如果有人接近，就会遭到危险。我们在这里首先遇见的是西徐亚人，他们的最主要部落为阿里马斯普人，据说，他们只有一只眼睛。再前进，直到麦奥齐达湖，是伊谢顿人的地区。注入麦奥齐达湖的布克斯河破坏了麦奥齐达湖的舒畅的环境。该河两岸上住有阿加非尔斯人和萨尔马提亚人，因为他们以马车为住处，所以人们称他们为加马克索比伊人。再往前去，朝着博斯普鲁斯方向，延伸着夹在本都海与麦奥齐达湖之间的不平坦的地带。在该地带的麦奥齐达湖岸上住有萨塔尔赫人。在博斯普鲁斯附近有金麦里亚的城市——米麦尔基昂、潘齐坎彼、腓俄多西亚和加尔米集。塔弗里卡人住在攸克辛海岸上。再往前去是一个有优良海港的海湾，因此它被称为优良港。这个海湾是由两个海角合拢而成的，其中之一为羊崖，它与我们已经讲过的、在对岸的亚洲地方的卡拉姆比角相似。另一个海角称为帕尔芬尼亚。这个海角附近有刻索泥撒折城，据传说，为岱雅娜所建，并以女神的岩窟而特别闻名；这个岩窟是在城塞之内，并且是用来供奉女神的。再过去，海水便深入海岸而形成海湾。在这里有一条把本都海与麦奥齐达湖分隔开的地峡，宽度达五海里。因此，萨塔尔赫人与塔弗里卡人的领土是一个半岛。在这个海湾与麦奥齐达湖之间的地带称为塔弗拉，而海湾则称为克尔金尼特湾。其海岸上有克尔金涅城。该城附近有两条河——格尔河和吉帕基里斯河——的共同河口，但这两条河的发源地不同，并从不同方向流来。格尔河流经巴集利德

人地区和诺马德人地区之间，而吉帕基里斯河流经诺马德人的本区。再过去是这些地方通有的森林，还有作为游牧的西徐亚人与庄稼人之间的境界的潘齐坎彼河。再往前有一条漫长的地带伸入海中，并把狭窄的地峡与海岸连接起来，地带的宽度稍超过地峡的宽度。这个地带逐渐平灭，与平放着的一口剑相似。有一个传说：阿奚里率领准备作战的舰队到本都海，在这里以竞赛与竞技来显示自己的胜利。他在战斗休息时间与其伙伴在这里练习跑步，因而此地被称为阿奚里的跑马场。

距离此地不远有博里斯芬河，这是西徐亚的一条最好的河流。博里斯芬河所流过的地方，其居民的名称与这条河相同。当邻近的河流波浪汹涌的时候，博里斯芬河的水势却平静异常，较所有其他河流为甚，而河水亦特别适于饮用。博里斯芬河灌溉着杂草茂盛的牧场。河中有许多大鱼，味道鲜美而又无刺。此河从远方流来，其发源地不详，其可航行的河道为四十天的路程。博里斯芬河在希腊的博里斯芬达城与奥耳维亚城附近注入海中。吉潘尼斯河为卡利皮德人地区的边界。该河发源于一个巨大的沼泽，当地人称之为河的母亲，在很长的一段里没有其他水源流入这条河。但是在距离大海不远的地方，该河接受了一条名为埃克桑帕的小泉水的水流。这条泉水是那样苦味，竟使该河下游的水也完全变质而失掉甜味。距离吉潘尼斯河最近的地方，即在卡利皮德人的地区与阿克西阿克人地区之间，有阿克西阿克河。齐拉斯河为阿克西阿克人地区与伊斯特里亚人地区的分界线，其水源位于涅弗里达人的地区。齐拉斯河的河口处有一个城，亦名齐拉斯。至于划分西徐亚各族与下面将说到的其他各族的界河，其源流在日耳曼

坦纳伊斯
坦纳伊特人
伊克萨马特人
西拉克人
罗克萨兰人
马鲁比伊河
大朗比特河
麦奥齐达湖
普谢塞人
达齐奥麦
塔尔彼特人
菲奥范尼河
小朗比特河
基尔皮利河
特-吉潘尼斯河
安齐基
拉巴河
丹达尔人
阿斯普尔吉安人
辛迪人
托列特人
克尔克特人
巴塔
帕格雷
戈尔吉皮亚
波尔夫米依
帕尔芬尼亚
米尔麦基
金麦里
阿奚里亚
齐兰巴
克培
克尔蒙纳萨
科罗康德马
齐里塔卡
宁菲亚
阿克拉
基捷
麦奥里海峡
卡泽卡
金麦里克
腓俄多西亚
西徐亚人
塔弗里卡人
攸克辛本都海
30
0
30
60公里
博斯普鲁斯王国地图

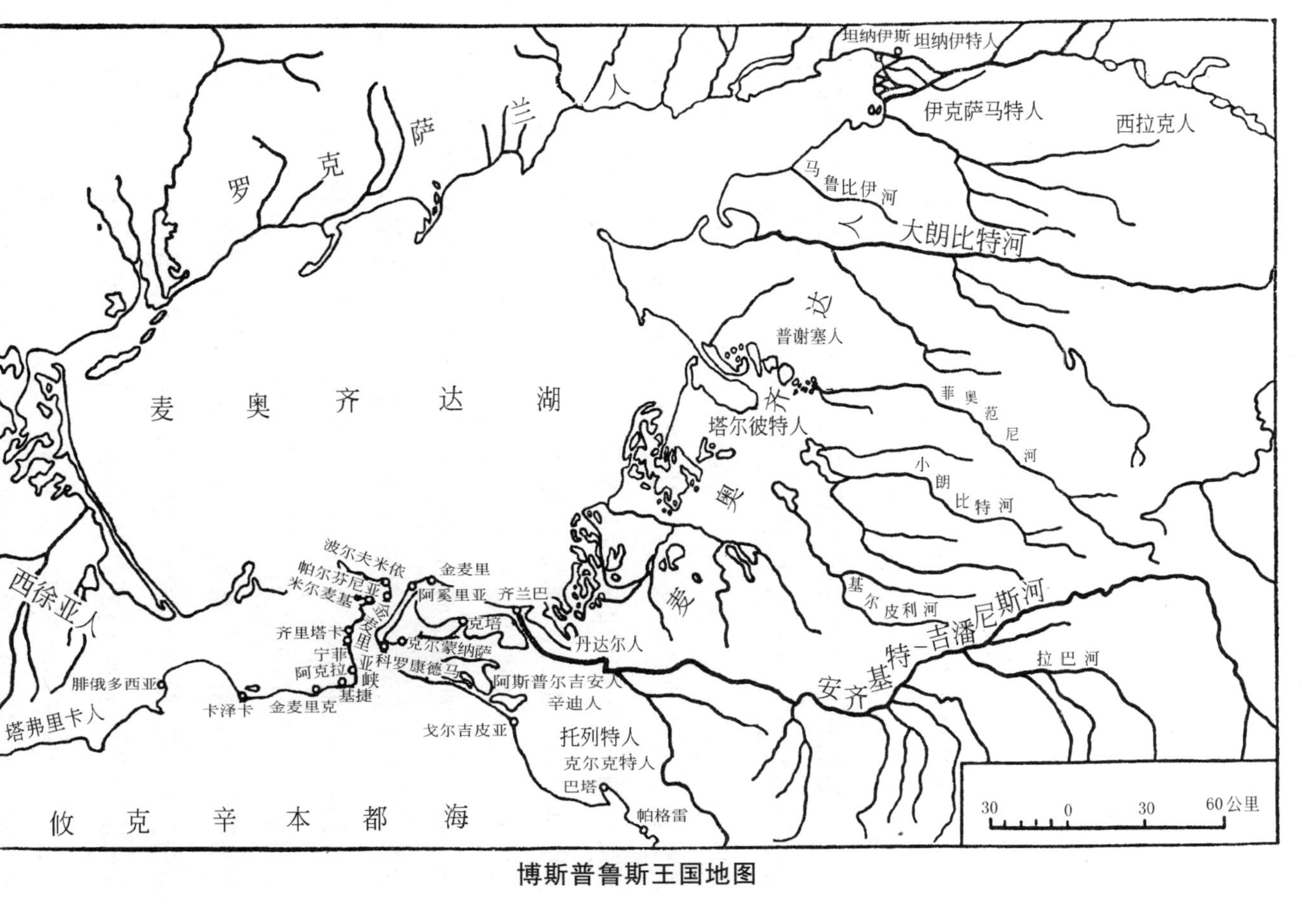

是尽人皆知的，而河源与其下游有不同的名称。其实，该河流过住有许多大族的广大地区，在极长的地段上称为多瑙河。后来沿海的居民给它以另一种称呼，名为伊斯特尔河。若干支流使这条大河在下游变得更加宽阔，按其宽度说，在注入我们的海的河流中仅次于尼罗河，而在入海处又分出若干支流，这点也与尼罗河相同；有三条支流不很大，其余的都能通航。

在这些地区居住的各族人民的天性和生活方式各不相同。伊谢顿人安葬双亲时非常愉快地举行葬礼，并隆重地邀集亲属以示纪念。他们把死亡者的尸体撕成碎块，并将其与供祭的动物的内脏混合一起，同时设宴，大家吃尽这些东西。他们把死者的头骨巧妙地磨光，镶上黄金以后，当作饮酒器皿使用。伊谢顿人认为这是子女表示虔敬的最后义务。阿加菲尔斯人把面孔和全身描绘上或多或少的符号（数量的多少是要看每个人的地位而决定的），但大家所画的符号本身图样是相同的，并且不得洗掉。萨塔尔赫人不知道有金和银那样的万恶东西，他们用以物换物的方法进行交易。由于冬季严寒期间很长，所以他们居住在地下的掩蔽所、洞穴与地道中，把全身甚至连脸部都遮盖上，只露出一双眼睛。塔弗里卡人为人们所熟悉的主要原因，是由于伊菲基奈阿和俄累斯提斯在他们的地区居住过；他们有令人可怕的声名，他们的习俗最野蛮，常常杀死外国人来当做祭品。王国的西徐亚人是赫克利斯与埃希德纳的后裔，他们的德性是专横的，他们唯一的武器是弓箭。游牧的西徐亚人是随着他们的牲畜的牧场而居住的。他们住在一个地方，一直到牲畜在这里吃完了饲料时为止。庄稼人从事耕田。阿克西阿克人不知道什么是偷窃，因此他们不去看护自己的财物，也

不侵犯他人的财物。

内部地区还要荒凉得多,那里的居民特别放荡不羁。他们好战,喜欢杀人,并且有这样一种习惯:在作战的时候,他们从第一个被杀死的人的伤口上直接吸吮鲜血。杀人最多者,就在他们那里受到最高的崇敬,而认为从来没有杀过人的人是最可耻的。甚至缔结和约时,他们也不能不流血。缔结和约的双方自己刺伤自己,把他们的血混合在一起而喝尽。他们认为这是守信用的最可靠的保证。在宴会上,最受人欢迎和最通常谈论的话题是:某人杀死多少人,而杀人最多者都用两个器皿来喝饮;当他们消遣的时候,认为这是特别荣誉的。内部地区的居民,也像伊谢顿人用双亲头骨制造饮酒用具一样,用最凶恶的敌人的头骨制造饮酒用具。至于嗜食人肉者,他们在宴会上食用人肉。格朗人用敌人的皮为自己和自己的马制作罩衣:用人头上的皮制造人的罩衣,而其余的身躯的皮用来制造马的罩衣。黑外套人着用黑色衣服,这个部落的名称就由此得来。涅弗里达人为每人规定一个时间,他如果愿意的话,可以变成狼,后来还可以恢复原来的形状。

所有这些部落都敬拜马斯。人们用宝剑与腰带来供奉它(他们认为那些东西是他的形象)并且献奉人祭。这些部落占据着有丰富牧草的广大牧场地区,那里的河流大部分都常常泛滥。一般说来,这些地区里有些土地非常荒瘠,以致居民都没有劈柴而烧用骨类。

第二章　色雷斯

在西徐亚那边即是色雷斯的起点。它从本都海伸延至伊利里亚,而其两侧的边界为伊斯特尔河与大海。这一地区的特点既不在气候适宜,亦不在土壤肥沃。盖除沿海地带之外,这是一个荒瘠而寒冷的地方。这里的土地很难用来栽培庄稼,能种果树的地方亦极为稀少。这里最普遍的作物是葡萄。但如果耕作者不用树叶来遮盖它以防霜冻,那里的葡萄就不能成熟,亦来不及成熟。大自然所赋予色雷斯居民的不是外表上的美丽(他们的体格粗笨而丑陋),而是勇敢和人口众多。此地人口非常多,他们的习俗粗野。

这里注入大海的河流很少,但都很著名,如格布尔河、涅斯特河和斯特里蒙河。在内陆突起几座山——格姆、洛多皮与奥尔别尔。这些山以举行利别尔之父的圣礼及(自奥尔菲时起)物物交换的集会而闻名。格姆山非常高,从其山顶可瞭望攸克辛本都海及亚得里亚海。

色雷斯人虽然是一个部落的人,但是其名称与习惯均不同。其中一些人,如格特人,以习俗粗野和对待死亡处之泰然著称,一些人则认为死者的灵魂会返回大地,另一些人的意见是灵魂既不返回也不消失,而是升到极乐世界去了,还有一些人认为灵魂确实死亡了,但比生存时更好。因此,某些色雷斯人为新生儿的诞生与命运而哀悼。相反地,安葬却成了他们的节日,以神圣的仪式、唱歌和竞技来纪念它。甚至这里的妇女都有坚强不屈的精神。妇女最大的愿望是做一个死在丈夫尸体上的人,并与丈夫合葬在一起。

因为每个死者在其死亡后留下许多妻子,孀妇们都热烈竞争这个特殊命运的光荣。这个光荣是崇高道义行为的表彰,在这种竞争中获得胜利是最大的愉快。没有享受到与丈夫共死亡的权利的人发出绝望的喊声,惨痛地哭泣,并捶打自己的胸部。凡愿意安慰她们的人,便一面把自己的武器和财物扔入火堆,一面声明这是准备与死者的灵魂签订合同或作战,以便将其前妻娶为己有。于是既不作战也不签订合同,这个人就成为死者的孀妇的未婚夫了。姑娘们出嫁不是由父母办理的。他们这里的出嫁或出卖新娘是社会的事情。关于姑娘出嫁或出卖的问题,由其外貌与人品来决定。人们对品德优良且有姿色的女人报以聘礼,否则要用妆奁来买未婚夫。某些色雷斯人不知道饮酒。但当举行宴会时,他们把某一样种子抛入大家围坐的火堆里,升起的烟气会引起他们像醉酒时那样愉快。

海洋沿岸地带,在最接近伊斯特尔河处,有伊斯特罗波尔城。以后是米利都的移民建立的卡拉齐斯城。再往前去是托梅城、加里亚港与特里斯齐斯角。在这个海角附近,有本都海的另一个海角与法息斯河口的海角相对,且形状相似,但较狭窄。往昔,此处曾有毁于地震的比臧涅城。克隆纳港、季昂尼索波尔城、奥得斯城、麦桑布里亚城及安希阿尔城均位于此处。阿波罗尼亚城位于海湾后面,在本都海的另一个大海角附近。从这里起,海岸线毫无弯曲地一直伸展到那个向着弯曲的对岸突出的亭尼亚角为止。加尔米捷斯城、菲列阿斯城与芬诺波尔城都在此处。

这是本都海的终点。接下去就是博斯普鲁斯与普罗庞齐达。在博斯普鲁斯岸上有拜占庭城,在普罗庞齐达岸上有彼林夫城、谢林弗里亚城和韦芬普斯城。埃尔京河与阿齐拉斯河流经这些城之间。再过去是从前列兹所统治的色雷斯的那一部分,以及萨摩斯人的移民地比赞塔,和从前规模宏大的基普谢拉城。继续前去,是希腊人称为长城的地方和利西马希亚城,此城位于赫勒斯滂湾与爱琴海之间的很大的半岛的起点处。这个半岛全部都狭窄,而利西马希亚城所在的地峡,为其最狭窄部分。这就是所谓的伊斯特姆。半岛的外部称为马斯图西亚,而整个半岛称为刻索泥撒折。在刻索泥撒折有许多古迹。这里有埃戈斯河,以雅典舰队在此被歼而闻名。这里有谢斯特城与阿比多斯隔岸相对,该城以有关利安得的爱情传说而闻名。这里的有些地方,波斯军队曾在那里大胆地架设桥梁,把被海分开的大地接连起来(多么伟大而惊人的功绩啊),因此不用木船而徒步走过桥去,就进入了希腊境界。这里有普罗捷西拉的遗体和为崇敬他而建立的庙宇。这里也有克洛斯海港,因拉哥尼亚舰队在典雅人与拉西提蒙人的海战中被击败而闻名。这里有金诺斯泽马(犬墓),即格库巴埋葬的地方。之所以得有这个卑贱的名称,据说是因为格库巴曾化为犬,或是因为格库巴的遭遇大概很悲惨。这里还有马季特城与埃列城,而埃列城便是赫勒斯滂海岸的最终点。

此后,爱琴海的海岸随即开始。这段海岸从赫勒斯滂起至被称为苏涅斯的海角止,在颇长的距离内作细微而不太显著的弯曲。我们绕过马斯图西亚而沿着爱琴海岸前进时,就进入另一面濒临刻索泥撒折的海湾。这个海湾有群山环绕,宛如一个山谷,而以流入它的河名墨拉斯来命名。这个海湾上有两个城市——阿洛彼康涅斯与位于伊斯特姆的另一岸上的卡狄亚,还有离这里不远而享有盛名的埃诺斯城,此城为伊尼阿游历时所建。格布尔河两岸住有尼克恩人。在格布尔河的那边,有多里斯克平原伸展着。据说,薛西斯在这个平原上无法计算自己的军队,只好按军队占据的面积来确定其数量。往前去是谢里海与臧涅城。据说,这些地方由于奥尔菲的歌声而招来了成片的丛林。再往前去,有斯恒河和该河岸上的马朗尼亚城。

岱俄密提斯统治的地区是在斯恒河的那边。他有一种癖性:往往把外邦人抛给一些怪马去撕碎。赫克利斯即遭到了岱俄密提斯这样的残害。称为岱俄密提斯塔和岱俄密提斯的姊妹,以自己的名字所命名的阿布提拉城,便是这个神话的纪念物。但是阿布提拉城,以其为物理家德谟克利特的诞生地而知名实较其建城的沿革更为显著。再前进即有涅斯特河。在涅斯特河与斯特里蒙河之间有腓力普城、阿波罗尼亚城和安浦斐利斯城。在斯特里蒙河与亚陀斯山之间,有卡拉尔涅塔(卡普鲁湾就是卡班尼亚港)以及阿坎夫城、埃欣尼亚城。在阿陀斯山与巴利尼半岛之间,有克列昂纳城和奥林夫城。正如我们讲过的,斯特里蒙河是一条从遥远的地方流下的河流,其上游狭窄,以后由于支流增加了它的水量而变为宽阔。该河在离海不远处形成一湖,湖的出口以下的河床较入口以上的河床为宽。阿陀斯山非常高峻,据推测,其顶峰较云雨从那里降下来的地方还要高。这一点是可以相信的,因为山峰的祭台上的灰烬并没有被雨水冲洗掉,而仍然如当时所遗留下的那样成为一团。阿陀斯山与其他山脉不同,不是以个别海角突入海中,而是以其全部,即其山脉之全长。该山与大陆相毗连的部分被薛西斯掘开,盖薛西斯于远征希腊时在这里开凿了可以通航的运河。

在阿陀斯的山麓有彼拉斯格人的一块不大的移民地。从前,在此山顶上曾有阿克罗阿丰城。据说,城内居民的寿命较常人长一倍半。巴利尼半岛是这样的辽阔,以致能容纳五个城市及其耕地。整个半岛伸入海中,惟其起点地带狭窄。坡替第亚城即在这个狭窄地带上。半岛较宽部分上的城市中,值得提到的有曼德城与斯基昂涅城,前者为埃里特列所建,后者为亚该亚人占领伊利阿姆城后胜利回国时所建。

第三章 马其顿、希腊、伯罗奔尼撒、伊庇鲁斯和伊利里亚

其次是马其顿的一些城市。其中最著名的有培拉城。培拉城的光荣应归功于其养育者——腓力(希腊的征服者)和亚历山大(他还征服过亚洲)。在捷里斯角与坎纳斯特里角之间,以及捷里斯角与以齐哈亚为名的港湾之间的麦基别尔纳湾沿岸地带上,有托朗纳城、米斯克拉城与和海湾同名的麦基别尔纳城。距坎纳斯特里角最近的地方有桑涅城。麦基别尔纳湾楔入陆地并不太远。过了这个海湾便是非尔马湾,其海岸远远伸入海中,使海湾变得很大。流经马其顿的阿克西河与从较远处(帖撒利亚)流来的培尼阿斯河都注入这个海湾。在阿克西河这一边有帖撒罗尼迦城,而在阿克西河与培尼阿斯河之间有加山德里亚城、基德纳城、阿洛罗斯城和伊卡里斯城。在培尼阿斯河与谢皮阿达角之间有吉尔唐纳城、麦利别亚城、卡斯坦涅亚城。这些城均不甚著名,只有麦利别亚城曾是菲洛克捷特的诞生地,因而为人们所熟悉。马其顿的内

部地区有很多名胜地方。此地的地理名称几乎是无人不知的。距沿岸不远地方有奥林帕斯、彼利安与奥萨诸山，它们都与巨人族战争的传说有关。诗神比丽德的故乡与她的修道院均在这里。在这里有伊塔山耸立着，且在不久以前，希腊人赫克利斯曾经常游历于该山的森林中。

这里有腾皮谷和利别特拉城。谷以圣林而闻名，城的附近有专门用来供奉诗神的泉水。

希腊的宽阔而漫长的地带从北向南，直到米尔托斯海。希腊的东部濒临着爱琴海，西部濒临着爱奥尼亚海。希腊的北部陆地地带特别宽阔，称为赫拉斯。较南有两个海，特别是爱奥尼亚海伸入陆地，因此大约在中部一带的陆地宽度仅达四英里。以后陆地地带又向两面展宽，主要是向爱奥尼亚海方面展宽。虽然这一次未达到从前的宽度，但已十分宽广，并突入海中成半岛形。这个半岛称为伯罗奔尼撒，其轮廓很像枫树叶，两岸的海湾与海角形成树叶的边缘状。此外，半岛开始很狭窄，随后又逐渐展宽。与马其顿最接近的地方称为帖撒利亚，稍远的地方是玛革尼西亚、菲洛齐达、多利斯、罗克利达、佛西斯、彼阿提亚、亚狄加及麦加利。其中最著名的是亚狄加。在伯罗奔尼撒半岛上有亚哥利斯、拉哥尼亚、美塞尼亚、亚该亚、伊利斯、阿加狄亚等地方。往前到亚得里亚海为止是埃托利亚、阿卡内尼亚与伊庇鲁斯等地方。至于离海岸较远的各村庄和大城市，其中最著名者如下：在帖撒利亚有拉里萨，此城的城址从前是爱奥尔卡斯城；在玛革尼西亚有安托尔尼亚；在泰俄提斯有弗齐亚；在多利斯有品都斯城及其附近的埃林涅亚城；在罗克利达有辛纳城与卡利阿尔城；在佛西斯有特尔菲城、巴那萨

斯山、阿波罗神庙及其神托所；在彼阿提亚有底比斯和传说与诗篇中所说到的基菲朗山；在亚狄加有献给采列拉作纪念的厄琉息斯城和雅典，后者的声誉传播甚远；在麦加利有墨加拉城，全部地方均因该城而得名；在亚哥利斯有亚各斯城、迈锡尼城与朱诺神庙，此庙不仅因其古老而闻名，而且因对女神的崇拜而闻名；在拉哥尼亚有捷兰涅城、拉西提蒙城、阿迈克利镇与塔格特山；在美塞尼亚有美塞尼城与麦唐纳城；在亚该亚和伊利斯（从前这个城曾是埃诺马亚的首都比萨），现在有伊利斯城与奥林比亚的朱霹特神庙，此庙以体育竞赛和特别神圣著名，但以菲季塑造的奥林比亚之朱霹特的神像尤为闻名。阿加狄亚的四方都被伯罗奔尼撒的土地环绕着。在阿加狄亚地方有普索菲达、提基阿、奥尔科明等城，以及佛洛埃、西利尼、巴提尼阿斯和门纳尔等山，还有埃里曼特河和拉顿河。在埃托利亚有纳弗帕克特城，在阿卡内尼亚有斯特拉特城。在伊比鲁斯有多度那之朱霹特神庙与人们认为神圣的泉水。这股泉水虽甚清凉，而且浸入泉水的火把会像浸入其他水中一样熄灭，但是只要把没有燃烧的火把一接近泉水，火把就在距泉水很远的地方燃烧起来。

如果沿海岸航行，由谢皮阿达角向帕加萨湾驶近，就要经过狄麦多流亚、加洛斯、普捷亚与埃欣。在帕加萨湾的海岸上有帕加萨城。斯彼尔希昂河注入帕加萨湾，而海湾之著名是因为明尼亚人曾由此处乘亚戈木船出征科尔奇斯。从这个海湾至苏涅斯角的航程中，要经过马利阿克与奥彭特两个大海湾之旁，在此大海湾之海岸上，有德摩比利山和拉西提蒙人英勇牺牲的纪念碑；此外还要经过奥波埃斯、斯卡克法、克涅米捷斯、阿洛彼、安捷唐、拉林涅、阿夫利达等地附近。当亚加米农与希腊人准备远征特洛伊的时候，其舰队曾停留在阿夫利达。我们的航程也经过马拉松。此城是许多光荣事迹的见证人，自捷泽时起即甚著名，尤其以击溃波斯人而更为闻名。以后，航程要通过兰纳城之侧。此城虽然较小，但它以安菲阿拉神庙与菲季所塑造的内美西斯神像而引人注目；再要经过托里克与布拉乌朗尼亚城附近，现在这两座城只留下了空名而已。苏涅斯角为希腊东海岸之终点，过此海角即为南海岸之起点，而南海岸伸延到墨加拉为止。

此处陆地已经不是侧面地，而是正面地朝向海洋。这里的土地属于亚狄加。此地有雅典的比雷埃夫斯港湾与锡隆峭壁，据说从前令人恐惧的锡隆曾居住在这座峭壁上，所以它至今仍享有恶名。

墨加拉地方与伊斯特姆毗连；伊斯特姆又名季奥尔克，是一个陆地的狭窄地带，它把爱琴海与爱奥尼亚海分隔开来，而把伯罗奔尼撒与赫拉斯连接起来。此地有肯赫列亚城，以海神庙和所谓伊斯特姆竞技而闻名；还有科林斯城，从前曾以其富裕而闻名，经过一次灾难以后更加著名了。现今此地为罗马的移民地。自科林斯城塞之顶端，可以望见两个大海。

正如我们所说过的，伯罗奔尼撒的沿海地带被许多海湾和海角切断。布克法尔角、刻索尼撒折角与斯基列昂角在海岸的东边。马列亚角、天纳尔角、阿克里特角与伊赫齐斯角在海岸的南边。赫朗纳特角与阿拉克斯角则在西边。伊斯特姆与斯基列昂之间住有埃彼道拉斯人，他们的城市以埃斯叩雷彼神庙而闻名；那里还住有特连涅集亚人，他们以忠实于与雅典的联盟著称。在那里有萨朗尼克、斯恒尼特与波冈等港湾。埃彼道拉斯城、特利孙城与格尔米昂纳城分布在海岸上。斯基列昂角与马列亚角之间的海湾,称为亚哥利斯湾;马列亚角与天纳尔角之间的海湾,称为拉哥尼亚湾;天纳尔角与阿克里特角之间的海湾,称为阿辛纳湾;而阿克里特角与伊赫齐斯角之间的海湾,称为基帕里斯湾。

亚哥利斯湾有著名埃拉津河与英纳河注入。其岸上还有著名的列尔涅城。吉齐河与埃弗罗特河注入拉哥尼亚湾。天纳尔角上有海神庙和一个岩窟,其形状以及与其有关的传说均与上述的本都省的阿赫鲁西岩窟相似。帕米斯河注入阿辛纳湾,阿尔菲河注入基帕里斯湾。这两个海湾的名称均沿袭其海岸上的城市——基帕里斯和阿辛纳的名称。虽然匹罗斯城靠近海边,但美塞尼亚人与匹罗斯人并不住在沿海地带。西利尼城、恩涅阿波利城与帕特雷城,分布在赫朗纳特角与阿拉克斯角突入大海的沿岸部分。人们把西利尼城认为是麦叩利的故乡,因此,这就使它成为一个名胜古迹。

以后,里昂(这个地方称呼海为里昂)形成一条狭窄的海峡插入沿海之滨。里昂把埃托利亚与伯罗奔尼撒分开,并通到伊斯特姆地方。伯罗奔尼撒在这里的海岸朝向北面,其岸上有埃吉昂、埃吉拉、奥卢尔、息细温等城市。在对岸上有帕吉、克列乌斯、安齐基拉、埃安齐亚、基拉等城,并有比其他各城市较有名的卡利顿城。在里昂的那边有埃文河注入。

在阿卡内尼亚最著名的是琉卡斯城与阿赫洛河。在伊庇鲁斯,没有比安布拉基阿湾更享有盛名的。其所以著名,是因为海湾的很大面积与狭窄而不到一英里宽的入口相结合。此外,在其海岸上分布着阿克齐、安菲洛赫的亚各斯与安布拉基阿等城市,这些城市乃是埃阿基德人与皮洛士的首都。布夫罗特城位于稍远的地方。然后是塞劳尼山脉,其山麓之下是亚得里亚海岸的起点。

这个海面非常宽阔,但其长度越过宽度颇多。其沿岸直到特尔格斯特住有伊利里亚各族,而其余地区住有高卢与意大利各族。开始是帕尔芬尼亚人及达萨列特人的地方,往前去是塔夫兰特人、恩赫利人、斐亚基人的地方。再往前去是伊利里亚人——比雷埃夫斯人、利布普尼人与伊斯特里亚人——的本部地方。各城市中开始是奥里克,往前去是季拉希。季拉希从前称为埃皮丹,罗马人更改了这个城名,因为他们认为埃皮丹这个名称是不吉利的。再过去是阿波罗尼亚城、萨罗那城、伊阿得拉城、纳朗纳城、特拉古里城、波拉湾和传说中科尔奇斯人曾住过的波拉城。现在这是罗马的移民地(世界上有了多大变化啊!)。埃阿斯河、纳尔河、多瑙河流过此处,多瑙河现在称为伊斯特尔河。埃阿斯河流过阿波罗尼亚城旁,纳尔河流经比雷埃夫斯人和利布普尼人的地方之间,而伊斯特尔河则流过伊斯特里亚地区。特尔格斯特城坐落在亚得里亚海的最后面,是伊利里亚海岸的终点。

第四章 意大利

关于意大利我不拟多讲,这与其说是为了使读者认识这个国家,不如说是为了保持我叙述的一定顺序,因为这里的一切都已为人所周知。亚平宁山脉伸延在意大利中部全区,并随着远离阿尔卑斯山而逐渐降低。意大利位于亚得里亚海与埃特鲁斯海(这两个海又称为上海与下海)之间,形成漫长而连续的地带。只是在遥远的南部,这个地带才分成两部分,一部分面向西西里海,另一部分面向爱奥尼亚海。意大利的全境显得宽度不大,某些地方的宽度稍小于其开始部分。意大利的内部居住有各个不同的部落。在左边,即罗马化的高卢地方,住有卡尔纳人与温涅特人。然后是意大利各族——皮岑人、弗林坦人、达夫纳人、亚浦利亚人、喀拉布里亚人和萨林廷人——的领土。在右边,即阿尔卑斯山麓附近,住有利古利亚人,而在亚平宁山麓附近,则散居着埃特鲁里亚人。再过去是拉丁姆,即沃尔斯基人的地方,以及卡莫潘尼亚、琉撄尼亚与勃罗丁。

在非沿海的城市中,最著名的有安天诺尔所建立的帕塔维与罗马人的移民地穆廷纳和波伦亚。埃特鲁斯人所建立的加普亚位于意大利的右边。

拉温那、阿里明、皮查夫尔城、芬涅斯特里耶移民地、密塔拉斯河与埃集斯河,都位于帕杜斯河与安科呐之间。安科呐在两个海角构成的角落之中,这两个海角从同一地点分出,形成类似肘关节处弯曲的手臂状,因此其希腊的名称为安科呐(肘)。此城仿佛是高卢各部落与意大利各部落的分界点。

接下去是皮岑河两岸的起点。努曼纳、波天齐亚、克卢安纳、库普拉等城和菲尔莫、亚得里亚与特鲁因廷城塞分布于此处。流经特鲁因廷城塞之旁的一条河,因而取得同样的名称。

再过去是弗林坦人的地方,此处有马特林河和阿捷尔纳河的河口,以及布卡城和吉斯唐尼城;达翁人占据着齐菲尔纳河,克利捷尔尼亚城、拉林城、捷安城和加尔干山。其次是一个小海湾乌里;乌里湾的大部分海岸没有海港。海湾之两岸归亚浦利亚管辖。在海湾的那边有锡庞特(或希腊语锡普)城与流经坎努集亚城附近的阿夫菲德河。稍远是巴利、内喜阿与鲁季等城。鲁季城以伊尼阿为其市民而著名。再往前去便是喀拉布里亚地方,那里有勃龙提西、华列齐、卢皮伊等城与吉德尔山。再过去则为萨林廷人的地区和萨林廷海岸。最后是希腊的卡利波利斯城。

意大利境内的亚得里亚海岸在这里终止。正如我们以上所讲过的,意大利的南端分成两个部分,其滨海处满布着狭窄的海角,把海分成许多海湾。第一个海湾称为大兰多,它是由萨林廷角和拉金尼角形成的,该湾沿岸有下列城市:美塔蓬塔姆、格拉克列亚、图里和克罗把那。第二个海湾称为斯基达基。这里有彼捷利亚、卡尔金、斯基达基与米斯廷等城。第三个海湾是由晋菲里角与勃罗丁角形成的,其岸上有康先齐亚、卡夫朗尼亚、洛克雷、勃罗丁、利基阿姆柱、利基阿姆、西拉、塔夫里安与密塔拉斯等城。

与意大利的亚得里亚海沿岸地带相对的埃特鲁斯海沿岸地带便在这里开始。在埃特鲁斯沿岸,分布着麦德马城、吉庞城(即今之维邦城)、提麦萨城、克兰彼伊齐亚城、布兰达城、布克先特城、维利亚角、以弗吉里亚人的舵手伊尼阿的名字命名的巴利纽拉斯、彼斯坦湾、彼斯特城、锡列尔河、皮岑齐亚城,以及雌人鱼住过的岩石和明涅尔瓦角。这一切地方都在琉揆尼亚范围内。在卡莫潘尼亚的美丽的海岸上,有彪泰俄利湾、苏连特赫丘娄尼恩(从此处可以望见维苏威山)、庞培、那不勒斯、彪泰俄利等城,还有卢克利诺湖和阿弗诺湖、培宜城、米贞城(它是以弗吉里亚的一位战士的名字命名的)、叩密城、利捷尔纳城、佛尔图诺河、佛尔图诺城。再过去就是辛努埃萨、利利斯、明图尔内、佛尔米、丰迪、塔拉秦。在台伯河以南的海岸上，有采尔采城（因采尔采曾住于此地）、安齐、阿夫罗季西、阿提阿、拉夫林特和奥斯齐等城。在台伯河北部的海岸上，有皮尔吉城、明诺奥河、卡斯特鲁莫、诺乌莫、格拉维斯基、科萨、泰拉蒙、波普朗尼亚、克金纳、比萨。所有这些地名都是埃特鲁斯语的名称，并且所有这些地方均属于埃特鲁里亚。在卢那、吉古利亚、热那亚、萨巴齐亚、阿勒宾加夫纳均住有利古利亚人。往前去，则为从阿尔卑斯山流下的帕夫朗河和瓦鲁河。作为意大利边界的瓦鲁河特别著名。

阿尔卑斯山脉从意大利的埃特鲁斯海岸开始，以辽阔的群山开始向北方远远地伸延，以后在日耳曼边界附近转向东方，穿过广大的领土而到达色雷斯。

第五章　那旁的高卢

列曼湖与色芬山脉把高卢分为两部分，其中一部分从瓦鲁河伸延到比利牛斯山脉，与埃特鲁斯海相毗连；另一部分在莱茵河与比利牛斯山脉之间，与大洋相毗连。濒临着我们的海的那一部分高卢，土地最适宜于耕种，因此也是最肥沃的。这就是那旁的高卢，从前称为布拉卡特的高卢。这里最著名的城市为：属于伏康特人地区的瓦集昂，阿罗布罗基人地区的日内瓦，那瓦人地区的阿维尼俄，阿列科米克人地区的纳马乌兹，捷克托萨加人地区的托洛刹，阿拉乌集昂（第二军团老兵的移民地）、阿勒拉特（第六军团的老兵的移民地），以及别捷雷（第七军团的移民地）等。但是，阿塔基人和第十军团的移民地那旁城,压倒了所有的城市。马斯被认为是此城的保护者,从前此城为全国的堡垒,现在整个地方仍然以此名称呼之,而此城成为全国的代表者。

沿岸地带有一些有一定名称的村落,但是这里城市极少,因为这里很少海港,而且受到南风与西南风的侵袭。尼西亚、捷齐阿特、安齐波利斯等城位于阿尔卑斯山近旁。再过去便是佛鲁莫、朱理亚(第八军团的移民地)。之后有雅典诺彼利、奥耳维亚、塔夫罗英和基法里斯特,而在这些地方的另一边是马西利亚城的拉基顿港;马西利亚城本身即在这个海港附近。马西利亚是佛斯亚人在野蛮的各部落居住的土地上建立起来的,现在这些野蛮部落虽然已经衰落,但与邻近的移民地的居民迥然不同。对于移民能够轻易地定居在这些陌生的边区,并且直到现在这里仍保持其风习,这不能不令人惊奇。阿瓦齐基人的马里齐马城,是在马西利亚与罗丹河之间的湖岸上。罗丹河由可通航的马里亚运河与海相连。一般说来,这一沿岸地带很少有人知道。我们称它为石砾海岸。据说赫克利斯曾于此处与海神的儿子阿尔比昂纳和别尔吉亚作战。当赫克利斯的箭用尽的时候,他就认真地祈祷朱霹特援助,于是朱霹特发射出暴雨般的石块;在宽广的海岸上到处散布着这样多的石块,致使这一传说诚为可信。

罗丹河的发源地距离伊斯特尔河与莱茵河的发源地不远。罗丹河流入列曼湖中,但是它在这里仍保持其强大的水流,并不与湖水相混,以致该河的水在流出湖口时并未减少。以后,该河转向西方,在某一地段上形成了那旁的高卢的边界。此后罗丹河又转向南方,流进那旁的高卢境内。罗丹河在此处变得水量充足,因为有其他河流注入其中。最后在沃尔斯基人与那瓦人的地方之间奔向大海。在罗丹河那边有沃尔斯基人的一些水池,以及列德河、拉捷拉城寨和麦祖丘陵。后者几乎全部为大海所围绕,因此它若不是以狭窄的地峡与大陆相连,就是真正的岛屿了。在稍远处的阿加塔城附近,有发源于色芬山脉的阿拉夫尔河,而在别捷雷城附近有奥尔比斯河。

阿塔克斯河发源于比利牛斯山脉。当该河仅有其原来的河源时,它的水量不足,并形成许多浅滩。虽然其河床有的地方非常宽阔,但直到那旁城还不能通航。但是,当冬季雨水注入该河时,水面通常高涨,使河水泛滥。阿塔克斯河流入一个被称为鲁布列兹的湖内,该湖借一条狭窄的海峡与海相通,而以面积庞大著称。再往前进是列夫卡特沿岸与萨尔祖尔的泉源。萨尔祖尔的水不仅不是淡水,反而比海水还咸。再过去是绿平原,丛生着低矮而美丽的芦苇,因为它原来是在水中。这一点可从岛状的平原中部与其余部分截断而获得证明。这一地段可以推动,可向前后摇荡。此外,如果在这里挖一个坑,那么,到一定的深度就可涌现出海水。所以有某些希腊作家,甚至我们的某些作家,也不是出于无知呢,还是出于喜欢说谎,竟报道这些地方的地下深处产生鱼类。事实上,这些鱼是从大海来到这里,人们从地下取出时已经是死的,因为它们在地下游动时受到碰伤。

接下去是索尔顿人居住的沿海地带,捷利斯和齐希斯小河(但当它泛滥起来却很可怕)、鲁秦诺的移民地、伊利别尔人的村落(这是先前一座人数众多而富庶的城市的残存部分)。再过去,比利牛斯山的两个突出部分形成一个海湾。海湾中的海水非常咸。维纳斯港位于此处。最后是被称为克尔瓦里亚的地方，也就是高卢的终点。

第六章　西班牙的内部海岸

比利牛斯山脉从此处开始向不列颠大洋方面伸展，后来转向西班牙的中部。比利牛斯山的一个支脉向左方伸延，而其连续不断的主要山脉贯穿全部地方，并达到西方海岸。除了与高卢接壤的地方外，西班牙的各方面均濒临海洋。与高卢接壤的地方是西班牙最狭窄的部分。随后，土地便越来越宽阔，而向我们的海和大洋方面伸延，在西面达到了最宽的宽度。西班牙地方人口众多，富有铜、银、金。土地相当肥沃，甚至最缺少水分的地方，也生长亚麻与西班牙羽茅。西班牙分为三部，每一部分均有自己的名称，即塔拉哥尼亚、俾提卡、琉息退尼亚。塔拉哥尼亚一方面与高卢接壤，另一方面与俾提卡和琉息退尼亚相接，其南部濒临我们的海，而北部濒临大洋。其余两部分被安纳斯河分开来。这样，俾提卡就濒临着两个海：西部是大西洋，南部是我们的海，而琉息退尼亚只濒临大洋，其正面对着南方，其侧面则朝向北方。

帕兰齐亚和纽曼西亚，曾是塔拉哥尼亚内陆最著名的城市，现在这里最著名的城市是恺撒·奥古斯塔。琉息退尼亚的最大城市是埃麦里塔。俾提卡的最大城市是阿斯齐吉、吉斯帕尔、哥尔多巴。如果沿着海岸前进，在离克尔瓦里亚不远的地方，可以看见比利牛斯山脉突入海中的峭壁。然后是齐克尔河口（在罗达城附近）与克洛季安纳河口（在恩波里城附近）。再过去有朱霹特高山耸立着，其西部的斜坡称为汉尼拔的楼梯，因为其上的峭壁依次在这里一个高过一个地突起，宛如间隔不大的扶梯。在这座山与塔拉哥纳尼亚之间有一些不大的城市——布兰达、埃卢罗、别图朗、巴尔齐农、苏布尔和托洛比，以及几条小河流——别图朗（在朱霹特山附近）、鲁布里卡特（在巴尔齐农附近）、马伊（在苏布尔与托洛比之间）。塔拉哥纳是这个沿岸的最大的沿海城市，位于图尔齐斯小河的两岸上。在稍远的地方有一条厄布鲁尤河。托托萨城横跨在该河的两岸上。然后是大海挤入陆地，形成海湾。这个海湾又被菲拉里亚角分隔为两个湾。其中第一个称为苏克朗湾。它大于第二个海湾，并以其十分开阔的湾口与大海相连，而在湾口以后逐渐缩小。有几条小河——谢塔比斯河、图里亚河与苏克朗河等注入其中。海湾沿岸分布着几座城市。其中有最堪称道的名胜古迹者为瓦伦西亚与萨根塔姆。萨根塔姆城由于其忠实于与罗马人所定之约而遭到惨重的报复，故此而著名于世。第二个海湾称为伊利基湾。沿湾的城市有阿朗涅、柳岑齐亚与伊利基等。海湾即以后一城市而得名。

陆地在这里排挤了海水，因此西班牙的宽度大为增加。从此处直到俾提卡的海岸上，除了布匿人的领袖哈士多路巴所建筑的迦太基城之外，没有任何堪称著名的城市。即在俾提卡的海岸上，也只有一些小城，我们仅按顺序提示一下。首先是乌尔基城，它是在被称为乌尔基坦湾的海岸上的一座城，其次是阿布提拉、苏埃尔、克卡塞、萨兰宾纳、门诺巴、玛拉加、萨尔杜巴、拉基庞与巴尔别祖拉等城。

随后，大海在欧洲与非洲两岸之间形成了一条狭窄的海渠。

在这条海渠的相距不大的两旁,有我在上面提到的赫克利斯之柱——阿俾拉山和卡尔彼山——夹岸矗立。大约在卡尔彼山西面斜坡的中部,有一个通向洞穴的入口,而沿洞穴几乎可通到整个山的内部。稍过去是一个海湾,沿岸分布有卡尔捷亚与亭根捷拉城。某些人认为卡尔捷亚位于古城他施的旧墟上。亭根捷拉城内住有布匿人——非洲的移民。这是我的故乡。然后是麦拉里亚,别朗与别集庞城。这些城市分布在亭根捷拉与朱诺角之间的海峡岸上。朱诺角向西弯曲,突入大洋中。它与我们前面所提到的非洲的安彼卢西角遥遥相对。朱诺角是我们的海所环绕的欧洲沿岸的终点。

第七章　地中海的岛屿

在海峡出口附近的加的斯岛,使我们回忆到应该按照我们的原先计划,首先讲述地中海的各岛屿,然后再沿着大洋的海岸加以描述。

麦奥齐达湖(我们觉得从此处开始总是适宜的)上有一些岛屿。这些岛屿并不是全部都住有居民,因为这里甚至没有足够数量的牧场。因此,这些岛上的居民把大鱼肉在太阳下晒干,然后把它研成粉末,作面粉使用。本都海也显得岛屿不多。我们特别指出一个位于博里斯芬河口附近的列夫克岛。这个小岛称为阿奚里亚,因为阿奚里曾葬于此地。在距离住有科尔奇斯人的海岸不远地方,有纪念马斯的亚里亚岛。据传说,那里有飞鸟把许多羽毛如冰雹一般撒落下来,就像箭一样地伤人,以致妨碍人们来到此岛居住。在伊斯特尔河口里分布着六个岛。其中最大而又重要的是彼夫克岛。在距离马里安丁人的地方很近的亭尼亚岛上，有俾斯尼达城；此城所以这样称呼，是因为有俾斯尼亚人住过。有两个小岛在色雷斯海峡的入口处，彼此间的距离很小，从前人们认为，这两个岛（有时）相并在一起。人们有的称它们为基安涅伊。有的称它们为辛普列加迪。普罗庞齐达海中唯一适于居住的岛是普罗科普涅斯。

在赫勒斯滂海那边，亚洲海岸附近的群岛中，最著名的是位于西格沿岸的特内多斯，以及套鲁斯山伸延到海角处形成的群岛（以下我们要按顺序列举）。从前人们把这些岛看作并称为极乐之岛，不知是因为气候适宜和土壤肥沃，还是因为马卡尔（希腊语为极乐的）及其后裔管理过这些海岛。列斯堡岛位于特罗阿达沿岸附近。从前这个岛上有五座城——安齐萨、皮拉、埃列兹、麦延纳和米齐林纳。在爱奥尼亚海岸的对面有开俄斯和萨摩斯岛，在加里亚海岸附近有可斯岛，距吕西亚不远的地方有罗德斯岛。其中每个岛上多有与岛名相同的城市。以前，罗德斯岛上有三座城——林多斯、卡米尔和稚利斯。在套鲁斯角附近，有所谓赫列顿群岛，它们对于航海者来说是危险的。在靠近亚洲地中海沿岸中部的辽阔的海湾里，有塞浦路斯岛。此岛由西向东伸延，与西里西亚和叙利亚之间的分界线直接相对。塞浦路斯是一个巨大的海岛，从前岛上有九个王国，现在仅有几座城市。其中最大的城是萨拉米、培福斯、帕林帕特。当地居民断言，在帕林帕特城附近，维纳斯最先从海里出现。阿拉多斯小岛在腓尼基海岸附近。全岛成为一座城，但是，因为这里也照常增建外人的住宅，所以这个城的居

民稠密。与尼罗河的坎诺布河口相对的坎诺布岛也不大,它得名于明涅拉的舵手坎诺布偶然死于此地,而河口也以岛名命之。腓罗斯岛现在借着桥梁与亚历山大里亚相连接,而荷马的诗篇证明,从前此岛与大陆相距一天的航程。如果这是可靠的,那么可以推断尼罗河所以这样大改变的原因,正是因为尼罗河常常把淤泥带到沿岸上来,特别是当泛滥的时候,这样就靠着减缩海的面积来扩大陆地面积。

埃夫捷列特岛位于大瑟提斯对面的非洲沿岸附近。门宁克斯和克尔金纳岛位于小瑟提斯对面的非洲沿岸附近。塔里希和埃加提岛在迦太基湾附近,这些岛因为罗马人在这里进行海战时战胜了迦太基人而著名。

欧洲海岸附近有许多海岛。塞索斯、音不洛斯、撒摩色雷斯、斯坎季拉、波利埃格、斯基阿弗斯、加朗涅斯诸岛,位于爱琴海中靠近色雷斯的地方。雷姆诺斯岛正在亚陀斯山的对面。据说,从前雷姆诺斯的妇女把男子都打死,自己管理过此岛。斯岐洛斯岛位于帕加萨湾附近,而基金涅托斯岛则在这个海湾之中。优比亚岛的南端是格列斯特角和卡法列角,北端是肯涅角。优比亚岛全部是狭窄的,而最狭处的宽度为二英里。这是一个沿着全部彼阿提亚伸延的长形岛屿,借着狭窄的耶弗里普海峡与彼阿提亚分隔开来。海峡内水流甚急,白昼和夜间涨潮和落潮各七次,水力非常大,可以超过风力而阻止一切帆船的航行。在优比亚岛上有几座城——斯提剌、耶利多里、皮拉、涅索斯、埃哈利亚。最大的城是卡里斯特和卡尔息斯。在亚狄加海岸附近有耶林纳岛,因明涅拉之妻在此受辱而闻名,尤其著名的萨拉米岛是波斯舰队覆灭的地方。

在伯罗奔尼撒海岸附近(仍以爱琴海上为限)分布着庇提乌斯岛、伊斋那岛和卡楼里亚岛。伊斋那岛是靠近埃彼道拉斯的,而卡楼里亚岛则靠近特利孙海岸。卡楼里亚在其他不甚著名的海岛中算是特出的,因为狄摩西尼曾牺牲于此。恩努萨岛在米尔托斯海的马列亚角附近,捷干努萨岛位于阿克里特角附近。在爱奥尼亚海里有以下各岛:普罗提、阿斯捷里亚、塞法罗尼阿、涅里托斯、萨摩斯、萨金托斯、杜利希。爱奥尼亚海中的最著名的岛,是因奥德赛而闻名的伊大卡岛。埃欣纳德群岛和斯特罗法迪群岛在伊庇鲁斯附近,前者从前称为普洛提。安布拉基阿湾附近有琉卡斯岛,在亚得里亚海附近有克尔基拉岛。

所有这些岛屿都在色雷斯与希腊附近。往东是弥罗斯、奥利阿罗斯、埃吉里亚、科丰、伊俄斯、菲阿、塞拉、吉阿罗斯、吉普里斯、代俄尼西亚、锡金诺斯、卡尔息亚、伊斯卡里亚、金纳拉、尼西罗斯、列文佛斯、卡林尼亚、赛姆诸岛。因为这些岛屿分散得并无次序,所以人们称它们为斯波拉缔群岛。与这些岛并列的有昔加拉第群岛,其所以有这样的称呼,是因为它们环列成一个圆圈。这便是库特诺斯、西佛诺斯、赛里福斯、列涅亚、帕洛斯、墨科诺斯、叙洛斯、忒诺斯、那克索斯、提洛斯、安德洛斯诸岛。此外,在大海中有很大的克里特岛。从前克里特岛上有一百座城,岛的东端有萨蒙尼角,西端有巴兰纳角。此岛宛如塞浦路斯,但塞浦路斯较小。克里特岛以许多故事而闻名,如欧罗巴的来临、巴西腓伊和阿利阿德尼的爱情、迈诺斯的残暴及其灭亡、提达拉斯的事业及其逃走,以及在这里出生和死亡的泰罗斯的故事等。但是,克里特岛尤其以这里有一块墓碑上面刻有朱霹特的名字而闻名。当地居民认为这个墓碑是朱霹特埋葬于克里特岛上的可靠证据。岛上最有名的城是克诺索斯、哥泰那、利克特、利卡斯特、戈尔皮克斯、菲拉普内、库多尼亚、马拉弗札、季克廷纳。最享盛名的山是伊达山,因为根据传说,朱霹特曾在这里受过抚育。

在克里特岛附近,有阿斯齐帕列亚、纳夫马霍斯、泽菲拉、赫里泽、卡夫多斯诸岛;还有三个合称为穆萨戈雷的岛和卡尔帕托斯岛;卡尔帕托斯海即是以此岛命名的。

在亚得里亚海有阿普索尔、季斯克拉德、阿普西尔齐斯、伊萨皮齐亚、吉德里亚、埃列克特里迪、黑科赛拉、特拉古里、季奥麦季亚、埃斯特里亚、萨松和腓罗斯等岛。腓罗斯岛与勃龙提西相对,如同另一个同名的岛与亚历山大港相对一样。

据推测,西西里岛从前是大陆的一部分,与勃罗丁相连接,后来为西西里海峡所切断。西西里海峡狭窄,水流有时向埃特鲁斯海、有时向爱奥尼亚海更换流动。这是我们的海水势湍急而难以航行的地方,它以西拉和哈里布达的恶名而知名。西拉是峭壁,哈里布达是海洋的深渊。这两个地方对航海者同样是危险的。至于西西里,那是一个大岛,它的三个尖端朝着不同的方向,使它具有希腊语中所谓三角洲的形状。对着希腊的海角称为帕欣角,对着非洲的海角是利利俾阿姆角,而朝向意大利的彼洛尔角在西拉的相反一面。这个海角是以埋葬于此的汉尼拔的舵手彼洛尔的名字来名命的。当汉尼拔从非洲由这个海峡逃往叙利亚的时候,他从远方看来,这里没有任何海峡,而是大海的终点。汉尼拔便判断这是人们背叛了他,于是把舵手处死了。

在西西里的爱奥尼亚海岸上,彼洛尔角与帕欣角之间,有墨西拿、塔夫罗明尼、卡坦纳、麦加利、锡拉库兹那样的大城市。在锡拉库兹城,有阿列图札奇异的泉水。此泉因其水中可以看见抛入阿尔菲河中的物体而著名。阿尔菲河口(如我们所说过的)位于伯罗奔尼撒沿岸,因此人们推测,它的河水不与海水混合,而是在海下沿着地底河床流动,并在西西里重新流出于地面。在帕欣角与利利俾阿姆角之间,有阿克拉干特、格拉克列亚和捷尔梅等城,而在利利俾阿姆角与彼洛尔角之间,有巴诺马斯和希美剌城。在岛的内陆有列昂廷内、岑图尔平、吉布拉及其他许多城市。恩那城因为有采列拉庙宇而享有盛名。西西里最著名的山脉是埃里克斯山和埃特纳山。埃里克斯山的古迹是伊尼阿所建立的维纳斯庙。从前有许多巨人居住在埃特纳山上,现在山上常常发出红光。西西里的河流中,我们要提到希美剌河。该河的特点是它的发源地位于岛的正中心,而沿着两个相反的方向流动:当它分向岛的两个不同的岸边流出时,一个河口注入利比亚海,另一个河口注入埃特鲁斯海。

西西里周围有许多岛屿。在西西里海峡内有埃埃亚岛,据传说,山林水泽之女神卡利普索曾居住在岛上。在非洲海岸附近,有加夫尔、米利大和科苏拉等岛。在意大利附近有卡拉塔岛和人们称为伊奥拉斯的七个岛(奥斯帖奥迭斯、利巴拉、格拉克列亚、季季马、芬尼库萨),还有吉耶拉和斯特朗吉拉岛,这两个岛上也如埃特纳山一样,时或出现红光。

至于皮捷库斯、列夫科菲亚、恩纳里、菲唐尼、喀普里、普罗希提、庞齐、潘达捷里、辛农尼和帕尔马里等岛,均在台伯河口这边的意大利海岸附近。在台伯河口那边的意大利沿岸有一些小岛——

季安尼、伊吉利、卡尔班尼亚、乌尔戈、伊利瓦和卡普拉里亚等。

科西嘉与撒丁是两个大岛，由一条海峡把它们彼此分开。科西嘉较为接近埃特鲁斯海岸。它是狭窄而细长的海岛。在科西嘉岛上，除了阿列里亚和马里安纳的移民地以外，尚住有野蛮人。阿非利加海环绕着撒丁岛。如果西部海岸不短于东部海岸，则此岛为正四角形。撒丁岛全岛的宽度大于科西嘉的最大宽度。岛上土地肥沃，土壤条件较气候为好，而气候条件于健康有害。岛上的主要居民为伊利人，最古老的城市是卡拉利斯和苏尔基。高卢海岸附近的岛屿中，值得提到的只有分散在利古利亚海岸与马西利亚之间的斯捷哈迪岛。

在塔拉哥尼亚这一面的西班牙海岸附近，有巴利阿利群岛。各岛间的距离不远，有大巴利阿利与小巴利阿利之分（这两个名称说明相当岛屿的面积）。在小巴利阿利岛上有扬农和马冈城塞，在大巴利阿利岛上有巴尔马和波林齐亚移民地。在毗邻苏克朗湾的菲拉里亚角的对面，有埃布佐斯岛，其上有一座与岛同名的城。这里只有谷类生长不好，余其植物非常茂盛。岛上完全没有野兽，甚至没有家畜：这里不出产家畜，而运到岛上来的家畜，也会死掉。在这个岛对面有科卢布拉里亚岛，如果谈到埃布佐斯，就不能不提到它。科卢布拉里亚岛上群集着一切种类的毒蛇，因此它是人不能居住的。但是到这个岛上来时，有一个可靠的安全方法：只需在自己的周围撒下少许由埃布佐斯岛上采集的土。毒蛇一见到这种土，就丧失了它向人扑去的习性而恐惧地逃掉。

第　三　卷

第一章　西班牙的外部海岸

我们描述了我们的海的沿岸和岛屿以后,现在仍旧来描述濒临大洋的陆地沿岸。大洋是广阔无涯的海,因潮水涨落而起运动。大洋时而接近海岸,时而远离海岸,露出陆地。涨潮不是先于一个海岸上发生,然后再传到另一海岸的。大洋起始就是一致地接近大陆及海岛的全部海岸(虽然岛屿的两岸是彼此相对),然后离开海岸,集中到自己的中心。涨潮及落潮的力量是这样的大,以致大洋甚至能迫使最大的河流向后倒流,能带走陆地上的动物,并把海里动物抛到岸上。直到现在似未查明涨潮和落潮的原因。根据某些学者的意见,涨潮和落潮的原因是地球的呼吸作用,因为地球是一种生气勃勃的生物。据另一些学者的意见:地球的某一深处有若干洞穴,海水时而在那里沉下,时而从那里溢出。而第三派学者则谓,月亮乃是大洋运动的原因。不管怎样,这种运动是依月亮的盈亏为转移的;应该指出,这种运动不是在同一时刻发生,而是于月出和月落的时候发生的。

我们驶出海峡向右转时,就沿着俾提卡的大西洋沿岸前进;如果不把两个小海湾计算在内,这个海岸一直到安纳斯河为止,几乎是做直线伸延的。岸上住有图尔杜勒人和巴斯图尔人。在最近的一个海湾里有一个海港——加季坦,而在海湾的沿岸上有一片叫做奥列阿斯特尔的丛林。其次是海岸上的埃博拉城塞和远离海岸的阿斯塔移民地。然后是朱诺的庙宇与祭坛。西庇阿的望塔屹立在海中，与其说它是在岛屿之上，不如说它是在峭壁之上。俾提斯河自塔拉哥尼亚流下，在它流过俾提卡地方的一大段流程里，只有一道河床。以后在距离海不远的地方，这条河形成一个大湖。它从湖中分出两个支流，而每一支流就像刚从河泉出发一样，不及前一段流程水量充足。第二个海湾靠近俾提卡省的边界。在海湾处有几个不大的城市——奥林齐吉、昂诺巴、列巴。

琉息退尼亚从安纳斯河的对岸开始，以其沿岸地带急遽地突入大西洋中。后来不再伸出而向后退，比俾提卡的沿岸后退还要远一些。沿岸的突出部分有三个海角，其间形成两个海湾。最接近安纳斯河的海角称为楔状海角，因为它起始的地带很宽，而后来逐渐变窄。次一个海角称为圣海角。圣海角的那边是所谓大海角。楔状海角上有米尔塔雷、巴尔萨、奥松诺巴城，圣海角上有拉科布里加城与汉尼拔海港，大海角上有埃博拉城。至于这三个海角所形成的两个海湾，则在一个海湾的沿岸上有萨拉齐亚城；而在另一个海湾的沿岸上，有乌利集庞城和德古斯河口（河中有黄金和宝石）。在这些海角的那边，凹形的海岸即由此开始。此处有古老的种族（图尔杜勒人）的几个城市，并有蒙达河和杜里河在这里流过。蒙达河口约在后一海角的中部，而杜里河口则在海角的底部。

以后延续的一段海岸形成一条直线。然后，海岸稍作弯曲，向前突出不大，又向后退，并一直伸延到一个叫做凯尔蒂克的海角。在海岸的正面部分住有凯尔蒂克人，仅于杜里河与海岸的弯曲部分之间住有格罗维人。流过这些地区的河流有阿翁河、采拉德河、涅比斯河、明尼河与利米亚（又名查布文尼亚）河。弯曲的沿岸上有兰布里卡城,与列罗萨河口和乌拉河口。海岸的突出部分住有普列扎马尔赫人。两条短小的河流——塔马里斯与萨尔斯——流经此处。塔马里斯河于埃博拉海港附近注入大海,而萨尔斯河于接近望塔的地方注入大海。此塔因以奥古斯都的名字命名而为人知晓。往前去是住有塔马里斯人与涅里人(他们是西班牙西部沿岸最末的居民)的地方。

西部的海岸在这里结束后,面向北方的地区即从此开始。后者自凯尔蒂克角起伸展到西徐亚角止。一直到坎达布连人的地方,海岸几乎成直线。岸上最先遇到的居民是阿尔塔布里亚人,他们至今仍属于凯尔蒂克族。以后是阿斯都里亚人。在阿尔塔布里亚人的地方有一个海湾,其入口狭窄,但沿岸很长,岸上有阿多布里卡城。有四条河流注入这个海湾,其中两条的河口很小,甚至当地居民都不知道它们。另外两个河口属于麦阿尔河和伊维亚河。在住有阿斯都里亚人的海岸上,有涅加城与三个祭坛,这三个祭坛称为撒斯齐安,并位于半岛之上。它们是为崇敬奥古斯都而设立的,因此点缀了这毫不著名的地方。大海自萨利亚河起越来越深地楔入陆地,因而越来越缩短了西班牙的南北海岸间迄今仍大的距离。在与高卢毗连的地方,南北海岸的距离,较西班牙西部沿岸短一半。坎达布连人及瓦尔杜尔人居住于此。坎达布连人分为若干部落,有几条河流流经他们的地区,但是要用我们的语言说出这些部落及河流的名称是不可能的。萨夫尼河流经康坎人及萨林人的地方,而楠纳扎河流经阿夫特里冈人及奥里诺麦斯克人的地方。捷瓦尔河流到托博尔的特里齐城附近,阿图里亚河流过捷齐亚城边,而马格拉达河流过埃阿藏纳城边。从此处到比利牛斯山脉所

形成的海角，是西班牙最后的地方，即瓦尔杜尔人的地方。瓦尔杜尔人是一个单纯的部落。

第二章 高卢的外部海岸

接下去就是高卢的大洋沿岸。此处最初没有突入海中的海角，但是后来海岸线徐徐地转向西方，而朝这个方向伸延的距离，几乎等于西班牙北部海岸的长度。高卢的这一沿岸地带与坎达布连人地区相对。接着，海岸线转向北方，作直线的伸展到莱茵河两岸为止。高卢的北部，主要盛产谷物，此处有极好的丛林。在高卢的这一部分，怯寒的植物长得较坏，亦不普遍。此处气候适宜，很少有伤害人的野兽。高卢北部的居民性格高傲，但很迷信。有时他们非常野蛮，竟用人献作祭品，因为他们认为这是最好的、也是神最满意的贡奉。但是，现在这种残酷的风俗已消失了，只保存其形迹而已：祭祀时不再真正杀人，只是供献指定的祭品，并且仅使它受到轻伤。这一族人善于雄辩。他们称自己的启蒙人为督伊德。督伊德使人相信他们知道地球和宇宙的大小及形状、天空和星座的运动，以及神的意旨。在二十年间，督伊德培养了一些最著名的人，把他们领到洞穴和遥远的丛林里去学习。督伊德的一条教义，全族都知道。显然，他们宣扬这一条教义是为了使人们善战：他们教导说灵魂不死，在灵魂的王国里过另一辈子。因此，人们把活人可以用的东西与死人一同烧化和埋葬。从前，他们甚至在死以前就不管自己事业上的决定和债务的偿还，而留到地下王国去解决。也有这样的人，他们愉快地投身于焚化他们已死的近

亲的火焰中，以求同死亡者一同开始过新的生活。

该族居住的全部地区称为科马塔（科斯马特）的高卢。他们有三个主要的部落集团，而由几条大河作为它们之间的分界线。阿奎丹人居住在比利牛斯山与加隆那河之间，凯尔特人居住在加隆那河与谢克万河之间，而比利时人则居住在谢克万河与莱茵河之间。阿奎丹人中最著名的部落为阿夫斯克人、凯尔特人中最著名的部落为埃杜人，而比利时人中最著名的部落则为特列维尔人。特列维尔人地区最大的城市为奥古斯塔，埃杜人地区最大的城市为奥古斯托敦，而阿夫斯克人地区最大的城市则为埃林别尔。加隆那河自比利牛斯山脉流下。一般说来，加隆那是一条小河流，并且在很长的一段距离上几乎是不能通航的。仅在冬季降雨和融雪期间，其水量才较充沛。但是，该河河口处颇深：涨潮时河床充满了大洋的水，而落潮时，河水及大洋的水即向大海急泻。该河愈接近大洋而愈加宽阔，终于与一条大海峡相似。此处大船舶可以通航，但是却有颠簸的威胁，尤其是在风向逆着水流时，其颠簸较之海中的颠簸毫无逊色。

河口近旁有一个岛，大家知道它称为安特罗萨岛。当地居民推测，该岛是浮在水上的，所以当水面升高时，岛也随之升起。实际上，当河口涨水时，就淹没了周围的地方，所以虽然此岛位置通常低于周围的地方，但它仍高出于水面之上。并且，当水涨时，在该岛上就像在楼上一样可瞭望从前不能见到的一些地方：因为从前海岸和山冈遮蔽了它们。

与住有坎达布连人的西班牙海岸遥遥相对的那部分突入海中的沿岸地带，即从加隆那河的河口附近开始。高卢沿岸突入海中的边远地方,是先唐人与奥集斯米人的地区。其他一些部落的地区,位于他们两地之间。接下去的沿岸部分面向北方,延伸到高卢的最后的一个部落——木伦人的地方。此地除了称为格佐里阿克的海港外,并无任何著名的地方。

莱茵河自阿尔卑斯山流出,离发源地不远便形成两个湖泊:文涅特湖及阿克朗尼湖。其后,此河在很长的一段距离内只有一个河床,而到大海附近才分出两个支流。只有左边的一条支流(自分支处至河口)仍叫做莱茵河,而右边的一条支流,起初河床很窄,保持着不变的宽度,后来便越来越加宽,在平原上泛滥开来,已经不像一条河流,而像一个湖泊了。此湖称为弗列翁湖,其中有一岛与湖同名。这条支流形成这个大湖泊之后,又变得狭窄而注入大海。

第三章　日耳曼

日耳曼以莱茵河(自河口至阿尔卑斯山)与高卢为界,其南部以阿尔卑斯山脉为界,东边与一些萨尔马提亚人部落毗连,北部则以大洋为界。日耳曼居民以禀性严肃和体格健壮著称。他们是野蛮人。他们用战争锻炼自己的勇气,而以紧张动作及寒冷锻炼自己的身体。未成年人不着衣服。他们那里的少年发育到成熟是非常迟缓的。成年男子的衣服为粗糙的披肩或树皮制成品。无论冬季多么严寒,他们也不穿任何其他衣服。游泳在他们这里不仅是有益的运动,而且是他们爱好的工作。他们不断地与邻国作战,而且战争的原因通常是无谓的癖性。他们战争不是为了奴役邻国或扩大自己的领地(因为他们不必特别花费力气,就能耕种他们所有的土地),而只是为了使周围的区域变成荒无人烟。他们仅承认暴力的权利,甚至抢劫行为,在他们那里也不认为是可耻的事情。他们只对客人表示和善,也只有恳求才能温和他们的情感。他们的食物非常粗糙,不需要加工:他们吃的是生肉、鲜肉或冻肉。他们用双脚踏压冰冻的野兽肉和家畜肉,并用双手把冻肉摔碎,以便使它融化开来。

日耳曼的领土被许多河流所切断,被许多山脉横贯着;有许多地方因为有森林和沼泽的阻碍而不能到达。最大的沼泽是斯维集亚、爱沙和麦尔西阿格。最大的森林是黑森森林。还有几个大森林,都有自己的名称,但是黑森森林比所有森林都著名。走过这个森林,需时六十日。最高的山脉为里细亚·塔翁努斯山。其他山脉的名称,以拉丁语很难讲出。多瑙河与罗丹河流向其他地方,门尼斯与卢皮亚河注入莱茵河内;注入大洋的河流中,我们举出最著名的阿米集河、维祖尔吉斯河及阿尔比河。科丹大海湾起始于阿尔比河河口附近,其中散布着若干大小岛屿,且各岛之间距离不大。因此这里的海就不像海了。海水把各岛分隔开来,并把它们与大陆隔开,好像一大片狭窄的渠道分布网。再过去,海岸线弯转而形成椭圆形的海湾。这里住有西姆布赖人及最后一个日耳曼部落——格尔米昂人。

第四章　萨尔马提亚

萨尔马提亚的内部地方较其沿海地方宽广。维斯杜拉河把萨尔马提亚与其迤东的土地分开。伊斯特尔河为萨尔马提亚的南部边界。萨尔马提亚居民的生活方式及武器与帕提亚人相同,但那里气候有较急剧的变化,而居民性格较为严峻。他们这里连一个城市、一个固定的居民点也没有。当他们找到良好牧场或逃避敌人或追踪敌人的时候,便把自己的财产随身搬到新的地点。他们经常露营而居。这是一个好战、自由、放肆的民族,他们野蛮和严酷到了这样的程度,以致这里的妇女甚至也要参加战争。为了使妇女行动更加敏捷,当女孩出生时,马上把她右乳房加以烧烙。此后,右乳房与男子没有区别,右手也可以从容地进行袭击。他们这里的小姑娘们学习射箭、马术和狩猎。达到成年的姑娘一定要杀敌,不这样做就认为是耻辱,并且让她永远保留处女身份以作为处罚。

第五章　西徐亚

在萨尔马提亚与亚洲之间,除了长期冬季和严寒的地方外,就是西徐亚各部落居住的地区,所有这些部落几乎以一个共同的名称——别尔吉称之。在亚洲沿岸,最初遇到的部落为北方常春人。他们居住于极北,在北极星下的里彼山脉的那边。他们那里的太阳不像我们这里每天一升一落,而是在春分日升起,在秋分日落下。因此他们那里连续有六个月白昼和六个月夜间。这里是真正的圣地,太阳光充足,土地肥沃;居民都是待人最公平的人,较其他的人们长命而多福。他们经常闲暇作乐,既没有战争,也没有纠纷。他们热心地举行神圣的仪式,并特别信奉阿波罗。据说,他们每年把初次收割的庄稼送到提洛斯去。最初是派自己的姑娘们送去，后来改由住在通往提洛斯的道路上的各部落转运。他们这种惯例保持很久，一直到发现中间部落有舞弊行为而终止。他们居住在丛薮和森林里。当某人觉得活够了（这并不是对活下去没有好感！）的时候，就用花圈把自己装饰起来，心情愉快地从择定的峭壁上投入大海。这样的死亡，他们认为是最好的。

里海起始于狭而且长（好像一条河）的海峡。在这个直长的海峡的那边，里海分成三个海湾：基尔康湾直接与海峡的出口相对；西徐亚湾位于这个出口的左边，而以全海名称命名的里海湾则在出口的右边。里海是险恶而令人恐怖的海，没有海港，整个海面处于大风暴之下，海中怪物较其他任何大海都多。由于这些原因，里海不适于航行。游牧的西徐亚人居住在海峡的右岸（海的起点）。西徐亚人和安马孙人居住在里海海湾附近，安马孙人亦称为萨尔马提亚人。阿尔巴尼亚人、莫斯赫人与希尔加尼亚人居住在基尔康湾附近，阿马尔德人与彼集克人居住在西徐亚湾的沿岸。最后，捷尔比克人居住在左岸。有许多大小河流注入里海，我们只把最著名的河流指出来。卡集河由一个河床自塞劳尼山脉流下。当该河注入里海时，就分出两条支河。阿拉克斯河自套鲁斯山流下，流经亚美尼亚盆地，水流非常缓慢而平稳，以致仔细注视河水也辨不出水流的方向。但是，该河随即流过不平坦的地方，两面被岩石挤压而变得较为狭窄；河道愈窄，水流亦愈急，浪涛冲击着壅塞在进路上的峭壁，因此河水在这里发出了可怖的响声。有些地方，由于水流速度很大，河水在遇到悬崖时，不是顺着崖壁立刻倾泻下来，而是向前冲出去，使河水离开了河床，形成悬空的瀑布。

以后水流变得平稳,一直到大海,在平原上仍如从前那样平静地、舒畅地流动着。居鲁士河与冈比西河发源于科拉克西山麓附近,河源彼此相距不远。这两条河朝着不同的方向流去,流过伊伯利亚与基尔康尼亚,流程很长,而且相互间的距离并不小。它们在离大海不远的地方形成一个湖泊,以一个共同的河口注入海中。药杀河及奥克斯河发源于索格底内人地区,横贯西徐亚沙漠而注入西徐亚湾。药杀河水量十分充足,而奥克斯河则由于支流的补充,水量始变为充足。奥克斯河最初自东向西流动,只在接近达格人的地方才转向北流,并于阿马尔德人及彼集克人地区之间注入海中。

在那一带地方的森林里栖息着许多野兽,其中如基尔康尼亚的森林里有虎。虎是一种非常可怕的野兽,跑得很快,毫不费力就可以追上骑马的人。通常,虎用不着紧紧追逐骑马的人,即使在追赶的途中,徘徊数次亦能追赶上。猎人盗取虎崽时,需使用巧计来缓和追赶他的母虎的狂怒。猎人把一个虎崽投给它,而把其余的带走。母虎抓住扔给它的虎崽,带到自己的洞穴去,然后再回来追赶,骑马者再投给它一个虎崽,如此反复下去,直到猎人到达人多和母虎不敢接近的地方时为止。人们很久没有弄清楚里海湾的那一边是大洋呢,还是为严寒所封冻的无边无际的土地?对于这个问题,我们不仅可以援引断言全部陆地被海洋围绕的物理学家和荷马的话,而且还可以援引晚近极孚众望的作家科尼利阿斯·尼颇士的话。他引用了克文塔·麦捷拉·采列拉的一个证言,后者说,在他任高卢地方总督时期,他收到了伯特人的国王所送的一群印度居民当做礼物。麦提拉在询明他们怎样来到这些地方之后,才知道是暴风把他们从印度海岸赶来的,他们在海上迷途很久,最后才在日耳曼海岸登陆。由此可见,在里海那面的不是大陆,而是大洋。但是,其沿岸的其余部分长期为严寒所封冻,因此不能居住。

第六章　西班牙的大洋沿岸各岛和大洋北部各岛

沿着我们叙述过的整个大洋沿岸,自俾提卡开始,散布着许多不甚著名的和甚至无名的岛屿。但其中有些岛屿不应当避而不谈;我们就要讲到这些岛屿。加的斯岛位于连接“我们的海”与大洋的海峡附近。有一条狭窄的水带宛如河流,把加的斯岛与大陆隔开。其面向大陆的岛岸几乎成一直线。在朝大洋的一面有两个海角,沿岛的两侧伸入海中。在这两个海角之间的海岸线,形成弯曲的弧形。在其中的一个海角上,有一座富裕的城市,与岛同名,而在另一个海角上,有埃及人的赫克利斯庙宇。这座庙宇以它的创建者而著名,并受到居民极大的崇敬,它的古老和华丽也是非常著名的。庙宇的建立者为推罗的移民。此地之所以被认为神圣,是因为据人们的推测,这里埋葬着赫克利斯的遗骨。庙宇建立于特洛伊战争时期,其华丽是逐渐完成的。埃里菲亚岛(据传说,格里昂曾住在此岛上)及若干没有一定名称的岛屿,散布在琉息退尼亚海岸附近。这里土地非常肥沃,只需播种一次,收割后仍然可以再收,至少可以连续收割七次,有时甚至七次以上。

在凯尔特沿岸附近有若干岛屿,盛产锡,因此它们有一个共同的名称——卡西捷里迪(希腊语的卡西捷罗斯是锡的意思)。先

纳岛在不列颠海中,与奥集斯米沿岸相对,并以这里有高卢的某位神祇的神托所而闻名。据说,神托所有九位僧侣,他们都是以宣誓终身保持童贞而成为神圣的。人们称他们为高卢的教徒,认为他们有特别的才能:他们能用歌唱代替咒语把海和风化为任何动物,能医治其他各族的人无法医治的疾病,能预见和预言未来。但是,他们的预言只告诉那些专为和他们商谈而乘船来到这里的人。

不列颠是什么样的国家?那里生长些什么东西?这个问题,我们很快就可以得到比较肯定的和详细的资料。长时期以来,罗马人都没有发现这个海岛,现在有一位最伟大的统治者为他们发现了。这位统治者不仅战胜了不肯屈服于他的各族,而且也战胜了在他以前不为人所知的各族。对他说来,战争是认识这个国家的真正面目的手段。他的胜利为他们带来了共同的好处,因此我们今天能知道:不列颠是沿南北方向伸延的,以一个大角对着莱茵河口,角的两边斜着分开,其一边对着高卢,另一边对着日耳曼。距离大陆最远的不列颠海岸形成连续不断的直线,把对着大陆的海岸线连续起来,因而该岛与西西里岛一样成三角形。不列颠是一个广阔而平坦的海岛。这里土地肥沃,但是饲料用草生长得比人们食用的植物还好。不列颠有许多丛林、湖泊和大河。这些大河有时流向大海,有时倒流回来,这要看涨潮和落潮而定;河流中有宝石及珍珠。这个岛上住有许多部落,每一部落都有自己的酋长。所有这些部落性情粗野,他们住的地方离大陆越远,人们就越少知道他们。他们的唯一财富是牲畜和本部落固定的领土。也不知是为了美观还是为其他某种目的,不列颠的居民把身体涂上青色颜料。尽管他们性情粗野,但是他们也寻找战争理由来进行战

斗。他们常常互相侵犯,因为他们希望夺取政权和扩大自己的境界。他们不仅进行马战和步战,还像高卢人一样进行车战。装备了镰刀的战车,在他们那里称为“科万”。

尤维尔纳岛位于不列颠附近,其大小几乎与不列颠相同,但是它的形状是长方形。这里的气候不适于耕种,但青草长得很茂盛。这里的草不仅茂密,而且特别多汁,牲畜可以在不多的时间内就吃饱。如果不及时把牲畜从牧场赶走,它们就会吃得过饱而死亡。岛上居民粗鲁,他们所知道的美德比其他各族都少。他们不知道什么是虔信。

有三十个岛屿彼此间距离不远,统称为奥尔卡迪。而所谓的格莫迪七个岛,则在日耳曼海岸的对面。

在科丹湾(我们已在前面讲过)有一个最大的、最肥沃的斯堪的纳维亚岛。此岛一直属于条顿人。与萨尔马提亚相对的群岛,当落潮时即不成为群岛,就像是大陆的一部分,因为这时海水没有淹没陆地与群岛之间的低洼地段。有人说(此外,我也在可凭信的一些书籍中看到这些事情):这些岛屿上住有奥埃昂人,他们只吃沼泽的鸟卵及燕麦,这些岛上有一部分居民——吉波德人的脚是马脚,而另一部分居民——潘诺齐人有这样大的耳朵,以致把全身都掩盖起来而成了他们唯一的衣服。

弗列岛在别尔吉海岸的对面,无论是希腊诗人或是罗马诗人都提到过它。因为在此岛上,太阳长久地停在地平线上,所以这里的夜间很短。在冬季,弗列岛像其他地方一样,夜间十分黑暗,夏季的夜间则很明亮,因为太阳很高,甚至看不到它,只能看见它放射出的散光。夏至的时候,这里完全没有夜间,那时不仅可以看见太阳的散光，而且也可以看见它的很大部分圆盘。

里海的塔尔格岛以土地肥沃到用不着耕种的程度著称。这里果实非常丰富，但是当地居民却认为触动这些果实是很大的罪恶，是窃取圣物，因为这些果实是指定给神的，必须为神保管。在我们以上所述的荒无人迹的沿岸对面，散布着若干同样的荒岛。这些岛没有独自的名称，一概称为西徐亚岛。

第七章　东大洋和印度

我们从此地转向东海和朝向东方的土地的海岸。这一带海岸从西徐亚角伸延到科利达角。这里没有道路，由于居民不开化，土地也没有耕种。这里住有食人肉的西徐亚人和萨克人，其间被一片无人的地区分开。这片地区之所以渺无人迹，是因为那里有许多野兽。稍远一些，是另一宽阔的地区，那里也有野兽的威胁。这个地区伸延到塔比斯山。塔比斯山高高地耸立在大海上，距离套鲁斯山很远。在这两山之间的区域内，住有非常公正的塞尔族，他们的交易方式很奇怪，卖货人把自己的各种商品放在固定的地方，留给买主而自己走开。

印度不仅东濒大洋，而且南部也濒临着那个我们在前面称为印度洋的海。印度的北部边界为套鲁斯山脉，而西部的边界为印度河。印度海岸很长，要绕过全部海岸，就需要坐帆船航行四十昼夜。印度距离我们的国家很远，那里有些地方连大熊星和小熊星都看不见；物体的阴影在这里也与其他地方不同，而是向着南方。那里的土地很肥沃，人口众多，动物的种类也繁杂。在那里可以遇到一种蚂蚁，其大小相当于最大的狗。据说，它们好像怪鹰，由地下取出黄金，并看守它，有人一碰着就会遭到生命危险。在这里也可以遇见大蛇，其大小不仅与象相似，而且能如大象那样给人以同样的创伤。印度草原的茂盛和土地的肥沃达到这种程度，以致蜂蜜可以从树叶上流下来，树上可以生长毛绒；而这里的芦苇更是粗大，如果把它的两节之间的部分剖开，就可以用它做小船。里面可容纳二人甚至三人。

印度居民的外貌和风俗是不一致的。一些人穿着麻衣或穿着我们刚才讲到的毛绒制造的衣服，有些人完全不穿衣服，而另一些人只把生殖器掩盖着。在这里既有身材矮小的人，也有体格壮大的巨人，他们能乘象（而这里的象特别大），就像我们骑马那样轻易。印度的一些居民戒杀动物，不食肉类；另一些人仅食用鱼类。也有这样的人，他们刺死自己的近亲作为祭奉的动物。他们杀死那些尚未因疾病或年老而衰弱的人以供食用，而认为这是最虔信宗教的事情。当这些人衰老或患病时，就隐居独处，安然地在他们的隐居处等待死亡。较有智慧的人和较有经济的人，不等待死亡而要自己提前死去时，就投到火里，愉快而光荣地死去。

印度的许多城市中，最有名和最大的城市是尼扎。最著名和最大的山是用来纪念朱霹特的麦罗山，城和山都享有特别荣誉，是由于传说利别尔的父亲（巴克斯）出生于尼扎，而在麦罗山的洞穴中长大起来的。一些希腊作家根据这个传说，便说巴克斯是在朱霹特的臀部上找到的。这是臆造的呢，还是真实的呢，就不得而知了。

帕利博弗尔人居住在印度河与恒河之间的沿岸上。恒河与科利达角之间的全部沿岸，除因酷热而不能居住的地方外，都为可以视作埃塞俄比亚人的黑肤人所居住。自科利达角至库德角的一段海岸作直线的伸延。这里居住的人是懦弱的，但由于大海的恩赐，他们非常富足。塔莫角是套鲁斯山的支脉。科利达角是东部沿岸的终点，是南部沿岸的起点。印度的主要河流有恒河和印度河。恒河的许多源泉发源于印度的格姆山。这些源泉汇合入一条河床，形成世界上这条最大的河流，其最窄地方的宽度为十英里。恒河由七个河口注入海中。印度河自帕罗帕米斯山流下，有许多其他河流注入该河。流入印度河的最大河流有科法河、阿克辛河、海达泗披河。而印度河本身也分为若干支流，分散在广大的地区上，它们的总宽度几乎等于恒河的宽度。印度河的支流经过若干弯道，有时经过很大的弯道，绕过大山脉而汇合在一起，形成一条笔直的河床向大海流去。原来，印度河分出左右两条支流，以两个彼此距离很远的河口注入海中。

赫里萨岛位于塔莫角附近，而阿尔吉拉岛位于恒河河口附近。根据古代传说，赫里萨岛的土壤里含有黄金，而阿尔吉拉岛的土壤里含有白银。显然，这两个岛或者是按其地质的特性而命名的，或者相反地它们的名称成了传说的来源。至于塔普罗班，可以把它认作一个海岛，但是根据吉帕尔赫的意见，也可以假定这是另一世界的起点。这种假定是完全可能的，因为塔普罗班有人居住，不过没有听说有人曾乘船绕过这个地方。所谓太阳群岛，就位于印度河的两个河口对面。这些岛屿无人居住，因为任何人一到达这些岛屿，立刻就会喘不上气来，这里的空气压力就是这样。无道路的荒凉地方帕塔林纳，位于印度河的两个河口之间，一直伸延到红海沿岸。这里天气经常是难以忍耐的酷热,有些地方没有居民。这里的土壤宁可说是像灰烬,不能说是像土质的灰尘。流过这里的河流很少而且很小,其中最著名的是图别朗河和阿鲁扎克河。

第八章　红海及其两个海湾——波斯湾和阿拉伯湾

希腊人把红海称为厄立特拉·塔拉塔,不知道是因为海是红色呢,还是因为厄立特尔统辖过这个地方。这个海水势汹涌、沸腾而又深。海中栖息着比其他海中更大的海兽。红海海岸最初平坦地展开,后来形成宽阔的海湾把海抱合起来。这个海湾本身也有两个海湾。其中一个海湾接近前一章所述的那些地方,叫做波斯湾。离这些地方较远的海湾叫做阿拉伯湾。波斯湾以宽阔的海峡与海相连。其两岸笔直平行,使其成为颈状。海湾本身由于湾岸形成巨大的圈子(近乎正方形),所以它的外形好像人头。阿拉伯湾的入口较狭,而且海湾的宽度也小,但湾岸较长,伸延很远。海湾深深地挤入陆地,几乎达到埃及和阿拉伯的卡西亚山。这个海湾愈深入大陆便愈狭窄,西岸形成刀锋状。

沙漠伸展在我们上述的地方与波斯湾之间。但是,这里有一个居民区,即食龟者的地区。食鱼者居住在波斯湾的右岸。他们连衣服、果实、家畜和经常的住所都没有。他们的衣服是鱼鳞,食物是鱼肉;除头部外,遍体皆毛。其次是格多洛西亚人的地区,与这里接壤的是住有波斯人的地区。萨比斯河流经食鱼者地区,安丹尼斯河及科罗斯河流过这个地区的那边。在海湾入口对面的海岸上,是巴比伦人和加尔底亚人的地区,就在那里,有两条著名的河——底格里斯河和幼发拉底河。波斯位于底格里斯河方面。底格里斯河自发源地至河口只有一条河床,而并不溢出两岸。幼发拉底河开始时水势甚猛,随后便大肆泛滥。该河不是疾趋河口,而于横贯田野时大肆泛滥,并且水流缓慢,因而形成一片广大的死水地段。幼发拉底河在很长的流程中没有河床,以后有了河岸,始成为一条真正的河流。现在,它汹涌地冲向西方,穿过了亚美尼亚和卡帕多基亚。如果不是套鲁斯山挡住去路,这条河流就可能注入我们的海。但是套鲁斯山迫使它转向南方。幼发拉底河最初流经叙利亚,后来流经阿拉伯,但是在这里它已经不是原来那样一条河了:在未转向南方以前,它是一条可通航的大河流,现在它是一条狭窄的小河流。它并没有在一定的地方注入大海,而是逐渐地变弱,最后竟完全消失了。

阿拉伯沿着波斯湾的另一面,位在两海之间,人们称阿拉伯为埃夫捷蒙(幸福的)。这个国家是一个狭长的地带,盛产芬芳的松香、肉桂和其他香料。阿拉伯的大部分归塞俾安人管辖。接近海湾入口和在喀马尼亚对面的那一部分阿拉伯,住有马基人。在两海之间的突出部分布满森林和岩石,因此这里交通困难。若干岛屿散布在这一突出部分附近,其中最著名的岛是奥吉里斯岛,因为岛上有国王厄立特尔的纪念碑。

阿拉伯各族居住在阿拉伯湾的整个沿岸上。在海湾入口的右方有坎纳、阿拉伯和加达莫等城。在海湾的入口对面的一端,即尖锐的部分,介于格罗波利齐克角与斯特罗比尔角之间有柏累奈西城。由此往前,在米奥斯·戈尔蒙(鼠港)与科洛巴角之间,有菲洛捷里达与托勒密伊达城。再往前去是阿星诺伊及第二柏累奈西城。

不是在阿拉伯湾附近，而是在红海的无名小海湾附近，有一块地方，其一部分因有野兽而无居民，其另一部分住有潘赫依人，因为他们吃蛇，人们称他们为奥尔菲奥法格（吃蛇的）人。接近这一地区的内地，从前属于矮人地区。这是一种身材特别矮小的人。他们为了保护自己的庄稼而同鹤鸟斗争中全部战亡了。在这些地方有各种鸟类和蛇。有一种蛇是值得特别注意的。据说，这种蛇在一定的季节里，从干涸的沼泽飞出来，而结成一大群飞往埃及，但是就在埃及边界附近，有成行结队的红鹭来对付它们。蛇就和这些鸟进行搏斗，结果都死亡了。红鹭中特别分出一种凤凰鸟即单性鸟，它不交尾，也不繁殖。这种鸟活到五百年，就卧在一堆事前为自己准备的香料里，于是开始解体而化。后来，由它的成分中分解出来的溶液再度硬化，自行受胎，重新生出新鸟来。当新鸟长大的时候，就把自己前生的骨骼用没药涂好，带到埃及的太阳城里，把它放在圣所内一个用香料烧红的火堆里，就用这种仪式来超度它以为圣者。红海所终止的一个海角，是塞劳尼山脉的突出部分，那里森林繁茂，因此不能通行。

第九章　埃塞俄比亚

埃塞俄比亚人居住在大陆的内部。麦罗埃岛的土地归他们管辖，该岛由于围着麦罗埃地方的尼罗河的支流绕过一圈，把它变成了一个海岛。一部分埃塞俄比亚人有长生不老者（长寿者）的称谓，这些人的寿命几乎比我们长一倍。另一部分人有阿夫托莫尔

(背叛者)的称谓,因为他们是埃及来的。埃塞俄比亚人全是一样的体格强壮。他们不重视财富,而以良善的精神教育子女。他们通常选举力大而容貌端正的人充任领袖。这里的黄金比铜还多,因此,他们对铜比较重视:用铜制成装饰品,而用金制成罪犯的锁链。在埃塞俄比亚有一个地方,经常备有宴会所需的一切东西。每个人都可以在那里吃到自己愿意吃的东西。这个地方叫做格利乌·特拉彼德札(太阳之桌)。人们断言说,这个地方到处都有食物,这些食物随时都可以依照神的意旨予以补充。这个国家有一个奇妙的湖,如果身体浸入湖中,就开始发光,像涂上油似的。湖水特别稀薄而质轻,无论是落在水上的或者抛到水上的什么东西都浮托不住,甚至从旁边的树上落下的树叶,在湖面上也不能漂浮而沉到湖底。埃塞俄比亚有许多凶猛野兽——能变颜色的狼,还有狮身人面的怪物,就像我们所塑的东西一样。这里有几种令人惊奇的鸟:雉(有角的鸟)和翼马(长有马耳的鸟)。

向东南伸延的一部分沿岸上没有名胜。这是宽广的、多山的、海岸陡峭的地方。由此往前是一片很大的居民区。有一个时期,人们不知道这个区域以外是不是海,即土地周围是否有水?或者这里的海干涸了,陆地漫无边际地扩展着?但是,迦太基人汉诺被本国人派遣去探查,他驶出海峡进入大洋,绕过非洲大部分土地。汉诺回来以后说,他不是因为海中断了,而是因为没有足够的存粮才回来的。此外,在我们祖父的一代,有攸多克萨斯其人,因逃避亚历山大里亚国王拉齐尔而走出阿拉伯湾,并绕过非洲,到达了加的斯城——关于这一点是尼颇士说的。因此,现在我们有一些关于这一带沿岸的资料。

在无人居住地方的那一面,住有哑人,他们用符号说明事情。他们之中某些人有舌头,但是不能发音,另一些人完全没有舌头。那里还有一些人嘴唇接合在一起。据说,他们的鼻子下只有一个洞,他们用空心的苇管通过这个洞来吸液体,而当感到饥饿时,就把弄碎的果实一粒一粒地吞下去。其中某些人在攸多克萨斯来到之前,还不知道什么是火,看见火就感到惊奇,对火非常赞美,甚至在他们未感到烧痛以前用手抓火焰,并把燃烧的炭藏在胸前。再前去是宽阔的海湾,海湾中心有一海岛。据说,岛上有一些妇女,她们全身被毛发掩盖着,她们不和男人交媾就能生育。她们以残暴和粗野著称,甚至锁链都不能约束她们。这一切都是汉诺报道的,因为他随身带来从被打死的这个部落的妇女身上剥下的皮。他所讲的故事是值得相信的。

在海湾的那一面有一座不断喷火的山,希腊人把它叫做神车。在山的那边,起伏着翠绿的丘陵,这些丘陵占据着很大一块沿岸地方。从它们的高处可以看见无边无际的平原,据推测,其上住有半人半羊人和半人半羊牧神。这种推测不是无根据的。这里无论是庄稼或是居住地,甚至连任何的人迹都没有。昼间,在这些荒凉的地方笼罩着一片寂静;可是在夜间,却火光四射,全部地方具有大野营的模样,发出铙钹和羯鼓的响声,并可以听到吹笛声,而这种音乐比通常人们的音乐还响亮。随后,又来到埃塞俄比亚人居住的地方。但这已经是另一些埃塞俄比亚人,他们不如上述的那些埃塞俄比亚人富足,体格也与上述那些人有区别,他们的体格不是一样的。他们身材比较矮小,习俗比较粗野。这些埃塞俄比亚人叫做格斯彼里奥(西方的)人。尼罗河发源地之一可能在他们的区域内。当地人把所谈的急流叫做努呼尔;当然这个名称不是别的,而是"尼罗"一词被野蛮人的发音所讹传了。这里生长烟草,也有和尼罗河两岸同样的各种动物。但是,这里的动物较小。所有的河流都流向大洋,只有这个急流向东方的各地内部流去。它终止于何处尚不知道。由此可以得出结论,尼罗河是从这个急流开始的,后来在某一切断部分流过难以通行的地方(因此在这里人们看不见该河)。此后,尼罗河又重新出现,流向东方。正因为有尼罗河的这一隐藏部分,也就觉得这个河流在一个地方终止,而后来又在另一个地方出现。在这些地方产有卡塔布列帕斯(俯视),它是比较小的野兽,而头部很大,卡塔布列帕斯很难抬起头来,因此它的头部永远垂向地面。这种动物具有一种奇怪的特性,这一点需要特别提到:遭到卡塔布列帕斯的侵袭或被它咬伤,这根本没有危险;但以目光和它相视,倒有致命的危险。

第十章　大西洋及其所环绕的一部分埃塞俄比亚和一部分摩里得尼亚

濒临大西洋的非洲西部沿岸就在这里开始,最初埃塞俄比亚人居于此岸,而其中部则无人居住,因为它受太阳的烧灼,受沙漠的湮没,并有大量蛇类的危险。据传奇所说,山林水泽的女神所辖的岛屿,就在太阳烧灼的那部分沿岸的对面。阿特兰特山的群峦突出于沙漠之间。这个山的四围,岩石屹立,不可攀登,且愈近顶巅愈形尖削,山峰直入云霄,难以窥见,人人都说,它虽不能直接列于穹苍和星宿之列,但是可为穹苍和星宿的支柱。

极乐群岛与上述的山岭遥遥相对，这些岛屿一个一个地自然生产果实，以供居民的食物。这里的人们无忧无虑，他们的生活比繁华城市的居民还好。有一个岛因有两个奇妙的泉源而闻名：人饮了第一个泉源的水便嬉笑起来，并可能因笑致死，那么，他只要饮第二个泉源的水，嬉笑便可停止。

在蛇类繁多的地区的那边，首先是吉曼托波德人的领土。吉曼托波德人的脚是柔软而弯曲的，相传他们不是步行，而是爬行。然后是法鲁集亚人的领土，在昔日赫克利斯征伐山林水泽的女神的时期，法鲁集亚人是富裕的，而现今则成了粗野与穷困的部落。他们的唯一财产是牲畜，就以牲畜的肉为食物。稍远之处，有肥沃的田野和极好的森林，森林里生长柑树和松脂树，并出产象。至于说到游牧部落（尼格里特人和格图尔人）的地区，即使是它的临海沿岸，也绝不能称为贫瘠，因为这里出产深红色的蜗牛，它的排泄物是染布的较好颜料，凡是染布的地方，人们都晓得这个地方。

现在留下来让我们讲述的地方，只有摩里得尼亚的外部海岸，那是一个尖尖的地角，它的山峰是非洲的终极点。在这里也发现与上述地区同样的植物和动物，而其数量则较少。至于这里的土壤则较为肥沃，而且肥沃到这样的程度，以致它不仅最适宜于播种，且能天然地生长某种果实。相传安泰曾统治这个地方，有人指出一个不大的丘陵来证实这一传说。这个丘陵起伏的轮廓就像人的脊背，据那里的居民说，这是安泰的坟墓。丘陵是由隆起的土堆和凹地构成的，相传雨水在这里下降，直到充满一切的凹地时为止。这个地方的一部分居民住在森林里，但他们对于游牧的生活方式如此不习惯，就像我们在上段所略为讲过的。另一部分的居民则住在城里。吉尔达、伏柳比利斯和普里西安纳，算是各小城市中最重要的城市，它们不是分布在沿岸上；还有临海的城市萨拉和利克索斯，后者屹立在利克斯河岸上。

再前去，是集利亚的移民地和与其同名的一条河流。其后是安彼卢西角，它朝向我们的海的海峡，而我们在开始时已对我们的海加以描述过了。大西洋沿岸地带的描述即到这里为止，而我们的工作亦告完毕。

俄译者　C. K. 安特

大普林尼

（公元 23—79 年）

大普林尼（该雅斯·普林尼·西各都）生于意大利的科摩城。关于其父母和所受教育的情形，均不得其详。世人只知道大普林尼曾任日耳曼骑兵队首长之职，于公元 67 年任西班牙检察长，其后任舰队首长，驻扎米晋。公元 79 年维苏威火山爆发，当庞培、赫丘娄尼恩和斯塔比亚城为火山灰和熔岩所湮没时，大普林尼遂死于灾难。大普林尼有著作数种，如自然史、文法和修辞学等。留传于我们的有《自然史》37 卷。

普林尼在献给泰塔斯皇帝的题词里说道，他想就希腊人所理解的《百科全书》一词涉猎其全部内容。

37 卷的《自然史》其目录如下：第 1 卷——《绪言》，第 2 卷——《宇宙的数理描述》，第 3—6 卷——《地理学》，第 7 卷——《人类学》，第 8—11 卷——《动物学》，第 12—27 卷——《植物学》，第 28—32 卷——《医药动物学》，第 33—37 卷——《矿物学及其应用术》。

普林尼关于地理方面的报道过于简略，不能特别引起读者的浓厚兴趣，因为他的报道的大部分只局限于一些名称，他把这些名称解释为当时的地理实况，而地理实况就是“Locotum nuda nomina”(地域的单纯名称)。普林尼的著作里有许多重大的地理学上的错误,例如:他把占有地球总面积5/12的欧洲,认为是世界上最大的一部;据他的见解,印度占有全部有人居住的陆地的1/3,并遥远地向东方扩展,而在西方则接近欧洲。

普林尼与大陆论的拥护者颇于接近。

普林尼关于地球为球形的观念,是重述亚里斯多德的见解,但另加以论证,这是颇耐寻味的。他肯定说:地面的高低不平如此微小,以致对于如此庞大的体积的形状不能有所改变;水滴的本身自然具有圆形;假如大洋不是圆形的话,它的末端必然堕下;当船舶入海时,我们从它的下部开始渐渐看不见它;这都证明了海面的凸形。继亚里斯多德之后,普林尼和斯特累波首次援引地球为球形的证据,其说明方法与现代一切普通地理学的初级课本大致相同。

普林尼有些轻信人言之处,这是应当受到谴责的,因为他因袭了一些作家的见解,并没有加以应有的批评,而这些作家妄自承认自然界中有一些最神奇的生物,例如:纳齐霍尔乃是具有人头和蝎子尾巴的生物;或者卡塔布列帕斯,人看见它们的时候就要死亡,以及其他等等。普林尼的著作中存在着不可靠的事实和不正确的推论,他的《自然史》第2卷第73章(第181段)中断定和证明昼夜不均等之说,就是这种情况的一个例子。其中援引了在瞭望塔上观看烽火,疾行者菲朗尼德从伊利斯到细息温往返路程的时间,以及西行船只的昼夜航程一类的荒诞证据。但是它们完全与昼夜的长短问题没有关系,并不能证明什么东西。普林尼所援引的现象(事件)毫未说明其时间的起讫,因为他没有指出,他们度过的是哪一类的时间:是否为昼夜平分的时间,抑或是哪一个地点和哪一个季节的时间。在古代,时间的计算,由日落至日出为夜,由日出至日落为昼,所以它们的长短既根据季节,也根据地点的地理纬度而有所变更。

自　然　史

第　二　卷

大地的球形及其在宇宙空间的位置。水面的球形。陆地与水的互相联系(64—66 章,160—166 段)。西欧、印度洋、里海和非洲等处海岸的勘探(67 章,167—170 段),地球上水陆的分布及其相互的关系(68 章,171—174 段)。人类的领土扩张欲(68 章)。地球是宇宙的中心,其证据为昼夜平分和日至(69 章)。气候带(70 章)。从星宿的观察(71 章)、日月食的观察(72 章)以及昼夜长度不均等现象以证明地球为球形之说(73 章)

64 章,160. 世人所持关于地球的见解是一致的。我们称它为大地的圆圈,并且了解它是一个具有两极的球体。它有很多的高山和广大的平原,它的形状不算是完整的球体,但是如果用一个圆周把相对的点连接起来,地球就是一个完整球体的样子。这是自然规律对我们作了暗示,然而这不是出于我们讲述天空所援用的同一原因。须知道,天空构成一个半凹体,四周以地球作支柱而定立于其上,但是地球是固体的和结实的,其隆起如膨胀之物,并向外凸出。宇宙辐集于它的中心,而地球则从中心凸出。由于宇宙围绕着地球经常转动的结果,地球的巨大质量形成球体的形状。

65章,161. 科学的和庸俗的见解之间存在着重大的争论:人们是否居住在地球外壳的一切地方,他们是否彼此对着脚站立着,天空的高度对于一切的人们是否一样的,他们站立在一切的地点是否一样地向着地球的中心。俗人每询问:为什么在相反的一边,人们不会坠落下去,这似乎不能成为一个明显的理由,正如我们不坠落下去是不足为奇的。还有一种想法是愚昧无知之辈所当然同意的:虽然地球是一个不完整的球体,其形状好似一个松果,然而它在各方面有人居住着。这就意味着与别的奇迹相提并论,即地球原来自然而然地悬空垂吊着,而不能和我们一起坠落下去。这仿佛可能惹人怀疑到包围着宇宙的大气的作用;或者,如果自然发生反抗作用,不让地球存在这个必要的空间里,地球可能坠落下去。

162. 原来火散播的地方只有火的元素,水散播的地方只有水的元素,大气散播的地方只有大气的元素,而地球也同样地遭受其他一切元素的排挤;在地球之内只有其本身。然而令人讶异的是:如此平坦的海和平原如何能形成球状。有一位学问最渊博之士代西里克斯是遵循这一观点的,他曾奉国王之命测量山的高度,他报道说,彼利安山是最高的山,拥有一千二百五十步的高度,并得出结论说,山的高度在地球的全部圆周上是微不足道的。但是我以为这个假定似不足置信。因为我深知阿尔卑斯山的一些山峰有异常的、不下于五万步的高度。

163. 但是俗人所最反对的就是大量水的表面也是球状这一想法。然而在自然界里没有比这点更为明显的了。须知道,点滴流质的下坠,到处都形成一个小球;又在灰尘里和在绒毛树叶上的水滴,呈现出完整的圆形;在装满水的碗里,虽然液体因其流动性与透明性而倾向一个水平,其中央最为凸起,这一点以理智来了解比观察更为迅速;还有更奇异的事:在装满液体的碗里加上少量的液体时,过量的液体就流出来;相反地,在碗里加上固体,其分量甚至达到二十个硬币时,液体还是不流出来。这种现象可以这样解释:因固体沉入液体之内,使液体表面上浮凸,如用液体加诸凸出的弧面之上,液体就流出来。

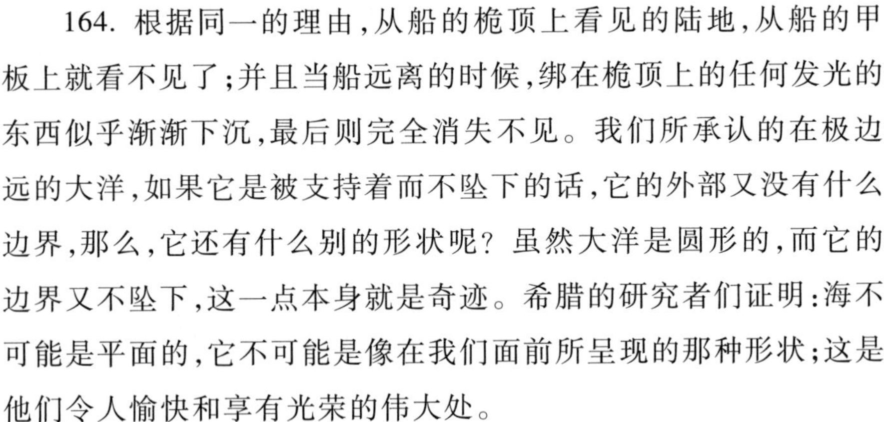

164. 根据同一的理由,从船的桅顶上看见的陆地,从船的甲板上就看不见了;并且当船远离的时候,绑在桅顶上的任何发光的东西似乎渐渐下沉,最后则完全消失不见。我们所承认的在极边远的大洋,如果它是被支持着而不坠下的话,它的外部又没有什么边界,那么,它还有什么别的形状呢?虽然大洋是圆形的,而它的边界又不坠下,这一点本身就是奇迹。希腊的研究者们证明:海不可能是平面的,它不可能是像在我们面前所呈现的那种形状;这是他们令人愉快和享有光荣的伟大处。

165. 须知道,水是由上向下流动的,而海水在岸边的浮升,则达到海岸的高度所能容纳的程度,它的自然的规律无疑地是如此,这一点是没有人怀疑的。下列的情况是不会招致任何怀疑的:任何物体愈是低下,则愈接近地球的中心,并且一切从中心至海水的最近之点的线,都较从辽阔海水的起点至海洋的终点所引的线为短,因此,大量的海水从各方流向中心,同时由于内向的压力而不坠下。

66章,166. 陆地没有水,则其本身不能保持;转过来说,水没有陆地从下面加以支持,则不能遍地流动。我们对于这一点,应该想象到巧妙的自然缔造了它们的互相关系:地球容纳了水,而水则由内而外、由外而内、上下流贯它的全部;水像在暗牢一般浸透地球的内部,同时也达到山顶,在那里的水被空气驱除,并被地球的重心压缩,夺孔外流时就像从水管喷出一样,且无衰竭之虞,直达到顶峰之高。因此,我们了解到为什么海洋不因每天增加如此许多河流的水源而涨溢。流贯地球中心的海水,是环绕着整个地球而流动的。关于这一点,似乎无须寻求证据加以证实,惟可从经验中了解之。

67章,167. 在西方全境的航行,都是从加的斯和赫克利斯之柱起航,沿着西班牙和高卢的海岸而完成的。在卓越的奥古斯都执政时期,人们绕航过北海的大部分。当时舰队绕过了日耳曼而达到西姆布赖角,并从那里看到了或听到了关于西徐亚领土和异常潮湿而又寒冷的地方,但是就这种情形来说,那里没有海是不可能的,因为那里湿气特多。同时,马其顿的舰队亦曾由印度洋向东方,按着同一星宿的方向完成了与里海[①]相对那部分海洋的航行,这是塞流卡斯和安提俄克在位时期的事,他们希望用自己的名字来称呼这些海洋,以示庆贺之意。

168. 里海周围的海洋,其大部分沿岸已经勘探过了。人们几

---

① 著者所想象的里海,是通过其一个海峡而流入外洋,这个外洋距喜马拉雅山和南俄罗斯北部不远。

乎从一边到另一边绕过了那里的整个北部。因此,现在也有无可置疑的证据,同样地证明麦奥齐达湖的存在是并没有可疑之处的,它如许多人所推测的,或是这个大洋的海湾,或是一个被狭窄地带把它与大洋分隔开来的溢流。在西方,现在也有人从加的斯的另一方面,沿着摩里得尼亚航行到南海的广大区域。由于亚历山大大帝的胜利,从东方至阿拉伯湾的大部分大洋也被勘探过了。当奥古斯都之子恺撒在阿拉伯海湾作战时,也发现了西班牙的船舶因遇难而遗留的破片。

169. 当迦太基强盛的时期,汉诺从加的斯到过阿拉伯地方,并描述了这次的航行。与此同时,吉米尔康也曾被派去勘探过欧洲的外部边境。此外,科尼利阿斯·尼颇士报道说,在他的时代有攸多克萨斯其人,因避拉齐尔王之难,曾从阿拉伯湾出走而达到加的斯。在他很久之前,采利·安齐帕特尔传说,他知道了某人为了从事贸易,曾取道西班牙到埃塞俄比亚。

170. 此外,关于北方的航道,尼颇士亦作了如下的叙述:斯威维族之王曾把一些印度的礼物送给克芬特·麦捷尔·采列尔(当时的执政官兼任高卢总督阿弗兰尼亚的同僚),这些礼物是印度人出海贸易时,被暴风吹到日耳曼海岸而来的。因此,从各方面环绕着地球上未被淹没地域的海夺去我们的一部分陆地,从而妨碍着从一地到另一地的往来。这些查考大概可以表明前人的过甚其词,使我不得不来说一说,我们所知道的茫茫大地究是如何和有多大,其上没有什么能让个别的人满足的。

68 章,171. 从前人们以为陆地占有地球的一半,它仿佛一点也不向大洋让步(没有一部分为大洋所分开),而大洋环绕大陆的全部周围,四处流溢,并吸收其他的一切水分以构成云雾,供给这样巨大的和为数极多的星宿——究竟大洋应该占有多么大的空间呢?这样巨大水量的领域一定是不可测量的和无限的。

172. 同时,气候占去了我们剩余陆地的大部分。原来当地球被分为五部分而人们称之为地带的时候,严寒和永久的冰雪就占据着两极地带的空间,从西面环绕着它,一个地极称为北极,而在相对一面的地极称为南极;在两极地带黑暗是永恒的,那里没有星宿的微光,只有白霜惨淡地闪烁着。至于地球的中部(位于两极之间),则太阳的轨道经过它的上空,炎热使万物为之枯焦,在此冷热地带之间,只有两个地带是温暖的,可是它们之间由于有太阳的炎热,彼此不能往来。因此,气候占去了我们的三个地带,而大洋所占去的地域尚未可知。

173. 但是我不晓得剩下给我们的一部分是否不处于危险之中:须知道,这个大洋构成了许多海湾(正像我在下面将要讲到的),并且汹涌澎湃地与许多内海如此接近,以致阿拉伯湾只距离埃及海十一万五千步,而里海只距离本都海三十七万五千步。这样,大洋又侵夺了多少土地,溢出了多少海水来分开非洲、欧洲和亚洲呢?现在我们应当注意多少河流和沼泽的面积,还应加上一切的湖泊和池塘。

174. 同时还要除去高耸参天的险峻山脉、森林、悬崖、沙漠,以及由于许多不同原因而没有人居住的地方。地球上这一切其余的部分,或者像许多人所称为的世界的点(原来宇宙里的地球并不是什么别的东西),都是有人居住的。这是我们光荣的发祥地,我们在这里从事各种职务,管理我们的国家;这里也有我们所祈求的财富，聚集有人类的各个种族，进行着战争（甚至内战），互相残杀以扩张领土。

175. 现在我要讲到全体人类所具有的一般的狂妄性：我们对邻近的人们发动侵略，洗劫他们，使我们的牧地增加；人们尽量扩展自己的田野，但他究竟能分到多少地呢？此外，当他们扩大自己的版图来满足一己之欲时，他们赶走了邻人，而最后当他们与世长辞以后，我们又能占据怎样的一块土地呢！

69 章，176. 地球位于宇宙的中央，这很可以用许多无可辩驳的证据加以证明，其中最明显的是当昼夜平分之际，昼夜均等。须知道，假如地球不位于中心，则白昼不可能与夜间均等，这一点也可以借助于照准器加以证明，即正当昼夜平分之际，日出和日落都显现在照准器的同一线条之上，而在夏至日，日出所投之影与冬至日月落所投之影也是在同一条线上的。假如地球不是居于宇宙的中央的话，这种现象是绝不会存在的。

70 章，177. 划分上述地带的三个周圈，按照季节的不同而有所区别：南回归线朝向北方，且就我们来说是位于黄道带以外，相反地，北回归线朝向另一个地极，而赤道则通过黄道带的中央。

71 章，178. 其他一些令我们感觉诧异的现象的原因，是从地球本身的形状得来的。地球的形状即从水的球面可以推论其为球形。所以对我们来说，北方的星宿是永不沉落的，相反地，南方的星宿永不上升，并且在南方的居民由于地球的隆起而看不见我们的星宿，这都是无可置疑的。从穴居人的地方①及其邻近的埃及看

① 约在埃塞俄比亚和索马里兰。

不见大熊星,从意大利看不见人所共知的老人星(南船座 a 星),世人所称的后发星座,以及当卓越的奥古斯都统治时代以恺撒命名的星座,在那里也都看不见。地球一面略为隆起,一面十分明显地成为圆形,以致从亚历山大港观测老人星(南船座 a 星)的人,看见它出现于地平线的上空几乎达到一宫的四分之一,而在罗德斯城则看见它似与地球相接近。在本都海观测,则大熊星位于最高之处,老人星(南船座 a 星)则完全看不见。在罗德斯城看不见的老人星(南船座 a 星),在亚历山大港则在同一时间内可以看得更清楚。在阿拉伯的十一月里,于夜间第一段守卫的时间,老人星(南船座 a 星)是隐而不现的,只是在夜间第二段守卫的时间才出现。在麦罗埃,当夏至的时候,老人星(南船座 a 星)出现于晚间为时甚短,只是在牧夫座中一等恒星上升(上升日期是二月十二日)以前数日内,才于每日早晨出现。

179. 这些现象最适宜于海上游览的时候观察之,因为每当海水从一面上升而从另一面下降之时,由于地球的隆起而被遮蔽的星宿,都好像由海里出现,一般可以为人看见。原来地球并不像某些人所说的在北极处隆起得如此高峻,以致可以看见各方面的星宿,只是人们离星宿很近时,星宿看起来似乎是高的,人们离星宿很远时,星宿看起来似乎是低下的了。住在地球斜坡上的人们,看见地极似乎很高,也正是这个道理。在走向另一半地球的人看来,那边的一些星宿升高了,而先前看来是高的那些星宿却降低了;假如地球不是球状的话,这是不可能的。

72 章,180. 由于同一的原因,东方的居民不见日月食出现于傍晚,西方的居民不见日月食出现于早晨,而往往看见它们出现于子午时前后。据说,当亚历山大大帝光荣胜利的时候,在亚卑拉城看到月食发生于夜间的第二时[①],而在当时西西里岛刚刚看到月亮升起。世人知道在维波坦和丰捷任执政官的前数年,在卡莫潘尼亚日食发生于五月朔日的前一天,在白昼第七时与第八时之间,而科尔布朗统帅报道说,他在亚美尼亚所见的日食出现于日间第十时和第十一时之间。这因为地球是球的形状,所以各个不同地方所看见的出没时间,也就各不相同。因此,假如地球是平面的话,那么从一切地方所看见的现象都是同时发生的;并且夜间时间的长短也不会不相等的:即人们所住的地方如不在地球的中心,则昼长与夜长均为十二小时。但是,现在昼夜的长短在各处都不是一致的。

73 章,181. 在地球各地方的昼夜并不是同时来到的,因为在地球背着太阳的一面是夜间,在地球朝向太阳的另一面是白昼。这一现象的确定有赖于许多观察的协助,如非洲和西班牙的汉尼拔的瞭望塔,以及亚洲的瞭望塔(类似守卫的望塔,为防御海盗的劫掠而建筑的)。如人所共知,在日间第六时[②]所燃的烽火,在同一条纬线上的边远的瞭望塔看到时,是当地的夜间第三段守卫时间。亚历山大大帝的疾行使者菲朗尼德从息细温城走到伊利斯时,在白昼的九小时内,完成了一千二百斯塔季亚的路程,从那里回来时,虽然是下坡路,到夜间第三时才走完这段路程。其原因在于菲朗尼德往伊利斯的路程,是随着太阳一同移动的,而于回程时,太

① 当时平分昼夜起讫时间,系从六时算起,故此处所说的夜间第二时,即下午八时。

② 即正午十二时。

阳朝他相反的方面移动,他与太阳背道而驰。根据同一原因,航行者向西方行舟,虽在白昼最短的期间而感到白昼仍长过夜间,这就是因为航行者跟着太阳本身移动之故。

第 四 卷

攸克辛本都海和普罗庞齐达海(24 章,75 段),赫勒斯滂海峡、色雷斯海峡、金麦里亚海峡和麦奥齐达湖(76 段)。本都海岸各地点之间的距离(77—78 段)。伊斯特尔河(79 段)。西徐亚人和其他各族(25 章,80 段)。日耳曼人和其他各族,日耳曼的面积(81 段)。齐拉斯河(28 章,82 段)。本都海的西北海岸(83 段)。克尔金尼特湾和布格河(84 段)。塔弗里卡(85—86 段)。金麦里亚海峡(87 段)。居住在塔弗拉那边的各族(88 段)。北方人(89—91 段)。基安涅伊(辛普列加迪)岛及阿波罗群岛(92 段)。阿奚里岛及本都海的其他岛屿(93 段)。北冰洋(94 段)。巴尔季亚岛(95 段)

24 章,75. 欧洲的第四个大海湾起自赫勒斯滂,而以麦奥齐达湖的入口为其末端。我首先应该简略地描述整个攸克辛本都海的形状,这样才对它的个别部分易于了解。这个浩大的海位于亚洲的前面,并且被向着刻索泥撒折沿海地带突出的陆地挤出欧洲,于是它以一条狭窄的海峡冲开陆地,因而分开欧洲和亚洲。正如前面已讲过,这条海峡的宽度为七斯塔季亚,称为赫勒斯滂。波斯王薛西斯曾率领军队由一座用固定的船舶排列而成的桥上跨越这条海峡。再向前走八万六千步到亚洲的普里安城(亚历山大曾路过此处),便伸展着狭窄的耶乌里普。

76. 然后海洋便豁然扩展又再缩小,其辽阔之处称为普罗庞齐达海,而一个宽达五百步的海峡称为色雷斯海峡。薛西斯之父大流士曾运送军队越过此地。这一区域的长度,从赫勒斯滂算起,为二十三万九千步。更远之处即为攸克辛本都海,它是一个辽阔的海,原先称为阿克辛。它伸展到辽远的地方,并且在海岸的急转之处折曲为两个尖角,伸向两个方面,以致最后成为西徐亚人的弓的样子。它的弯曲的中部与麦奥齐达湖相邻接。这个宽达二千五百步的海峡,叫做金麦里亚海峡。

77. 据波里阿比的报道,色雷斯海峡与金麦里亚海峡之间的直线距离为五十万步。根据发禄和几乎所有的古代著作家的供证,整个本都海的周边为二百一十五万步;科尼利阿斯·尼颇士在这个数字上,增加了三十五万步;按照阿提密多拉斯的意见,本都海的周边为二百九十一万九千步;按照阿古利巴的意见为二百四十六万步;按照谟世安的意见,为二百四十二万五千步。这恰如一些人判断欧洲海岸的长度为一百四十七万八千五百步,而另一些人判断为一百一十七万二千步一样。

78. 马可·发禄的计算是出于下列的方式:

由海①的入口至阿波罗尼亚	187 500步
再至卡拉齐斯	同上
再至伊斯特尔河口	125 000步
再至博里斯芬河口	250 000步
再至赫拉克利亚—刻索泥撒折城	375 000步
再至欧洲海岸的极边潘齐坎彼	
（有人称之为博斯普鲁斯）	212 500步
全部距离的总数为	1 337 500步

据阿古利巴的报道，从拜占庭至伊斯特尔河为五十六万步，从伊斯特尔河至潘齐坎彼为六十三万五千步。人们传说，从里彼山流出的坦纳伊斯河宣泄于麦奥齐达湖，该湖的本身就是欧洲和亚洲之间的最后境界，其周边为一百四十万六千步，据其他著作家的供证，则为一百一十二万五千步。世人都知道，从金麦里亚海峡至坦纳伊斯河口的直线距离为三十八万五千步。从上述第四个海湾一直到伊斯特罗波尔城的沿岸居民，在讲述色雷斯时已经讲过了。现在我们转到伊斯特尔河的支流的描述。

79. 伊斯特尔河发源于日耳曼的阿布诺勃峰，后者与高卢的城市拉弗里克相对，离阿尔卑斯山很远。它的水流宽展地越过了许多部族的地方，称为多瑙河。以后则称为伊斯特尔河，先流入伊利里亚，并于汇合了六十条河流——几乎半数是可以通航的——之后，通过六条支流奔腾入海。第一条支流称为彼弗卡，其后则为彼弗卡岛，濒临该岛的河床即由此而得名，这条河床随后陷入巨大的沼泽，达一万九千步，由此而构成了一个湖，高出于伊斯特罗波

① 指黑海。

尔城之上,名为加尔米尔湖,其周围为六万三千步。第二条支流称为纳拉库斯托马,第三条支流在萨尔马特卡岛之旁,称为卡朗斯托马。第四条支流是流经康农庞季阿巴集斯岛的普谢弗多斯托马,其余的支流称为博列昂斯托马和普锡朗斯托马。据人们说,这些支流每条所挟的水量如此巨大,以致在支流前面的海水被冲退了四万步,而海水亦变为淡味了。

25 章,80. 伊斯特尔河的那边,几乎只有西徐亚人居住,但沿岸地带则为许多不同的部族所占有:那里有格特人,罗马人称之为达西亚人;那里有萨尔马提亚人,按希腊语为萨吴罗马特人,和被人列入他们的格马克索布人或阿奥尔斯人;那里有非真正的西徐亚人,而是从西徐亚奴隶出身的人或穴居人,其次是阿兰人和罗克萨兰人。雅集吉—萨尔马提亚人占有较高的原野和平原,并分布于多瑙河与黑森森林之间,一直到卡尔努捷的班诺尼亚人的冬季驻屯所和日耳曼人的边境为止,而最后则拥挤于森林的山区达西亚一带,直到帕齐斯河为止。

81. 居住于马尔河或杜里亚河彼岸的是巴斯塔尔内人,其次为其他的日耳曼部落。马尔河就是把以上各族和斯威维人及凡尼亚王国分开来的。阿古利巴传说道,这起自伊斯特尔河以迄大洋的整个区域长达二百一十万步,由萨尔马提亚沙漠至维斯杜拉河宽达四十万零四千步。

西徐亚人一词常常转用于萨尔马提亚人和日耳曼人。这个古老的名称留存了下来,但是只用来称呼那些居住在最遥远地方和世人所不详的那些族罢了。

26 章,82. 在伊斯特尔河的彼岸,分布着克连尼斯克城、埃波利亚城、马克罗克林山、著名的齐拉斯河和与这条河同名的齐拉斯城;这个城昔日称为奥菲乌萨。齐拉格特人居住在齐拉斯河的一个大岛上,这个岛距伊斯特尔河口——普谢弗多斯托马十三万步。再远则是因河流而得名的阿克西阿克人。在阿克西阿克人的那边,是克罗比兹人,以及罗达河、萨加里湾和奥尔捷斯港。距齐拉斯河十二万步有博里斯芬河,而河以下稍远之处就是一个湖,以及与河同名的一个部落和一座城,这座城离海一万五千步,沿用着古老的名称奥耳维奥波尔和米利都奥波尔。

83. 亚该亚人的海港位于海岸的另一边。再远就是阿奚里岛,该岛由于这位伟人的坟墓而驰名。离它十二万五千步,有一个形状如剑的半岛横卧着,阿奚里曾在那里跑马,因此人称这个半岛为阿奚里的跑马场。依照阿古利巴的报道,其长度为八万步。塔弗里卡的和西拉克的西徐亚人居住在这全部地区。有一个海冲洗着延伸遥远的森林地区,称为吉列亚海;海里有耶涅卡德拉岛。潘齐坎彼河隔开庄稼人和游牧人的地区。再过去就是阿克津。据一些作家说,潘齐坎彼河在奥耳维亚城附近与博里斯芬河合流;而较为忠实的作家说,这是指吉潘尼斯河而言,还有更多的作家则错误地把潘齐坎彼河隶属于亚洲。

84. 海洋远远地退,距离麦奥齐达湖达五千步之遥,并且环绕着许多部落居住的广大幅员之地。那里的海湾称为克尔金尼特,并有帕希里达河和位于布格湖后面的纳法尔、卡尔金纳等城,而布格湖是通过运河与海相接的,被多岩的山脉把它与麦奥齐达海的科列特湾分开。布格河、格尔河、吉帕基里斯河从各处汇流到此,宣泄于这个湖里。原来格尔河把王国的西徐亚人和游牧人分开,而吉帕基里斯河通过游牧人和吉列亚人的地区，沿着人工的河床流入布格河，而布格河则沿着天然的河床流入科列特湾，这一地区被称为先季人的西徐亚。

85. 塔弗里卡就从克尔金尼特湾开始；它从前四面环海，甚至现在草原的地方也是如此，再远则崇山峻岭耸立。在这个地方住有三十个部落，其中二十三个部落居于内地并拥有六个城市，其居民称为奥尔戈金尼人、哈拉肯尼人、拉吉兰尼人、特拉克塔里人、阿尔西拉希特人和卡利奥尔德人。西徐亚的塔弗里卡人住在山中：他们所住的地区在西方与刻索泥撒折交界，东方与萨塔尔赫的西徐亚交界。从克尔金尼特湾开始的沿海地带之上，有塔弗拉城位于半岛的地峡上，其次是从罗马人那里获得自由的格拉克列亚——刻索泥撒折城，从前叫做麦加里卡城。在这全部地区内，该城以保存有希腊人的风俗而著称，有五千步的墙垣围绕着它。

86. 再远之处就是巴提尼阿斯角、普拉基亚城（塔弗里卡人的城市）和辛博朗港；在亚洲的卡拉姆比角对面，有克里乌麦托普角突入攸克辛海达十七万步，西徐亚人的弓便是主要由于这个形状而得名的。过此，则塔弗里卡的港湾和湖泊星罗棋布。腓俄多西阿城距离克里乌麦托普角有十三万五千步，距离刻索泥撒折城有十四万五千步。从前这里有基捷、泽菲里亚、阿克拉、宁菲和德亚等城。

87. 米利都最宏大的城市之一潘齐坎彼即位于海峡[①]的入口附近，该城距离腓俄多西阿城三万七千步，而且已经说过，它离金

① 金麦里亚海峡。

麦里克城有二千五百步。这座城市位于渡过海峡之处。在那里,把欧洲和亚洲分隔开来的是这样一个地方:当海湾冻结之后,几乎经常可以自然地徒步渡过海峡。金麦里亚海峡的宽度为一万二千五百步,在海峡之上有格尔米集城和米尔麦基城,而在麦奥齐达湖中有阿洛彼卡岛。从地峡(这个地方称为塔弗拉)的末端越过麦奥齐达湖到海峡的入口,其距离为二十六万步。

88. 在塔弗拉的那边,阿弗赫特人居住于大陆的中部,涅弗里达人居住于吉潘尼斯河的河源地区,而在博里斯芬河的发源地住有格朗人、齐萨格特人、布丁人、王国的西徐亚人和黑发的阿加菲尔斯人。在北方地区住有游牧人,其后则为食人肉的蕃族。在麦奥齐达湖上方的布格河彼岸,住有萨尔马提亚人和伊谢顿人。而沿海地带一直到坦纳伊斯河的地区,住有麦奥齐达人(麦奥齐达湖便是因他们而得名的),最后就是紧靠着他们的阿里马斯普人。过此则为里彼山和被称为普捷罗佛尔的地区,因为那里经常降落羽毛状的雪。世界的这一部分被大自然谴责而湮没在深沉的黑暗里,那里只有寒冷,并有着凛冽的北风。

89. 如果可以相信的话,有一个幸福的民族从太古以来居住在这座山的后边和阿克维朗的那边,他们称为北方人;人们传说着关于他们的神奇事迹。据说,那里有地极和天河的边极地点,那里有半年的时间是明亮的,有半年的时间则整天不见太阳,但是并不像门外汉们所推测的那样,说这种情况发生在春分到秋分和秋分到春分之间。他们那里的太阳,每年在夏至日上升一次,也每年在冬至日降落一次。这个阳光充足的地方,气候温和而不遭受恶风的袭击。北方人居住于丛林和森林中,单独地或者共同地拜奉一个神祇。他们不知有争执和不友好。

90. 北方人只消对生活发生了厌倦的时候,便与世长辞:老年人设宴祝贺并尽量享受之后,便登上悬崖,跳海而死,这是最好的葬仪。一些人认为北方人所居住的地方不是欧洲,而是亚洲沿海地带的开始处,因为那里有与他们相似的亚洲各族人民;另一些人认为,北方人居于我们的日出的地方和对蹠人日落的地方之间;这无论如何是不可能的,因为我们与他们之间有一个浩瀚的海洋隔着。有人曾到过北方人的所在地,那里太阳照耀达六个月之久,据他们说,对蹠人早晨播种,中午收获;日落时从树上摘下果实,夜间则收藏于窟洞中。

91. 这一族的存在是无可置疑的。许多著作家说道,北方人常常把收获的上等果实送到提洛斯岛,献给他们所特别崇拜的阿波罗。少女们送来贡献品,而当地的人民亦殷勤地招待她们,如是历有多年。但是后来因为这种招待的惯例被打破了,北方人于是把贡献品留交其边近的邻人,而邻人又转交他们的邻人,如此转送到提洛斯岛。不久这种惯例便取消了。关于萨尔马提亚的、西徐亚的和塔弗里卡的,以及从博里斯芬河起始的全部地区的长度,阿古利巴曾确定为九十八万步,而其宽度则为七十一万七千步。可是,我认为地球这一部分的测量是不可靠的。

27 章,92. 在欧洲对面的赫勒斯滂海峡里,没有什么岛屿值得记述。在本都海里有两个基安涅伊岛,或称为辛普列加迪岛,它们距离海岸一千五百步,并距离海峡的入口一万四千步。根据传说,它们彼此之间是邻近的,因为这两个基安涅伊岛彼此之间有广阔的距离,如果人们向它们一直航行,便可以分辨出为两个岛屿,但是,如果从另一个地点来观察,便会产生两岛彼此连接的错觉。沿着伊斯特尔河的另一方面,有阿波罗群岛中的一个岛,该岛距离色雷斯海峡八万步。卢库尔曾从那里带回加皮托利神殿的阿波罗神像。关于伊斯特尔河支流之间的岛屿,我们已经讲过了。

93. 上述的阿奚里亚位于博里斯芬河的前面,它就是列夫克岛和马卡罗斯岛。根据我们现有的资料,阿奚里亚岛距离博里斯芬河十四万步,距离齐拉斯河十二万步,距离彼弗卡岛五万步。阿奚里亚的周围约有一万步。克尔金尼特湾中的其他岛屿,有克法朗尼耶索斯岛、罗斯佛卢萨岛和马克拉岛。在我们离开黑海之前,我们应该讲到许多学者们的观点,他们认为一切的内海均发源于本都海,而不发源于加季坦海峡。他们利用水常常从本都海流出而永无逆流的现象,似很可置信地证明这一点。

94. 为了讲述欧洲的外部,我们应该从本都海出发并转道比利牛斯山,沿着北海的海岸航行,直到我们没有到达加的斯时以前,它们都是在左方。相传这一部分地方有许多无名的岛屿:其中有一个岛位于西徐亚的前部,称为拉弗农尼耶亚岛,它距离海岸有一个白昼的路程。据齐麦说道,在春季的时节有琥珀被波浪抛掷到岛上。关于这个海岸的其他一切报道,始终是不可靠的道听途说。至于北海,格克捷称它的这一部分为阿马尔希,它从帕罗帕米斯河开始,环绕着西徐亚。阿马尔希这个词以这个族的语言来解释,表示“结冰”的意义。腓利门说道,从比利牛斯山一直到鲁别阿斯坎弗拉角的那部分大洋,称为莫里马鲁查,意思就是静海。更远的大洋称为克朗涅。

95. 兰萨科斯人色诺芬报道说,离西徐亚海岸的三天航程,有面积庞大的波罗的亚岛,彼泰阿斯称之为巴西利亚岛。人们传说有奥昂纳岛,那里的居民以鸟卵和芦苇为食物;还传说有其他的岛屿,居住有所谓生长马脚的吉波德人;也谈到潘诺齐群岛,那里的人用自己特有的耳朵,掩蔽着全部赤裸的身体。

第 五 卷

非洲,摩里得尼亚(1 章,1—2 段)。非洲的罗马殖民地(3—5 段)。亚特拉斯山(6—7 段)。汉诺和波里比阿环绕非洲的航行(8—10 段)。罗马与摩里得尼亚的战争(11—13 段)。斯魏唐尼·帕弗林谈亚特拉斯山(14—15 段)。尤巴谈亚特拉斯山(16 段)。尼格尔河(8 章,44 段)。埃塞俄比亚人和他们的城市,穴居人、加拉曼特人及其他各族(45—46 段)。埃及(47—48 段)。尼罗河及其泛滥(10 章,51—59 段)。约旦河和死海(15 章,71—72 段)。伊先人(73 段)。套鲁斯山系(27 章,97—99 段)。坎诺布、腓罗斯、巴利亚诸岛(34 章,128 段)

1 章,1. 希腊人称非洲为利比亚,而称其前面的海为利比亚海;埃及在利比亚的末端。世界上没有另一部分比它拥有更少的海湾,虽然西部的海岸线是非常弯曲的。那里的民族和城市的名称,只能用当地居民的语言说出来。那里的全部居民都住在城寨之中。

2. 在各地区之中，首要的地区称为摩里得尼亚，在该撒之子格尔曼尼克以前，它是一个单一的国家，但是在他的残酷统治时期，摩里得尼亚被划分为两省。最接近大洋的一个海角，希腊人称之为安彼卢西角。在赫克利斯之柱的那边，原先有利萨城和科塔城，现在那里则为安泰所曾建立的亭吉城，但罗马皇帝革老丢改之为殖民地，而称之为朱理亚的特拉杜克塔。亭吉城距离别朗的伯齐卡城的最短路程为三万步。

3. 距离上述的伯齐卡城二万五千步的大洋沿岸，有奥古斯都的殖民地朱理亚·君士坦丁·齐利斯。它摆脱王权之后，归属于伯齐卡城，而罗马皇帝革老丢所建立的利克索斯的殖民地距离它三万二千步。古人也曾讲过关于它的许多传说：那里有安泰的宫殿，他与赫克利斯的决斗以及格斯彼里德的花园。那里的海被沿岸的弯曲线所分裂，依照现时的解释，形成一条埋伏的龙的形象。海洋从四方环绕着一个岛屿，岛的位置高于它四周的地区，因而不为海浪所浸渍。

4. 在上述岛屿上，有赫克利斯的祭坛。据传说，那里的丛林曾产生金的果子，但现在除野生的橄榄树之外，什么都没有留存了。当你想一想现在的作家们所讲述的几乎可说是惊人的事物，那么，对于希腊人关于这个地方和利克斯河的非凡的幻想，就不会诧异得太厉害了。现在的作家们说，那里仿佛有一个宏伟的城市，比巨大的迦太基还要大些，它在迦太基的对面，与亭吉城相距几乎是不可测量的，而科尼利阿斯·尼颇士则很爱相信这一类的传说。

5. 奥古斯都的另一个殖民地巴巴，世称为朱理亚的坎彼斯特里斯,位于摩得里尼亚的中部,距离利克斯河四万步;第三个殖民地巴卡萨或称魏连齐亚,距离利克斯河七万五千步;伏柳比利斯城则距离巴卡萨三万五千步,而与两个海的距离则相等。与利克斯河相距五万步的沿海地带,有一条著名而通航的苏布尔河流经巴卡萨殖民地之旁。从苏布尔河起,沿着沙漠毗邻之地,在相等的距离上有萨拉城位于河上。这个城为成群的象所蹂躏,还常受阿夫托尔部落的侵袭。通过阿夫托尔部落的地区,有一条通向非洲亚特拉斯山的道路,关于那座山有许多奇异的传说。

6. 传闻亚特拉斯山在沙地中高耸参天,崎岖难攀,且呈阴沉的景象。山岭逼临大洋的海岸,因此称呼这个大洋为"亚特兰特的"。亚特拉斯山为森林覆蔽,绿树成荫,而在转向阿非利加的那一边,则泉水喷薄,可资灌溉。山麓本身盛产各种果实,所以需要的人往往能够获得足够数量的果实。

7. 在白昼里看不到一个人,一切都如同一片茫茫的沙漠,沉没在寂静之中。临近山麓的人对寂静充满肃敬的心情,而亚特拉斯山耸立于云霄之上,与圆月相接邻,人们更对山岳产生了可畏的心情。入夜,山上有许多火焰闪烁,响起了埃吉潘人和半人半羊人的狂欢声,并且发出弗列特人、斯维列尔人、亭潘人和秦巴尔人的声音。著名的作家们所讲的就是这些。此外还讲到赫克利斯和百尔修在亚特拉斯山上建立功勋的那件事情。

8. 到上述山区的距离是很大而且是人所不知的。迦太基的领袖汉诺曾有一段记略:当布匿国兴盛的时代,他曾受命探查非洲海岸的形状;许多希腊的和我们的著作家都随他前去。在别的故事里,他们也讲到这样一件事情:汉诺曾建立过许多城市,但是却没有一座留下纪念物和遗迹。

9. 当西庇阿·伊密力阿那在非洲指挥作战的时候,编年志作家波里比阿曾受到他的舰队的招待,作了环绕这部分世界的考察。他报道说,从亚特拉斯山向西至安纳齐斯河的距离为四十八万五千步,其中越过那充满着非洲野兽的森林。从安纳齐斯河至利克斯河为二十万零五千步。据目击者阿古利巴说,利克斯河距离加季坦海峡有十一万二千步;那里有一个海湾称为萨古齐;在海角之上有穆列拉哈城,以及苏布尔河和萨达河;距离利克斯河二十一万三千步,有鲁图比斯港;再远之处则为太阳角、里札尔季尔港、捷图尔的阿吴托洛尔港、科晋河、斯采拉齐特部落和马萨特部落,以及出产鳄鱼的达拉特河。

10. 在更远六十一万六千步之处,有一个海湾称为苏连特湾,它的末端以巴尔卡山向西方突出的一个海角为止境。其后则为帕尔斯河,埃塞俄比亚的彼罗尔斯人居于河的彼岸。在他们那边则住有法鲁集亚人,而与后者相接壤的是达拉斯内地的格图尔人。在埃塞俄比亚的达拉齐特人的沿海地带,有充满鳄鱼和河马的班博特河。从那里起,山脉连续地伸延着,一直到我们称为菲昂奥赫马的山,从这座山到格斯彼里亚角为十昼夜的航程。波里比阿确定把亚特拉斯山放在这个地区的中央,而其余的地方则划入摩里得尼亚的边境。

11. 当革老丢皇帝时代,自由的亚当以揆雅斯·恺撒杀害托勒密王之故,蓄谋为之报仇,罗马军队遂在革老丢的统率下,发动了摩里得尼亚的第一次战争。世人都知道,在野蛮人退却的时候,罗马军队曾到过亚特拉斯山。但是他们到达这座山只是要为一些人物树立威望而已，这些人物就是那些为当时统帅百军的元老院所推选，而拥有执政官和将领称号的人，和一些驻扎在那里的罗马骑兵而已。

12. 正如我们早已说过，在这个省里有五个罗马的殖民地，并且可以说它们是最易为人相信的。但是这些报道经过了经验上的检查之后，大部分完全是虚构的。须知道，假如有人抱着这样一种态度：他不想去寻求真理，而为了掩饰自己的无知，竟不以欺骗为耻，那么，他既相信一个严正的作家，也很容易犯错误。有人不晓得骑士阶层和他们参加元老院的一些人物，我至少不以为奇；可是对他们的奢侈所发生的实际影响不加注意，我则较为诧异。因为人们为了寻找象牙和柑树而搜遍了森林，为了寻找西洋苏木和深红色的蜗牛而考察所有捷图尔的岩石。

13. 据当地的居民说，距离萨拉城十五万步的沿海地带有咸水的阿赞纳河，它以港口而著名。再远之处是世人所称的佛特河，从佛特河到季林（这个名称在他们的语言里就是亚特拉斯之谓）有二十万步。在它们的中间有韦奥尔河。据传说，那里有超世的居民界的遗迹，也有葡萄树和棕榈丛林的残枝断梗。

14. 曾任我们执政官的斯魏唐尼·帕弗林是罗马的第一流战略家，曾越过亚特拉斯山的境界若干里，他报道过这个山的高度与其他人的意见相同。他说：在山麓之下生长着许多种类不明的树，茂盛而且高大。它们的形状绝妙，光滑而洁白。它们的树叶有如柏树，惟其气味浓厚。树叶上覆盖着纤细的绒毛，如有一定的本领，则可用之制成衣服，就像丝制的一样。亚特拉斯山的山峰覆盖着深厚的雪层，终年不化。

15. 斯魏唐尼·帕弗林走过了十天的路程之后，抵达亚特拉斯山，继续前进，到达了世人所称的格尔河；然后他度过黑沙的沙漠，那里往往突出灼热的岩石。他又越过一个地方，那里虽在冬季，仍是炎热，因此没有人居住。这座山森林广布，充满了象、野兽和各种蛇类。其邻近的居民被称为加那列人，因为他们就像狗一样咀嚼着野生动物的内脏和器官。

16. 世人都熟知埃塞俄比亚人中的一个部落，称为彼罗尔斯人，他们是与加那列人毗连而居的。托勒密之父尤巴，是两个摩里得尼亚统治者中的第一位，他由于其科学知识方面的声誉所获得的称道，甚于他的统治地位。大约他报道了亚特拉斯山，同时还报道了那里生长着一种埃乌佛比亚草，这种草的名称是由发现草的医生的名字而来的。尤巴为了它写了一本专门书籍，赞扬这种草的液汁白如牛奶，能加强目力，且是一种优良的消毒剂。这里关于亚特拉斯山的报道已经很够了。

8 章，44. 尼罗河所有的特点，尼格尔河也同样具有。在尼格尔河里发现有芦苇、纸草和同样的动物，并且与尼罗河在同一个时期发生泛滥。尼格尔河发源于埃塞俄比亚的塔列利和埃卡利地区之间。某些人推测埃塞俄比亚人的城市马吉位于荒漠之中，离荒漠不远的地方住有阿特兰特人、未开化的埃吉潘人、布列米人、干法赞特人、萨齐尔人和吉曼托波德人等。

45. 如果我们相信作家的话，人类的习惯对于阿特兰特人是陌生的：他们彼此不以名字相称，把日出和日落当作为他们本人和他们田野的灾难，因此他们恶毒地咒骂太阳，并且看不见他们像平常人一样的睡眠。穴居人掘洞而居。他们的食物是蛇肉。他们甚至没有语言的能力,只能发生嗞嗞的声音。加拉曼特人不举行婚礼,而不加选择地与一切的女人同居。阿弗吉尔人只崇拜地狱之神,干法赞特人通行裸体,并且不懂得什么是战争,又不与陌生的人往来。

46. 人们传说布列米人没有头部,他们的嘴和眼位于胸部。齐萨尔人除了外形与人类相似之外,再没有什么相似之处。埃吉潘人就像人们通常所描绘他们的那样。吉曼托波德人是歪脚的,他们不是行走而是爬行。当赫克利斯向格斯彼里德出发时,相传法鲁集亚人或彼尔斯人曾伴送过他。没有什么比谈起非洲更足使人感觉兴趣的了。

48. 埃及距离阿非利加省不远,它向南方深入内地,到达埃及之外的埃塞俄比亚人的地区。尼罗河在分为左右支流时,即以其水流作为埃及的南部疆界。坎诺布的河口把埃及与阿非利加分开;彼鲁西的河口则把埃及与亚洲分开。这两个河口之间的距离为十七万步,因此一些人把埃及列入岛屿之内。原来尼罗河分为这样多的支流,遂使这个地方形成三角状,因此许多人按照希腊的字义称埃及为三角洲。从尼罗河开始分流的那个地方起,到坎诺布的河口,其距离为十四万六千步,到彼鲁西的河口为十六万六千步。埃及的上部与埃塞俄比亚交界,称为菲华伊达……

10 章,51. 尼罗河流经沙漠和由太阳所灼热的地区,它的水源确没有查明。对于它的巨大的长度,世人仅从传说与平日的考察中获知,而不是由于战争知道的,虽然战争发现了其他的一切地方。尤巴国王所查明的尼罗河的水源是这样的:它发源于离大洋不远的下摩里得尼亚的山上,不久便形成一个湖泊,叫做尼利达。

湖中出产鱼类，有翅鳗、鲑鱼和鲇鱼，此外还有鳄鱼。为了证明这一点，尤巴国王曾就这些鱼中送一条到克萨里亚的伊西神殿，在那里至今还可以看到这样的动物。至于尼罗河的泛滥是有赖于摩里得尼亚所降下的雪和雨所致，这是曾经观察得知的。

52. 尼罗河于流出尼利达湖时，即隐蔽于地下达若干天的路程。按沙漠地方来说，它仿佛不配作为一条水流；同时我们可以想到，它所以向地面流出，是为了看一看人们；并且在摩里得尼亚的克萨里亚的马瑟西尔地区，构成另一个更大的湖，那里有同样的动物。从这一点可以证明这仍然是一条同一的河流。其后，尼罗河仍然回到了多沙之地，在沙漠里再隐蔽二十天的路程，而达到埃塞俄比亚的边境。但是，当人发现它的时候，它则挟水源向地面冲溢而出，这个水源可能称为黑水源。

53. 其次，尼罗河把阿非利加和埃塞俄比亚分开。如果人们不常去的那段尼罗河，就会有许多奇异的野兽出现。尼罗河创造了森林，并且截断阿非利加的中部，在那里它称为阿斯塔鲁，就当地居民的语言来说，意思就是“从黑暗的地方流出来的水”。它冲洗着为数极多的岛屿，其中一些岛屿是这样的巨大，纵在急流之下，也要用五天以上的路程才能绕过它们。其中最著名的岛屿是麦罗埃岛，其附近有尼罗河的左边支流，称为阿斯塔博尔河，意即“从阴洞溢出的一股水流”，而右边的支流称为阿斯图查普河，那就是隐藏的意思。当全部的水流汇合于一条河床之后，这条河才获得尼罗河的名称。

54. 从前有人把尼罗河所流经若干里的范围叫做锡里斯，荷马称它的全部范围为埃及，而另一些人则称之为特里屯。尼罗河冲击着一个岛屿时，由于受到它的阻碍而成为急流，最后则奔腾澎湃于岩石之间，比在其他任何地方更为湍急；它的急流达到了卡塔杜普人居住着的埃塞俄比亚地区，便似乎停止不流了，忽然发生可怕的声音，再成为一股瀑布，向下倾泻于迎面屹立的岩石之间。其后，它流经一段水势稍减的漫长河道，使最难控制的洪流归于驯服，而水流也迂缓下来，于是通过许多支流而宣泄于埃及海。尼罗河在一定的期间大肆泛滥，波及整个埃及，使之成为肥沃的土地。

55. 人们相传尼罗河具有各种不同的泛滥原因，但以下述各点最可置信：或者贸易风从相反方面吹来，因此海洋沿岸发生泛滥，把尼罗河河水向后排挤；或者埃塞俄比亚夏季的暴雨惹起河流的泛滥，因为上述的贸易风把整个世界的乌云驱集到这里来。马捷马齐克·齐麦曾援引这样的议论：有人称尼罗河的水源为长颈坛形盏；或者河的本身由于热气而蒸发，河水遂隐藏于地下，并掩蔽于雾气弥漫的岩石之间，但当太阳接近河流上空时，尼罗河水在热气的影响下，沿河岸上涨而后溢出，以后又潜藏起来，不再被耗失了。

56. 尼罗河的泛滥发生于天狼星上升的时期，当太阳进入狮子宫时，狮子星即位于河源上空的天顶点，并且在这个地区内没有阴晦的天气。相反地，许多人以为河水上涨是当太阳趋向于北方的时候；而当其出现于巨蟹宫和狮子宫的时候，尼罗河也就缺乏水量。当太阳刚刚再进入摩羯宫并转向南极的时候，尼罗河的水就被吸收，所以它更为干涸了。但是，如果有人相信齐麦所援引的泛滥原因，那就应当考虑到在那个时期里，这个地区的阴晦是很微小的。

57. 当太阳正在通过巨蟹宫的时候,尼罗河开始从夏至日后到新月初缓慢地逐渐上涨;当太阳通过狮子宫时,尼罗河便暴涨起来;而在太阳通过处女宫时,河水下降达到上升时的同一水位。依照希罗多德的说法,当天秤星出现到一百天的时候,尼罗河已经完全回复到它的堤岸了。世人都知道,当水位上升的时候,国王与地方长官们是不许在尼罗河内航行的,人们借助于设有特种标符的井穴来判断水位上升的高度。它通常上涨十六个肘节,如果水小一些,它就灌溉不了全部的土地;如果水大一些,就会退落得迟一些。

58. 当土壤为水分浸透以后,播种的良好时期便来到了,及至土壤干涸,就没有播种的条件。这两种情况都被人注意到了。水位的高度为十二个肘节,就是荒年的预兆;若仅十三个肘节,则外省仍不免受饥馑之苦;若达十四个肘节,则带来喜讯;达十五个肘节时,可保无饥馑之虞;倘为十六个肘节,则有余粮。自革老丢在位时迄今曾有过最大一次的泛滥,水位高达十八个肘节。在法萨罗斯战争时期,最低的水位为五个肘节。这令人可能想到:河流以某种奇迹躲避一个伟大人物(庞培)的杀害。当河水达到最高的水位时,则沿着露天的堰堤上升。当土地的涝水退落时,人们开始播种。这条河在一切河流中是唯一不散发任何蒸气的河流。

59. 尼罗河的水流开始流经埃及,从西厄那起为埃及和埃塞俄比亚的分界;世人所称之半岛,其周圈为一千步,其上有阿拉伯方面的兵营。在对面还有四个淮利岛,距离尼罗河的分流处六十万步。我们已说过,这个分流处叫做三角洲。这一段距离是阿提密多拉斯所提出的,并且他还报道了那里有二百五十座城市;根据尤巴的说法，这段距离为四十万步，而阿里斯托克列昂特则谓，从埃列范亭纳到海洋的距离为七十五万步。埃列范亭纳岛位于最后的石滩以下四千步，而在西厄那以上一万六千步。它是埃及通航的界限，距离亚历山大港五十八万五千步。但是上述作家在这方面弄错了，原来埃塞俄比亚的船只都聚集在这里，并且由于这些船只都是可以折起来的，当他们驶向石滩时，埃塞俄比亚人常常把它们放在肩膀上搬过去。

15 章，71. 约旦河发源于潘涅阿达的泉水，它的别名是克萨里亚，我们也要来讲一点它的情况。这条美丽的河流迂回曲折，这是由于凹凸不平的地势所造成的，这一点人们都看得很清楚。它仿佛不愿意流到有害的阿斯法尔托夫湖，然而终于被这个湖所吸收，并且它的水与有碍卫生的湖水混合之后而失去其甘美的水味。在上游的地方，约旦河流经多山的溪谷时，宣泄于一个湖里，许多人称之为根尼萨列特湖。湖长一万六千步，宽六千步，且有美丽的城市环绕其四周：东面有朱理亚城和吉庞城；南面有塔里赫城，许多人把这个名称转作为湖名；西面有齐维里阿达城，那里有增进健康的温泉。

72. 在阿斯法尔托夫湖里，除松脂而外，一无所有，它的名称便是由此而来的。无论什么动物的身体都不沉没于湖里。公牛和骆驼浮泳其中，谁也不会溺死。这个湖就因此而驰名。湖的长度达十万步，其最宽之处为二万五千步，最狭之处为六千步。湖的东面有游牧人的阿拉伯，南面有马赫尔。以重要性而论，马赫尔从前是犹太的第二个堡垒，只次于耶路撒冷。南面还有加利利的温泉，这个名称的本身说出了泉水的优点。

73. 湖岸以西是有毒的瘴气所不能侵入的地方，那里住有以色列人，如果把他们与别的部落比较，他们是孤僻而奇怪的。他们摒弃爱情，绝不与妻子同居，亦无财物，居于棕树下的公社之中。他们的人数由于外来者而每天有所增加，因为许多人讨厌人类的生活而归向他们。这是命运的转变逼使人们倾向这种生活方式。

这样的情形继续千年之久。一个没有生育的部落能够存在，这似乎是难以置信的。他人之不满意于现实生活，对于以色列人竟产生这样良好的影响！靠近他们曾有因加德城，其棕树与丛林之丰盛次于耶路撒冷，现在只有废墟垒垒而已。再向前进，有岩石构成的马萨达堡垒，与阿斯法尔托夫湖相距不远。犹太的区域至此为止。

27 章，97. 吕西亚海和吕西里族距离法泽利斯城不远，那里有套鲁斯山脉从东海的海岸伸延，与赫利顿角共同形成辽阔的海湾。套鲁斯山脉本身庞大，并蜿蜒于许多族的地区之间。它从印度洋向北方扩展成为右边的支脉，同时向南方和西方扩展成为左边的支脉，如果海洋不反抗这个大地的征服者的话，它会横越整个的亚洲。这条山脉向着北方突进并作迂回之后，急剧地展开了一条辽阔的道路。当时大自然仿佛有意地布置海洋与它相抗：忽而是腓尼基海，忽而是本都海，忽而是黑海或基尔康海。在它的对面，还是麦奥齐达湖。

98. 套鲁斯山脉既然受到了许多障碍的限制，于是作了一个转变，终于以胜利者的姿态而蜿蜒到邻近的里彼山脉。套鲁斯山脉在其全部范围内，有许多新名称：第一部分叫做伊马，以后叫做埃莫德、帕罗帕米斯、齐尔齐、汗巴迪、帕里阿德雷、哈奥特尔、奥罗安迪、尼法特、套鲁斯，以及最高的一部分叫做高加索。从那里分出的支脉力求逼近海洋，有人称之为萨尔彼顿、科拉采集、克拉格，亦有人称之为套鲁斯者。

99. 套鲁斯山脉保持着它原有的形势，但是其中龟裂的地方成为人行的通路，同时有人称之为山隘：既有亚美尼亚的山隘，又有里海的西里西亚的山隘。此外还有由海洋所割裂的山地，它们都因各处居民而得到许多名称：在右方称为基尔康、卡斯彼，在左方称为帕里阿德雷、莫斯希亚、安马孙、科拉克西和西徐亚，但是按照希腊语，统称之为塞劳尼山。

34 章，128. 在尼罗河的坎诺布河口处的第一个岛屿是在亚洲前面，相传为了纪念明涅拉的舵手坎诺布而得名。另一个腓罗斯岛是独裁者恺撒的殖民地，它由一座桥与亚历山大港连接；从前，这个岛距离埃及有一天的路程，现在那里设有瞭望塔，夜间以火焰为船舶指示航道。原来，由于险恶的浅滩，只有通过三条海道才能到达亚历山大港，这三条海道是斯捷干、波西捷和塔夫尔。更远之处，有巴利亚岛位于腓尼基海中伊奥皮亚的前面，它的全境是一个城市；人们传说，安德罗美达曾在这里被抛与怪魔为食物，我们曾经讲过的阿拉德岛亦在此地。依照谟世安的传说，阿拉德岛与大陆之间的海洋，有一处深达五十个肘节，那里可以用皮管从水泉中引出淡水。

第　六　卷

大洋之冲破赫勒斯滂海峡和博斯普鲁斯海峡，以及黑海的形成(1 章,1 段)。科利克省(5 章,

15—17 段)。金麦里亚海峡(18 段)。高加索(12 章,30 段)

1 章,1. 攸克辛的本都海泛滥于欧洲和亚洲之间,从前居住在海岸上的各族,性格凶暴而不好客,因此曾经称之为攸克辛的本都海……大洋不满足于冲毁陆地和损坏它的一部分,因此还扩大了荒漠的幅员;大洋稍稍突破了被冲毁的山陵,并把卡尔皮从非洲分裂之后,它所吞噬的土地比它所遗留的还多;大洋稍为冲破赫勒斯滂海峡,即流入普罗庞齐达海,但仍然吞噬了陆地。当它突出麦奥齐达湖的岸边,未抑制自己的强横夺取以前,它从博斯普鲁斯贪得无厌地再事扩展到其他的巨大区域。

2. 这样一些海峡和这样违反自然的一些面积狭小的水区,可以证明这是违背大地的意志的。赫勒斯滂海峡的宽度为八百七十五步,两个博斯普鲁斯的宽度使公牛可以浮泳过去。两个海峡的名称也是由此而来的,而它们之间仅仅一线相隔:从这边岸上可以听到那边岸上的鸟啼、犬吠和人们的交谈。只要不刮风,甚至两边的人们也可以谈话。

5 章,15. 位于本都海不远之处,有科利克省,那里的高加索山脉绵亘到里彼山。我们前已说过,它们是一边向着攸克辛海和麦奥齐达湖下降,而另一边则向着里海或基尔康海下降的。在沿海的一部分地带住有野蛮的部落——黑外套人和科拉克人,后者居住在安捷蒙塔河旁,即在今之科尔奇斯人的荒凉的季奥斯库里阿达城中。这个城在昔日名闻于世,据齐莫菲所述,当时有操不同语言的三百个族聚集于此。最近,罗马人借赖一百三十个翻译者的协助,来处理那里的事务。

16. 某些人推测季奥斯库里阿达城是由卡斯托尔和波卢克斯的驭车者安菲特和捷尔希建立的;世所周知,根尼奥赫人是他们的后裔。在季奥斯库里阿达城之外,距离塞瓦斯托波尔港七万步有格拉克列亚城,其居民有亚该亚人、马尔德人、克尔克齐人。在他们那边有塞尔人、克法洛把姆人。在这个地区的中部有最富饶的城市皮图,曾被根尼奥赫人所破坏;在它的外边有萨尔马提亚人的恩纳格里特部落,而萨尔马提亚人则居住在高加索山中。

17. 当革老丢皇帝在位时期,米特里达特曾跑到他的面前说道,塔利人与其族人比邻而居。塔利人的地区,东方可通达里海的海口,而当落潮的时候,海口就变为干地。在里海沿岸地带的近旁,有伊卡鲁查河的克尔克齐人。吉耶尔河则距离格拉克列亚城十三万六千步。其次是克农诺斯角,托列特人居于它的险峻的高冈之上;距离吉耶尔河六万七千五百步有辛季卡的小镇和谢捷里亚河,从这里到达金麦里亚海峡,其距离为八万八千五百步。

18. 那个向前突出于本都海和麦奥齐达湖之间的半岛,其长度不过六万七千步,各处的宽度不少于二尤格尔,有人称之为埃昂。金麦里亚海峡的亚洲和欧洲海岸弯曲地折入麦奥齐达湖方面。在海峡入口处的城市:首先有格莫卡萨,其次为米利都的克罗亚,然后是斯特拉托克利亚和法那哥利亚,以及几乎没有人烟的安纳图尔。金麦里克位于海峡的末端,昔日称之为采尔别里昂。

12 章,30. 再向前进,有一道宏大的高加索山隘,许多人误称为里海山隘。它由于突然的山崩而自然地形成。山隘上有若干闸门,是用镶着的铁柱撑起来的。闸门之下,有一条河流经其间,发出恶劣的臭味。为了防止邻族的侵犯,在闸门的一边,设有堡垒于岩石之上,称为库曼尼亚。这个地方恰好面对着伊比利亚人的加尔马斯塔城,于是闸门便封锁着通往世界的栈道。高加索山隘以外的地方,瓦利人、即野蛮的斯凡部落居住在戈尔季耶山中,但他们会采掘金矿。许多根尼奥赫人居住在他们的后边,一直到本都海为止,其后则为亚该亚部落。从这个海湾分布到内地的地域,其实在的情况就是这样。

31. 一些著作家们报道说,本都海和里海之间的距离不超过三十七万五千步,科尼利阿斯·尼颇士则以为是二十五万步。亚洲就借着这个不大的地区与欧洲分开。革老丢皇帝传达说,从金麦里亚海峡到里海为十五万步,并且塞琉卡斯·尼卡佗曾希望深入这个地峡,但因当时被托勒密·客劳诺斯杀害而终止。人所周知,从高加索的山隘到本都海大概为二十万步。

俄译者　H. M. 波德赞斯卡娅

科纳留·塔西佗

（公元一世纪末至二世纪初）

科纳留·塔西佗生于意大利的英台拉姆尼城（今之台尔尼），出身于骑士的家庭。他受过良好的教育，并成为一个优秀的演说家和作家。塔西佗曾掌出纳之职，而于公元97年任执政官，111—112年任亚细亚行省总督。他从工作中获得了广博的见闻，著有《阿古利可拉传》（此人是不列颠的统治者，也是塔西佗的岳父）、《日耳曼尼亚志》、《罗马史》和《罗马帝国编年史》。

恩格斯称塔西佗是：古罗马贵族思想最后硕果仅存的代表。

塔西佗的著作中有两种是使地理学家最感兴趣的，即《阿古利可拉传》和《日耳曼尼亚志》。《日耳曼尼亚志》完成于公元69年[①]，他不仅为这个地方和它的部落作了概述，而且为它的邻近各族——高卢人、伊里利亚人和萨尔马提亚人等等也作了记述。塔西佗是否去过日耳曼尼亚，或者从参加日耳曼人长征的罗马士兵以及到过日耳曼尼亚的商人，和日耳曼人所俘的人的口述中获得报道，就不得而知了。他也可能采用恺撒的《高卢战记》和大普林尼的《日耳曼战记》中那类材料作为来源而编定的。但在任何情

① 一说公元98年写成。

况下,他都巧妙地利用他所有的材料,并用丰富的事实和观察的报道写成作品。恩格斯在他的经典著作《家族、私有制和国家的起源》中,曾利用过这些材料。塔西佗分《日耳曼尼亚志》为三部分:在第一部分,作者厘定日耳曼尼亚的边界,并论及它的居民的起源;第二部分为区域的描述和人民习惯的写实,他并论及全部日耳曼尼亚国家和公民的一般组织;最后,他在第三部分里描述日耳曼人的个别部落。

在《阿古利可拉传》里,塔西佗首先介绍了阿古利可拉所征服的全部不列颠当时所拥有的疆域,人们相信阿古利可拉是第一次由海道环绕了这个海岛的,他的水手们破天荒地第一次驶进了彭特兰湾,而且查勘过奥克兰,并认为它是群岛,他们似乎获得了关于设得兰群岛的一些报道。

日耳曼尼亚志

日耳曼尼亚的地理位置和边界,莱茵河和多瑙河(1 段)。土壤、气候、贸易、矿产(5 段)。武装和军队(6 段)。君王、祭司、妇女在作战中的任务(7—8 段)。神祇(9 段)。占卦(10 段)。首长会议和人民大会(11 段)。刑罚(12 段)。青年人的成年时期(13 段)。战斗(14 段)。男子的狩猎和消遣,妇女的工作(15 段)。卜居(16 段)。服装(17 段)。婚姻(18—19 段)。子女和血缘关系(20 段)。殷勤款客(21 段)。饮宴(22 段)。饮料和食品(23 段)。表演和赌博(24 段)。奴隶(25 段)。每年土地的分配(26 段)。殡仪(27 段)。琥珀的采集(45 段)

1. 全部的日耳曼尼亚①以莱茵河和多瑙河与高卢人、里西亚人和班诺尼亚人②为界;以山脉与萨尔马提亚人③和达西亚人为界,他们之间在有些地方,则因彼此猜惧而互相隔离;其余领土则为大洋环绕着,而大洋冲洗着辽阔的海湾和巨大的群岛。不久以前,由于兵锋远及的缘故,我们才对这一带的居民们略有所知。

莱茵河发源于里西亚地方险峻难攀的阿尔卑斯山峰上,其水流经过相当长的流域转向西方而入于北海;多瑙河从阿布诺勃山④的不太险峻的斜坡流出,经过几个人口众多的区域,最后由六个河口流入攸克辛的本都海,第七个河口被淤塞成沼泽了。

2. 我认为日耳曼人本身就是土著的居民,绝少与其他新来的异族相混合……

4. 我个人同意把日耳曼尼亚的居民认为世界上一种未曾与其他任何异族通婚,因而保持纯洁血统的种族,即视为一种特殊的、纯粹的,除了自己而外与其他任何族人都无相似之处的人。因

① 塔西佗在此文中所指的日耳曼尼亚与莱茵河以西之日耳曼尼亚不同,后者在当时已归属罗马统治,划分为两省。

② 居住在今之匈牙利西部。

③ 大部分居住在今之波兰境内。

④ 即今德国的黑森森林山脉。

而全部日耳曼人，虽然为数极多，但是他们的体格是完全一样的：锐利而淡青色的眼睛，红色的头发，高大的身材；他们的身体特有一种突出的力量，但是没有承担劳苦和艰难工作（战争的服役）的毅力；缺乏忍受口渴和炎热的能力；由于气候和土壤的关系，他们已经习惯于忍受饥寒了。

5. 日耳曼地方的形态虽有各样的不同，但是大体上它有使人害怕的森林，也有使人厌恶的沼泽；接近高卢方面，雨量较多，接近诺里克和班诺尼亚方面，则风力特大。这一带盛产五谷而不宜于种植果树；出产很多牲畜，但不甚肥壮。就连耕畜也是不美观的，没有好看的角。日耳曼人喜爱牲畜，常以多寡相夸耀，这是他们唯一真正爱好的财富。神不赐给他们以金银——我不晓得，这是神对他们的好意抑或是愤怒。可是，我不打算断言在日耳曼尼亚没有金银的蕴藏，因为有谁查探过它的土壤呢？但无论如何他们像我们一样没有使用或占有宝贵金属的欲望。人们可能看见他们有银制的器皿，这是赠送族长们作礼物用的，可是他们并不认为这些礼品比泥造的为贵重。和我们接近的日耳曼人，因为贸易上的关系，的确重视金银，并能识别和储藏我们的一些货币，但是内地的居民，还采用着较为简单的和旧式的交易方法——物物交换。他们尤其喜好久已惯用的刻着战车和双马的旧币。他们爱银胜于金，这并不是由于情感上厚此薄彼，而是因为银币在购买廉价物和一般用品时，使用起来要方便得多。

6. 他们甚至没有丰富的铁，观看他们的武器种类，就可以推测出来……

7. 日耳曼人选择国王，根据出身的尊贵，选择将帅则以勇敢为标准。而国王并不拥有无限的独断权。将帅们指挥士兵时,以身作则者多,使用权力者少。而将帅们在战场上表现勇敢或身先士卒,所受到的崇敬对于指挥方面也起作用。任何人都不许处人以死刑、监禁甚至鞭挞,只有祭司可以行使这种惩罚,这当然不是视为将帅们所施的责罚或命令,而是视为神的旨意。根据他们的信仰,神是在战争中伴随着战士们的,他们在战场上挂起一些画像和从森林里带来的图腾。他们组成一小队或一中队,不是临时随意排列的,而是按照他们的家族和血统关系编队,所以最能激发他们的作战士气,因为站在自己身旁的人就是在生活中最亲近的人,他们可以听到妇女的痛哭和小孩的叫喊;总是觉得有最重视自己的人在身旁看着,而希望博得他们的称赞。他们把受伤的地方给他们的母亲和妻子检视,而她们也毫不畏惧地要求看看他们的创伤。她们管理战士的饮食和给予慰问。

8. 相传当作战部队的行列混乱和濒于危急的时候,常有借赖妇女的协助而获致稳定的情形,这由于她们喋喋不休的祷告,并掬诚告诫士兵有立即被俘的危险所致,因为日耳曼人恐惧自己的妇人被俘甚于恐惧自己被俘。所以一个公社若被迫在人质中加入贵族少女,则它将更严格地履行自己的义务。他们甚至以为妇女具有某种神圣的和预言的知觉,因此从不轻视她们的意见,和以冷淡的态度对待她们。在惠思葩西安王朝时代,我们看到魏勒妲曾被许多日耳曼人长期奉为神明,在更早的时候,他们还敬奉过阿尔布露娜和其他许多妇女。这不是出于阿谀,也不是滥奉女神。

9. 在许多神祇中,日耳曼人特别崇拜商神,在特定的日期里,甚至把人充当商神的祭品也是不为非法的。他们许可用牲畜供奉赫克利斯和马斯。一部分的斯威维人祭祀埃西[①],这种信奉外国神祇的原因和起源,我尚未查明,但是从游艇似的女神的标识来看,这种神祇是来自海外的。他们认为:天神的伟大是无可比拟的,不可把他们围在围墙之内,也不可依照任何人的容貌塑造他们的形象。他们将森林和丛林献给神祇。神的名字在他们看来是神秘的,只有在虔心敬奉之中才能领悟其意义。

10. 日耳曼人听信鸟卜和占卜。他们的抽签习惯是这样的:他们砍下果树的枝折为小签,在小签上画出大家知道的符号,然后把小签随意地分撒在一块白布的上面。以后,如果占问公共的事情,由公社的祭司主持;如果占问私事,就由家长主持,他向神祷告,然后仰视苍天,拈一小签,如果拈签三次,并依照签上符号解释所占的事情。如果签语是否定的回答,就不在同日占问同样的事情;如果签语是肯定的,还可以请求鸟卜以资证实。至于日耳曼人用鸟声和鸟的飞翔而占卜,是众所周知的事。但他们还要试探马的预告和征兆,这也是他们的特殊占卜方式。他们以公家的费用,在同一丛林和森林中饲养一些白马,不让它们从事普通的工作而受玷污。把它们配上神圣战车的轭,祭司长、国王或公社的首长一面随伴而行,一面观察马的嘶声和鼻息。他们信赖马的预告是无以复加了:此不独一般人民之间如此,即在显贵的人们和祭司们之间亦莫不如此,因为他们认为祭司长是神的仆从,而马则是神祇的信使。他们还有其他的占卜,借以推知重大战争的结局,那就是从敌族中设法捉住一个俘虏,迫使他与本族中挑选出来的一名勇士

① 埃西是古代埃及人的繁殖女神。

搏斗，各人使用其本族的武器。其中哪一个人获胜，就视为哪一方有胜利的预兆。

11. 关于次要的事务，由族中首长们会商；关于较为重要的事务，由全体人民解决。但是即使由人民解决的事务，也交由首长们先行讨论。首长们举行会议的日期，除了临时的和突然的事变外，都定在新月初上或圆月的时候，因为日耳曼人认为在这个时候处理事务是最吉利的。他们不像我们以天计算时间，而是以夜计算时间的。他们这样地措词，这样地协议，是有其原则的：他们以为夜在昼前。在召集会议时，他们不能按照规定的时间立即开会，往往因迟延而空费了两三天的时间，这倒是他们自由自在的一个缺点。当会议开幕的时候，他们携带着武器入座，由那些有惩罚权的祭司们嘱咐全场肃静。于是在国王或首长之中以年龄出身，或战争中的声望和口齿的流利为标准，推选一人出来讲话。人们听这个人讲话，倒不是因为他有命令权，而是因为他有说服力。如果国王的建议不为大家所采纳，便报以怨声而拒绝之；如果为众人所接受，大家便以长矛叮叮相击。他们认为用任何武器所表示的同意，是一种尊敬的同意。

12. 在这种会议中，也可提出控诉和提议审查死刑事件。死刑的处决因罪行而有所区别：背叛者和逃亡者吊死于树上；懦怯者、战斗不力者和污行昭彰者，关在囚笼里沉没于沼泽的污泥中。在他们看起来，这两种惩罚的区别，在于既要使犯罪的行为在惩罚的时候得以警诫大众，又要使可耻的行为在惩罚时予以隐匿。但是对于轻微的罪恶也给予相应的惩罚：罪有确证者，罚以定额的马和有角的牲畜，罚金一部分归于国王和公社，一部分归于控诉人或他的亲属。

在上述会议中，他们还选出一些长官来掌管县和村的审判。每一长官之下，由人民选出百名陪审员借以提供意见，并使判决具有法定的效力。

13. 他们在做任何公共的和私人的事务时，总备有武器在手。但是依据习惯，没有人在公社认可其有佩带武器的资格以前敢于携带武器的。一个青年人须当集会的时候，由他的父亲或亲属或某一酋长为他佩带矛和盾。这就表示他们已到成年，也就是给青年人的初次敬贺。在这以前，他们只是作为家族的一分子；而自此以后，他们便是属于国家的一员了。由于特殊高贵的出身或祖先获有重要的功勋，甚至很年轻的人即可接受酋长的头衔。他们与年岁较大和久经考验的其他酋长们交游，并周旋于他们的随从之间而不感羞愧。但随从人员的本身，根据他所从之人而决定其等级；随从人员之间为谁应该占第一位，以及酋长之间为谁的随从最多和最勇敢，都有重大的竞争。这就形成尊荣和威力——大群精锐的青年人经常围绕着酋长，使他在和平的时候享受尊荣，在战争中获得保卫。如果谁的随从在数目和勇敢善战方面都超过别人，那不仅自己的人民，即邻邦的人民也授予他以显赫的称号和荣誉。因此，邻邦的人民都派遣大使进谒这样的酋长，献以礼物表示崇敬；遇有战争，常能因酋长的嘘声而消除对方之抵抗。

14. 当进行交战的时候，如为敌人的勇猛所压倒是酋长的耻辱，如果他所率领的随从不及酋长勇猛，是随从的耻辱。但酋长阵亡，而随从活着退下来，就是随从毕生的耻辱。因为保护和防卫酋长，甚至把自己的勋业和酋长的光荣结合在一起，乃是随从的真正的神圣职责。酋长为着战争的胜利而斗争,随从为着酋长而斗争。如果公社长年安宁无事,就有许多的贵族青年自动前往当时进行战争的那些部落,因为一方面他们的天性不乐于安宁,另一方面则因为他们在危险中易于求得荣誉,何况要保持这样一大群的随从,也只有在施用暴力和战争中才能得到解决,因为他们可以从慷慨的酋长那里得到战马和沾满血腥的长矛。粗糙而丰富的筵席是他们的唯一酬劳,而这些酬劳都是从战争中掠夺而来的。所以,劝说他们耕耘以期待收获,不如号召他们向敌人挑战和伤害敌人较为容易。他们还以为经过流血可以赢得之财物,而流汗以取之,就是懒惰和懦弱。

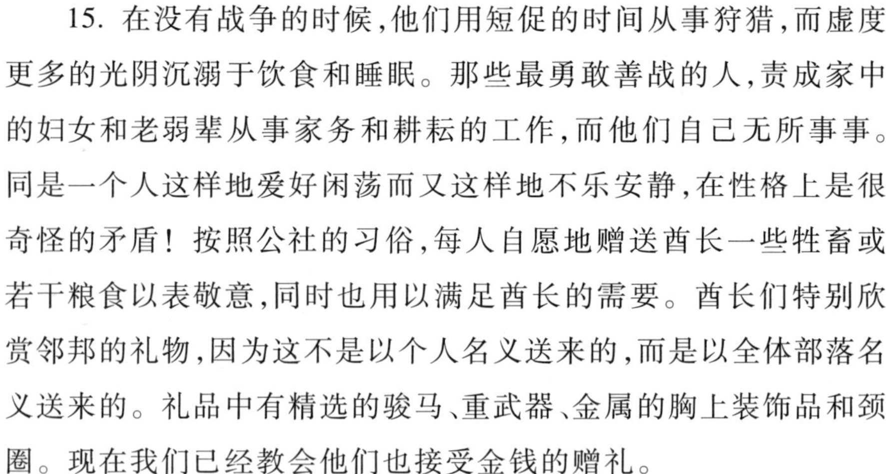

15. 在没有战争的时候,他们用短促的时间从事狩猎,而虚度更多的光阴沉溺于饮食和睡眠。那些最勇敢善战的人,责成家中的妇女和老弱辈从事家务和耕耘的工作,而他们自己无所事事。同是一个人这样地爱好闲荡而又这样地不乐安静,在性格上是很奇怪的矛盾!按照公社的习俗,每人自愿地赠送酋长一些牲畜或若干粮食以表敬意,同时也用以满足酋长的需要。酋长们特别欣赏邻邦的礼物,因为这不是以个人名义送来的,而是以全体部落名义送来的。礼品中有精选的骏马、重武器、金属的胸上装饰品和颈圈。现在我们已经教会他们也接受金钱的赠礼。

16. 日耳曼人不住在城市里,甚至邻居住宅也不容许相连接,这是人所共知的。他们只有水泉、田野和树林称心如意,就分别择地而居。他们建设乡村,不像我们的习惯把房屋紧密地接连起来,而是每一家在自己房屋的周围都留出空地,这或者是为防避大灾,或是由于他们不晓得建筑的缘故。他们也不用石头或瓦建筑房屋,一概用粗笨的木料,不管美观,也不管(建筑物的)舒适。他们用洁白和油亮的黏土涂刷房屋,就像绘画和壁画一样。他们也有挖土坑的习惯,在土坑之上敷盖以大量的粪土,作为避寒之所和谷种的储存室。因为这种房子可以抵御严寒。如敌人一旦来犯,地面上的东西可能遭到破坏,而隐藏或埋藏着的东西或者不被触动,或者使人寻觅而不致落入敌手。

17. 斗篷是人人穿着的衣服,用扣子扣上,或者用树刺代替扣子。除此以外,他们不穿别的衣服而终日围在炉火旁边消磨光阴。其中最富有的人,不像萨尔马提亚人和帕提亚人穿着那样宽松的内衣,而是穿着狭小的贴身的内衣,以资识其身份。他们虽都穿着兽皮,不过接近(莱茵)河岸的部落不事整饬,而内地的居民在穿兽皮方面却略为讲究,因为他们都不能从商人那里获得其他的衣服。他们选择合适的动物,剥下生皮,然后将从海外遥远的地方得来的兽皮放在生皮上缝成斑纹。妇女所穿的衣服与男人相同,只是妇女们把常穿的麻制外套,加上各种红色的条纹罢了。同时她们的衣服上部也不放宽,使成为袖子,因此她们的肩臂都是赤裸的,即与肩臂接近的胸部也是显露的。

18. ……那里婚姻的结合是严格的。婚姻习惯,没有任何方面不值得更大的赞扬。在野蛮人中,日耳曼人几乎是唯一满足于一人一妻的,虽然也有极少数的例外,但那种多妻的婚姻关系不是因为淫欲,而是要显示他们的高贵才订立的。至于嫁妆,不是妻子携带它给丈夫,而是丈夫携带它给妻子。当结婚的时候,父母和亲属们都到场鉴定礼物。这些礼物的选择不是为了妻子的爱好,也不是作为新妇个人的装饰,而是一些牛、一匹熟练的马和一副带矛和小剑的盾;在妻子自己方面也携带一些武器给丈夫。他们认为,最重要的关系从此缔结起来了。这是他们的神圣仪式,是保障他们婚姻的一些神力。为了使妻子不要认为自己与英雄事业和意外的战争相脱节,从婚礼的开始起,即以真实的仪式警告她,结婚以后她就是一个分担困难和危险的同盟者,在和平与战争的时间,困难和危险都会使她和丈夫有同一命运,要和丈夫一样去冒危险。一对驾轭的牛、套缰的马和互赠的武器,就告诉她这个意义;她应当怎样生活,她应当怎样死。她接受誓约,承担责任,把值得尊敬和神圣不可侵犯的武器传给她的孩子们,而她的媳妇也应当同样接受下来传给孙子。

19. 这样一来,他们过着贞节克己的生活,既没有异性诱惑的场所,也没有喧哗的宴会来刺激他们趋于腐化堕落。无论男女都不懂得幽期密约之事。在这样众多的人民中,夫妻间的失节事是很稀有的。妻子随时可以受惩罚,这是丈夫的特权:丈夫剪去妻子的头发,脱去她的衣服,然后当亲属面前从屋子里驱逐失节的妻子,并且用鞭子赶她走遍全村。对于失节的妇人没有任何宽恕:她不能以美丽、青春或财富寻得一位丈夫,因为那里任何人不以淫荡方式开玩笑,也没有人将诱人堕落或自甘堕落视为时髦风气。有些公社情形更好,那里只有处女出嫁,而一旦成了妇人,便下定决心一辈子不再另作期待与其他妄想。因此一个女人只嫁一个丈夫,犹如只有一个身体、一条生命一样,不会缠绵于不绝的情欲而三心二意。她们不是为爱男人而寻找丈夫,而是为了结一次婚。限制生育或者杀害多余的婴孩,都认为是耻辱的行为。那里良好的习惯,较诸其他地方的良好法律具有更大的力量。

20. 在所有的家庭里,都有许多裸体的和肮脏的小孩子,光着四肢和身体在那里长大成人,我们都感觉那是奇怪的。每个母亲都用自己的奶喂孩子,不把孩子寄托给保姆和乳母。主人和奴仆在幼年抚养的时候是没有身份的分别的,因为在他们成年之前,并不区分他们是否为自由人和他们所属的地位,他们都是住在同样的家室里,和同样的牲畜混合而居。青年们不愿早婚,因此他们的精力是充沛无比的。人们也不强逼少女早嫁,她们和男子一样度过自己的青年时代,要和男子一样达到同样的年龄和身材发育到同样的程度以后,才同男子结婚。因此,他们的子女长大以后,也有与父母同样充沛的精力。舅父对姊妹的儿子,像父亲对自己的儿子一样的重视,一些日耳曼部落还认为前一种血缘关系更为神圣,更为亲切。所以当择取人质的时候,宁愿以甥舅关系为对象,而认为甥舅间似乎关系较为密切,可以获得牵连更广的可靠保证。但是,各人的继承人仍然是自己的子女。他们是不订立遗嘱的。如果身后没有子女,则死者的兄弟和伯叔、诸舅都是最接近的继承人。亲戚越多和姻亲越多的人,到老年的时候就更加愉快;没有子女的人总是老景不佳的。

21. 对于父亲和亲属的宿仇和旧好,都有继承的义务。但是宿仇并非永远不能和解的;甚至杀亲之仇亦可以一定数目的、能任工作的牲畜和幼畜来抵偿,这样不仅可以使仇家认为满意,而且也是有益于社会的,因为在自由的人民中,冤仇不解是非常危险的。

对于款待客人,没有其他的族比他们较为慷慨了。拒绝接待客人被视为是一种丑事,所以每个人都按照他的财力为客人准备上等的饭食。当主人没有款待的财力的时候,就给客人介绍另一家东道主,并且送他前去。如果客人未经邀请进到邻近的一家,人们也完全一样以同样的礼貌招待他,而不分熟客和生客。如果客人于临行的时候请求任何东西,主人在习惯上一定送给他,而主人也可以同样不拘束地向客人要求任何东西。日耳曼人喜欢礼物,但既不计较自己给别人什么东西,也不重视自己从别人取得相当的东西,所以在主人和客人之间充满着融洽的气氛。

22. 他们通常睡眠延至白昼,当觉醒时,日已高升,由于那里的冬天占了一年的大部分,他们经常用温水洗澡,洗澡后,各人分别坐在椅子上,在自己的桌子上吃饭。饭后佩带武器出外从事工作,但也时常纵饮狂欢。任何人日夜纵饮也不会受到责备。醉汉们互相争吵是常有的事,争吵时以恶骂而告终的少,以斗殴结束者多。可是在这种饮宴中,也常常进行冤仇的和解、婚姻关系的缔结、酋长的选举,甚至决定战争与和平的问题,好像只有在这种场合,人的胸襟才较为宽阔,思想才更为伟大似的。这里的人民既不奸诈也不狡猾,在纵情豪饮的时候尽量披沥自己心里的隐衷。大家的心情这样吐露无遗和完全坦白以后,第二天再重新处理具体的问题。他们无疑地是在这样两种情形之下安排事情的:在无力掩饰自己的时候进行讨论,而在头脑清醒的时候才作出决定。

23. 他们的饮料是用小麦和大麦酿造的,经过发酵之后,和酒颇为相似。毗连莱茵河岸的居民也购买酒。他们的饮食是简单的,只有野生的果实、新鲜的野兽肉和酸奶,不经特别的烹煮和调味即以之充饥。但是在解渴方面就不像这样节制了。如果让他们狂饮,想喝多少就给多少,那么人们就可以乘着他们的缺点而战胜他们,比用武器更为容易。

24. 他们的表演只有一种,而且在一切众人聚集的场所也只能看到这一种表演。这种表演成为青年人的专门游戏。他们裸着身体,在剑和倒持着的长矛之间跳舞。这样的练习造成了艺术,艺术造成了美观,但绝不是为了靠它赚钱或取得酬报。这种大胆而危险的表演,所追求的乃是观众的愉快。令人诧异的是:他们也以一本正经的态度来从事赌博。他们对赢输冒险极了,哪怕身边所带的财物输得精光,也要把自己的自由和身体作为最后的赌注。赌输之后,甘作自愿的奴隶。即使赌输的人比赌赢的人年轻力壮,甘心让人捆绑着送去出卖。他们对这种坏习惯竟顽固到这样的地步!而他们却说这样是诚实的行为。但是赌赢的人也觉得这样获得奴隶是并不光彩的,所以总是立刻把他们转卖出去。

25. 他们不用奴隶为他们服役,也不像我们那样分配他们以终身的劳役。因为每个奴隶本人有自己的家,并且管理自己的家务。主人只向奴隶课取定额的谷类或牲畜、布匹,像课取佃农一样。奴隶所服从的役务只限于此,而其他的家务就由主人的妻子和儿女们操作。鞭打奴隶和用镣铐或苦役来惩罚他们,都是罕见的。他们杀死奴隶不是出于严厉的纪律,而是出于一时的愤怒,像斩杀仇人一样;不过杀死奴隶不受处罚而已。获得自由的人所处的地位,比奴隶高不了许多,他们在家庭中没有什么地位,在部落里更没有什么影响。不过在国王所统辖的部落里,情况就不同了,他们在那里的地位,往往可以升得比自由人和显贵还高;而在其他地方,他们低微的地位才是人民真正自由的证据[①]。

26. 在他们那里,不知道支付利息和剥取高利的事情,这种墨守淳风的做法比明白的禁止来得好。公社依照耕种的人数多寡分得土地,再按各人的贵贱等级分配给每人。土地辽阔,使分配田地成为易事。他们每年调换耕地一次,而还有剩余的土地。因为他们不使土地的肥沃和广大的资源尽力消耗,所以并不尽量种植果树、圈划牧场或灌溉菜园。他们对土地期待的唯一收获就是五谷,所以他们并不像我们把一年分为这么多的部分。他们只晓得冬季、春季和夏季的名称与意义,却不晓得秋季的名称,也不知道它的恩惠。

27. 他们的殡仪不事任何铺张:唯一的仪式就是用名贵的木材焚烧显贵人物的尸体。在火堆之上,不放置棺罩或香料,只把每一死者的武器和他的坐骑连同尸体一并焚烧。坟墓由相当多的草皮土堆起;他们认为雕刻起来很费事而又笨重的墓碑,会成为压在死者身上的负担。在丧礼中,他们只哭泣片刻立即停止,但哀悼和悲伤的情绪是缠绵不已的。在礼节上,妇女要哀哭,男人要回忆。

关于日耳曼人的全部起源和习惯的概况,我所知道的就是如此。

45. 在斯韦昂尼人[②]的外边有另外一个海[③],它是一个沉寂的

---

① 这里的意思是指在国王统辖的部落里,奴隶获得自由后比自由人地位高,是没有真正自由的国家里的现象。相反地,其他地方奴隶获得自由后,地位仍较卑贱,才说得有真正的自由。

② 今之瑞典人。

③ 即波罗的海。

而且几乎是静止不动的海。人们相信这个海是环绕地球一周的，其根据就是：在那里太阳已经降落了，而它的余晖继续地发亮到太阳再上升的时候，余晖是这样的明亮，以致星光亦为之暗晦。民间的信仰更附会了这样一种说法：当太阳从水面上升的时候，仿佛可以听到它上升的声音，并且可以看见太阳神所驾诸马的形状，和太阳神头部的光芒①。大自然恰好一直开展到这里：这种说法是正确的。

埃斯特②族人的土地濒临着斯韦昂尼海③的右岸，他们的习惯和服装与斯威维人一样，而语言和不列颠语接近。他们崇拜神母，悬挂母野猪的画像作为图腾，这种画像被视为法力无边的护身符，女神的崇拜者带上了它、即使在敌人围困之中也感觉镇静。他们不常用剑，但常用木棍。他们很耐心地耕种谷类和其他作物，这与日耳曼人的懒惰无可比拟。而且他们也搜索海洋里的东西。在野蛮人中，只有他们在浅水地方和海岸上采集琥珀，他们称之为“格来松”(Glaesum)。至于琥珀是属于什么性质和怎样生长的，因为他们是野蛮人，对此不加探询，也就不知道了。在我们生活豪华的人们没有给它以显著名称的时候，它还是长期地弃置在海水抛出来的漂流物的垃圾堆里。对土著来说，琥珀对于他们是毫无用处的：采集来的琥珀形状粗笨，出售时亦不加任何雕琢，而他们对所获得的代价感觉惊奇。人们可以想象到琥珀是一种树木的液汁，因为常常有一些爬虫和带翅膀的昆虫陷入其中，当它硬化的时候，

① 即太阳的晕轮。

② 爱沙尼亚境内部族之一，居古代东普鲁士和波罗的海之边界。

③ 指瑞典海。

就留存在里面了。因此我想到,也许像东方遥远偏僻的地方有乳香树之类渗出香汁一样,西方的海岛和陆地上,也想必有一种果实甚丰的丛林和森林,它们的果实由于阳光的灼热,不断化出黏液而流入最近的海里,以后又由于暴风的力量把它抛到对岸上来了。如果你要用火来试验琥珀的性质,它就会像松木一样燃烧起来,发出油腻和芳香的火焰,然后软化成松脂或柏油一样。

阿古利可拉传

不列颠的描述(10 段)。不列颠的居民,他们的起源、外貌、语言、风俗(11 段)。作战的方法、气候、土壤的出产、矿产、珍珠(12 段)

10. ……不列颠是罗马人所知道的海岛中最大的一个海岛。从它的长度(地理学的经度)和宽度(纬度)来说:在东方与日耳曼尼亚相对,在西方与西班牙相对,在南方面对着高卢,从那里甚至看得见不列颠;它的北岸没有对着任何陆地,被辽阔的海洋冲洗着。最善于描述的作家,如古代的李维和现代的法比·鲁斯齐克,都把全部不列颠的形状比拟为一个长方形的盘,或者是一个双刃斧。按喀利多利亚的这一边来说,它的形状的确是这样,因此一般人也误将全部海岛描绘成这种形状了。但是那广阔无垠的土地(从南边)突然向前伸延,直至海岸之处,变成三角形般的狭窄。在罗马舰队环绕这个茫茫无际的大海沿岸航行之后,才证实了不列颠确是一个海岛,同时还发现和征服了一个当时没有人知道的群岛，名叫奥尔卡迪群岛①。弗列岛纵然已经遥遥在望，但是命令只许到达这个地方；而且冬季已经临近了。据说那儿的海水是非常濡滞的，船桨不易划动，甚至风力也兴不起波浪。我推测，这里因为缺少助长风暴的陆地和高山，并且因为海面辽阔，积水颇深，所以海水流动缓慢。在这本书中，我们不打算研究海洋和它的浪潮的性质，因为已有许多前人的著作记述过了，我只想谈到一点：别的地方的海洋，都不及这里的海洋对较为辽阔的区域发生这样有力的影响。它到处浸渍许多水流，潮汐的涨落也不仅限于沿岸一带，而且深入内地。海潮甚至浸渍到高地和山陵之间，好像灌注自己本来的地方一样。

11. 什么种族最早生聚于不列颠？是土著抑或外来的移民？我们对于这类问题也像对于其他蛮族一样，知道得很少。不列颠居民的外貌有许多不同类型，根据这些类型可以作出许多推断。喀利多尼亚居民的红色头发和长大的四肢，表明他们起源于日耳曼人；西卢尔人②的黑黝面貌，头发大都鬈曲，他们所居住的地方又和西班牙隔海相望，这就使人们相信古代的伊比利亚人曾经从那里越海而过，占领了这些地方。最接近高卢地区的居民也像高卢人，也许他们是出于同一族，也许因为他们居住的两岸彼此相对，地理环境相同，所以他们的体质也长得一样。不过，从各方面看来，可以相信高卢人曾是移殖到与他们邻近的这个岛屿来的。你在那里可以发现高卢人的祭祀和宗教信仰；他们彼此的语言也

① 即奥克内群岛。

② 居住在威尔士的南部。

没有多大差别;他们都同样爱招惹危险,而当危险发生时,又都一样地畏缩不前。但是,不列颠人还没有因长期的安定而变为柔弱,所以表现出较为强大的斗争精神。我们知道,高卢人以前也是战功卓著,后来与安定状态俱来的怠惰制服了他们,消磨了他们的勇敢与自由。那些久被征服的不列颠人也发生了同样的情形,而另一部分则仍然像高卢人以前那样。

12. 他们以步兵为主力;不过有一些部落也乘战车作战。驾车者在他们之间享有尊荣的地位,而战斗的人只有雇用者。不列颠人曾受过若干君主的统治,现在则受其酋长们的诱惑,参加各种派别和叛乱,我们对待这样的强敌,没有什么武器比他们的失和于我们更为有利了。他们于面临共同危险的时候,两个或三个公社联合作战的事可谓少见,可见他们各自为战,殆全体悉被征服。那里绵绵不绝的雨水和云雾,使天空为之阴沉,但是没有严酷的寒冷。那里白昼的时间比我们的地带更为长久,夜间是明朗的,而在不列颠的遥远之处,夜间还要短促,所以在日落和日出之间,只有短少时间的间隔。人们肯定地说:当云不蔽天的时候,入夜尚可看见太阳的光辉,它既不似上升,也不似下降,只掠过天空(沿着天平线)。这就是说:平坦的地极所投射的阴影很低,所以黑暗面不会升得很高,而天空和星宿也自然不会被夜色笼罩了。不列颠的土地上,除了橄榄、葡萄藤和其他适宜于更热的地方生长的果实外,能出产谷类,且能结实。他们缓慢地收割而迅速地耕种。这些现象的原因只有一种:就是土壤和空气有着充分的湿度。不列颠出产金、银和其他金属,这是值得我们战胜(他们)的。他们的海也出产珍珠,但是没有光泽,而带有铅的色彩。有一些人认为采集

珍珠者缺乏技巧,因为在红海[①]所采摘的珍珠,是从岩石中还活着的和呼吸着的介壳内采摘而来的。而在不列颠,当介壳被海浪投掷到岸上时,人们才采集珍珠。我想,这与其说是我们过于贪婪,不如归咎于珍珠本来缺乏良好的质料。

俄译者　B. И. 莫捷斯托夫

① 俄文版中黑海为红海之误。

小普林尼

（公元 61—114 年）

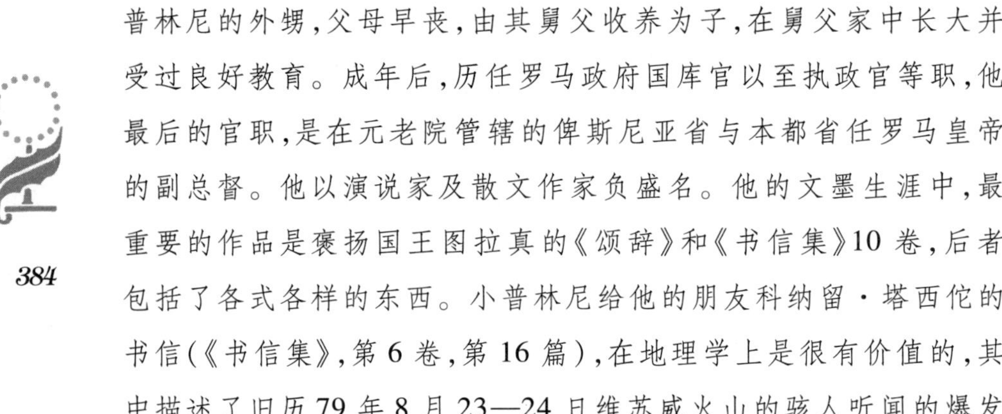

小普林尼（西西里西各都的加·普林尼）是《自然史》著者大普林尼的外甥，父母早丧，由其舅父收养为子，在舅父家中长大并受过良好教育。成年后，历任罗马政府国库官以至执政官等职，他最后的官职，是在元老院管辖的俾斯尼亚省与本都省任罗马皇帝的副总督。他以演说家及散文作家负盛名。他的文墨生涯中，最重要的作品是褒扬国王图拉真的《颂辞》和《书信集》10 卷，后者包括了各式各样的东西。小普林尼给他的朋友科纳留·塔西佗的书信（《书信集》，第 6 卷，第 16 篇），在地理学上是很有价值的，其中描述了旧历 79 年 8 月 23—24 日维苏威火山的骇人听闻的爆发情形。

书　信　集

第　六　卷

十六　普林尼问候塔西佗

你要求我向你说明我舅父的死亡情形，以便你能够对后一代更确实地叙述这件事情。我感谢你:如果人们由于你而知道他的死亡,那他的死亡将会永远地为之增荣……

我的舅父曾驻在米晋[1]亲自指挥舰队。大约在九月朔日以前的十天内七点钟的时候,我的母亲(指舅母。——中译者)让他看到了云烟的出现,这些云烟的体积与状态是异乎寻常的。大约在这个时候,舅父已经在阳光之下取暖,洗过冷水澡,躺着吃了早饭,又读了一些书。他立刻就穿着凉鞋,登上某个地方,从那里能够最适宜地观察这个怪现象。云烟由某个山升起(遥远地看来不能辨别从哪里来,以后才晓得这就是维苏威火山)。没有一棵树能比松树更好地表达出它的形状。云烟向上冲起,宛如高举的树干,并散布上空如树枝。大概因为云烟刚刚喷出之后,气压变为薄弱,并且云烟在其固有压力的影响下,向四面扩散而消失。那里有些地方变得光亮,有些地方变成污秽的斑点,仿佛把泥土和灰烬一齐冲起来了。

这种现象对舅父这样一个最有学问的人来说,是一件重要而值得就近地加以研究的事情。他嘱咐准备轻快的船只,又劝我一起去,倘如我愿意的话。我回答说,我宁愿学习,因为适值他给了我一个写作的课题。

当他准备离家出外的时候,他接到了列克婷娜的报告,她因危险临头而惊惶失措(她的庄园就在维苏威火山山脚,而从那里仅能由海道逃跑),祈求舅父拯救她脱离这个灾难。舅父改变了当时的主意,他当初表现像个学者,最后又像个英雄。他吩咐了一些

① 海角名,在今意大利那不勒斯湾北部。

大艇下水，他本人不仅要前往救援列克婷娜一人，而且要救援许多人（这个美丽的海岸已经有很稠密的居民）。他奔向别人逃避的地方，一直前进，率领船舰对着危险的地方开驶，尽力避免惧怕，以便就目力之所及，把这些可怕现象的一切变化及其状态，用口述并记录下来。

那时灰烬已经降落到船上了，而且船开驶越近。灰烬就越见浓密和灼热。后来，由岩石的火爆裂出来的灼热而乌黑的石片，已经降落下来。忽然，意外的浅滩出现了，通往海岸的水道被丘陵的瓦砾堵塞了。舅父踌躇少顷，考虑是否向后退却，但是后来向劝他前进的舵手说："愿神庇佑勇敢的人，你向波莫庞尼安那里驶去吧！"波莫庞尼安驻在海湾的另一面的斯塔比亚。海水就在这里伸入陆地，形成稍稍弯曲而带圆形的海岸。危险还没有迫近到这里，但是危险是显而易见的，如果发展起来并且是巨大的。波莫庞尼安已经把水兵的什物装载船上，一俟逆风停息，无疑地准备逃走了。可是对我舅父来说，风是顺风，而我的舅父也就随风到达了。他抱住颤抖的波莫庞尼安，安慰他，鼓励他，并且为了以自己的镇静来制止他的恐惧，舅父嘱咐人带自己去浴室洗澡，随后又躺了一会儿和吃了午饭，无论他是真正地愉快或是假装地愉快，反正都是一样的伟大。

当时火焰已经由维苏威火山辽阔地喷到各地了，大火发出的火焰已高升起来，它的闪光消除了夜间的黑暗。舅父企图安慰受惊的人，所以反复地说道，乡下人的惊慌没有使火灾的根源熄灭，反而烧毁了被抛弃而荒芜的庄园。后来他去睡觉，并且鼾然睡熟；他因为体胖，呼吸沉重而嘶哑作声，靠近他房间的人都听到了他的鼾声。那时,挟着轻石片的灰烬已经厚厚地盖住了通过他的房间的空地,那么他要是再贪睡些时,就不能逃走了。人们唤醒了舅父,他走出来就去跟波莫庞尼安和其他未睡觉的人在一起。他们开始共同商议要不要留在房里,还是到户外去?因为经常不停的震动已经使房屋摇晃,好像房屋脱离了地基而前后移动着。同时在天空中,纷纷下降的石片虽然质轻而多孔,却很可怕。他们衡量了威胁性的危险之后,终于决定到户外去。我的舅父在理智的判断上胜过别人,而其余的人,有一人为惊恐所吓倒,别人亦随之吓倒。他们把枕垫顶在头上,然后用手巾把它绑起来,这样防御如雨的石砾。

在别的地方白昼已经来临了,这里还是夜间,虽有许多火炬和各种各样的火焰照耀着,而仍然比所有的夜间较为黑暗与阴沉。他们决定到海岸上去看看那附近的地方,看海是否可以渡过。而海仍然是汹涌澎湃,怀着敌意似的。舅父已经到了海岸,躺在挂帆的船上,他一次又一次地要冷水止渴。不久,火焰和先于火焰而来的臭硫黄味逼着别人逃跑,也逼着舅父起来。他依仗着两个奴隶奋身而起,却又立刻摔倒了。正如我所预料,他窒息而死是由于他那软弱而狭窄的、经常收缩的气管,被浓密而炙热的蒸气闭塞住了。到了白昼的时候,(他最后遇见这景象的第三天)发现他的身体未受损伤,也没有被破坏。他原穿的什么衣服,现在还是穿着那样的衣服。我们与其说他是死人,不如说他在睡眠。

二十　普林尼问候塔西佗

我依照你的要求，写成了关于我的舅父死亡的信以后，你说你想知道我在米晋时遭受了什么恐惧，更确定地说我遭受了什么灾害（我开始写到这里，又中止了），“追忆这些事情是可怕的，但是我还要开始写。”

当舅父启程的时候，我在学习中度过了白天闲余的时间（我是为了这个目的才停留下来的）。以后我随着去浴室洗澡，吃午饭和作短促而不安憩的午寝。在一连许多天内，人们已经感觉到地震而却不害怕，因为在卡莫潘尼亚，地震是寻常的事。可是到了这一夜，地震就如此剧烈，好像所有的东西不独震动着，而且也颠覆着。母亲冲进我的卧房；恰巧我打算起来去唤醒她，如果她还睡着的话。我们坐在院子里，那是一个位于海与许多建筑物之间的狭小地区，我不晓得这是否所谓勇敢抑或愚昧（那时我已经十八岁了）？我要了《利比亚的巨人》一书，仿佛很安全地读着，而且还继续摘录书句。忽然舅父的好朋友出现，他是最近由西班牙来到舅父处的。他看见了我同母亲坐着，我还读着书，他就向我们猛扑过来，一面责备母亲的忍心，一面责备我的漠不关心，然而我还专心读着书。已经到白昼一点钟了，天色还是暗淡，似乎变得阴沉了；房屋四周在震动着。我们到了空旷的地方，但是仍在黑暗里，又恐怕房屋要倒塌。那时我们终于决定离开城市。骚动的人群跟着我们走，他们宁愿舍去自己的意见而遵从别人的意见；在心神不安的时候，他们觉得这是最智慧的做法。大群的人推着我们向前

走。出了城，我们停止下来，立刻就遇见了许多奇怪的和恐怖的事情。我们吩咐向前开走的马车是放在十分平坦的地方的，虽然用了石块支撑着，可是它们还东倒西歪。我们看见海水似由海底掀翻起来一样，陆地震动时，好像推开海水似的。无疑地，海岸向前伸展，许多海洋动物陷入了干燥的沙土之上。从另一方面，之字形的火焰在昏暗可怕的阴霾里骤然激发，并飞越而过，像闪电般分裂为长条火花，广阔地弥漫天际。

在那个时候，由西班牙来的好朋友非常激烈而坚决地说："如果你的兄弟，你的舅父活着的话，他希望你们还活着；如果他已死了，他当然希望你们仍然保留余生。你们为什么不迅速逃避呢？"我们回答说，当我们不晓得舅父是否活着的时候，我们不能顾虑到自己的安全。他立刻转身离开，同时疾跑，脱险而去。少顷，这片乌云开始降落到地面，并遮满了海面。它围绕了并掩蔽了喀普里乌，又笼罩了米晋的海角，使其蒙眬难辨。那时，我的母亲开始恳求我，继而劝导我，终于命令我设法逃走。她说，这是青年人可以做得到的。她困于年老多病，死亦无憾。她为了我不愿意表露死亡的动机。我反驳了她。我惟有留下同她一起共同生存。我用手扶着她，强使她快一点走；她一面为妨碍我而责备自己，一面很吃力地、顺从地走着。当灰烬开始还降落得很稀薄的时候，我回头一望，就看见了浓烟的黑暗正在逼近我们，它像湍急的洪流在地上随着我们弥漫起来。我曾说："我们趁还可看见的时候转弯吧，不要在路上跌倒，被同路的人在黑暗里践踏了。"我们刚刚转了弯，黑暗就来临了，黑暗的情形，不像没有月色的夜或云雾之夜，而像灭了灯火，住在密闭着的房子里一样。妇女的哭泣、儿童的叫嚣和男

人的喊声惨不忍闻。有叫喊父母的,有叫喊孩子的,也有叫喊妻子或丈夫的。他们只能跟着声音尽力去辨别。在人群中,有些痛哭着自己的毁灭,又有些痛哭着自己的家属的不幸,也有在濒临死亡的惊恐中祈求一死。许多人举起双手求神拯救,可是大多数人都断言,无论什么地方再没有神了,这是最后的和永久的夜间降临世界。其中还有不少人因为可怕的谎言,而增加了真正的恐惧:有人说,在米晋某一所房子倒塌了,另一所房子着火了,这不是真实的,可是他们也相信。天色微微地明亮一点了。然而,我们看来这不是黎明,而是逼近的燎火。后来这些燎火在远处熄灭了,黑暗又再来临,灰烬降下常如豪雨。我们时时刻刻站起来抖掉灰烬,要不然我们会被灰烬湮没或者被它的重力压死了。我是足以自豪的,因为我在这样的危险中既没有发出一声的呻吟,也没有一句胆怯的话;我只想到了我与所有的人将同归于尽,而所有的人也与我同归于尽;这是悲惨的,也是死亡中较大的安慰。

最后,黑暗好像烟或雾那样开始消散了,真正的白昼快来了,太阳也发光了,只是有点暗淡和呈黄色,像在日食的时候一样;一切事物在战栗的人们眼前都现出了变化,一切东西被深厚的灰烬像冰雪般覆盖着。我们回到米晋整理自己的事物时,度过了惊惶的夜晚,犹豫不决于希望与恐惧之间。然而恐惧究竟占着优势,因为地震继续不停;很多人听到严重的预告而惊惶失措,以后一提到自己的和别人的灾难就弄糊涂了。当时我们虽然饱尝了危险,并等待着危险的来临,但在没有从舅父处接到消息之前,我们绝不逃走。

俄译者　M. E. 谢尔盖因科

革老丢·托勒密

（约公元90—168年）

关于这位古代的地理学家、几何学家、天文学家及物理学家的传记不得其详，我们仅仅知道他生于埃及的托勒密伊达城，并且约从公元120年起，就住在亚历山大港。托勒密之所以享有盛名，要归功于他的渊博的13卷天文学著作，该书名为《伟大的天文学体系》（阿拉伯名称为《阿尔马格斯特》）。这部著作为宇宙的地球中心说体系提供了论证，这个体系是综合西齐卡斯人攸多克萨斯、亚里斯多德以及尼西亚人吉帕尔赫等人的创造而成。

远在吉帕尔赫当时，就证明了月球是沿着偏心圆周围绕地球而运行的。但是托勒密指出，这种假定不能说明月球运行的一切不规则性，因为月球不是按偏心圆围绕着地球运行的，而是沿着一个较小的圆周运行，这个小圆的中心，又沿着上述偏心圆围绕着地球而运行。这样，由月球所刻出的倾斜的圆周，叫做周转圆。托勒密采用了这种周转圆，来解释其他的行星——水星、金星、太阳、火星、木星和土星的运行，因此他的整个行星体系，获得了周转圆的体系的名称。的确，这些简单的周转圆，似乎尚不足以说明行星轨道的不规则性，因此托勒密不得不设想一些复杂的图解，以符合于这种目的。他自己好像自作原谅似地解释说：“看起来，推动这些行星本身运行,似比了解它们的复杂的运动还容易些。"

《地理学导言》是托勒密的另一部名著。可是这部著作在其问世后不久,就被人们遗忘了,并且对当代的作家们也没有发生任何影响。到文艺复兴时代,《地理学导言》才被"发现",而且长期地成了关于宇宙和地球知识的源泉。十五世纪初期,查科莫·安热洛第一次把《地理学导言》译成拉丁文,而1475年才在温钦茨出版。三年后,又发行新版,并附刊一些铜版的地图。希腊文原著的第一版,由鹿特丹人伊拉斯莫斯发表(1523年)。到十六世纪,托勒密的这部著作已超过二十版,而到1704年时,已再版约达五十次。

托勒密对制图学的发展,继续保持着长远的影响。托勒密效仿他的先辈推罗人马林,把那个通过极乐群岛(大约这是古代世界已知的极西边的加那列群岛)的子午线认为是本初子午线。托勒密的著作中所附的地图,完全以上端为北方。向北的方向标,乃是古代世界分布在北半球的结果。那非常熟悉的古代世界的北半球,安置在较易看到的半球的上方,这是很自然的;后来由于罗盘的普遍推行,其上的磁针一端永远指向北方,这就更加便利了。这种方法,后来便成了一般通用的方法。虽然中世纪的许多制图学者,在长时期内仍有把地图的上方定为南方的,兼或有定为东方的。

托勒密在他的《地理学导言》的开头部分,曾对这门科学给予以下的定义:"地理学是对地球上现在已知的一切部分,包括一般与它(即已知这部分)有关的一切东西作线条的绘画(即地图学)"。

托勒密把“地方志”从“地理学”(即制图学)中区分出来,认为地方志的任务是要详细地描述一定地方,以及其一切名胜古迹。地方志不需要地理学所必需的数学。从事地方志的研究,必须有描写的技能,然而地理学只用线条和符号就可以应付裕如。托勒密在总结他对这门科学的目的和任务的说明时说道:“地理学使我能够在一张地图上观察整个地球,就像我们在头顶上能够直接观察回转中的天体穹隆一样。”简而言之,托勒密把地理学理解为数理地理学(包括地图学在内),而其所称之地方志,就是指区域学而言。

《地理学导言》共分为8卷。第一卷内容是一般理论上的绪言。托勒密首先从地理学的定义开始,以后就阐明有关这门科学的资料和方法的各种问题,再就其最尊敬的先辈推罗人马林的著作,加以一般的商讨之后,对马氏关于地球体积及形状的概念提出很大的修正,并阐述先辈们,包括推罗人马林在内,所用圆柱投影法来绘画整个地球的不正确性。

他提出了两种新的制图投影法。第一种就是惯用的圆锥体投影法,这种投影法,具有从一个中心向四周放射的、直线的经线和弯曲的纬线;第二种就是球面投影法,这种投影法,具有弯曲的纬线和弯曲的经线,只有中央一条相当于半球90°的直线经线是例外。为了绘画地球上小规模的面积,托勒密也认为可以采用圆柱投影法。

在第二卷以及其后的几卷中,托勒密提供了绘制地图的资料。在这几卷里所引用地理上的名称总数达8 000个。他从各点(记在地志、海志和陆志中的各点)之间距离的对比中,推测出大部分地方的位置,其中经过天文学上(利用日晷仪)测定纬度的地方的数目,约有350—400个。制图的资料,是一份标出地理坐标的各城市和各地方的一览表,但是都很不正确,特别是托勒密所采用的推罗人马林的经度,尤为不正确。

托勒密完全遵守吉帕尔赫的观点,但却梦想不到要彻底完成其伟大先辈的计划,也就是说要绘制地图,须格外地根据天文学的资料,而于测定地理坐标时,必须经常使用天文测定的简化方法。

在托勒密的《地理学导言》各版中,通常都附有27张地图,而他的原稿中,有些甚至附有64张地图,因此到了中世纪,托勒密这一专有名词就变成了普通名词:"托勒密"一词的意义就是,我们现在(自墨卡托时代起)所谓的地图表册。关于这些地图是谁制作的问题,一直到现在还是一个争执的问题:有些人认为地图的作者是托勒密本人,而另外一些人却认为某一亚历山大港人阿加佛迭蒙是制图者。据说这个人,似乎是在第五世纪根据托勒密的《地理学导言》中所记载的材料,绘制了这些地图。而托勒密本人却没有绘制过地图。这个问题在很久以后才得到解决。26张巨幅的地球分区图以及64张小型的区域地图的绘制者,事实上是托勒密本人,至于通常所谓的托勒密世界地图(用简单的圆锥形的投影法绘制的),则毫无疑问应当认为是阿加佛迭蒙所绘制的。

托勒密早就知道印度以东的各地,即包括马来半岛在内的印度支那,以及住有塞尔族的支那(中国)。他知道在非洲有一隆山,即尼罗河的发源地。诚然,白尼罗河上游的一个支流,起源于鲁文佐里山脉的冰川。托勒密还知道在尼罗河的上游,有一些为河流所经过的大湖。

托勒密世界地图

作为在埃及出生的人和在亚历山大港图书馆的工作者托勒密,对东部海岸和中部非洲,在当时有着非常丰富的知识。在他的时代,罗马的船只已经航行过印度洋;人们已经知道塔普罗班(斯里兰卡岛)仅仅是这个大洋上的一个岛屿,而不是像某些地理学家所推测的那样,为南方大陆的一部分。当时人们开始推测,印度洋向南伸延之远,比较吉帕尔赫所推想的还要远些。已经探测出来的东部海岸线,是由亚丁起到桑给巴尔为止:这条海岸线仍然向南伸延。但是在亚历山大港学派的传统上,南方大陆的思想是根深蒂固的。一个不甚显著的暗示,即桑给巴尔附近的海岸线所构成的一个向东的小曲折,便成了托勒密的奇异假想的最后的推动力量:他暗自想象,黑色大陆的海岸急剧地转向东方,围绕着印度洋的整个南方边缘,并在马来半岛附近与亚洲大陆相接。只有某一个神奇的芬内海峡把它们区分开,而在亚洲的岸上,有黄金的刻索泥撒折和卡齐加拉城。印度洋就这样变成了第二个地中海,而整个的北非洲变成了南方大陆的一个巨大的半岛。

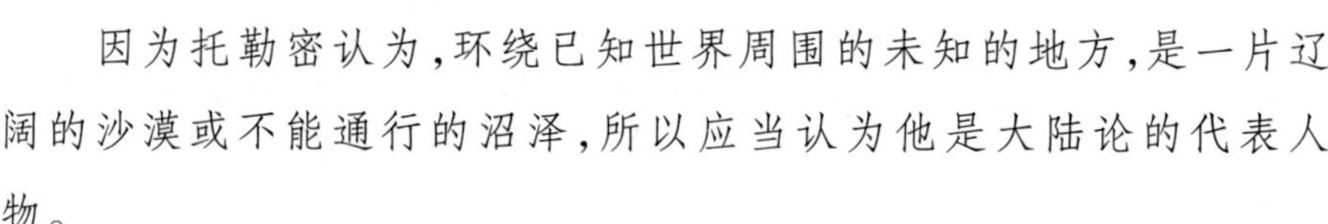

因为托勒密认为,环绕已知世界周围的未知的地方,是一片辽阔的沙漠或不能通行的沼泽,所以应当认为他是大陆论的代表人物。

他除了有许多正确的概念之外,也还有一些巨大的错误:

(1)在他的地图上,像大陆论的代表所应有的一样,水的部分所占的面积比陆地小。(2)印度洋,如上所述已变成了内海,同时中国海岸起初被认为向南曲折,然后又被认为向西转折,而仅仅以一条狭窄的海峡与非洲相隔。(3)斯里兰卡岛的面积特别被夸大,而把印度半岛却描绘得十分狭小。(4)地中海被延长了,经度

42°被说成了60°。(5)亚速海的面积,特别是在宽度方面也被夸大了;它的北端从北纬47°被延长到55°。这种歪曲造成了以下的结果:(6)显著地缩小了东欧(苏联欧洲部分)的面积。(7)托勒密根据波西多尼阿斯重新测量的结果,采取了大圆周的长度等于18万斯塔季亚。(8)地球的一半为已知的地方所占有。(9)由此则从极乐群岛向西,到中国的距离就被认为较短,而由于这个错误,就促成了人们由西方航行到达中国和印度的尝试(哥伦布)。(10)托勒密虽赞同关于酷热而多沙漠地带的学说,然而在其一览表中,他却罗列了各城市和有人居住的沿海地带,一直到赤道为止。

使我们感到特别有兴趣的是第3卷第5章和第8幅地图中,关于欧洲萨尔马提亚(由维斯拉河到顿河)的描述,以及第5卷第8章和第2幅亚洲地图中,关于亚洲萨尔马提亚(由顿河到伏尔加河)的描述。托勒密把整个萨尔马提亚分为两部分:欧洲的萨尔马提亚(从维斯拉河到顿河)和亚洲的萨尔马提亚(由顿河到伏尔加河)。据托勒密的意见,欧洲的萨尔马提亚从南到北,由黑海和亚速海伸延到萨尔马提亚大洋(波罗的海)的温涅德湾,维斯杜拉河(维斯拉河)、赫朗河(普列格利河)、鲁顿河(涅曼河)、图隆特河(温达瓦河)和赫辛河(西德维纳河)均注入那尔大洋。托勒密在欧洲的萨尔马提亚境内,列举了许多河流、山脉、城市和居住在这一地区的各族。在其列举的群山中,有萨尔马提亚山脉、喀尔巴阡山脉、温涅德山脉和彼夫金山脉(大概这只是喀尔巴阡山脉的各个部分)、阿兰特山脉(大概,这不是别的山脉而是顿涅茨山)。阿马多克山脉毫不符合真实,而里彼群山或里彼山脉也应当同样

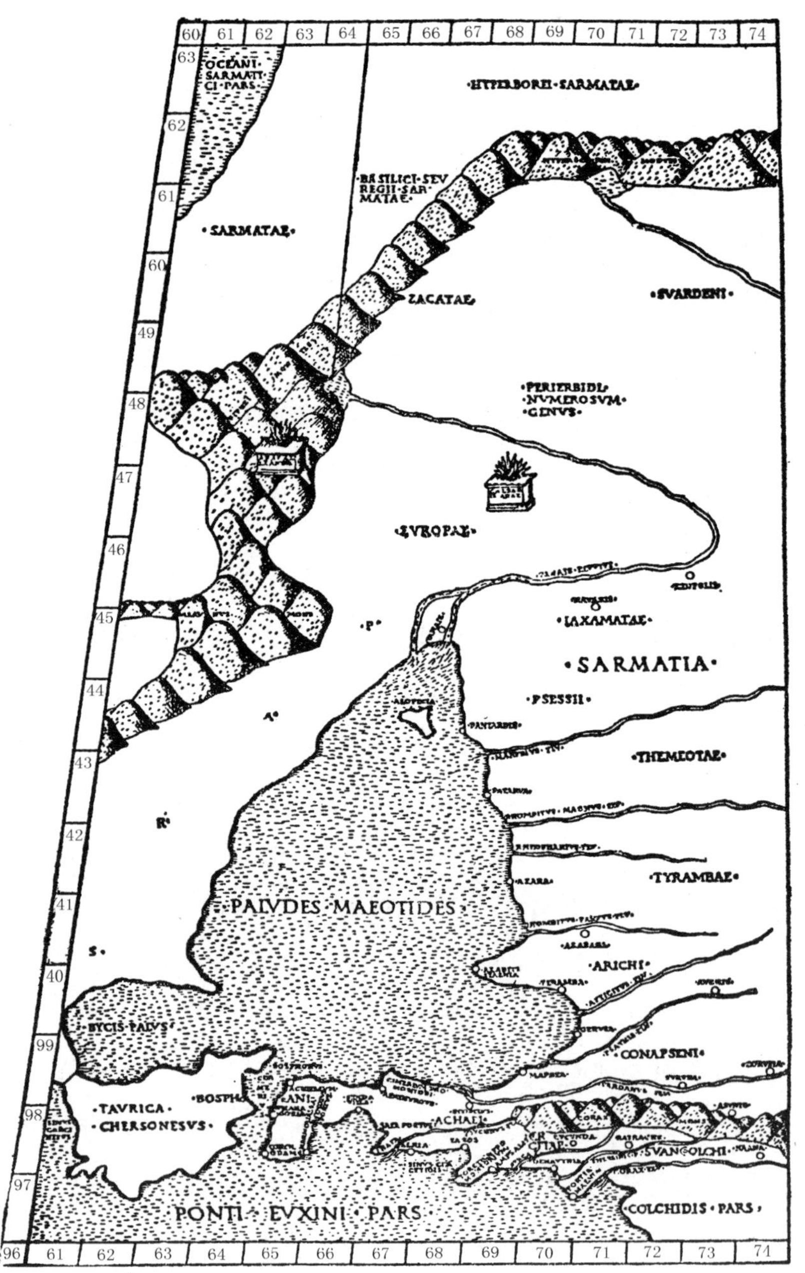

托勒密亚洲萨尔马提亚地图的一部分

认为是虚构的地理事实。早在公元前七世纪时,为了标明当时已知世界极北边的未知山脉,就有了这个名字。后来随着地理知识的传播,在这些名称下的诸山,更向北方人们还不明了的地方远移一步。最后人们把这些名称和作为欧亚两洲间分界线的顿河联系起来。托勒密把这些山只放在一个地点,并且是在欧洲的萨尔马提亚境内,然后确定了他们的位置。因为他知道伏尔加河称为喇河,而卡马河是其北部的支流;他还知道伏尔加河与顿河相接近的下游地方。那么他可能知道顿河和伏尔加河之间地区的草原特征,并且这里缺少山脉。但是各种文献的传统过于根深蒂固,致使托勒密没有从他的一览表中删除这些神秘的山脉。至于博丁山脉,那可能想象为流入相反方向的两个海——南海与北海的各河流域之间的分山岭;如果是这样,那么在博丁群山中,就一定可以看到瓦尔载丘陵。

他把伏尔加河流入的里海绘画成为一个封闭的盆地,而不是北大洋或地中海的一个海湾。这样一来,里海经过五百年长期的错误想法以后,托勒密重新恢复了希罗多德和亚里斯多德对于这个海所具有的正确概念。但是,他不顾希罗多德的正确的指示,却认为里海内海的长轴方向是从西向东的。这种错误,大概是由于他对西徐亚湾(卡拉博加兹湾)旧有的辽阔区域和咸海的存在等,认识模糊所造成的。关于咸海,我们在很久以后,在拜占庭作家美南德(第六至七世纪)的著作《论野蛮人对罗马人的使节和罗马人对各民族的使节》中,才找到了初次肯定的报道。

地 理 学 导 言

第 一 卷

第一章　地理学和地方志的区别在哪里

地理学是我们对地球上一切已知的部分以及其上存在的一切事物作线的描述。地理学与地方志不同之点在于:后者是就一些个别的地方一一加以研究,并记载得非常详细,例如港湾、村落、区域、主要河流的支流等等。

地理学描述我们所知道的唯一的、永恒的地球,指出其自然条件和其全部外形的真正情况,记载各海湾、各大都市、各民族、各河流,以及每个种族中所遗留下的最著名的名胜古迹。地方志的任务,可以比做画家观察他所准备要画的头颅上的各部分,如耳朵或眼睛之类。地理学的任务好比为了充分画出头的外形,而研究整个头部一样。

在任何绘画的时候,首先必须安排好所要画的目的物的主要部分,还要注意该被画的目的物,距离我们眼睛的远近,并把距离予以适当的调整。为了使整个的绘画得到正确的理解,这是必要的。所以地方志必须合理地、有益地表达出各地方的最细微的特殊,而地理学却只表达重要的轮廓。人类居住的大地的主要部分,可以用适当的方法画出来的,就是各地方的位置之所在及其个别的差异点。

地方志主要是从质量方面来研究的,而不是从数量方面来研究的:它经常关心的是各地的相似点,而丝毫不关心各地点相距的比例。地理学则可以说是从数量方面来研究的,因为它经常关心距离的相称,而只有当描写大部分和全部轮廓的时候,才关心其相似的地方。所以地方志必须叙述各个不同的地方,而且如果是不善于描写的人,就不能着手研究地方志。地理学则完全不需要描述,因为它只用线条和符号来绘画地位和外形。因此,地方志根本不需要数学方法,可是数学方法在地理学中是最主要的部分。事实上,首先应当研究整个地球的外形及其体积,以及其对天空的位置,以便此后能谈到我们已知的部分时,明确它是什么样的,它的每个点位于哪条纬线上。由此才可以谈到以下各种问题:昼夜的长度,天顶上的各恒星,经常运行在地球上空的星群,以及与我们有关的有人居住世界的概念。这一切都是显著而美妙的问题,同时这一切借助数学,使我们有可能在一张地图上观察整个的地球,正像我们在头顶上能够观察回转中的天体穹隆一样。因为真实的地球规模宏大,而且它又不在我们的周围,所以一个人对于它既不能立时周览全部,又不能立时分部周游。

第二章 地理学的基础应该是什么

以上所述,一般地可以说明研究地理学的任务是什么,以及地理学与地方志的区别在哪里。但是,因为现在我们要绘画一个完善的有人居住的地球,同时还要把它的实际大小尽可能地表达得较为准确,所以我们认为,一开始就把旅行报道在这方面所起的主要作用加以解说是必要的。这些报道一面提供极为可靠的消息,一面传达作为一个探险家和观察家周游个别地方的各种故事。这些观察报道一部分是几何学的，一部分是气象学的。当各地间彼此有关的位置，是以直接测量距离的办法来确定时，它们就是几何学的；如果该地位置是以天文观象仪和"奥斯奥迭尔"测定的，它们就是气象学的。气象学的资料因其完善，所以较为准确；而几何学的资料是比较不正确的，需要气象学作补充。在测定两个被考察的地方的断面方向时，就应该根据这两种方法。因为只是知道一个地方到另一个地方有多大距离是不够的，还需要知道这个地方的方向，例如向北或者向东，或者是介乎两个方向之间的方向。上述的方法，往往易于指出经线的位置，但是也要指出任何断面的方向，如果不借助它们作观察，是无法测定地点方向的。此外，测定斯塔季亚的数字，不能充分提供有关真正距离的确实概念，因为按直线进行的道路是少有的。有的道路，无论是按陆地或海洋的形势计算，其中数字可发生许多偏差。因此，如果道路是沿着陆地的，那么就应当一面推测由偏差的数字和性质所产生的多余部分，一面从斯塔季亚的总数中减去它，以期获得直线距离的斯塔季亚数目。如果是航路，就应当计算由风的吹动所产生的偏差，因为风有许多原因使其不能经常保持同一的力量和方向。此外，如果取两地作比较，其间的间隔纵是确定的，然在这一方面斯塔季亚数量的测定，既不能提供这个距离对整个地球圆周的比例，也不能提供其对赤道与两极的位置。至于从观察天空各种现象所作的测量方法，则所测定的一切都是准确的，同时能指出通过被考察的各地方，所引画的纬线与经线之间的各个不相同的圆弧的大小：纬线表示纬线之间及它们与赤道圆周之间所连接的经线的弧的大小，而

经线则表示经线之间所连接的赤道的弧线和纬线间的弧线。此外,通过两个点所引画的大圆周的圆弧上的它们之间圆弧的大小,亦是以表明。并且为了测定地球各部分间的对比关系,以及为了一般地着手制图起见,完全没有计算斯塔季亚数目的必要。因为事先假定把地球的圆周分成若干任意大小的分段,这就可以利用在同一分段上所分成的小段,以提供在地球的大圆周(通过一定的点引划而成的)之上的各个距离。但是如果需要把整个圆周或其一些部分,划分为我们所采取的测量方法所规定的某些分段时,没有斯塔季亚的计算是不行的。那么,只要根据这个理由,就必须在直线测定法和天空大圆周的相当的弧线测定法两者之间,采取一个相应的办法。根据天文现象知道了这个圆弧对地理整个圆周的比例之后,那么根据一定线段的测量(按照直线测量法,求得与这个圆弧相当的斯塔季亚的数目),就应当指出整个圆周的斯塔季亚的数目。大家都知道,根据数学方法,陆地和海洋的表面在整体上是球形的,并且和天空的球体具有一个共同的中心。因此,每一个经中心而引画的平面,必然在天体球体和地球球体共同的断面之上,作出两个球体的大圆周,而在这个平面上,由中心的顶点所构成的角度,当然包含这些圆周的比例的圆弧。这样一来,地球上的直线距离的斯塔季亚的数量,是用测量法计算算出来的,至于这些距离对地球的整个周长的比例数,那是无论如何也不能用测量方法计算出来的,因为在这里,用两者来比较是不可能的。这种比例,可按照天空大圆周的比例的圆弧来判断;这个圆弧和其圆周周长的比例是可以求得的,而它也就是地球上相应的圆弧,对地球的大圆周的比例。

第三章　如果已知任何一段纵然不是依照同一经线得出的直线距离的斯塔季亚数目，应当怎样求得地球圆周长的斯塔季亚的数目，并如何用相反的方法计算

我们的先辈遇到地球上的距离形成大圆周的弧线时，不仅按直线测量之，而且也在一条经线的平面上测量其距离。他们利用“斯基奥迭尔”观测距离的两端的天顶点时，认为这两端所限定的经线的弧线，相当于地球上的路程。那就是说，依照我们上面所说，以这些点位于地球中心横切的一个平面上为根据，从这些点向天顶点所引画的直线自然会合起来；因为它们的会合点，便是圆周的共同中心。因此，在天顶点之间所联结起的弧线，构成了通过两极所引画的圆周的那一部分，就是他们认为地球面的距离所构成地球周长的那一部分。如果包括我们所测量的距离的圆周不是通过两极的话，而是任何一个大圆周时，只要求出两端的天体的高度[①]，并求出我们的分段对于其他经线的位置，就能够同样准确地解决这个问题。我们证实了这一点，就是说，要先制造好气象记录的仪器。我们除了其他许多有用的东西外，利用这个仪器就能毫无困难地在任何一个白昼或夜间，都能知道观察地点的北极的高

① 指星的高度。

度①,还能(不根据时间)知道经线的位置,以及和经线有关的一定的路程的位置;也就是说,要用最大圆周在顶点上与经线所形成的多大的角度,来绘画我们在大圆周上的路程。利用这种气象的记载,同样地可以指出所寻求的弧线,还可以求出赤道的弧线,以及连接两个经线间的其他纬线的弧线。

因此,用这种方法,事先只要测量出地球表面一段的直线距离,也就能求得地球上的全周长的斯塔季亚数目,最后就能不依照直线测量方法,求得其余距离的斯塔季亚数目。即使这些距离根本不是直线的,并且不在同一经线上,也无关系,这只要精密地测量两端的天体的高度和一定方向的一般特点就够了。反过来说,如果知道一定距离所占有的弧线与大圆周的比例,并知道全地球的周长有多少斯塔季亚,就能容易地计算出该距离的斯塔季亚数目。

第四章　与其相信从游记中得知的资料，不如相信由观测各种现象所获得的资料

如果有人周游若干个别地方,并作了详细的观察,他们可能绘制一个大地的球状地图,惟其真实性不是没有任何疑问的。但是,只有吉帕尔赫告诉过我们少数城市的北极的高度(与地图上所载的许多地方相比较),并且指出了那些在同一纬线上的各地点。

① 指纬度位置的高低。

还有某些生在吉帕尔赫之后的人，指出沿着赤道那边的某些地方，并且这些地方不是和吉帕尔赫所指出的那些地方在离赤道的同一距离之上，而只是和它们在同一经线之上。因为这些人所作往返的航行，是顺着北风或南风进行的。大多数的距离，特别是向东或向西的距离，都绘画成了圆形，但是这并不是因从事描述的人忽略所致，而可能是因为当时还没有建立数学计算的适当方法，并且他们认为，只应当把在同一时间而在不同地方所观测到的那些月食记录下来，但不是在亚卑拉五点钟观测的，而是在迦太基二点钟观测的那些月食。根据第二次月食，可以看到各个一定的地方，彼此相距在东边或西边若干度。鉴于以上一切所述，可能合理的办法如下：打算依照这些记载来绘制地图的人，要采取观测所得的最准确的资料作重要基础。至于其他的资料，其相互间的关系以及其对正确记载资料的关系，不符合于最可靠的报道的时候，则参照最可靠者斟酌采用之。

第五章　由于地球上各种事物随时间的演变而发生变化，所以应当注意较为新近的记载

总之，在绘制地图时应当遵守上述的方针。时间能使我们对于所有地方的知识，变得越来越正确，这些地方从前完全不为人知道，是因为它们或者非常辽阔，或者不是经常处在同一状态之中。绘制地图的情形也是这样的。实际上，从陆续发表的地球记录本身看来，大家都知道，地球大陆有许多部分现已为我们所居住，而

当时尚不为人所知,这或者是由于它们的范围广大,以致难以接近;或者是由于另外一些地方,因为负责记载的人知识浅薄而没有予以适当地记载;或者是地球的某些部分,因为其间发生了某些损坏和改变,已经不是从前的情况。所以在绘制地图时,必须主要地注意到最新近的报道,同时还要区别当时的和陈旧的报道,并把其中哪些是值得信任的,哪些是不值得信任的,加以比较。

第六章　论马林的《地理学导言》

我们认为,生于推罗的马林是我们时代中从事于这种事业的一位后起之秀,而且他是非常勤勉的。他发表的地理方面的记载,比我们从前已知道的还多。他一面竭力研究所有先辈们的著作,一面认为必须修改他们和他本人最初所误信的那些著作。这可由他曾经多次再版发行他所修改过的地理图这项工作中看得出来。如果可以承认他的最近的工作是无可责难的话,那么我们也可以按照他的记载,很能够绘画出地球图而不需多费工夫。可是那是另外一回事,因为他没有充分理解就下了结论,而且常常对使用地图的便利以及它们的比例不予以适当的考虑,便着手绘制地图,那么,我们当然愿意对这位学者的著作,在我们认为适当的范围内做一番更合理、更有用的工作。这就是说,我们要事先尽量仔细地从这个或其他的观点,来研究什么是值得注意的,然后再进行工作。那么,首先说他所根据的报道。他认为我们已知的地球的长度,应当是向东再延长,而其宽度应当向南延长。这不用说,我们所能达到的地球表面的东西间的距离,可以叫做长度,而其南北间的距离

叫做宽度,这是因为我们把与这些距离相适应的天体运行,也给予同样的名称,并且通常都把较大的距离叫做长度。所以大家完全同意:有人居住的地球,其东西的距离比其南北间的距离大得多。

第七章 根据马林所计算的各种天空现象,来修正我们已知的地球的宽度

因此,我们从宽度开始。马林本人推测弗列岛,是位于我们已知的地球的最北部边界的纬线上。他证明这一条距离赤道最远的纬线,应当远离赤道在包括三百六十度的经线上的六十三度的地方,或者距离赤道三万一千五百斯塔季亚,因为一度约合五百斯塔季亚。其次,他先把埃塞俄比亚人的地方,即所谓的阿吉辛布和普拉斯角,安置在我们已知的世界的最南一条纬线上,然后沿着冬(南)回归线引画这条纬线。因此,根据马林的意见,地球的全宽度(加上赤道与冬回归线间的距离以后),缩小为八十七度左右,共计四万三千五百斯塔季亚。至于他所划定的地球极边,他是既借助于某些天空现象(至少他本人认为是这样),又借助于陆路和海路的记录,来竭力加以证明的。我们现在对它们来分别研究一下。关于各种天文现象,马林在其著作的第三篇里详细地解释如下:“在热带地方,整个黄道带运行于地球的上空。因此在地球上阴影的方向也改变了,所有的星辰都在升起和降落。只有小熊星在奥克尔以北五百斯塔季亚的地方,完全出现在地球上空。因为奥克尔的纬线高度为十一又五分之二度。从那些由赤道向夏

(北)回归线移动的人来看,北极经常是耸立在地平线之上,而南极则显得是在地平线之下的。”这样,他只是说明了在赤道上,或者在南北回归线之间的各地方,所必然发生的现象。但是他并没有指明在赤道以南的纬线上,由观察而记载的各种现象,是否任何时候都是确实的。他的以下各项报道,其情形也是这样。如关于赤道以南的各星出现于什么地方的天顶的报道;关于在春分时候,正午的阴影偏向南方的报道;关于小熊星座出现和降落都为时短暂,或者相反地有一些星,当南极位于地平线上的时候根本不出现的报道等等。诚然,他在这些报道后面,附带说明了若干观察的现象,但是这种现象绝对不能作为上述报道的证据。实际上,他说:“依照萨摩斯岛人季奥多尔在第三卷中的断言,在印度林米里依地区的航行者所作的观测,游马星座位于天空的中央,但是七曜星则临于帆桁的正上方,而那些由阿拉伯到阿德赞尼亚去的人取道向南航行,就是向着那里称为天马星、亦即南极老人星(南船座 a 星)那一方航行,因为在那里出现了我们这里甚至没有名称的一些星,而天狼星座比南河三星升起得早些,猎户星在夏至以前就完全升起来了。”这些现象中之一,例如游马星和七曜星在天顶的位置,便清楚地指出那些地方位于赤道以北,因为这些星座都在赤道之北。其他的现象,则丝毫不能指出其在赤道以南的地方较之赤道以北的地方为多。要知道,居住在北回归线以北的人,也能看见南极老人星(南船座 a 星),它们大都是我们经常在地平线以下发现的。这些星可能在某一地方出现于地平线之上,而该地的位置虽在我们以南,但仍在赤道以北。例如在麦罗埃周围的地方,便有老人星(南船座 a 星)这样的星座出现。它本身出现于我们这里,

而在我们以北的居民那里就不出现。同时,我们以南的居民所称的天马星,也就是这个星,而不是我们所不知道的别的什么星。马林本人甚至也补充说,他通过数学的计算方法断定:猎户星于夏至来临之前,居住在赤道上和赤道与西厄那之间的人们,都能完全看见。因此,甚至在这些现象中,也没有任何征兆能表示上述的星宿在赤道以南的地方。

第八章　根据陆地旅行的资料,也能修正我们已知地球的宽度

马林谈到旅行的资料,特别是沿着陆地旅行的资料时,考虑到从大列普塔到阿吉辛布地方间踏查的日数,而断定阿吉辛布距离赤道以南二万四千六百八十斯塔季亚。他谈到海上旅行时,考虑到从穴居人地方的托勒密伊达,到普拉斯角间航行所需的日数,而断定该海角距离赤道以南二万七千八百斯塔季亚。由此可见,普拉斯角和住有埃塞俄比亚人的阿吉辛布地方,据他本人的说法,并不是埃塞俄比亚南方的边界;这些地方一直到达南半球的寒带。因为这二万七千八百斯塔季亚,在经线上是五十五又五分之三度,也就是分住在气候条件相同的麦奥齐达沼泽北岸的西徐亚人和萨尔马提亚人距赤道另一侧的距离。他本人把所求得的斯塔季亚数目缩减到一半以上,即减为二万斯塔季亚,大约等于由冬回归线到赤道间的距离。他只说出离开直线路程的偏差和每日行程的不均等,乃是缩小所得数的原因,而不仅忽略了能够说明何以必须缩小得数的理由,甚至也忽略了所以要把得数缩小到这样程度的更为

重、更为直接的原因。实际上,起初他讲到了由加拉马到埃塞俄比亚人居住地方的旅行:有谢普齐米·弗拉克其人由利比亚出发,向加拉曼特人的地方以南,走了三个月的行程以后,便来到了埃塞俄比亚。后来马林又谈到朱理·马忒,那曾跟随加拉曼特国王由加拉马出发远征埃塞俄比亚人,在四个月的旅途中向南方继续推进,最后到达了犀牛群集的阿吉辛布的埃塞俄比亚人的领土。这两件事情本身是难以置信的,因为埃塞俄比亚这一边,距离加拉曼特人的地方没有这样遥远,以致需要三个月的旅程才能到达,而且加拉曼特人或许就是埃塞俄比亚人,而埃塞俄比亚的国王和加拉曼特的国王,或许是同一个人。这些情况之所以难以置信,也是因为这件事情,一般说来是很可笑的,国王岂能只沿着一个方向,即由北向南去征服自己的藩属,而这个部落却是向东和向西遥远地伸展着,何况记载中完全没有提到在任何地方所作的停留。因此可以清楚地看出,人们关于这件事的报道,或者是荒诞无稽的;或者是因为这些地方的居民,一般不说"向南"和"向西南",而使用其方言:"向诺特"和"利布",由于大家仿用方言,便代替了可靠的、正确的语言,以致"向南的"概念便混淆起来了。

第九章　根据航海资料,也可修正我们已知地球的宽度

关于阿罗马提与拉普提之间的航行,据马林说,有待俄泽尼其人是航行到印度的人们中的一位,在回航的路上,被北风吹着重新驶近阿罗马提,船的右舷是傍着穴居人的地区,经过二十五天后,

驶到尼罗河所发源的那些湖，而拉普提角就在这些湖以南很远的地方。其次，马林又谈到，有捷奥菲尔其人是航行到过阿德赞尼亚的人们中的一位，他由拉普提出发，乘南风航行，在第二十天上到达了阿罗马提。但是这两次航行都没有谈到航程有多少天。在谈到捷奥菲尔时，说了在第二十天上，风逼使他靠了岸；而谈到待俄泽尼时，只说了他在穴居人地区的旁边航行了二十五天。他们两人的报道，都只有在途中走了多少天的材料，而没有计算出他们实际上航行了多少天。要知道，在这样长的时间内，风力和风向都会是有变化的。而且也没有提到他们是向北或向南航行的：关于待俄泽尼，只谈到北风吹乱了他的航程；关于捷奥菲尔，也只谈到乘南风航行。但是否在全部航行时间都保持着同一方向，则两人都没有谈到，何况同一方向的风保持了多少天又难以推断。试看，待俄泽尼航行于阿罗马提到那个南面有拉普提角的湖之间，共用二十五天；而捷奥菲尔由拉普提到阿罗马提的更远的距离，则只航行了二十天。马林本人一面遵从捷奥菲尔的推算：在顺风的时候一昼夜航行一千斯塔季亚；可是他一面又引证季奥斯科尔的计算：由拉普提到普拉斯的水路，虽然需要许多天的航行，可是只有五千斯塔季亚。他的根据是：在赤道上的风是容易变化的。还有一件事情也是很自然的，即太阳在这些地方移转到另一面去是非常快的。这就是不应当根据旅行家所说出的日数来作推算的原因。但是，还有另一个更为明显的原因，即根据这个数字计算距离的人，把埃塞俄比亚人和犀牛群都置于南半球的寒带。其实一切生物，不管是动物和植物，都必须适应于其周围的气候条件，而且在同一纬线或者距两极相等距离的纬线内，是彼此类似的。因此，马林把由地球南端到赤道的距离,缩小到赤道与南回归线之间的大小。如果,像马林本人所为,信赖一定的日数和一定的行程顺序,他这一举动也是没有任何合理的根据的。事实上,马林对于日数和行程不加修改便予采用,且又违反通例,仅缩小了一天所走过的斯塔季亚数目(当时我们所知道的地球的边界,还没有达到他所认为的应有的纬度)。相反地,一天内所能走过的一定距离,是应当相信的,但是不能信赖行动的一定顺序——无论在行程均匀方面或方向方面。所以,用这种方法不能求得所要寻求的距离。用这种方法能够探知的唯一的距离,是距赤道更远一些地方的距离。根据某种比较固定的现象,便可以寻求出这个距离。如果有人从数理地理学的观点,研究那个地方所固有的各种现象,借它们的帮助或可能探知所寻求的距离,而且是很准确的。但是由于缺乏详细的论著,不得不根据简单的记载,对赤道的那一边的地球长度作一个大概的探讨,也似乎是合理的。这种记载,将以栖居在那些地方的各种动物的外形和色彩作对象。根据这点得出的结论是:通过阿吉辛布地方的纬线,当然也是埃塞俄比亚人地区的纬线,不但不是在南回归线的地方,而是在赤道的附近。事实上,因为在我们住在位置适当地方的人类,就是说在北回归线的地方的人类,已经没有埃塞俄比亚人的皮肤颜色,也没有犀牛和大象。但是在这些地方以南不远之处,逐渐发现皮肤黑色的人们,例如那些居住在沿着西厄那那一边的特里阿康塔斯坦地方的人们,其中包括加拉曼特人在内,便是这样。关于后者,马林也说道,他们无论如何经常居住在北回归线以南的地方,而不是正在回归线及其以北的地方。可是在麦罗埃的周围已经发现足够多的黑人,并且第一次发现纯种的埃塞

俄比亚人。那里也有象和各种形状特殊的奇异的动物。

第十章　不应当认为埃塞俄比亚人是居住在与赤道那边的麦罗埃纬线相当的纬线以南的地方

假如把阿吉辛布地方、普拉斯角和一切与其位于同一纬度上所有的地方正确地安置在地图上，则根据到过这里的旅行家的报道，埃塞俄比亚人居住在不远于这个境界，即不远于大约与麦罗埃纬线相当的地方，所以距离赤道同为十六又十二分之五度，或者约等于八千二百斯塔季亚。这样一来，全部宽度大约为七十九又十二分之五度，或化整为八十度，即四万斯塔季亚。至于大列普塔和加拉马之间的距离，那么就必须遵守弗拉克和马忒那所引证的数目字，为五千四百斯塔季亚了。马林所提到的二十天，这是和最初向南或向北的路线相比较的另外一条道路化成直线所需的时间，最初的路线由于偏差延续了三十天。正如马林所说，旅行者本人指出了每个日程里走了多少斯塔季亚。这个斯塔季亚数目，大部分不单单是每日可行的行程距离，而且也是由于水路的遥远所决定的必要的距离。

如果对于遥远的和难以航渡的距离，其资料又彼此不一致，因而应当持以怀疑态度的话，那么关于由许多人走过多次的近距离，其资料彼此一致者，就值得信任了。

第十一章　论马林关于计算有人居住世界的长度的错误

因此,从上所述,我们应当清楚地知道有人居住的世界在宽度上真正应有多大。至于它的长度,根据马林的意见,联结两条经线之间的长度是十五小时的距离。我们认为这个距离似过于夸大了,因为这比应有的距离向西延长得过多,如果在这里予以适当的缩小,则全长不到十二小时的距离。同时,我也和马林同样把极乐群岛当做极西的边境,而把位于地球上某些吹东风的最远地方,如塞尔、西奈和卡齐加拉当做极东的边境。实际上,关于测定由极乐群岛,经过吉耶拉波利近旁的幼发拉底河到达渡口的距离,如果采用通过罗德斯岛的纬线上的距离,就必须以马林所引证的那些个别的斯塔季亚数目为指南。因为这条道路是就全部长度勘测的,而且马林在谈到大距离的时候,很明显地曾考虑过路途上的偏差和行程的不均匀,而加以必要的调整。此外,马林计算出大圆围的三百六十分之一等于地球表面的五百斯塔季亚,这个数字与测量相符合,不致引起疑问。通过罗德斯岛的纬线的同一部分便是这样,它距离赤道三十度,约为四百斯塔季亚。我们在这些纬线的一定对比关系上,若化零为整计算时,也许忽略了其中不太显著而扩大了的斯塔季亚数目。现在,我们一面把它们置之于同一纬线之上,一面研究一下,由上述的渡口经过幼发拉底河的地方到石塔的距离(据马林的意见,这个距离包括八百七十六斯恒纳,或者二万六千二百八十斯塔季亚),以及由石塔到谢尔人的主要城市谢拉

的距离(这段距离可以在七个月内走完,等于三万零二百斯塔季亚)。我们对这两段距离加以修正,就要把它们缩小,因为马林在计算这两段路程的时候,没有注意到离开直线而发生的偏差,而且在计算第二段路程时,陷入了与由加拉曼特人地方到阿吉辛布地方的路程同样的错误。须知道,当时他必须从四个月又十四天的路程,所计算出的斯塔季亚数目减去大半数,因为不应当假定这个行程,是在这样长的时间内连续不断地完成的。当然,在七个月路程内应当发生同样的情况,宁可说其情况更甚于由加拉曼特人地方出发的路程,因为这条路程是由国王本人完成的,它自然依照一定的计划,并在全部时间都是晴天的条件下完成的。还有由石塔到塞尔的一段路程,其中常常有强烈的暴风雨(据马林本人调查,这段路程通过赫勒斯滂和拜占庭的纬线),因此应当时常发生耽搁。同时,这段路程是由于商业旅行而始为人所知。马林报道说,有马其顿人兼世袭的商人马伊其人者(他又叫做齐齐安),记录过这些测量,但是,这个商人却没有亲自去过塞尔人的地方,而是派遣别人去的。显然,连马林本人也不相信商人的记载。至少他不同意腓利门的计算方法。马林一面根据这些资料,报道伊维尔尼亚岛自东至西的长度是在八天内所能完成的路程,一面说这是由商人那里听来的,但是商人们当忙于贸易事业时,就不关心真实的研究工作,而且时常,甚至大言不惭地夸大各个距离。同时,还有一种情况使我们相信,那样连续走完的路程的报告是荒诞无稽的:因为那些完成七个月旅程的人,除了旅途上的时间以外,没有看到他们提及旅行中任何值得记载或提到的东西。

第十二章　根据陆路旅行修正我们所知道的地球的长度

由此看来,我们的旅程不是通过一条纬线的。因此在一定场合下,把按七个月旅途计算而得到的斯塔季亚的数目(三万六千二百)减缩一半以上,可能是合理的。但是,因为考察过程的本身,对于我们甚为重要,所以把这个数字只减缩为一半。那么这个距离将等于一万八千一百斯塔季亚,或四十五又四分之一度。如果不把这两段路程的斯塔季亚数字大大地加以减缩,而只减去由加拉曼特人的地方出发的路程是不正确的,甚至是不合理的,因为这里具有明显的证据(我所指的是阿吉辛布地方动物的特征,它们并不分布在离当地自然条件更远的地方),而由石塔出发的路程却不用改变,因为这里没有那样明显的证据(在这个全部旅程上,不管距离的长短,气候是相同的)。采取这种办法,可以说是与那些既不去揭穿,也不打算举止要像哲学家所要求的那样正确的人相似。我们所研究的两个距离之中的第一个距离——我所说的是由幼发拉底河到石塔之间的距离,还需要根据直线所产生的偏差由八百七十六斯恒纳减少为八百斯恒纳,或减少二万四千斯塔季亚。我们相信马林所说的,这条道路是连续不断的和均匀的,而且通过我们已经非常熟悉的地方。但是在马林看来,这条路程有许多偏差是很清楚的。事实上,他可能采取这样的一条路程:由吉耶拉波利的幼发拉底河口起,越过美索不达米亚而到底格里斯河,并由那里经过加拉马人的亚述部落地区,以及经过米底而通往

埃克巴塔那、里海的门户和帕提亚的格卡唐皮尔城。这条路程是通过罗德斯纬线附近的,因为,据马林的意见,这条纬线应当经由上列各地区引画出来。还有,由格卡唐皮尔到吉尔坎尼亚城的这段旅程,应当偏向北方,因为基尔康尼亚城位于士麦拿和赫勒斯滂纬线之间的中心;士麦拿的纬线通过基尔康尼亚地方以南,而赫勒斯滂的纬线则通过基尔康尼亚城以北的、基尔康海以南地区。此外,由基尔康尼亚横越亚里亚,到马基埃那的安提俄克的道路,其开始偏向南方,是因为亚里亚与里海的门户都在同一纬线上,但后来偏向北方,则因为安提俄克位于赫勒斯滂的纬线上。由这里通往巴克特里亚的道路向东方伸延,而从巴克特里亚起,到穿过科麦德山脉的隘口是向北的。这条道路还穿过这些山脉,到达转变为平原的峡谷,是偏向南方的:因为马林把科麦德山的西北坡(即隘口之所在),放在拜占庭纬线上,而把该山的东南坡放置在赫勒斯滂的纬线上。所以他说,虽然这条道路几乎是一直向东,毕竟还是偏向南方。可是由峡谷到石塔的那条长达五十斯恒纳的道路,自然要偏向北方了。因为他说,这条峡谷过了山隘就是石塔,石塔以东,则全部山脉较低,并与由帕利博弗尔向北方高耸的伊马山脉相连接。因此,如果由石塔到塞尔四十五又四分之一度的距离,加上等于二万四千斯塔季亚的六十度,那么沿着罗得斯纬线,由幼发拉底河到塞尔的距离将等于一百零五又四分之一度。其次,如果遵循马林的意见,并采用他的关于各段距离均在同一纬线上的说法,那么由极乐群岛的经线到西班牙的圣海角,为二又二分之一度;同样,从这里到俾提斯河口,以及由俾提斯到海峡和卡尔彼,均为二又二分之一度;因此,再加上由海峡到撒丁岛的卡拉利城的距离二

十五度,又从卡拉利城到西西里的利利俾阿姆角的距离四又二分之一度,以及从这里到帕欣的距离三度,由帕欣到位于拉哥尼亚的天纳尔的距离十度,再到罗得斯的距离八又四分之一度,由罗得斯到伊索斯的距离十一又四分之一度,由伊索斯到幼发拉底河的距离二又二分之一度。这样一来,全部距离等于七十二度,而由极乐群岛的经线到塞尔之间的我们已知的地球全长,总计为一百七十七又四分之一度。

第十三章　根据航程也可修正我们已知的地球的长度

如果约略地减去由于道路的弯曲和行程的不平均所引起过多的数字,我们也能够,根据他(马林)所引用由印度航行到西奈湾和卡齐加拉所经过的距离,求出这个数字以及在航行地点之间的位置。马林说,从科尔奇斯湾和所谓科里湾的那边的海角起,阿尔加里湾便自此开始。这个海湾伸延到库鲁尔城有三千四百斯塔季亚,而库鲁尔城约位于科里湾的北方。因为,到达库鲁尔的路程,如果从其中减去三分之一不得不沿着阿尔加里湾所走过的路程,便约为二千三百斯塔季亚(没有计算行程的不平均)。如果从这个数字中还减去三分之一,以调整行程上的不平均,那么剩下向东北方的路程,约为一千三百五十斯塔季亚。如果把这段路程调动一下,使它与赤道平行而向着东方,当计算移位角度时,将其减少一半,那么我们便得出两个经线(科里角和库鲁尔城)间的距离为六百七十五斯塔季亚,或者约为一又三分之一度。因为在这些地方，各纬线和最大圆周间的长度，差数并不太大。据马林说，由库鲁尔城向着那些在冬季期间太阳升起的地方去，一直到帕卢尔为止，这一段最远的距离是九千四百五十斯塔季亚。如果从这个数字中同样地减去三分之一，来调整其行程的不均匀，我们便得到既未停留，而又均等的航行所走的距离，即向着东南方约行六千三百斯塔季亚。为了使我们的路程与赤道相平行，从这个数字中减去六分之一后，我们便得出了这些经线间的距离，为五千二百五十斯塔季亚，或者为十又二分之一度。后来，马林援引恒河海湾沿岸的长度为一万九千斯塔季亚，并说道，从帕卢尔起，航渡这个海湾到萨达城，必须向着大致在春秋分的时候太阳升起的地方，走完一万三千斯塔季亚的距离。所以必须从这个数字中，减去因航程不均匀所引起的三分之一差误，使得在这些经线之间的距离，只剩下八千六百七十斯塔季亚，或为十七又三分之一度。根据最近完成的由萨达到塔马拉城的航程，他估计向着冬季期间太阳升起的那一边走，大约有三千五百斯塔季亚。这样一来，由这个数字中减去由于行程不均匀所引起的三分之一差误，我们便得出连续航行的距离为二千零三十斯塔季亚。如果计算向东南方的偏差，那么我们再从这个数字减去六分之一，就求得该经线间的距离为一千九百四十斯塔季亚，或者约为三又六分之一度。其次，马林计算由塔马拉到黄金的刻索泥撒折的路程，大致为向冬季太阳升起的方向一千六百斯塔季亚。因此，如果从这个数字中减去适当的部分，那么在上述的经线之间的距离，总共只剩下九百斯塔季亚，即一又五分之四度。所以由科里角到黄金的刻索泥撒折间的距离，等于三十四又五分之四度。

第十四章 论由黄金的刻索泥撒折到卡齐加拉间的航程

马林没有说明由黄金的刻索泥撒折到卡齐加拉,需要航行多少斯塔季亚。他只说,据亚历山大的记录,海岸线由黄金的刻索泥撒折向南伸延,如果沿海岸航行,经二十天即可到达萨巴城,但如果由萨巴城靠左边继续向南航行,经数日后便到达卡齐加拉。马林推测,这"数日"一词是用来说"许多天"的,所以把这个距离延长。他说,因为这些日数很多,所以无法以数字来确定。据我看来这是很可笑的。事实上,如果在这个日数里甚至能够周游整个地球的话,有什么样的日数不能以数字来确定呢?怎么使亚历山大混乱地把"许多天"说成"数日",正像马林所说的,而季奥斯科尔也报道过由拉普提到普拉斯的航行继续了"许多天"呢?假定说,"数日"一词是代替"不多几天"一词而言(我们常常是这样说的),那就较为正确了。但是为了不致使我们自己拘泥于其一距离由数字来决定的可能性,我们来比较一下由黄金的刻索泥撒折到卡齐加拉的航行,与由阿罗马提到普拉斯角间的航行。前者到萨巴需时二十天,到卡齐加拉还需要"数日"的路程。后者到拉普提也需时二十天(根据捷奥菲尔的意见),到普拉斯还需要"许多天"的路程(根据季奥斯科尔的意见)。依照马林的意见,认为"数日"和"许多天"是同样的意义。而我们以讨论和天文现象的本身为根据,曾证明普拉斯位于距赤道以南十六又十二分之五度的纬线上,而越过阿罗马提的纬线,却距离赤道以北四又四分之一度。

那么，由阿罗马提到普拉斯之间的距离，则为二十又三分之二度。至于由黄金的刻索泥撒折到萨巴之间，及由萨巴到卡齐加拉之间的距离究竟是多少度，也可以自然地加以推测。从黄金的刻索泥撒折到萨巴之间的距离丝毫不要减少，因为在这两个地点之间的航行是与赤道相平行的，其所以平行，是因为在这两个地方间伸延的海岸都是向南的。但是，由萨巴到卡齐加拉的距离，因为想象它与赤道平行，实际上两地之间的航行却趋于东南方向，所以应当予以减少。因此，如果我们按斯塔季亚的总数目，由两个距离来平分（因为不知道其中的一个比另一个大多少），再从萨巴与卡齐加拉之间的距离十又三分之一度减去三分之一（矫正偏差），那么我们就可以求得由黄金的刻索泥撒折到卡齐加拉之间的距离（取其平行于赤道），约等于十七又六分之一度。以前曾证明，由科里角到黄金的刻索泥撒折之间的距离，为三十四又五分之四度。因此，由科里角到卡齐加拉的全部距离约等于五十二度。但是，根据马林的意见，通过印度河的发源地的经线，是通过科里对面的塔普罗班北部海角稍为偏西的地方的。这条经线，距俾提斯河口的经线有八小时或一百二十度的距离；而俾提斯河口的经线，距极乐群岛的经线有五度的距离。所以，科里的经线与极乐群岛的经线之间的距离，为一百二十五度强，而卡齐加拉的经线与极乐群岛的经线之间的距离，总共为一百七十七度强，这与罗得斯纬线上的距离是大致相称的。但是，应该认为：地球的长度到塞尔人的首都为止，等于一百八十度整，即十二小时的距离，因为大家一致认为这个首都是位于卡齐加拉以东。因此，我们所知道的地球的长度，沿着罗得斯纬线，约为七万二千斯塔季亚。

第十五章　论马林在某些部分叙述中的矛盾

由于上述，我们减少了地球的长度与宽度，即减少其向东和向南的延长。同时我们还发现马林所划定各个城市的分布位置，常常有修正的必要。这一点从马林的各种不同著述中（他的著作浩繁，而且是各种各样的），曾援引过一些矛盾的和没有连贯性的材料上可以看出。尤其是他认为彼此相对的那些城市情况，每有矛盾。他既然断言塔拉哥讷在恺撒城，或者所谓伊奥尔的对面，却又引画恺撒城的经线通过比利牛斯山脉，殊不知这条山脉横卧在塔拉哥讷的顶东边。譬如他又说，帕欣是在大列普塔的对面，而菲恩的对面是希美剌，其实由帕欣到希美剌之间的距离约为四百斯塔季亚，而由列普塔到菲恩之间的距离，为一千五百斯塔季亚以上，这从提莫斯芬的记载中便可以看出。根据他的说法，捷尔格斯特在拉温那的对面，可是在从齐拉文特河口处到亚得里亚海的内陆海湾之间，捷尔格斯特是坐落在夏季日出的方向远达四百八十斯塔季亚，而拉温那是坐落在冬季日出的方向远达一千斯塔季亚。他还肯定，拉斯托奇金内群岛是在坎诺布的对面，阿卡曼特是在培福斯的对面，而培福斯则在谢宾尼特的对面；虽然据他自己的推测，由拉斯托奇金内群岛到阿卡曼特，其距离为一千斯塔季亚，但据提莫斯芬的意见，由坎诺布到谢宾尼特的距离只有二百九十斯塔季亚。同时，如果后一数字的确表示了它们的经线间的距离，就应该大一些，因为这个距离是按照纬线的大圆弧求得的。其次，马林又讲到，比萨是在距离拉温那的西南七百斯塔季亚的地方。但

是，因为马林提出了气候地带和时间地带的区分，他便安置比萨在第三时间地带，而拉温那则在第四时间地带。他起初说，不列颠的涅奥马格在伦丁尼以南五十九罗马里，但后来在谈到涅奥马格的气候时，又想象这个城市位于更遥远的北方。同样的情形，他把亚陀斯置于赫勒斯滂的纬线上之后，又把位于亚陀斯和斯特里蒙河口以北的安浦斐利斯和它的周围，安置在赫勒斯滂以南的第四气候圈的范围内。还有同样的情形：譬如：整个色雷斯几乎是在拜占庭的纬线以南，可是他却把色雷斯的内地各城市，安置在这个纬线以北的气候圈范围内。马林说，我们要把达拉布松安置在拜占庭的纬线上，但他指出亚美尼亚的萨塔拉城，距达拉布松以南六十海里以后，却在地图上引画拜占庭的纬线经过萨塔拉，而不经过达拉布松。当他说到，地图上应当把尼罗河画成由南向北流动，即从最初辨别其出现的地方起到达麦罗埃为止的时候，我们不能否认他的正确性。他也断言，由阿罗马提到尼罗河所发源的湖的航行是迎着北风进行的，然而阿罗马提是在尼罗河的顶东边。其实，淮利的托勒密伊达的位置，距麦罗埃和尼罗河以东有十天或十二天的路程。而奥克尔半岛与季拉之间的海峡，距离托勒密伊达和阿杜利齐湾以东有三千五百斯塔季亚，而大阿罗马提角，距离海峡以东有五千斯塔季亚。

第十六章　他（马林）在划定各区域界限的时候还忽略些什么

马林在划定各地区的界限的时候，还忽略了某些东西。例如：

他划定全部米希亚的东部边境为本都海，而划定色雷斯的西部边境为上米希亚；他不仅把里西亚和诺里克列为意大利的北部边境，而且也把班诺尼亚列入其中；他又划定班诺尼亚的南部边界，仅为一个达尔马西亚山，而不及于意大利。此外，他说内索格底内的居民和萨克人的南面，与印度为界，但是却没有引画两条纬线通过这两个地区到达伊马山脉（印度最北山峰）以北（这两条纬线，就是赫勒斯滂和拜占庭的纬线），而只引画了一条贯穿本都海中心的纬线，以通过这两个地区。

第十七章　论马林的意见与我们现代人所记载的有矛盾之处

马林没有注意到这一类的事物，当然是因为他的著作是多方面的，彼此孤立而不相联系，或者因为像他自己所说的那样，一直到最后一版时，也没有来得及制成地图。因为只有制成地图，才能够把气候地带及时间地带加以修正。但是马林的意见与我们当代人的记载还有矛盾之处。例如，他把萨哈利特湾安置于锡阿格尔角以西的地方，但是，那些乘船到过这些地方的人，却一致断言阿拉伯的萨哈利特地区以及与其同名的海湾，都在锡阿格尔以东。他又把印度的锡米拉港，安置于科莫林角和印度河以西的地方。但是根据由我们这里到那些地方去，而且在那里游历了好久，以及从那里来到我们这里的人们的共同意见，这个港是在印度河口，以及当地人叫做提穆拉的正南方。从上面这些人那里，我们知道印度国内个别地区（一直到黄金的刻索泥撒折，并从那里到卡齐加拉,以及围绕这个地方的附近地区)就更为详细了。他们的报道一致认为,往那里的航行是向东的,而回航时是向西的。此外,他们还一致地说,这次旅行按时间来说,是没有一定的规律性和均等性的。根据他们的报道,塞尔的各地方和其首都位于西奈人地方以北;而塞尔以东是一片无名的泥泞湖泽的土地,这个地方丛生着高大的芦苇,非常茂密,以致人们可以踏着它横渡到对岸去。从那里起,有条道路不但能经过石塔到达巴克特里亚,而且还可以经过帕利博弗尔到达印度。由西奈人的首都去卡齐加拉海港的道路是向西南的,并且既不与塞尔和卡齐加拉的经线相邻接(这与马林的断言相反),也不与较为偏东的经线相邻接。由于有些商人走过从幸福的阿拉伯到阿罗马提、阿德赞尼亚和拉普提(他们按自己的叫法,把这些地方都叫做巴尔巴里亚)的路程,我们才知道航行到那里去不是朝着正南的方向,也不是朝着西南方,而是由拉普提到普拉斯一定取道东南方;同时,尼罗河所从中流出的那些湖不是位于海滨,而是远在这些地方的内陆。根据这些报道,所谓埃吉阿尔和阿波科帕的各沿岸地带,是由阿罗马提角延伸到拉普提角,彼此交错分布,与马林所推测的形势不同,并且航行到这些地方去需时一昼夜,只是由于赤道的风向变化迅速,这条航路才是不长的,通常为四百或五百斯塔季亚。紧接着阿罗马提的那边,有一个距阿罗马提一昼夜路程的第一个海湾,其上有潘纳小村庄。而在距离这个小村庄六天路程的地方,便是奥庞海港。与这个海港毗连的是另外一个海湾,即阿德赞尼亚的起点。津金角和有三个山峰的法兰吉德山脉,就在这个海湾的入口处近旁。这个海湾就叫做阿波科帕,横渡过去需时两昼夜。小埃吉阿尔起始于这个海湾,横渡过去要走三提阿斯帖姆[①]。然后便引了大埃吉阿尔，横渡时要走五提阿斯帖姆，而傍着两岸的航行共需继续四昼夜。再远去便到了另外一个海湾，而从这个海湾航行两昼夜的距离，便到达一个叫做埃辛纳的海港，然后经过一天的航行，便到达谢拉皮昂纳海港。从这里起便是海湾，沿海岸航行三昼夜远的沿岸上住有拉普提人。世称唐尼基海港便在这个海湾的入口近旁，而在拉普提角附近，有一条与其同名的河和一个离海不远的大城市。由拉普提角到普拉斯角伸展着非常宽阔而海水不深的海湾，其沿岸上住有食人肉的野蛮人。

第十八章　论利用马林的著作来绘制世界地图的各种困难

在论述对于研究方法有某种意义的问题上，我们就告结束，以免有人指责我们故意啰哩啰嗦，而不努力于修正工作。在叙述个别问题时，一切都会明白的。我们只要讨论的是如何着手绘制地图。这里可能有两个方法：第一个方法是把地球分布在圆球表面上，第二个方法是把地球布置在一个平面之上。而在这两种情况下有同样的要求，那就是要使各种方法都能够实际上得以应用，这就是说，要指出怎样使绘画出的地图在应用上最为方便，甚至于没有模型也能够根据文献资料来对照。要知道，一方面从一些样本上不断地作以讹传讹的绘画，虽其差误很小，但与原本一对，其不

① 古代的长度单位。

相符合之处往往甚为显著。另一方面，如果根据描述来制图，不足以在地图上指出个别地方分布的位置，那么在面前若没有画图，就不可能适当地完成任务。这种情况，是大多数根据马林的记载来绘制地图的人们常常遇到的。的确，绘制地图的人，不能得到根据他的最近著作而制成的地图的模样。他们不忠实地根据马林的材料绘制地图，并且在大多数的场合下犯了一些错误，偏歪了各地方的真实位置，因为马林的叙述是以艰涩和无系统著称的，凡一切作过这种尝试的人都可能相信这点。事实上，要想把一切地点在地图上布置在适宜的地方，那就必须知道它的位置、经度和纬度。可是在马林的著作中不能随时找得到，因为他在著作中某一段单独地提出纬度（即前面所讲的纬线），而在另一段里只提出经度（即前面叙述的经线）。而且在这两部分中所引用的材料，甚至不是关于同一地点的：对某些地点只指出纬线，而对另外一些地点则只指出经线，所以缺少这些地方的第二个坐标。甚至在地图上，作任何地点的一般布置的时候，不得不采用一切前人的见解，因为关于同一个地方的每个报道没有任何新的东西。如果我们也没有发现在不同的篇幅里讲述一定的地点，那么，我们自己便不知不觉地在那需要保持正确的地方犯了许多错误。此外，在绘制各城市地图时，如果利用马林的著作来绘画沿海的各城市，就比较容易，然而内陆的城市则不然，因为马林在论及沿海城市时，多半是遵循着某种次序进行的，而关于内陆各城市，除了偶然地测定少数地方的经度和纬度之外，在任何地方也没有指出它们彼此间的位置。

第十九章　论我的指南对于绘制地图的便利

这样,我们便担负了双重任务:第一,除了一些需要修正之处以外,必须遵照马林著作中的全部见解;第二,绘制地图要尽可能地比马林没有表达明白之点更准确一些;同时我们要利用旅行者们关于一定地点的记载,或者考虑到这个地点在最准确的地图上的位置。此外,我们也要注意叙述方法的便利问题:每当描述个别地方的一部分时,我们立刻要记明它们的长度与宽度,它们的最著名各族彼此之间的分布状况,而对于最重要的城市、河流、海湾、山脉及一切可能画在世界地图上的东西,我们都要引画出正确的坐标。换句话说,我们要指出通过一定地点所引画的经线,按照赤道距最西边经线有多少度(一度等于地球的大圆周的三百六十分之一),又这个地点的纬线,按照经线距赤道有多少度。前者是与经度有关系的,后者是与纬度有关系的。这样我们就随时能够知道每个地点的位置(如有准确的详细报道的话),和各地方相互间的关系,以及其对整个地球的关系。

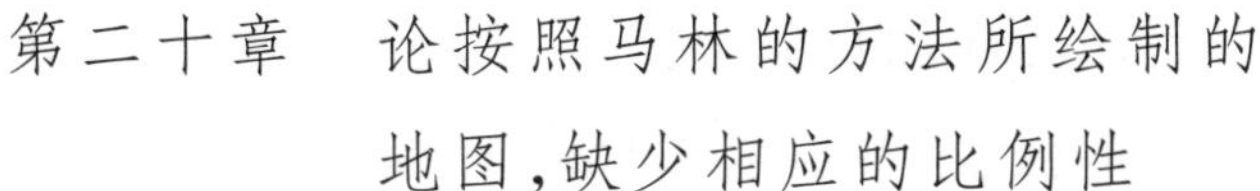

第二十章　论按照马林的方法所绘制的地图,缺少相应的比例性

以上所述的两个绘画地图的方法,其中每一个都有它的特性。如果把地图绘画在球体表面上,那自然是和地球的形状相似,就不需要任何的巧妙加工。但是采用这种方法时,地图的可能尺寸不

能反映出那些应该分布在上面的许多地方。此外,这种方法不能够立刻一眼看出整个轮廓。要想看到整个体系,那就必须使球体围绕着眼睛转动,或者是眼睛围绕着球体转动。如果把地图绘画在平面上,这一切问题都解决了,但是必须找出一种与球体的绘画相适应的规划方法,以便把球体表面上的距离,尽可能更符合实际地转画在平面之上。虽然马林认真地考虑到了这一点,并且对一切平面绘画的方法表示绝对不满意,看来,他自己采用的方法很少能够保证距离上的比例相称。他以直线代替了整个圆周(纬线及经线),而且像通常所做的那样,引画经线互相成为平行。如果我们注意到地球的大圆周的长度,与第三十六条纬线的长度的比例为五比四,在他的地图中只有罗得斯纬线和经线相称,而其余的经纬线与球体位置的比例和适应的问题,马林显然是没有注意到的。首先,我们指出,如果在地图上注意到地球上有人居住的大部分地方,所占有的球体北部四分之一的中心,那么,所有经线可能都呈现为直线,因为在球体旋转时,其中每一条线都出现在我们的面前,并且通过直线的平面也经过我们的眼前。但是,由于北极在这种旋转时不变更它的位置,就绝不能以直线和平行线的形式出现。它们一定是一些向南突出的、凸形的圆周弧线。第二,我们指出以下各点:实际上,在我们想象中,同样的经线在大小不同的纬线上,可以做出比例的弧线,但不是彼此相等的弧线,而且这些弧线的弧度,随着与赤道接近的程度逐渐增大。而在马林的地图上,这种弧线却是彼此相等的。因此在他的地图上,罗得斯纬线以北的气候区域的距离是太大了,而在该纬线以南的气候区域又太小了。这些区域,甚至和他所引证的斯塔季亚的数目也不一致:在赤道上的

距离，较其实际的长度约小五分之一，也就是说，罗得斯的纬线比赤道要短这么多；而在弗列岛的纬线上的距离，却与实际的大小相反地扩大了五分之四，也就是说，罗得斯的纬线比弗列岛的纬线要长这么多。要知道，如果赤道包括一百一十五个部分，那么通过罗得斯的纬线距赤道三十六度，将约有九十三个部分；而通过弗列岛的纬线距赤道六十三度，则约为五十二个部分。

第二十一章　把地球图绘画在平面上时应当如何处理

因此，正确的办法是，要把表示经线的线想象为直线，表示纬线的线，想象为绕着同一个中心描画出的圆周弧线的形状，这个中心与北极相会合，并且必由这个中心引画出直线的经线。这一切所以是必要的，首先是因为要保持球面轮廓本身和外形的相似，并且要表示出经线垂直于纬线，同时还要使经线会合于一个共同点（极）。但是，由于我们不能保持所有的纬线适合于球面上的位置，而为了使我们四分之一球体的世界宽度所含有的两极边界显示出真正的比例，则保持弗列岛的纬线和赤道在地球上的位置相适应就够了。至于罗得斯纬线，对它所作的调查，大部分还是在其构成地球长度的距离，那我们和马林一样，引画这条纬线是估计到它与经线的相称，即估计到相应弧线的比例约等于五分之四。这对于有人居住的世界，使其已知的最大长度与宽度有其相应的比例是必要的。下面我们将说明，这应当怎样制作，尤当预先说明，应当怎样把地图绘画成球体形状。

第二十二章　应当怎样把地球绘画成为一个球体

论到绘画的大小,那就要看制造地球仪的人打算绘画地点数目的多寡,要看他的努力和勤勉的程度而定。他所取的尺寸越大,绘画就越详细,同时也越正确。总之,无论我们的球体的尺寸大小如何,我们要准确地确定它的两极,并且在两极上面固定一个经线的半环,使这个半环在球体旋转时,刚刚不与球体相接触。半环应当是狭窄的,以免其遮盖住过多的地点。其棱边的两端应当准确地通过两极点,以便能够利用它引画各经线。我们把这条棱边分割成一百八十个分度,而以赤道所通过的中心分度为起点,标记出数目字。再以同样的方法引画赤道线,在其一半之上也分划为一百八十个分度、以我们通过它引画出极西边的经线的地方为起点,标记出它们的数目字。现在,我们一方面备有应当绘画在地图上的各个地方的经度与纬度的一览表,另一方面有赤道和经线环的半圆周的分度,就能够绘制地图。我们必须按照各该经度上已定的度数引画出经线,也就是说,按照赤道上标示着的适当分度的数字引画出经线,而距赤道的纬度则取经线环上的分度本身以定之,并且按照其所标示的数字作出标志,这正像通常在硬球体上表示出许多星点一样。我们装置了用以绘画经线与纬线的仪器,在半环的棱边之上,有一行标示适当距离的数字,并顺着球面,把仪器与半环一起旋转到我们已知的世界边界的各经线,同时利用半环上的分度当做仪表刻度尺。有了这项准备,在任何一个经度上,便能引画出各经线,而经过任何中间间隔,则可以引画出各纬线。

第二十三章　安置在地图上的经线和纬线的记载

如上所述,两极边的经线包括有十二个时间间隔。极南边的一条纬线距赤道的距离,与麦罗埃纬线距赤道以北的距离是相等的。但是,经由赤道的每隔第三时间地区,即经由我们所采取的赤道上的每隔五个分度地方,我们可以适当地引画出各条经线。至于位于赤道以北的各纬线,我们也可以作这样的引画,即必须使:

第一条纬线比赤道短四分之一时间的间隔,并根据几何学上的计算,使其离开赤道约四又四分之一度;

第二条纬线比赤道短二分之一时间的间隔,并比例地距赤道八又十二分之五度;

第三条纬线比赤道短四分之三时间的间隔,并距赤道十二又二分之一度;

第四条纬线比赤道短一个时间的间隔,距赤道十六又十二分之五度,并且由麦罗埃通过;

第五条纬线比赤道短一又四分之一时间的间隔,并距赤道二十又四分之一度;

第六条纬线沿着夏回归线(北回归线)延长,短一又二分之一时间的间隔,并通过西厄那,距离赤道二十三又六分之五度;

第七条纬线比赤道短一又四分之三时间的间隔,并距赤道二十七又六分之一度;

第八条纬线比赤道短二个时间的间隔,并距赤道三十又三分之一度;

第九条纬线比赤道短二又四分之一时间的间隔,并距赤道三十三又三分之一度;

第十条纬线比赤道短二又二分之一时间的间隔,并距赤道三十六度,同时通过罗得斯;

第十一条纬线比赤道短二又四分之三时间的间隔,并距赤道三十八又七分之一度;

第十二条纬线比赤道短三个时间的间隔,并距赤道四十又十二分之十一度;

第十三条纬线比赤道短三又四分之一时间的间隔,并距赤道四十三又十二分之一度;

第十四条纬线比赤道短三又二分之一时间的间隔,并距赤道四十五度;

第十五条纬线比赤道短四个时间的间隔,并距赤道四十八又二分之一度;

第十六条纬线比赤道短四又二分之一时间的间隔,并距赤道五十一又二分之一度;

第十七条纬线比赤道短五个时间的间隔,并距赤道五十四度;

第十八条纬线比赤道短五又六分之一时间的间隔,并距赤道五十六又六分之一度;

第十九条纬线比赤道短六个时间的间隔,并距赤道五十八度;

第二十条纬线比赤道短七个时间的间隔,并距赤道六十一度;

第二十一条纬线比赤道短八个时间的间隔,距赤道六十三度,并通过弗列岛。此外,还能引画出一条位于赤道以南的纬线,比赤道短二分之一时间的间隔,这条纬线通过拉普提角和卡齐加拉,这两个地方距离赤道大约都是八又十二分之五度,它们距离赤道成为地球上的两个相对的点。

第二十四章　把地球正确地绘画在平面上的方法

绘画地图时,我们可以运用下列比例方法来绘画各主要的纬线。我们准备好一个地图呈直角的平行四边形(矩形)的形状,其*AB*边之长约等于*AΓ*的二倍。假定以*AB*作为上边,位于地图的北方。然后,把*AB*边平分为二等分,再引一条与其垂直的*EZ*线,并把*EZ*线一直向上延长到达*H*点,使*EH*的距离在直线*ZH*的一百三十一又十二分之五个部分中占到三十四个部分。以*H*点为

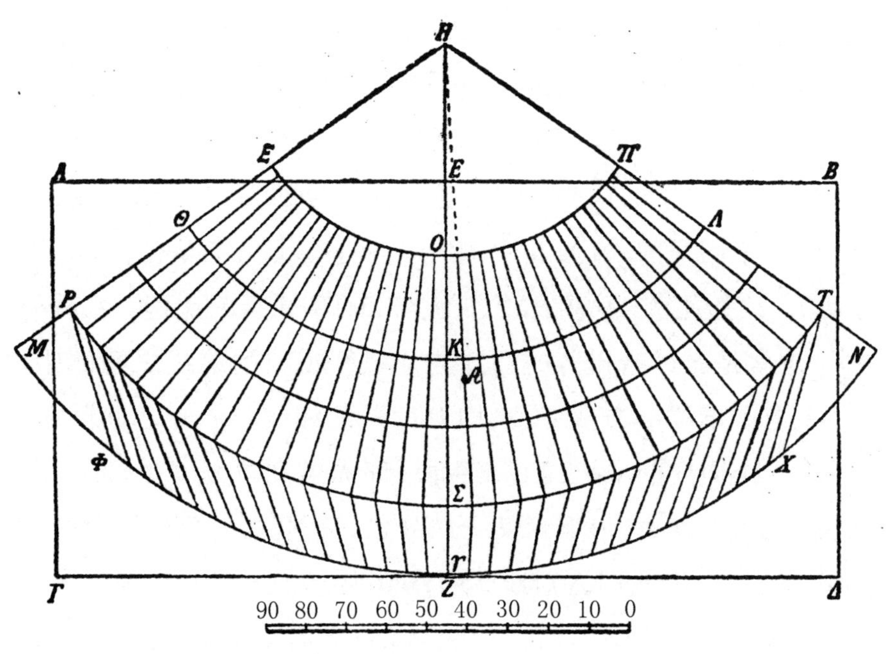

图　解　I

中心，以 H 点与在 HZ 线上距离 H 点七十九分度的一点间的线段为半径，画一弧线 $\Theta K\Lambda$；这条弧线将画出通过罗德斯的一条纬线。若欲求得距离 K 点两侧各七个时间间隔远的地球长度的极边，我们沿着中间经线 HZ 画出四个单位的距离。这些距离正与沿着罗德斯纬线画出的五个单位相符合，因为地球的大圆周与这条纬线的比例大约是五比四。由 K 点起，沿着 $\Theta K\Lambda$ 弧线向两侧各画出十八个同样的间隔，于是我们便求得一些点，即应从 H 点中心通过各该点引画出经线，这些经线包括有全部时间间隔的三分之一，也是作为我们已知地球的边界的 $H\Theta M$ 和 $H\Lambda N$ 经线。就按这样的顺序，我们从 HZ 线的 H 点截取五十二个单位的距离，引画出弗列岛纬线（$\Xi O\Pi$）；从 H 点截取相当于一百二十分度的距离引画出赤道（$P\Sigma T$）；以及从 H 点截取一百三十一又十二分之五分度的距离，而画出一条极南边的纬线（MYN）与麦罗埃的纬线相对。因此，$P\Sigma T$ 弧线与 $EO\Pi$ 弧线的比例，等于一百一十五与五十二之比，而且与球体上的这些纬线的比例是一致的，因为 $H\Sigma$ 所有的一百一十五个同样的单位，其中 HO 线亦有五十二个单位，所以 $H\Sigma$ 线与 HO 线的比例，等于 $P\Sigma T$ 弧线与 $\Xi O\Pi$ 弧线的比例。经线 OK 一段，也就是通过弗列岛的纬线与通过罗德斯的纬线之间的距离为二十七个单位；$K\Sigma$ 线一段，即罗德斯的纬线与赤道之间的距离为三十六个同样的单位；ΣY 线一段，即赤道和与麦罗埃纬线相对的纬线之间的距离，为十六又十二分之五个同样的单位。此外，如果 OY 的距离，即我们已知地球的宽度为七十九又十二分之五，或化为整数八十个单位的话，那么地球的平均长度 $\Theta K\Lambda$ 便等于一百四十四个单位，这与根据几何学记载所作出的假定是一致的。

因为，四万斯塔季亚的地球宽度与罗德斯纬线七万二千斯塔季亚的地球长度，其比例与上述单位的比例差不多是相同的。如果我们有这样的意图，仍然以 H 点为中心，遵照上述的距赤道距离的若干分度，即距 Σ 点若干分度的距离作为半径，可以画出其余的各条纬线。我们能够把表示各经线的线，绘画成一些连续直线的形式，但达不到 MYN 纬线，而所有的经线仅能达到赤道 $P\Sigma T$。然后把 MYN 弧线截划为分度，其大小与数目与麦罗埃纬线上的分度的大小和数目相等，我们便可以把这些分度点和赤道的分度点联结成直线，使得转折的 $P\Phi$ 和 TX 线，就像表示它们在赤道的另一侧那样向南倾斜。然后，我们为着更便利地标记地图上所绘画的地点，再准备一把狭窄的小尺子，其长度与 HZ 线或者仅与 $H\Sigma$ 线相等，把它同样地固定在 H 点之上，使得在沿着地图的全长移动时，尺子的棱边准确地贴附于经线的直线，因为这个棱边的切口是与中心相会合于极点的。此后，我们把小尺子的棱边，或者划分为一百三十一分度使其相当于 HZ，或者划分为一百一十五分度使其相当于 $H\Sigma$，并且从位于赤道的分度开始，用数目字来标示分度。利用这些数目字的标志，就可以画定各纬线，但不必把地图上的中间经线画出各分度，并加以标志，以免与那些落在这条经线的地方的标志相混乱。这样一来，我们按着十二个时间的间隔，把赤道划分为一百八十度，并于标记了它的数字之后，就能在任何时候由极西端的经线起始，把尺子的棱边对准上述经度的度数而移动。借助于尺子上的分度，一面能找出当地的纬度，一面能适当地指出每一个地点，恰如在球面上绘画时它被指出的那样。

我们的世界图解，可能与地球的外形更加相似，并且与它们更

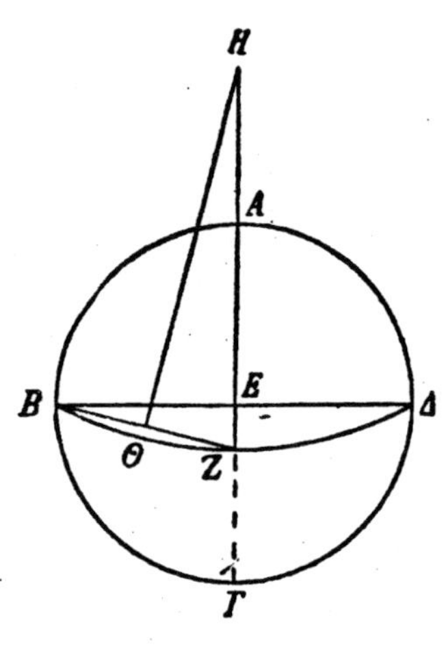

图 解 II

加相称，如果我们作出经线的线条，像在地球仪上那样的形状，而同时地球仪静止不动，看来是同一个平面摆在我们的眼前，通过（划分我们已知世界的长度为两半的）经线和（划分它的宽度为两半的）纬线的交叉点，并且通过球体的中心，因此，地球两边相对的界线，从眼中可以理解其相同，而看起来也是相同的。首先为了求得那个角度的大小（那个角度，是介于各纬线圈与通过上述交叉点，并通过垂直于我们已知的地球的中间经线的球体中心的平面之间的），我们假定，在我们的眼前，是以 *ΑΒΓΔ* 大圆划定的半球，*ΑΒΓ* 线是划分这个半球为二等分半圆周的经线，而 *E* 点，是在我们眼前所看到的这个半圆周经线，与我们已知地球的中间纬线的交叉点。然后，我们通过各点，引画大圆的另一个半圆周 *ΒΕΔ*，使其与 *ΑΒΓ* 半圆周相垂直。这样，地图的平面呈现于眼前是很明显的。我们测定 *EZ* 弧为二十三又六分之五度之后（因为这正是赤道距西厄那纬线的度数，而这条纬线接近于我们已知世界的中心），由 *Z* 点引画出赤道的半圆周 *ΒΖΔ*。由此我们发现，一方面是赤道的和其他各纬线的平面，另一方面是我们看到的平面，其间的角度等于 *EZ* 弧线所含有的二十三又六分之五度。同时，我们必须注意到 *ΑΕΖΓ* 和 *ΑΒΔ* 两条直线是代替弧线的，并且 *BE* 和 *EZ* 的比例等于九十与二十三又六分之五之比。如果延长 *ΓΑ* 线，和 *ΒΖΔ* 弧线所从引画的中心就到达某一 *H* 点，于是我们应当

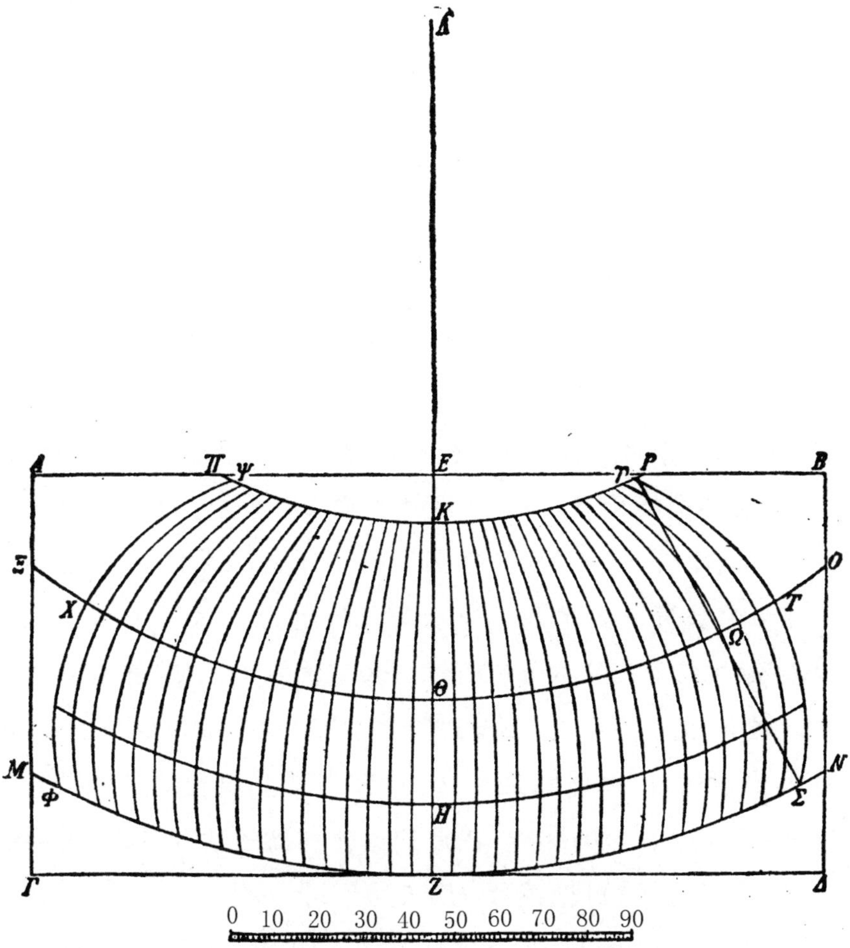

图 解 III

要找出 HZ 与 ZB 的比例。为此我们画一条直线 ZB，并在 Θ 点上划分它为二等分。又引画一条直线 ΘH，当然这条直线垂直于 BZ。但是，因为 EZ 所有二十三又六分之五个单位与直线 BE 所有九十个单位是同样的，那么 BZ 弦则为九十三又十分之一个同样单位，BZE 角所有一百五十又三分之一个单位，与两个直角的三百六十个单位也是相同的[①]，而其余的角 ΘHZ 则有二十九又三分之二个单位。所以，HZ 与 $Z\Theta$ 的比例，等于一百八十一又六分之五比四十六又二十分之十一。同时，如果直线 ΘZ 为四十六又二十分之十一个单位，那么直线 BE 则为九十个同样的单位。因此，如果直线 BE 为九十个单位，而 ZE 为二十三又六分之五个同样的单位，则直线 HZ 将为一百八十一又六分之五个单位。这样我们便测定出 H 点，而在绘制平面地图时，便可围绕这个点绘画出所有的纬线。

做好了各项计算工作之后，我们就绘制 $AB\Delta\Gamma$ 地图，使地图上边 AB 仍然两倍于 $A\Gamma$，AE 等于 EB，而 EZ 垂直于 AE 和 EB。任取一条直线使与 EZ 相等，并按圆周的四分之一的度数，划分这条线为九十个部分。如果我们把线段 ZH 定为十六又十二分之五度，$H\Theta$ 定为二十三又六分之五度，HK 定为六十三度，并使 H 点位于赤道之上，那么近于我们已知地球的中央地方的西厄那的纬线，则由 Θ 点通过，而地球的最南边界，即与麦罗埃相对的纬线由 Z 点通过，而通过 K 点的纬线，就是到达弗列岛的地球的北边界线。延长线条 ZE 之后，再把线段 $H\Lambda$ 定为一百八十一又十六分之五度，或仅为一百八十度（因为这个差别对图解没有多大的意义）。取 Δ 为中心，而以到达 Z 点，Θ 点和 K 点的距离为半径，画出弧线 ΠKP，$\Sigma\Theta\Omega$ 和 MZN。我们利用这种方法，可以延长我们目前的各纬线，使其对于平面保持适当的位置：因为这里的视线轴，应当指向垂直于地图平面的 Θ 点，如前所述，这种方法，使我们的眼睛感

① 此句中三百六十似应作一百八十。

觉到图解上的各相对的界限是均匀一致的,不过还必须保持其长度与宽度成比例。

大家都知道,在地球仪上的最大圆周有五个这样的单位,弗列岛的纬线约有二又四分之一个同样的单位,西厄那纬线有四又十二分之七个单位,而麦罗埃纬线有四又六分之五个单位。大家也知道,沿着直线经线 ZK 的两侧,应当引画出通过赤道的每三分之一时间间隔的十八条经线,因为地球的全长正是这个半圆周数。我们把上述的三条纬线中的每一条线,画成线相当于三分之一小时——五度。如果直线 EZ 为九十分度,那么在这些纬线上,由 K 点所延长的每条线段,将为二又四分之一分度;由 Θ 点所延长的线段,则为四又十二分之七度;由 Z 点所延长的线段,则为四又六分之五分度。然后,经由每三个彼此相适的点,引画出弧线 ΣTY 和 $\Phi X\Psi$,成为整个地球的长度的界限,以及其他各经线的各弧线,我们也把显示其余各纬线的各弧线附加上去。同时再把 Λ 点作为中心,而以表示这些纬线距赤道的距离的 ZK 线段为半径。这是不言而喻的:这种图解,保证比前述的图解更与球体形状相似。原来,这个球体仍然是固定的,并不旋转(这是地图所应有的特点),但是,如果人们着眼于图解的中心,就可能想象只有一条中间经线成直线的形状,视线轴将与这条经线的平面相会合。位于这条经线两侧的各经线,看来都是对着它呈凹形的,而且距离它越远的经线,凹度越大。

最后的一个图解表达了这样一点,即必须适当地保持相当的曲折。此外,各纬线的弧线彼此间的比例,要尽可能准确地表达出某些纬线对其他纬线的真正比例,同时这不仅作出第一个图解所

示的赤道与弗列岛纬线的真正比例，并且也表达出其他各纬线的真正比例。凡从事于这个事业的人，都是能够相信这一点的。此外，最后的一个图解，还能准确地表达出地球的长宽度的比例——不仅像在第一个图解上那样绘画出罗德斯的一条纬线，并且能绘画出几乎完全所有的纬线。实际上，如果我们像在第一个图解上画出一条直线 $\Sigma\Omega Y$，那么 $\Theta\Omega$ 弧线与 $Z\Sigma$ 及 KY 线的比例，毫无疑问地是比那个在第二个图解上所应有的比例较小，因为这里在测定比例时，要假定全部弧线 ΘT 是位于赤道上的。如果我们假定，这条弧线 $\Theta\Omega$ 与 KZ 的长度成比例，那么弧线 $Z\Sigma$ 和 KY 以及弧线 ΘT 显得比 ZK 线所要求的相应量要长些。如果我们推想（这在事实上也是如此）ZK 线与弧线 $Z\Sigma$ 和 KY 成比例，那么 $\Theta\Omega$ 弧线比那相当于 KZ 的弧线要小多少，就像 $\Theta\Omega$ 比 OT 小多少一样。

由于这一切情况，第二种方法或许比第一种方法为优越，可是在运用图解的便利方面不及第一种方法。在那里，只把尺子瞄准并移动时，就可以画出一条平行线，把它分割成分度，并且在地图上绘画出任何一点。可是第二种方法没有这种便利，因为各经线的线条，都接近中间经线且要画成弯曲。除此之外，还需要画出全部的圆周，而各个圆周围绕着正方形四边的和落在经纬网格子的各点，其位置应当以计算方法，按照地图上所画的各点测定之。所以，我个人在这个工作方面及一切的事务上，宁愿采取较好和较困难的方法，而不采取较粗糙和较容易的方法。尽管如此，我仍然认为必须遵循上述的两种方法，同时也要注意到有人爱好更为容易的方法。

如果赤道为五个单位，麦罗埃纬线为四又六分之五个单位，那么赤道对麦罗埃纬线的比例,便等于三十比二十九。

如果赤道为五个单位,那么西厄那纬线则为四又十二分之七个单位,因此赤道对西厄那纬线的比例,等于六十比五十五,或者十二比十一。

如果赤道为五个单位,那么罗德斯纬线则为四个单位,因此赤道对罗德斯纬线的比例等于五比四。

如果赤道为五个单位,那么弗列岛纬线为二又四分之一个单位,因此赤道对弗列岛纬线的比例等于二十比九。

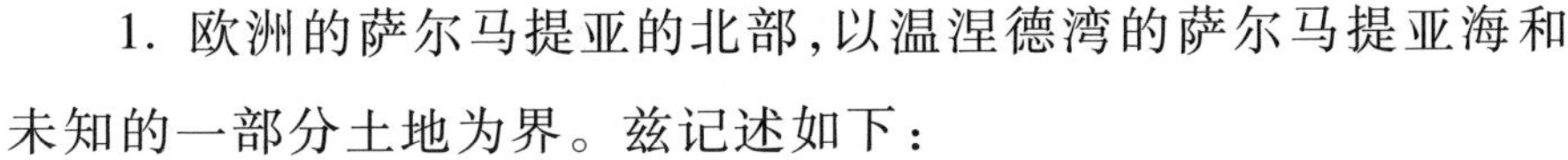

第 三 卷

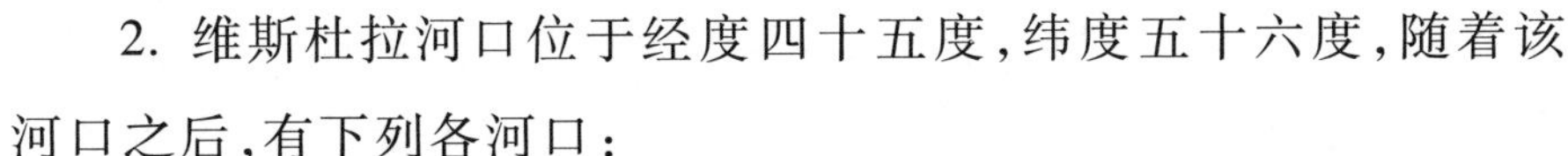

第五章 欧洲萨尔马提亚的位置

1. 欧洲的萨尔马提亚的北部,以温涅德湾的萨尔马提亚海和未知的一部分土地为界。兹记述如下:

2. 维斯杜拉河口位于经度四十五度,纬度五十六度,随着该河口之后,有下列各河口:

赫朗河口位于经度五十度,纬度五十六度。

鲁翁(鲁顿、布邦、鲁邦、苏顿)河口位于经度五十三度,纬度五十七度。

图隆特(塔乌隆特)河口位于经度五十六度三十分,纬度五十八度三十分。

赫辛(赫尔辛)河口位于经度五十八度三十分,纬度五十九度三十分。

3. 沿着弗列岛的纬线而构成某海末湍的海岸线,位于经度六十四度，纬度六十三度。

4. 沿着坦纳伊斯河源的经线的萨尔马提亚的界线，位于经度五十四度，纬度五十三度。

5. 萨尔马提亚的西部以维斯杜拉河和其水源，与萨尔马提亚山脉之间的一部分日耳曼以及该山脉为界，关于萨尔马提亚山脉的位置，上面已经讲过了。

6. 下列地方构成南部的边界：由萨尔马提亚山脉的南方边界，一直到位于经度四十六度、纬度四十八度三十分的喀尔巴阡山脉的起点，这一带麦坦纳斯特（移民）的雅集吉人地方，以及邻接达西亚而傍着同一条纬线的地方，到达博里斯芬河口，再往前，就沿着本都海海岸线，到达克尔金尼特河。

7. 这条沿岸线的位置如下：

博里斯芬河口为经度五十七度三十分，纬度四十八度三十分。

伊潘尼尔河口为经度五十八度，纬度四十八度三十分。

格林塔丛林的海角为经度五十八度三十分，纬度四十七度四十五分。

阿奚里跑马场的地峡为经度五十九度，纬度四十七度四十分。

8. 阿奚里跑马场的西部海角，又称圣海角，为经度五十七度五十分，纬度四十七度五十分。

其东部海角，又称为米萨里达（尼萨里斯），为经度五十九度四十五分，纬度四十七度五十分。

克法朗尼耶索斯为经度五十九度四十五分，纬度四十七度五十分。

美丽的海港为经度五十九度三十分，纬度四十七度四十五分。

塔米拉卡为经度五十九度二十分，纬度四十八度三十分。

克尔金尼特河口为经度五十九度四十分，纬度四十八度三十分。

9. 这个河口的那一边，便是把塔弗里卡的刻索泥撒折分开来的地峡：其靠克尔金尼特湾的沿岸线位于经度六十度二十分，纬度四十八度二十分；而靠韦卡（比卡）湖的沿岸线，则位于经度六十度三十分，纬度四十八度三十分。

10. 萨尔马提亚的东部界线为：克尔金尼特河的地峡、韦卡湖、麦奥齐达湖到坦纳伊斯河的沿岸线、坦纳伊斯河本身，以及由坦纳伊斯河发源地通往未知名的地方，到达上述边界的经线末端。

11. 萨尔马提亚的东部边界有下列的记述：靠着克尔金尼特河附近的地峡那边，麦奥齐达湖的附近，则有下列各地：

新堡垒位于经度六十度三十分，纬度四十八度四十分。

帕西阿克河口位于经度六十度二十分，纬度四十八度五十分。

12. 利安（列伊安农）城位于经度六十度，纬度四十九度十五分。

韦卡（比卡）河口位于经度六十度二十分，纬度四十九度三十分。

阿克拉城位于经度六十度三十分，纬度四十九度四十分。

格尔河口位于经度六十一度，纬度四十九度五十分。

克林纳城位于经度六十二度三十分，纬度四十九度四十五分。

13. 阿加尔海角位于经度六十三度，纬度四十九度四十分。

阿加尔河口位于经度六十二度三十分，纬度五十度三十分。

从林（阿尔索斯），即神的渔场，位于经度六十二度四十分，纬度五十一度十五分。

吕西河口位于经度六十三度,纬度五十一度三十分。

伊格列依城位于经度六十三度三十分,纬度五十二度三十分。

波里特河口位于经度六十四度三十分,纬度五十三度。

加里亚村位于经度六十五度,纬度五十三度三十分。

14. 坦纳伊斯河的西边河口,位于经度六十六度二十分,纬度五十四度十分。

东边河口位于经度六十七度,纬度五十四度三十分。

河的转弯处位于经度七十二度三十分,纬度五十六度。

河源位于经度六十四度,纬度五十八度。

靠着它们的那边便是位于经度六十四度,纬度六十三度的上述未知名地方的边界。

15. 横贯萨尔马提亚的还有其他一些山脉(除了萨尔马提亚山脉以外),它们之间的名称如下:

彼弗卡(捷依基)山位于经度五十一度,纬度五十一度。

阿马多克山脉位于经度五十五度,纬度五十一度。

伏丁(波丁、布丁)山位于经度五十八度,纬度五十五度。

阿兰(阿拉翁)山位于经度六十二度三十分,纬度五十五度。

喀尔巴阡山(如上所述)位于经度四十六度,纬度四十八度三十分。

温涅德山脉位于经度四十七度三十分,纬度五十五度。

里彼山脉(指该山脉的中部)位于经度六十三度,纬度五十七度三十分。

16. 靠近阿马洛卡湖的博里斯芬河的一个地区,位于经度五十三度三十分，纬度五十度二十分附近，而博里斯芬河的最北边的水源，则位于经度五十二度五十三分。

17. 在博里斯芬以南的河流中，齐拉斯河把达西亚和萨尔马提亚分开来，它从位于经度五十三度，纬度四十八度三十分的河套起始，到达位于经度四十九度三十分，纬度四十八度三十分处为止。

18. 阿克西阿克河也流经萨尔马提亚，距达西亚以北不远，直到喀尔巴阡山。

19. 住在萨尔马提亚的有许多部落：温涅德人居住在整个温涅德湾地方，达西亚以北住有彼夫金人和巴斯塔尔内人；沿着整个麦奥齐达湖岸，住有雅集吉人和罗克萨兰人；他们那边更远的内地，住有阿马克索维人和亚兰的西徐亚人。

20. 居住在萨尔马提亚的不甚著称的部落如下：在温涅德人之南、维斯杜拉河附近，住有吉丰人（吉唐人），然后是芬兰人；再远一些是苏朗人（布兰人），而在他们的南边，居住的是弗鲁贡季昂人（弗隆贡季昂人），然后是阿华林人（奥巴林人）居住在维斯杜拉河水源附近；而在他们的南边，居住的是昂布朗人，再远的地方住有安纳尔特的色雷斯人，然后是布尔吉昂人。再远的地方有阿尔西伊特人、萨博克人、皮因吉特人和比耶斯人居住在喀尔巴阡山地附近。

21. 在上述部落的居住地以东，住有下列部落：加林德人（加利丹人）、苏丁人和斯塔凡人在温涅德人以南到阿兰人一带地方；伊吉利昂人在阿兰人以南到彼夫金山地。其次是科斯托博克人和外蒙坦人（在山脉的那边）。

22. 然后，在温涅德湾近旁的沿海地方，居住有魏尔特人。在他们的北方住有奥西人，然后最北部地方住有卡尔邦人。在他们的东边住有卡列斯特人和舍拉人（在这些部落以南住有格朗人、吉波德人和黑外套人），在他们以南的地方住有阿加菲尔斯人（阿加齐尔斯人）。其次是，阿奥尔斯人和帕吉里特人。在它们以南的地方，住有萨华尔人（萨夫尔人、萨乌布尔人、萨乌尔人）和博鲁斯克人，直到里彼山为止。

23. 其次是阿奇巴人（阿比克人）和纳斯克人。在它们以南的地方，住有韦比昂人（伊比昂人）和伊特尔人。韦比昂人以南至阿兰人的地方，住有斯图尔纳人；而在阿兰人及阿马克索维人之间，住有卡里昂人（卡尔翁人）和萨尔加齐亚人。

24. 在坦纳伊斯河河套处，住有奥夫朗人（奥普朗人）和坦纳伊特人。在这些部落的那边到罗克萨兰人地区为止，住有奥西拉人；在阿马克索维人与罗克萨兰人之间，住有列夫坎纳拉人（拉卡兰纳人）和耶克索比吉特人。其次，在彼夫金人和巴斯塔尔内人之间，住有卡尔比安人。在他们以北地方住有吉文人，再远住有博丁人。

25. 在巴斯塔尔内人和罗克萨兰人之间住有洪纳人，而在与该部落同名的山脉之南住有阿马多克人和纳法尔人。韦卡（比卡）湖周围住有托列卡德人，而沿着阿奚里的跑马场住有塔弗里卡西徐亚人；在巴斯塔尔内人以南，达西亚人的附近住有塔格拉人，而在他们以南的地方住有齐拉格特人。

26. 坦纳伊斯河河套的下游，各部落分布的情况如下：

阿尔塔尔的亚历山大罗夫人，散处在经度六十三度，纬度五十七度地方。

阿尔塔尔的克萨列夫人,散处在经度六十八度,纬度五十六度三十分地方,而在河口之间,有一座坦纳伊斯城坐落在经度六十七度,纬度五十四度三十分地方。

27. 在克尔金尼特河流域的内地,沿着该河有下列城市:

克尔金涅城位于经度五十九度三十分,纬度四十八度四十五分。

托罗卡城位于经度五十八度三十分,纬度四十九度。

帕西里达城位于经度五十八度三十分,纬度四十九度十分。

耶尔卡布城位于经度五十八度三十分,纬度四十九度十五分。

特拉坎纳城位于经度五十八度三十分,纬度四十九度四十五分。

纳法尔城位于经度五十八度三十分,纬度五十度。

28. 沿博里斯芬河有:

阿札加里(阿札札里)城位于经度五十六度,纬度五十度四十分。

阿马多克城位于经度五十六度,纬度五十度三十分。

萨拉城位于经度五十六度,纬度五十度十五分。

谢林姆城位于经度五十七度,纬度五十度。

麦特罗波利城位于经度五十六度三十分,纬度四十九度三十分。

奥耳维亚或博里斯芬城位于经度五十七度,纬度四十九度。

29. 在阿克西阿克河上游有:

奥尔捷斯城位于经度五十七度,纬度四十八度三十分。

沿博里斯芬河的支流有：

利英城位于经度五十四度，纬度五十度十五分。

萨尔巴克（萨尔瓦克）城位于经度五十五度，纬度五十度。

尼奥斯城位于经度五十六度，纬度四十九度四十分。

30. 在齐拉斯河上游，达西亚附近有：

卡罗敦城位于经度四十九度三十分，纬度四十八度四十分。

默唐尼依城位于经度五十一度，纬度四十八度三十分。

克利皮达瓦城位于经度五十二度三十分，纬度四十八度四十分。

比班塔巴里城位于经度五十三度十分，纬度四十八度四十分。

伊拉克特城位于经度五十三度三十分，纬度四十八度四十分。

31. 在坦纳伊斯河口有阿洛彼卡岛，或称坦纳伊斯岛，其位置为经度六十六度三十分，纬度五十三度三十分。

第八章　亚洲萨尔马提亚的位置

32. 亚洲的萨尔马提亚，其北以未知的地方为界；其西以下列地方为界：到坦纳伊斯河河源为止的欧洲萨尔马提亚，以及注入麦奥齐达湖的坦纳伊斯河本身，和由坦纳伊斯河到金麦里亚海峡的麦奥齐达湖东部；这个地区的位置如下：

33. 坦纳伊斯河口附近（这里从托勒密的著作中，我们节去与我们的课题无关的部分，而从直接与欧洲相接壤的亚洲萨尔马提亚部分开始叙述）。

34. 北方的萨尔马提亚人所占领的萨尔马提亚地区，是与未知名的土地相接壤的，在他们以南的地方，住有国王的(巴集利克)萨尔马提亚人、莫多克部落和惯吃马的萨尔马提亚人(吃马肉人)。再往它们以南的地方，住有查卡塔人、斯华尔丁人和阿瑟伊人；然后沿着坦纳伊斯河北段河套的地方，住有人数众多的彼里耶尔比达人；而沿着其南段河套的地方，住有伊阿克萨马特人。

35. 城市：

埃克索波利城位于经度七十二度，纬度五十五度四十分。

纳法里德城位于经度七十度，纬度五十五度。

36. 斯华尔丁人以南住有恒尼德人，而在喇河以东地方住有吃虱人(惯吃虱子)，奥斯特洛夫地方住有马齐拉人；其次在伊阿克萨马特一带地方住有西拉克人，而在西拉克人的那边，在麦奥齐达湖和伊皮依山地之间的地方，住有伊西西伊人。

第十章 欧洲，地图八

37. 欧洲的第八张地图，包括有欧洲萨尔马提亚和塔弗里卡的刻索泥撒折。通过其中央的纬线与经线的比例为十一比十二。

38. 这张地图，东以金麦里亚海峡、麦奥齐达湖和与亚洲萨尔马提亚相对的坦纳伊斯河为界；南以本都海、下密西亚地区、达西亚人地区，以及雅集吉人移居者地区为界；西以所谓萨尔马提亚山、日耳曼尼亚和维斯杜拉河为界；北以萨尔马提亚海的温涅德湾和还未知名的土地为界。

39. 在萨尔马提亚较为著名的城市之中，塔米拉卡的最长日为十六个昼夜平分小时，并距离亚历山大港以西达十五分之一个昼夜平分小时。

纳法尔城的最长日为十六小时十五分，并距离亚历山大港以西八分之一小时。

奥耳维尼，或称博里斯芬达城，其最长日为十六小时零五分，并距离亚历山大港以南五分之一小时。

40. 在塔弗里卡的刻索泥撒折的各城市中，腓俄多西阿的最长日为十五小时五十分，并距离亚历山大港以东五分之一小时。

潘齐坎彼的最长日为十五小时五十五分，并距离亚历山大港以东四分之一小时。

第十八章　亚洲，地图二

41. 亚洲的第二张地图包括位于亚洲的萨尔马提亚。通过其中央的纬线与经线的比例为七比十二。

42. 这张地图，东以西徐亚和里海的一部分为界；南以攸克辛的本都海的一部分，以及科尔奇斯、伊比利亚和阿尔巴尼亚为界；西以欧洲萨尔马提亚、麦奥齐达湖和金麦里亚海峡为界；北以未知名的土地为界。

43. 在萨尔马提亚著名的城市中，克尔蒙纳萨的最长日为十五小时五十分，并距离亚历山大港以东三分之一昼夜平分小时。

英楠菲亚的最长日几乎为十五小时五十分，并距离亚历山大港以东几乎达半小时。

坦纳伊斯的最长日为十七小时十分，并距离亚历山大港以东二十六分之一小时。

齐兰巴的最长日为十六小时十二分,并距离亚历山大港以东十分之一小时。

纳法里德的最长日为十七小时十五分,并距离亚历山大港三分之一小时。

俄译者 B.B.拉泰舍夫

阿　维　恩

（公元四世纪后半期）

罗马诗人罗夫·福斯特·阿维恩诞生在埃特鲁里亚，关于其生平，知者甚少，仅知道他在公元366年曾任非洲地方总督，而于372年任亚该亚总督。阿维恩的著作中，有我们没有得到的《寰球游记》，这是一本翻译代奥立细阿斯·伯里伊季提斯所著的陆路游记的诗歌（六韵脚的），也有我们已经得到的《海岸》一书仅有的残缺部分。这是从古代史料中收集得来的有用的资料，可是最近的增补和修正都把它曲解了。他的第一卷书中所载的地中海、黑海及里海沿岸游记，大部分被保留下来。其残篇中包括有西班牙海岸游记，并有关于赫克利斯之柱的报道，有迦太基人吉米尔康的北大西洋航海记，以及伊壁鸠鲁学派对日落的见解等等报道。这都是极有用的历史地理文献。

海　　岸

〔西班牙〕海岸游记

……（80） 大地在圆面上作广阔的分布，而水也四面八方地冲洗。但是，在汪洋的海水冲出大洋，迂回成一个海湾的地方，以后就展开了我们的海（地中海）的深渊，而大西洋海湾便从这里开始。(85) 这里有加的斯城，从前它叫做他施（即法尔西斯），还有屹立不动的赫克利斯的两个石柱——阿俾拉和卡尔彼。卡尔彼是在即将讲到的陆地的左侧；而阿俾拉则和利比亚相邻接。虽然在它们的周围有强烈的北风怒吼着，它们却依然屹立不动。(90) 这里有高耸的山脊，一面像海角一般向前方突出，一面又昂然耸立入云——从前它叫做埃斯特林尼达山。所有巍峨的山峰都高耸而朝向南方，即朝向呼出温暖的风神[1]。就在这些山岭之下，紧靠着山麓，海角突出海面。(95) 埃斯特林尼达湾辽阔地开展在居民的眼前，海湾内有埃斯特林尼达群岛，它们分布很广，且出产丰富的金属矿产——铅和锡。这里居住着许多人，都是豪气凌人，刚毅而敏捷。(100) 他们生来就喜欢经营贸易，他们乘着自己缝制的船只，既泛游于汹涌澎湃的大海之上，也漂荡于漫无边际而充满了怪物的大洋之中。他们所驾驶的船只不是照例用松木造的，也不是用枫木和枞木造的。(105) 他们把小船的龙骨弄得弯曲，但是奇怪的是，他们用缝在一起的兽皮制造船，并且常常坐上这种由结实的兽皮制成的船，横渡辽阔的大海。(108) 从这里乘船到"圣岛"（古时人给它这样的称呼）有两天的路程。(110) "圣岛"在海中突出于辽阔的水面上，吉耶尔纳部落就居住在这个岛上的广大部分，从事劳动。靠近这个岛，还发现阿尔比昂纳部落的岛。他施的居民们通常到埃斯特林尼达地区来进行贸易。但是迦太基的移民也来此贸

① 即南风之神。

易。而住在赫克利斯之柱地方的居民也常常航海到这些岛上来。布匿人吉米尔康报道他本人曾经艰苦航行到此,具有独到的实地经验,并说道,要用四个月的工夫才能完成这段旅程。这里没有常吹的风借以行船;静寂的海水表面一平无波。还应该补充说:在这里的深海中,生长着许多像森林中的什草一般的海藻,常常阻碍船只的航行。同时,据他说,这里的海底并不很深,浅水的地方刚刚覆盖着地面。在这里常常遇见许许多多的成群海兽,船只受到阻碍,航行很慢,船与船之间常见有海中的怪兽潜伏着。如果有人敢于乘上自制的小划子,从埃斯特林尼达群岛继续冒险到这个来开翁的女儿用“她的北风”魔棒把空气冻结了的海面,他在这里将会看到利古利亚人曾经居住的土地。居民们离开了这块土地,是因为凯尔特族人的队伍常常来侵袭,很早就使这里荒芜了。从故乡被驱逐出来的利古利亚人,因为常常遭到外来的命运迫使其如此,于是来到了现在这个荆棘满地的地方。这里的土地都被锐利的岩石所掩盖,且有许多险峻的峭壁和突向天空的巍峨山峰。这群逃亡者们经过悬崖峭壁间的羊肠小道,不得不忍受许多天的痛苦,远远地离开大海。他们所以害怕大海,是因为大海会使他们回忆起从前的危险。但是,到后来由于安全而加强了他们的勇气,得到了安静和闲暇,终于引起他们离开山中的避难所,走下海岸来的念头。

除我上面所讲述的而外,在我们面前又呈现出汪洋大海的“大海湾”,一直到奥菲乌萨的附近。因此,又从这个海湾的海岸到腹地海——那是我已经说过的迂回漫流于大陆内部的海,世人称之为撒丁海,若徒步行走有七天的路程。奥菲乌萨的海岸线长度和彼洛普斯岛的海岸线相等。那个岛是你所知道的,它处于希腊的领域以内。这个地方起初叫做埃斯特林尼达,这是因为这些地方的土地,都种植着埃斯特林尼。但是大量的蛇类却迫使居民们离开这里,于是这荒无人烟的地方,就从这些蛇类取得了这个名称。然后山峦突入海中形成了维纳斯角。海水在这里大约围绕着两个岛屿。由于这个地方微不足道,因而无人居住。阿鲁依乌莫角又面对着严寒的北方凌空屹立着。从这里乘船到以难于攀登闻名的赫克利斯之柱有五天的路程。在海上较远的地方有一个岛,这个岛生长着茂盛的草丛,并且与纪念萨茨尔奴斯[①]有关。它的生性非常狂暴,如果有人在它附近游泳而接近它时,海就要在岛的附近咆哮起来,它自己抖动起来,而整个大海都汹涌澎湃地浪激天空,一直震动到最后的边缘。但是在同一个时候,其余的大海却平静得像某些池塘似的。其后,奥菲乌萨角高高地耸立着。由阿鲁伊山脉到达这些地方有两天的路程。但是那个海湾后来扩展得非常宽阔,再也不能借同一个风向轻易地横渡过去。因为你随着西风顺便到达海中心,而其余的一段路程则需要南风。如果有人再想从那里徒步走到他施部落居住的海岸,那么这段路程只要走四天。如果有人转向通往我们的海和通往玛拉加港湾的小路走,那么他的路程就要延长到五个整天。再远一点,有多山陵的坎普西克角耸立着,而在它的山脚下有一个很高的岛,当地的居民称它为亚加留士的眼睛。关于它的传说是很难以置信的,因为许多故

① 农神。

事完全是怪诞的。但是，许多有权威的证据都肯定了这个传说。这个岛的边近的海水，从来就和其他地方的海水不同。原来海水到处都透明得像水晶一样。我们十分清楚，只有在海的深处才显出碧蓝色。但是在这里的海岸正像古代传说那样，海水永远是混淆着恶臭的垃圾，变成稠密的秽水，海水好像是被污臭的排泄物浸透到很深很深的地方。在奥菲乌萨地带，坎普西克人和谢菲人占据了高冈地。在他们的旁边，有顽强的利古利亚人，而德拉干人的后代，在高高的北方雪地上建立了他们的根据地。谢菲人的旁边有彼坦尼昂岛和广阔的港湾。其次是金涅特人与坎普西克人毗邻而居。然后到了金涅特角，它是朝向着星球光偏向西方的那一面；这个富饶的欧洲的突出边缘昂然隆起，远远地伸入怪物群栖的大洋咸水中。

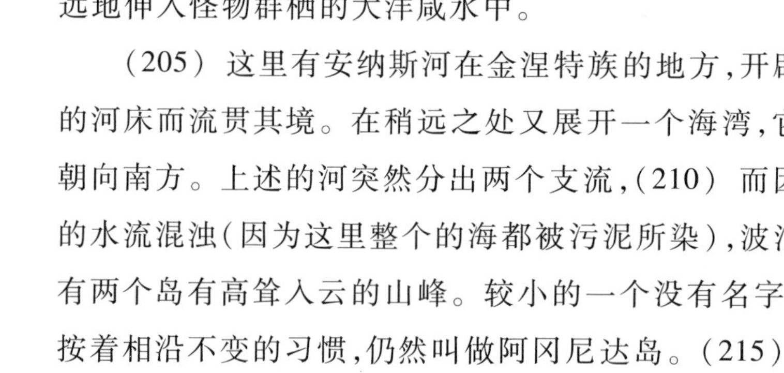

这里有安纳斯河在金涅特族的地方，开辟了一条深深的河床而流贯其境。在稍远之处又展开一个海湾，它的弯曲部分朝向南方。上述的河突然分出两个支流，而因为上述海湾的水流混浊（因为这里整个的海都被污泥所染），波浪难兴。这里有两个岛有高耸入云的山峰。较小的一个没有名字，另外一个岛按着相沿不变的习惯，仍然叫做阿冈尼达岛。这里纪念萨茨尔奴斯的岩石高耸，峭壁欲怒，海水汹涌，波浪滔天，石砾的海岸连绵不绝。在这些地方的丛林里，居民们饲养着许多身长茸毛的牝羊和牡羊。这些羊大部分可供给战士们过野营生活，和海员们做衣服所必需的厚绒毛之用。从这里到上述的河流只有一天的路程。这里就是金涅特人居住地区的边境。和他们相邻接的是他施（法尔西斯）人地区，为他施河（又名法尔西斯河）所灌溉，那个纪念泽菲尔[1]的山脉也在这里蔓延。这条山脉的高峰叫做泽菲里达。山峰的峭壁高耸，尖锐如矛；庞大的群山高迫天空，山峰隐没在乌云之中。山峰上面好像是永远笼罩着一层云雾。在这整个地区内，地上覆盖着茂盛的杂草，浓厚的云雾经常遮蔽着居民们的苍穹。空气沉闷，从来也没有过晴天，而夜里又时常降霜。这里不像其他地方一样，有能激起从山顶上吹来的风以驱散空中阴云的气流，因此所有这些地方都弥漫着浓厚的、纹丝不动的烟雾，大地都处在潮湿之中。但是，如果有人乘船绕过泽菲里达的高地，驶进我们的海的深渊，那么，他的船帆就马上会鼓满了法翁尼亚（西风）的呼吸。

然后，又到了那个有地下王国的女神庙的山岳地方；你看它的神殿富丽堂皇，其内部是在很深的神秘洞窟里，并有那丝毫没有亮光的、黑漆漆的圣所（神圣不可侵犯的地方）。旁边有一个很宽阔的池塘，叫做埃列勃池。其岸上，据说在古代有个格尔勃城；这座城后来因遭受多次混乱的战役而毁没了，它在这些地方只留下了回忆和空名。伊伯尔河就从此地流过，它的河水养育着这一带地方。

很多学者说，伊比利亚的名称是由这个伊伯尔而来的，而不是由那个流经好动的巴斯康族土地的河（在北方）而来的。因为整个地方都称为伊比利亚，其西部邻接这条河，其东部包括他施人和基尔比肯人居住的地方。

然后，是卡尔塔拉岛，根据充分确实而可以置信的说法，这个

---

① 西风之神。

岛原先曾被坎普西克人占据过。其后,他们又遭到侵入自己祖国的邻人的驱逐。为了寻求各人迁移的地方,他们全都分散了。其次是卡西亚山高耸着;这座山的名字,是由于古时希腊语称锡(银色的船)为“卡西帖朗”而来的。然后,以“神殿海角”突出海面而早从希腊获得旧有名称的格朗特要塞昂然屹立。我曾经听说过,原先的格里昂名称就是从希腊而来的。他施湾的沿岸地带在这里扩展得很广。从上述的(安纳斯)河乘船到这些地方来,总共只有一天路程。那里有加的斯城,因为根据布匿人的语言,地方有城墙设备的叫作“加的斯”。这个城原先叫他施。在古代,这是一座巨大而富庶的城,但是现在却是一个贫瘠的、微小的、成了人们的遗物和一片废墟而已。除了纪念赫克利斯的仪式以外,我们在这些地方再没有看到有什么值得注意的东西。但是在往昔,这座城市在人们的意识中,曾经是那么强盛和那么光辉灿烂。当时马乌鲁集亚曾有过一些皇帝,其中有一个极有权威的,特别受到屋大维亚公主所宠爱的骄傲的皇帝,即经常致力于钻研文学著作的尤巴皇帝;虽然他和他施中间被深渊的海所隔开,但是他认为“加的斯的共职者”的名称,对他个人来说是一个最重要的称号。他施河从利古斯廷湖流出,并在这一带地方的辽阔田野上泛滥着,河水从四面八方冲洗着卡尔塔拉岛。这条河不是一条单纯的滚滚急流,它流过毗连的土地,不是构成单一的河道:有三条急流,从太阳升起的东方顺着田野奔流,还有另外四条急流从南方冲洗着城市。阿尔根塔里(银色)山俯瞰着这些沼泽,它所以叫做这个名字,也是因为古时人根据它的外表而取的,因为在山坡上有大量的锡发射着光辉,并且从

山中向天空发射出明亮的光线，特别是当火热的阳光照耀着那威风凛凛的山顶上的时候。这条河就以自己的水流翻动着沉重的锡粉，再把这种贵重的金属冲到城市。然后它在流动的水面为许多盐田所分开之处退入广阔地方的陆地里面。那广阔地方的居民，都是埃坦涅依茨部落。从这里起，继续前去一直到坎普西克人的田野为止，伊列阿特人的居住区广泛地扩展在这一带肥沃的地方。基尔比肯人占据着海岸地方。正如前面所说的那样，格朗特要塞和神殿海角被海所分开，在这些骤然降落到水面上的峭壁中间出现一个海湾。宽广的大河从第二个峭壁旁注入大海。森林繁茂的他施山高高耸起。这里的埃里齐亚岛拥有辽阔的草原，这个岛从前有个时期是属于布匿人所管辖的；因为最初占据这个地方的是古代迦太基的移民。这个埃里齐亚岛，由海峡把它与大陆分开，相距有五斯塔季亚。继续从高地向西（加的斯以西），即向日落的地方去，有纪念海神的维纳斯岛，岛上有维纳斯的神殿，深深的洞窟里有维纳斯神的圣所；这里还有她的托言人。如果你从那座山（即我所告诉过你的那座山），它生长着密茂大森林。走到维纳斯角，那么海岸成斜坡下降，并由柔软的细沙所构成。贝塞河及基尔勃河的水，沿着这沙地滚滚而下。以后，自这些地方往西去，“圣”岭耸立起巍峨的悬崖。古时希腊人曾把此地叫作“赫梅斯”。这个“赫梅斯”是土造的堡垒，宛如土城，它从两面把土城之间的湖水绕成海峡一般。另外一些人则说，这是赫克利斯的道路，照他们的说法，赫克利斯当时把海填平了，为的是要给他所夺得的畜群开辟一条方便的道路。后来有许多著作家说，在古代按照赫梅斯所有的法律规

定，这是利比亚国土的一部分，而不应当轻视代奥立细阿斯对我们所指出的他施（法尔西斯）是利比亚的国界的证据。在欧洲方面远远地伸入海中的海角，正如我所指出的，当地的居民们称之为圣海角。在这两个地方中间有一条狭隘的海峡，它也叫做赫梅斯的或赫克利斯的道路。安浦斐利斯城的居民埃夫克帖蒙说，这个海峡长度仅有一百零八里，而两地距离约三里左右。

赫克利斯之柱在这里巍然耸立，如我所说过的，它们构成两个大陆的分界线。这两个大小相等的岩石——阿俾拉和卡尔彼远远地伸入大海。卡尔彼是在西班牙方面的，阿俾拉是在马乌鲁集亚人方面的。布匿人部落把它叫做阿俾拉，正像普拉夫特告诉我们的，按野蛮人的语言，即拉丁语，是高山的意义。而卡尔彼按照希腊语是内中空虚、恰如茶杯的形状。这就是雅典人埃夫克帖蒙所说的，在海峡的两岸没有峭壁也没有屹立的山峰。他说，在利比亚的大陆与欧洲海岸中间有两个岛，他说，它们的名字叫做赫克利斯之柱。据他说，它们之间的距离有三十斯塔季亚：两岛上完全为繁茂的森林所覆盖，而对海员来说，永久是令人讨厌的。

他解释说，在这两个岛上还有赫克利斯的神殿和祭台，外来人乘船到此地，祈神祷告后就迅速离开这里；因为在二个岛上逗留过久，就会被认为是不忠诚的。他说，在这些岛屿周围和附近，海水很浅而急流很广，所以载货船不能靠近这些地方。因为水浅，岸滩泥泞深而且稠。但是如果遇到虔诚的人要去拜谒赫克利斯的圣所，他就必须急忙地把自己的船开到卢那岛，卸下货物后，再乘上这只已经减轻重量的船沿海航行。但是在这两个岩壁之间，急流面积究有多大？据达马斯特说，那里几乎有七斯塔季亚。卡里安达人西拉补充说，在两柱之间的急流宽度，与湍急的博斯普鲁斯海峡一样宽，过了这些岩壁之后，沿着欧洲的海岸，为古时迦太基的移民所占据，并有移民城。他们有一个习惯：建造较为平底的船，因为只有用较为宽阔的平底小船，才能够容易地航行在比较宽阔的浅海里。从这些石柱再继续往西，正如吉米尔康所说的，海面一望无际，在海盆的四周扩展得非常辽阔。任何人也没有到过这个地方，任何人也没有派出自己的船到过这个海上。据他说，因此这里没有自高地吹来的气流能够推动船只向前行，没有任何的神的呼气可以帮助帆船的航行。他说，从这里起，黑暗好像一种衣服似的披挂在空气上。在深渊的上面，永远是笼罩着一层浓雾，朦胧的阳光不能驱散深渊上面的云雾。这就是那个环绕地球周围的最大的“大洋”，挟其分布很广之势，不断地作疯狂的呼啸。这就是那个最大的海，以其一己的深渊环抱着大地的边缘。这就是那个把自己的水注入内海的海，这就是我们的海“地中海”的父亲和祖先。这个强大的“大洋”，其威力在大陆的边缘上造成了许多深深弯曲的海湾，除此之外，还漫入我们大陆的境界里来。但是我告诉你，最主要的只有四个海湾：第一个侵入大陆的，就是格斯彼里亚湾和大西洋；第二个是基尔康海，即里海；第三个是印度洋，从其后面与波斯湾相连接；最后，即第四个是阿拉伯湾的深渊，它荣幸地蒙受着南风的温暖气息。

按古时的习惯，人们称它为大洋，但是还有把它叫大西洋的。它的深渊分布面积极广，在漫无边际的海岸轮廓里汹涌地

流荡着。海水深度大半很浅，以致勉强盖住水底的沙子。稠密的海藻露出水面，而淤泥在这里阻碍着海流。在这个海中有大群奇怪的兽类，因为有这些海兽，所以极大的恐惧经常威胁着这些土地。古代，布匿人吉米尔康说过，他个人在大洋的波涛中，曾亲眼看见过并曾亲身经受过威胁。

布匿人的年书传述了自古以来很长时期所有的详细情形……现在，我们在讲述中将追述从前的情况。那么正如我提到过的，在欧洲海岸上有另一个石柱，和耸立在利比亚地方的石柱遥遥相对。赫里兹河在这里注入深海，沿着这条河的两岸住有四个部落。凶暴的利博芬尼基部落和马西恩部落住在这些地方。这里有拥有果木地的基尔比肯王国，也有富饶的他施一直伸延到卡拉克齐海湾。它们的附近有巴尔别齐乌莫山和马拉加河，河上有一座与河同名的城，前数世纪叫做门纳卡城。这里有一个岛屿处在城的对面，曾是他施人的属地，当地居民从前把它作为“夜间之光”。在岛中有平静的湖和安全的港湾。门纳卡城还高于该岛。距离海较远的地方，有一座西卢尔高山，山峰高耸入云。以后，巨大的峭壁耸立，远远地突出大海之中。从前这里松树茂密，按照希腊的名称，这个地方叫做庇提乌斯。海岸一直到维纳斯神殿和维纳斯山岭地方总是下降的。从前这个海岸上有许多城市。无数的腓尼基移民原先占据了这些地方。这个被遗弃的地方，现在已变成一片旷无人烟的沙滩，荒芜的田地已经长满荆棘。从上述的维纳斯山岭，可以遥望利比亚地方的赫梅斯[①]，

① 即堡垒。

这个地方我在前面已提到过。荒凉的土地上,没有居民的海岸又在这里展开。可是从前这里曾有许多城市,并且这个地方因民族繁多而著名。其次,在马西耶恩纳城的附近,楠纳齐湾在大海这一面作弯曲的伸延,有很高城墙的马西耶恩纳城就峙立在这个海湾的最后面。特列塔角在它们旁边隆起,并有斯特朗吉拉小岛与之并立。巨大的沼泽在这个岛的边缘占了很大的面积。菲奥多尔河流经这里,当你在这样未开化和非常野蛮的地方,听到希腊语的这个名称不要惊奇,因为腓尼基人原先就移居到这些地方。海岸的沙滩又从这里展开,三个海岛形成宽宽的带状环绕着它。从前这里是他施人领土的边界,这里曾有过赫梅斯城。京涅特部落原先占据了这些地方,直到流经这些地方的锡坎纳河床为止,可是现在已经荒凉了,并且早已没有居民了,只有阿列布河潺潺作声,独自流动着。再过去,海中的京涅西亚岛隐约可见,这里从前土著居民的旧名称,而庇提乌斯岛屿出现在稍远的地方,巴利阿利群岛的山岭广阔地耸立在这里。伊比利亚人在群岛的对面沿着(地中海)海岸,直到比利牛斯山旁占据了广大土地之后,建立了自己的政权。它们的勒黎达城首先屹立起来。不毛的沙漠沿着海岸继续伸延。从前人口众多的格麦罗斯科皮城也设在这里,现在已经荒凉了,全部成了平静的沼泽。在这里可以觅得锡坎纳城所在的遗址。锡坎纳城是伊比利亚人以邻近的河名而命名的。齐里河在距离河水分流处不远的地方,环绕着齐里斯城而流动。距离这个海很远的地方,广大的地面长满了杂草和丛林。这里野蛮的、未开化的别里布拉克人成群结队地流浪着。由于他们吃着粗劣的食

物、牛奶和硬干酪，所以过着野兽般的生活。然后，有克拉布拉西大山岭突起；一直到荒无人烟的刻索泥撒折境界，沿岸不毛之地起伏着。在这些地方，布满了纳卡尔人的沼泽，人们通常就称这些沼泽为纳卡尔。在沼泽中部突起一个小岛，盛产橄榄，因此用来纪念明涅尔瓦。有许多岛屿与该岛并列。吉拉克提、吉斯特拉、萨尔纳和驰名的齐里希，都位于此地。这些都是古代城市的名称，因人口众多而著名，而且在全世界也是有名的。除了有可以饲养大量牲畜和培植葡萄园的肥沃土地，与金色卷发的女农神的赐品之外，从吉别尔河上还可以运来外国货物。（神圣之山）从旁竖起了它那高傲的山峰，而奥列河劈开邻近的田野，在两个山峰中间流过，注入大海。

往前去，谢勒山——这个名称是自古流传下来的——高耸入云。列别顿齐亚城和它毗连，但这是先前的情况，现在这个地方已是一片没有人家的旷野和野兽的洞穴。多沙的海岸在山侧伸展极广。萨拉夫里斯城从前位于这片海岸下。往昔，这里也建造了一座卡利波利斯古城，以其飞拔的城墙和高耸的屋脊突入云端，居民的住房所形成的广大圆周，从两侧环绕着经年盛产鱼类的湖。

往前去，就到了塔拉哥尼亚城和人口众多的巴尔齐农人的奇妙住所。这里的港湾安详地展开它的怀抱，土地常含有甜水。再远一些是野蛮的英季格特人的领域。他们是野蛮的、残暴的，大都从事狩猎，长期住在贫苦的洞窟里。再往前去，克列班奇山脉的山峰，深深地伸延到西提斯的咸水中。在回忆中，基普谢拉城从前是建立在这里的，荒凉的土地上已经没有一点古城的遗迹。这里巨大的海湾展开了海港，海水广阔地流入那空虚得像岩窟般的大片地方。在这些地区之旁的英季格特海岸，一直伸延到比利牛斯山高峰所形成的海角。上述的海岸似乎向后伸延，其旁便有马洛德山高傲地耸立，两个高大的峭壁由海中突起，重叠的山峰伸入天空，触及云端。港湾在这个峭壁之间作宽阔的伸展，疾风也吹不动它的水面。因为许多峭壁在这个港湾前面广阔地展开，悬崖的诸峰以围墙之势环绕着它，而在巨大石堆之间，水处于不动的深渊之中，其表面平滑无波，幽闭的海好似睡着了一般。其次，有唐尼沼泽位于山麓之旁。唐农尼特多岸的山脊突起。安尼斯特河通过这些悬崖，哗哗地翻动着它那多沫的波涛，水势形成长长的急流把海冲开。咸水海就在这近旁，然而所有这些远离深渊的地方，就是有顽强精神的采列特人和阿夫索采列特人原先占据的地方，现在他们都统称为伊比利亚族。最后，距离这里不远，在荒野无路而攀登困难的地方，还住有索尔顿族，他们分布到（地中海）内部地区，在野兽的洞穴中度过自己的一生。那里，有松树满山的比利牛斯山峰耸立着，宽阔地突出在大地之上，并俯瞰着海渊。据说，从前在索尔季岑的土地的边界上，有富丽的皮林纳城，马西利亚的居民时常往返这里进行交易。从赫克利斯之柱，即从大西洋海渊和泽菲里达地方的边界到皮林纳，乘快船七天可以到达。比利牛斯角的后面，展开了金涅特海岸的沙地，罗斯秦河以其广阔的急流通过沙地开辟了一道河床。我已说过，这块土地是索尔季岑田野。在沼泽中间有宽广的大湖，居民称它为索尔季岑湖。随着广阔渊水的冲击（因为湖岸展开的范围很大，湖水常常因疾

风搅动而暴涨，并沸腾起来），索尔顿河就从这个沼泽源源流出。又从索尔顿河流出的河口（按：此处原文有遗漏）。从此处起，所有海岸都被海湾所淹没，土地大受侵蚀，于是大量的水流到这里，巨大的海浪向大陆冲来。这里突起了三个著名的岛屿，海水环绕着坚硬的岩石流动。距离河流所冲开的入海口这些地方不远，出现了另一个海湾，并以其阔浪冲洗着四个海岛，当地统称之为“皮普雷”。往昔，埃列集克部落占据了这一带地方，那罗城是这个野蛮王国宏伟的首都。

阿塔格河在这里注入盐水的海中，在这条河之旁还有格利卡沼泽。古代传说，从前的别札拉就在这里。而现在的格列德和奥罗勃河，沿着荒无人烟的土地和崩溃的山丘流动：这是往昔繁盛的明证。距离这些河流不远，齐里河流入海中（按：原文亦有遗漏），海浪在这里永不兴起洪峰，而在海渊中远远保持阿尔比昂纳的平静。这个峭壁的顶端正好对着那个远远突出的海角隆起，这个海角就是我所说的叫作坎季德（白色的）海角。旁边有布拉斯科岛，它以圆形突出于海中。在大陆上，山岭的高峰间又有一片沙地，而空旷的海岸也在伸延。稍远一些，谢齐亚山的高峰突起，且盖满着松林。而谢齐亚山岭的山麓伸延到套鲁斯。

距离奥兰河很近的地方有一个湖，居民称它为套鲁斯湖。它的水流分开了吉别尔人和严酷的利吉依（利古利亚）人的地方。这里有波利吉城，又小又十分贫瘠。曼札村和纳乌斯塔罗镇也坐落在这里，而格集克部落的城从高处俯瞰那个海上（？）（按：大概在随后遗失的诗篇中，有马乌吉奥湖的记载）克拉西河注入湖中。基明尼克地区，从海岸起伸延到很远的地方，它的面积很大，全地区覆盖着茂密的森林，它的名称是根据高山的山脊而来的。罗丹河（伦河）的河水，冲击着这座山岭前面低下的障壁，它的水流横越山下嵯峨的岩石而过。众多的利古利亚人，远从萨齐耶夫高地和岩石山岭的断崖，移住到地中海的水滨。……在东部，阿尔卑斯高耸其积雪的山岭插入云霄，高卢的田野纵横起伏，俨如岩山重重。这些山岭的呼吸常常带来狂风暴雨。罗丹河发源于此地，在河流地方，水从裂口甚宽的岩穴中流出。在河口附近，它的激流冲刷河床颇深，所以那里可以通航。当地人把河流所发源的高山的斜坡，叫做“日柱”。这个斜坡高高突起，顶峰隐藏在乌云里，以致在一天刚要开始，太阳射到北部的时候，在山背后的南面便看不见被遮住的太阳……伊壁鸠鲁派有以下的见解：太阳怎么也不会“陨落”，也不会落到任何海渊里，永远永远不会隐没，但是在空中斜着环绕地球转动，它给地球以生命，供给整个穹苍以有益的光线，并且顺着时序向闻名的地方消灭非巴斯的发光的火炬……当它使我们看不见发光的时候，天空已经是黑夜，重重的黑暗就笼罩着我们的大地，即我们所有的地方。但是晴朗的白天发光，使得谁都担心高高挂在北方空中的大熊星座光芒的战栗。当夜影又笼罩（大熊星座）的时候，我们全人类都觉得在白天的明亮阳光下是非常愉快的。

再往前去，罗丹河由发源地沿着克拉吉尔克人的田地和列明尼克人的田野，流过齐兰吉人和达利帖林人的地方。所有这些十分粗野的地名是很早传下来的……它往前流去，河床经过

十个弯曲之外,像许多著作家所指出的,又从这里注入一个水面平静的大湖里,古代希腊通称它为阿克齐昂湖。河的激浪经过平静的湖面奔驰而去。它从这里流出,(685) 好像普通的河那样狭窄,河水注入西方乐土的深渊,虽然它同时向着我们的海和西方的海,经过五个海口横断宽阔的沙岸。

在这里有阿勒拉特城塞巍然矗立,(690) 往昔,当希腊人开垦的时候,曾称它为捷林纳。……从这里继续航行两昼夜,(700) 可以到达没有别尔金纳城的涅阿尔赫部落的境界,和在马斯特拉巴利沼泽中间拥有古城的残暴的萨林族的境界;继续前进,有山岭高耸的海角,当地居民称这座山岭为采齐利斯特里亚。最后,就是那个马西利亚城,这座城位置是这样的:(705) 在城的前面是海岸,仅有一条窄道像地峡似的通到海中。深渊在它的两侧翻转激荡,平静的海水(海湾)环抱着城垣。

水流到各处,冲洗着城垣和房屋,而这座城几乎可说是一个岛屿。

俄译者　С. П. 孔德拉乞耶夫

注　释

条目后附俄文，并酌附希腊文、拉丁文、英文，释文后酌附又译

二　画

七兄弟（Семь Братьев）　可能是非洲的阿特兰特山。

三　画

（大、女、马、门）

大洋（Океан/῾Ωκεανὸς/Oceanus/the Ocean）　依照荷马的概念，这是宇宙中环绕着陆地和海洋的最大河流。海洋的水流、江河和水泉均发源于大洋；太阳、月球和星球都由此上升，亦复降落于此。大洋的水与海为界，但不与海合流。永远的黑夜笼罩着。西方大洋的那边，有地狱的入口，但在大洋的这边是天国。

大瑟提斯和小瑟提斯（Сирты Больщой и Малый）　深深楔入非洲北岸的两个海湾，其浅滩曾给航海者带来许多危险。

大港（Большая гавань）　位于阿尔及尔的海岸附近。

大瑟提斯（Большая Сирт）　参看大瑟提斯和小瑟提斯条。

大希腊（Великая Греция/Magna Graecia）　地区名，在南意大利，该处有古代的希腊移民地——克罗托那、他林敦等。

大流士·希斯塔斯彼斯（Дарий Гистасп/Δαρεῖος ῾γστάσπης/Darius Hystaspes）　波斯国王（公元前521—前485年），曾扩展波斯的亚洲领土到印度河，希波战争即肇端于其统治时代。

大陆论　参看海洋论条。

小瑟提斯（Малый Сирт）　参看大瑟提斯和小瑟提斯条。

女神（Нимфы/ἡν ὑμφη/nymphs）　拟自然的力量为人的神格，她们居住于山上及草原与岩石之中。她们可再分为：1. 水的女神（Нимф вод，大洋女神，即大洋河之神）和尼勒绮德

(女海神);水陆的女神(Нимфы Вод и Суши)那雅德,她们之中又分为江河的和水泉的女神;2. 山的女神奥列阿德;3. 森林溪谷的女神;4. 树木的女神德里亚达。

又译:宁芙、水仙姑,见严群译柏拉图:《游叙弗伦》131;山林水泽之女神卡利普索。

马卡尔(Масар/Μακάρ) 希腊语,极乐之意。

马尔克·韦普桑·阿格里帕(Марк Випсаний Агриппа/Marc Vipsanius Agrippa) 罗马执政官,地理学者。

马季特(Мадит) 城名,在色雷斯,赫勒斯滂通往爱琴海的出口附近。

马列亚(Малея) 海角名,在伯罗奔尼撒的东南端。

马里齐马(Маритима) 城名,在高卢的南部,马西利亚以西。

马尔马利卡人(Мармариды/Marmarica) 北非洲的一族,依照古代作家的意见,他们居住在昔兰尼附近以迄西梦人绿洲的一带地方。

马朗尼亚(Марония/Μαρώνεια/Maronea) 城名,在色雷斯的南部,色雷斯的刻索泥撒折附近。

马萨乌阿(Массауа) 城名,在红海的海岸厄立特拉境内。

马西利亚(Массилия/Massilia) 城名及海港名,在高卢的南部。

马斯图西亚(Мастузия) 海角名,在色雷斯的刻索泥撒折半岛。

马洛斯人克拉捷斯(Кратес Маллоский/Κράτης/Crates of Mallus in Cilicia) 柏加马斯文法学派的领袖,生长于阿达拉国王(Attalus)的宫廷,约死于公元前145年,是最早的地球仪制造者之一。

马利阿克(Малиак/Κόλπος Μαλιακός/Maliacus sinus) 海湾名,在爱琴海帖撒利亚海岸附近。

马洛斯城(Маллос/Μαλλός/Mallus) 在西里西亚(小亚西亚)境内皮拉姆河畔,与地中海相接近。公元前二世纪文法学家马洛斯人克拉捷斯的故乡,他是柏加马斯文法学派的领袖,历史上第一个地球仪著名的创造者。

马拉松(Марафон/Μαραθών/Marathon) 城名,在亚狄加境内。该城以公元前490年米太雅第战胜波斯人而著名。

马列罗得湖(Мареотида) 在下埃及,于尼罗河泛滥时洪水充溢。该湖位于三角洲之西,可供亚历山大港作海港之用。

马里安纳(Мариана) 城名,在科西嘉的东北沿岸。

马西利亚人彼泰阿斯（Пифей из Массилии/Πυθέας/Pytheas of Marseilles）　是亚里斯多德的同时代人，又是勇敢的航海家兼地理学家，曾取海道走遍了欧洲的西岸和北岸，一直到过弗列岛（可能是冰岛）。他研究过天文地理学。撰游记 περίπλους（Periplus）。又译：马西利亚（马赛）人毕西亚斯（330？—？285）见普·詹姆斯：《地理学思想史》36；毕特阿斯，见丹皮尔：《科学史》714。

马里斯（Марис）　河名，在多瑙河流域。

门尼斯（Менис）　河名，莱茵河的右方支流（即麦恩河）。

四　画

（历、冈、内、不、文、巨、巴、日、天、尤、比、厄、丹）

历法（календарь/ἡμερολόμιον/calendae/calender）　希腊人的历年，由 12 个历月或 13 个历月组成。有时包括 354—355 日，有时包括 383—384 日，并分每历月为 3 旬。古代罗马的历法，就是罗马人从年终计划历月的数目。在每个历月里有 3 日各有其特别的名称：第一日叫做朔日，第五日（但在某些历月里是第七日）叫做上弦之日，第十三日（或第十五日）叫做望日。其余所有的日，以最接近的朔日，或上弦日，或望日的日数确定之。例如：1 月 3 日为 1 月上弦日以前的第三日；2 月 23 日为 3 月朔日以前的第七日；2 月 26 日为 3 月朔日以前的第四日；2 月 28 日为 3 月朔日的前日，3 月 10 日为 3 月望日以前的第五日。

冈比西（Камбиз/Καμβύσης/Cambyses）　波斯国王，居鲁士之子，公元前 525 年征服埃及。

内喜河　城名，在意大利南部亚浦利亚境内。

文涅特湖（Венетское Озеро）　今之君士坦士湖。

不敬神者（Безбожник）

巨人族（гигант〔巨人〕，гиганты/ὁ Τιτάν，οἱ Τιτᾶνες/Titan；Titanes，Titani/the Titans）

又译：巨灵，提坦。

巴克特里亚（Бактрия/Βακτρία/Bactria）　地方名，位于药杀河和奥克斯河（即锡尔河和阿姆河）的上游。

巴尔别介依（Барбеций）　海角名，在比利牛斯半岛，直布罗陀以东。

巴尔基诺（Баркино）　城名，在西班牙东北部。

巴比伦（Вавилон/Βαβυλών/Babylon）　最古老的国家之一，位于美索不达米亚。其首都是幼发拉底河畔同名的城市。

巴利纽拉斯（Паликур/Palinurus） 1. 传说中伊尼阿的舵手的名字;2. 城名,在意大利第勒尼安海岸。※原书 357 页如此,误。117 页味吉尔诗片段作 Палинур。

又译:帕里努鲁斯,见《埃涅阿斯纪》69。

巴利尼（Паллена） 半岛名,在卡尔息狄栖之西(爱琴海之北)。

巴诺马斯（Панорм/Panormus） 城名,在西西里东北。

巴那萨斯（Парнасс/Παρνασος/Parnasus） 山名,在希腊佛西斯(Фокид/Φωκὶς/Phocis)地名,特尔斐的东北。

巴提尼阿斯（Партений/Παρθένιος/Parthenius） 1. 河名,在帕夫拉哥尼亚(Paphlagonia,小亚细亚)。2. 伯罗奔尼撒中部阿尔卡迪亚的山名。

又译:帕德尼阿斯,见《伯罗奔尼撒战争史》686。

巴西腓伊（Пасифая/Pasiphaë/Πασιφχη/Pasiphae） 传说中克里特国王迈诺斯之妻(参看迈诺斯条)。

巴罗斯（Пилос/Πύλος/Pylus） 城名,在伯罗奔尼撒的西南岸上,被认为古代荷马时代涅斯忒(Нестор/Νέστωρ/Nestor)的居留地。

又译:派娄斯(Pylos),见《伯罗奔尼撒战争史》687。涅斯忒又译:涅斯托耳。

日晷仪（Гномон） 参看指示针条。

天父（Зевс/Ζευς/Zeus）

又译:宙斯。

天纳尔（Тенар/Ταίναρος,Ταίναρον/Taenarus,Taenaron） 海角名,伯罗奔尼撒的最南端。

又译:塔纳隆海角。

天内（Тены） 城名,在北非洲小瑟提斯湾岸上。

尤巴皇帝（царь Иба/Juba II,前?50—23?） 称"加的斯的共职者"(дуумвират Гадира)。

又译:朱伯,见《世界史编年手册》下 829。

比丽德（пиэриды,Пиэрийские девы/Πιερίς,Pieris,a Muse;Πιερίδες/Pieriae/the Muses） 罗马诗人称缪斯所用地方性别名。

又译:庇厄里亚姑娘。

厄流息斯（Элевксин/Ἐλευσὶς,Ἐλευσίν/Eleusis,Eleusin） 城名,在亚狄加。古代著名的"厄流息斯的秘密祭"(Eleusinian mysteries) 起源于此。

厄立特里亚(红)海（Эритрейское (Красное) море/ἡ ἐρυθρὰ θάλασσα/Erythraeum Mare） 古代

希腊人的这个概念是不肯定的。他们多半称今之印度洋的阿拉伯海或阿拉伯湾为红海(偶尔称之为南海，与北海即黑海或地中海相对立)。现时我们所称的波斯湾，古人有时称之为阿拉伯海，有时称之为波斯湾，有时称之为红海('Ερυθρὰ Θάλασσα/Mare Rebrum/Erythraean Sea/Red Sea)。而古人称现在的红海为阿拉伯湾。

丹努维依河(Данубис/Danubius)　即多瑙河。

五　画

(北、古、白、布、瓦、外、加、汉、幼、冬、卡、卢、仙、尼、皮、比、本、世、石、叩、兰、他、弗、以、代、对、长)

北海(Северное море)　参看厄立特里亚海条。

北方人　传说中的民族，据希罗多德的报道，他们居住在极北方。

北极圈，或北极(северный полюс)　古人用这个名称所指的不是北方的地极圈，而是划分天空中经常可以看见的星宿的空间，和那些升沉不定的星宿之间的界限。它随着地理纬度而改变。在爱琴海各岛屿来说，相当于纬度36—37度。

古代的现象仪(Астролябия)　仪器名，其用途为观测星宿和他们互相距离的变化，以及星宿在地平线上的高度。著名的希腊天文学家尼西亚人吉帕尔赫，约于公元前150年发明这种仪器；现时我们加以一些改善仍可采用。

白角(Белый мыс)　位于非洲的西北海岸。

布兰达(Бланда)　城名，在西班牙东北部。

布拉乌朗尼亚(Браурония)　城名，在中希腊的东部。

布巴斯齐斯(Бубастис)　城名，在古代埃及尼罗河布巴斯齐斯支流的东岸。

布丁人(Будины)　民族名，希罗多德曾述及之，其所在地不详。一些作家说他们在加利奇以北维斯瓦河畔，另一些作家说他们在顿河与伏尔加河之间。

布克法利亚(Букефалия)　城名，在印度的海达泗披河畔，为马其顿的亚历山大所建。

布克先特(Буксент)　城名，在意大利南部琉揆尼亚境内。

瓦伦西亚(Валенция)　城名，在西班牙地中海岸。

外海(Внешнее море)　即大西洋。

加季拉(Гадейра)　参看加的斯

条。

加的斯(加季拉,或该提斯)(Гадес,Гадейра,или Гадир) 城名,西班牙西南,据希腊神话,极西方的地狱(Hades)入口即位于此。

加德鲁麦特 城名,在非洲西北部,地中海沿岸。

加伊·埃利依(Гай Элий/Ælius Gallus) 奥古斯都时代的埃及地方长官,斯特累波的朋友和同时代人。

加利阿尔特(Галиарт) 城名,在中希腊的比奥细亚。

加朗涅斯(Галоннес) 岛名,在爱琴海的色雷斯海岸附近。

加马克索比伊人(Гамаксобии) 希腊语称车里的住宿者。

加普里(Капуя) 城名,在卡莫潘尼亚(意大利)那不勒斯附近。

加里亚(Кария/Caria) 小亚细亚半岛的西南地区,包括重要城市哈利加纳苏。

又译:开利阿,见《伯罗奔尼撒战争史》674。

加尔底亚人(Халдеи /Χαλδαί α/Chaldaea) 属于塞姆起源的民族,居于古代巴比伦的西南部。

加尔西顿(Халкедон [Колхедон]/Χαλκηδὼν/Chalcedon) 城名,在普罗庞齐达(马尔马拉海)的东北岸。

加山德里亚 (Кассандрия/Cassandrea) 城名,在马其顿境内。

加尔干 亚平宁半岛东岸的山汇,伸入亚得里亚海,并形成佛里多尼亚湾的西岸。

加隆那(Гарумна) 河名,在高卢境内。

汉诺(Ганнон/Hanno/Αννον) 迦太基航海家,公元前480年出海航行,其游记译为希腊文始传世。身世不详。

又译:韩诺,见阿里安:《亚历山大远征记》300。

汉尼拔 (Ганнибал/'Αννίβας/Hanibal) 著名的迦太基人统帅,参加过第二次布匿战争 (公元前218—前201年),曾率领军队越过阿尔卑斯山攻入意大利,并给罗马人以几次严重的打击。公元前202年,他在非洲的撒马会战中受伤。公元前183年,他以自杀在异乡结束了自己的生命。

幼发拉底 (Евфрат/Εὐφράτης/Euphrates) 美索不达米亚的最主要河流之一,流入红海。

冬回归线(зимний тропик) 即南回归线或冬至线。在冬至(十二月二十二日)的时候,太阳位于该线的天顶。

卡夫多斯(Кавдос) 岛名,在克

里特岛以南。

卡弗恩（Кавн）　城名，在加里亚（小亚细亚）的南部。

卡集山（Казий）　据麦拉的意见，这是与埃及毗连的阿拉伯山岭。

卡伊克（Каик）　河与平原名，在密西亚（小亚细亚的西北地区），流入爱琴海。

卡伊斯特尔（Каистр）　河及海湾名，在爱奥尼亚（小亚细亚的西岸）境内。

卡林尼亚（Калимна）　斯波拉缔群岛屿之一。

卡利马赫（Каллимах/Καλλίμαχος ὁ Κυρηνη/Callimachus）　诗人兼文法学家，生于昔兰尼。托勒密·菲列得尔菲亚约于公元前260年邀请他往亚历山大港居住，在著名的亚历山大港图书馆工作到他的晚年。相传他著有散文或诗歌作品达八百种。他根据各种知识部门，把亚历山大港图书馆的抄本编成精密的分类而具有鉴定性的图书目录。当时的卓越学者如埃拉托色尼、拜占庭人阿里斯多芬、罗得斯人阿波罗尼阿斯都是他的学生。

又译：卡利马库斯，见葛力译：《西方哲学史》上313（1975年）。

卡利波利斯（Каллиполь）　城名，在意大利他林敦湾的岸上。

卡利斯瑟尼（公元前360—前328年）（Каллисфен/Καλλισθένης/Callisthenes）　马其顿的亚历山大的史官，曾随亚历山大远征亚洲，编有此次远征的记述，已失佚。根据各种抄本所编成的稀奇的《亚历山大大帝事记》是较为近代的作品（大约是公元第二世纪或者甚至第三世纪的），它被称为拟卡利斯瑟尼的作品。

又译：卡里斯德尼，亚里斯多德的侄子。参看亚里斯多德：《物理学》（商务，1982）第297页。

卡尔彼（Кальпе/Κάλπη/Calpe）　参看阿俾拉及卡尔彼条。

卡帕多基亚（Каппадокия）　国家名，位于小亚细亚东南部。

卡普拉里亚（Капрария）　岛名，在科西嘉与伊利瓦之间的意大利西岸的附近。

卡拉利斯（Каралес）　城名，在撒丁岛。

卡拉姆比（Карамбий）　海角名，在帕夫拉哥尼亚（位于小亚细亚北部），为本都省沿海的最北端。

卡里安达（Карианда）　城名，在加里亚（小亚细亚）。

卡里斯特（Карист）　城名，在优比亚。

卡尔息斯城（Халкида/Χαλκίς/Chalcis）　在爱琴海的优比亚岛

（Эвбее/Εὐβοια/Euboea）上。

卡尔息斯海峡（Халкидский пролив） 在优比亚岛卡尔息斯城与大陆之间。

卡尔息亚（Халкия） 爱琴海中斯波拉缔群岛的岛屿之一。

卡尔皮斯（Карпис） 河名，伊斯特尔河的支流。

卡尔金纳（Каркина） 城名，位于克尔金尼特海湾帕希里达河附近布格湖后面。

卡西亚（Кассий） 1. 山名，在下埃及彼鲁西附近；2. 山名，在比利牛斯半岛法尔西斯城的西北。

卡尔捷里迪（Касситериды） 群岛名，在里昂的高卢的西北端（这是译自希腊语的名称，意为"锡的"）。

卡斯特鲁莫·诺乌莫（Каструм Новум） 城名，在皮岑齐亚（意大利），亚得里亚海沿岸。

卡塔巴特姆（Катабатм） 非洲北部的高地带，作为昔兰尼与埃及之间的边界。

卡坦纳（Катана/Κατάνη/Catana）城名，位于西西里的东部沿岸。

卡里安达人斯基拉克（скилакс из Карианды/Σκύλαζ/Scylax of Caryanda in Caria） （出生于小亚细亚的加里亚）生于公元前六世纪初，供职于大流士·希斯塔斯波斯（Дарии Гистасп）的官邸。曾受大流士的委托，考察印度河口至波斯湾的印度洋海岸。他利用这次考察的结果，写成了一部海志（Periplus），但这部著作不久便告失佚，而现时闻名于世的《斯基拉克海志》，是由公元前第六至第四世纪各种不同著作中的许多部分汇编而成的。

卢克利诺湖（Лукринское озеро）在意大利。

卢那（Луна） 城名，在北埃特鲁亚（意大利）。

卢皮亚（Лупия） 河名，在北日耳曼。

仙界（Олимп/'Όλυμπος/Olympus）（奥林帕斯）

又译：奥林匹斯，见《辞海》（2216页，1979年版缩印本）650

尼罗河的门捷集河口（Мендезийское устье Нила） 参看尼罗河口条。

尼罗河的博尔比特河口（Бальбитское устье Нила） 参看尼罗河口条。

尼琉斯（Нерей/Νηλεύς/Neleus）据希腊神话，系海洋的居民。他的女儿尼勒绮德（Нереиды）是海上的美丽女神。她们姊妹有五十个。她们援救水手于航行危险的地方。这些女神中的安菲特里达和阿奚里的母亲西提斯，在荷马诗中提及最多。

尼西罗斯（Нисирос）　岛名，在爱琴海东部多利亚区域。

尼法特（Нифат）　吕西亚的山脉，依照庞蓬尼·麦拉的意见，这是套鲁斯山脉的一部分。

尼罗河的帕特麦特河口（Патметское устье Нила）　参看尼罗河口条。

尼罗河口（Устье Нила）　希罗多德列举尼罗河三角洲的七条支流是：坎塔布、博尔比特、谢宾尼特、帕特麦特、门捷集、舍易斯及彼鲁西。但不知何故，庞蓬尼·麦拉除了称舍易斯支流为卡拉西里之外，也重述了这个项目。古代作家们所述尼罗河口的名称及其含糊不清的数目，大概是难以分辨的。尼罗河的支流中只有博尔比特及帕特麦特两条支流保存下来，其他五条支流已不存在。它们可能是尼罗河三角洲里连接湖泊与海洋的小水道。

尼罗河的舍易斯河口（Саисское устье Нила）　参看尼罗河口条。

尼罗河的卡拉西里河口　（Каласиритское устье Нила）　参看尼罗河口条。

尼罗河的谢宾尼特河口　（Себенитское устье Нила）　参看尼罗河口条。

皮查夫尔（Пизавр）　城名，在中意大利亚得里亚岸上。

皮拉姆（Пирам）　河名，在西里西亚（小亚细亚）。

皮列特（Пирет）　河名，参看波拉塔河条。

皮坦纳（Питана）　城名，在伊奥利斯（小亚细亚）。

皮岑齐亚（Пиценция）　城名，在南卡莫潘尼亚（意大利）地区，第勒尼亚海岸，位于那不勒斯以南。

比萨（Писа/Πῖσα/Pisa）　城名，在伊利斯（伯罗奔尼撒）奥林比亚之旁。

比赞塔（Византа）　城名，普罗庞齐达海北岸萨摩斯人的移民地。

比布洛斯（Библ）　腓尼基人的城市，在地中海东岸。

本都人格［赫］拉克利特　（Гераклит Понтийский/'Ηρακλείδης Εὐθύφρονος/' Ηρακλεώτης τού Πόντου/Heraclides Ponticus/Heraclides of Pontus）　（公元前第四世纪中叶）柏拉图的学生，研究过伦理学、物理学、文法、历史和地理学等。约有五十种著作，只遗留一小部分。他不是以弗所人格拉克利特，两者不可混淆。

本都（Понт/Πόντος/Pontus）　1. 黑海。据古人的说法，由于黑海在

秋天和冬天常常发生强烈的暴风，最初被称为阿克辛（’Ἄξενος/inhospitable）的（不欢迎客人的）本都海。久而久之，希腊人开辟黑海海岸并熟知其自然条件，遂改称为攸克辛（Εὔξενος/hospitable）的（欢迎客人的）本都海；2. 省名，在黑海南岸的小亚细亚。公元前63年本都王国被罗马征服，并改设为罗马的行省。

世界七奇（Семь чудес света/Seven Wonders of the world）　古代称某些特别伟大而美丽的建筑物和雕刻品为世界奇观；这样的世界奇观共计有七：1. 埃及的金字塔；2. 谢米拉米达的空中花园；3. 罗得斯岛的巨像；4. 哈里加纳苏的陵墓；5. 以弗所岱雅那的神庙；6. 在奥林比亚城菲季所作的奥林比亚的宙斯神像；7. 腓罗斯—亚历山大港的灯塔。

石砾海岸（Каменистый берег）　高卢南部马赛与罗纳河口之间的沿海地带，长约4 000米。

叩密　城名，在意大利海岸，那不勒斯附近。

兰彼齐亚（Лампетия/ Λαμπετίη/Lampetia）　据希腊关于山林水泽女神的神话，她是太阳神（Helios）与海神的女儿，她收养太阳神的畜群。

兰萨科斯（Лампсак/Λάμψακος/Lampsacus）　城名，在赫勒斯滂的东岸。

兰萨科斯人色诺芬（Ксенофонт из Лампсака/Ξενοφῶν ὁ Λάμψακος/Xenophon of Lampsacus）　古希腊作家。

他林敦（Тарент/Tarentum）　参看赫克利斯的他林敦条。

他林敦湾（Тарентийский залив/Gulf of Tarentum）　位于意大利的南部海岸。

他施（Тартес）　城名，在西班牙的东南海岸。

弗里吉亚　小亚细亚西北部地区，曾经被罗马人征服，并并入亚洲的省份。

弗列（或图列）（Фуле［Туле］/Θούλη/Thule）　岛名，古代已知世界的极北边境。公元前第四世纪马西利亚人彼泰阿斯（Phteas）到过这个岛。他所作的这次航行报告已失佚，所以不得不确定为岛屿。弗列是古代“北极”（Крайний север）的同义语，与他施城之为“极西”（Крайний запад）的同义语相同。

又译：北溟之国，见《阿古利可拉传·日耳曼尼亚志》20。

以弗所（Эфес/’Ἔφεσος/Ephesus）　城名，小亚细亚爱奥尼亚的重要城市之一。

代俄尼喜阿斯（Дионисия）　岛

名，在爱琴海。

代西亚克斯（Дикеарх Мессанский/ Δικαίαρχος/Dicaearchus of Messana in Sicily）

又译：狄凯阿尔库斯，见梯利：《西方哲学史》上307；笛卡儿，见《地理发现与地理学史译文集》（1956年）17；第凯尔库斯，见《自然科学史》578。

对蹠人（Антиподы/ἀντίποδες/Antipodes）　地球背面的居民。

长生不老者（Макробии）　（照译意指“长生的动物”）古代作家们把它分为埃塞俄比亚部落之一的名称。

长度（Меры длины）　在原文中所见的希腊和罗马的长度，斯塔季亚是长度的基本单位，但其长短常常变化不定，所以只有在个别情况下，才适用以它来测量巨大的距离，而通常用步来测量距离，即可应付裕如。（见下面附表）

长　度

	米（公尺）	厘米（公分）	毫米（公厘）	
尺（Фут）		29	63	
肘节（Локоть）		44	43	
步（Шаг）	1	48		=0.77 米
奥尔吉亚（Оргия）	1	85		
普勒特尔（Плетр）（希腊）	30	83		
斯塔季亚（Стадия/στάδιον/Stadium）（希腊）	184	47		据埃拉托色尼意见，合157.5 米
罗马里	1 481	5		
帕拉桑格（Парасанг）	5 534	10		（30 斯塔季亚）
斯恒纳（Схена/σχοινοῦς/Schoenus）（埃及）	11 068	20		（60 斯塔季亚）
步行者一昼间的行程	30 000			（30 公里）
一昼夜的海上的航程	184 470			（1 000 斯塔季亚）

六　画

（红、达、迈、安、发、伏、百、吉、伊、米、地、先、列、托、印、西、齐、朱、色、亚）

红海（Красное море/Red Sea）　参看厄立特里亚海条。

达拉布松（Трапезуна）　城名，在黑海东南岸。又译特拉布松。

迈锡尼　城名，在伯罗奔尼撒的东北部，最古老的文化中心之一。

迈诺斯（Минос/Μ ίνως/Minos）　按古代希腊神话，迈诺斯是克里特岛的国王，宙斯和欧罗巴的儿子。

又译：弥诺斯；麦诺斯，见《数学史译文集》，上海科技出版社 1981 年版第 87 页。

安马孙人（Амазонки/'Αμαζόνες/Amazones）　稗史中女战士的名称。据传说，她们是优越的女骑士，曾发动远征，摧毁了许多城市。

安布拉基阿湾（Амбракийский залив/'Αμβρακία/Ambracia）　位于希腊西北，伊庇鲁斯（Epiris）境内。

安布拉基阿（Амбракия）　城名，在同名的海湾（参看该条）的岸上。

安彼卢西（Ампелусий）　即葡萄角；位于非洲的西北海岸。

安多纽（Антоний，Марк/Marcus Antonius，83—30）　又译：安东尼，见《马克思恩格斯全集人名索引》47。

安菲吉耶伊（Амфигией）　格菲斯特的绰号。

安浦斐利斯（Амфиполь）　城名，在色雷斯的南部。

安菲特里达（Амфитрита / 'Αμφιτρίτη/Amphitrite）　据希腊神话，她是海之女神，尼琉斯之女，波赛顿之妻。她管理海中怪物。

安纳斯（Анас/Anas）　河名，在比利牛斯半岛，流入大西洋。

安纳哈尔西斯（Анахарсис/'Ανάχαρσις/Anacharsis）　据希罗多德所述，他是西徐亚的国王，又是哲学家并旅行家。据传说，他曾航渡至雅典，染上希腊人的风俗，因而被其同胞（Saulius，似为其兄弟）处死。

安纳克萨戈尔（Анаксагора）

又译：阿纳克萨哥拉，阿那克萨卡斯，见李活译：《亚历山大远征记》302。

安德洛斯（Андрос/''Ανδρος/Andros，Andrus）　昔加拉第群岛中大的岛屿。

安德洛法人（Андрофаги/'Ανδροφάγοι/Cannibals）　嗜食人肉者（希腊语），见于希罗多德著作。

安涅穆里（Анемурий）　海角名，在小亚细亚的南岸，塞浦路斯岛以北。

安科纳(Анкона/'Αγκών/Ancon, Ancona)　城名,在意大利皮岑岭内。

安泰(Антей/'Ανταίος/Antaeus)希腊神话中的巨人,波赛顿和女地神基阿的儿子;他与外来人决斗时,因从其大地的母亲获得新生的力量,常常获胜。1937 年斯大林在联共(布)中央委员会 2—3 月全会上的报告里曾提到这一段神话。

安齐基拉(Антикира)　城名,在科林斯湾的北岸。

安齐波利斯(Антиполь)　城名,位于地中海海岸,离热那亚不远。

安特罗萨(Антрос)　岛名,据庞蓬尼·麦拉的报道加以判断,该岛位于加隆那河河口。

安开栖兹(Анхиз/'Αγχίσης/Anchises)　伊尼阿的父亲(参看味吉尔的《伊尼阿游记》)。

安齐(Анций)　城名和海角名,在中意大利。

安菲洛希的亚各斯(Аргос Амфилохийский)　城名,在希腊的西北。

发利利阿·美塞来那(Валерия Мессалина)　罗马皇帝革老丢的第一个妻子,曾参加发动国家政变。依照革老丢的命令,她与其他叛乱者一同被处死。

伏柳比利斯(Волюбилис)　城名,在非洲亭吉坦尼亚省境内。

百尔修　(Персее/Περσεύς/Perseus)又译:珀耳修斯,柏修斯。

百头怪子　(Тифон/Τυφωεύς, Τυφών/Typhoeus, Typhon)　又译:堤丰(堤福俄斯)。

吉阿罗斯(Гиарос/Γύαρος/Gyarus)斯波拉缔群岛(在爱琴海)岛屿之一,是罗马人放逐罪犯的地方。

吉德尔(Гидр)　山名,在意大利南部吉德尔湾附近。

吉耶拉(Гиера)　位于西西里岛附近,利巴利群岛岛屿之一。

吉拉(Гила)　城名,在小亚细亚西南的加利亚地方。

吉列亚(Гилея)　依照希罗多德的报道,此所谓被森林覆盖着的西徐亚地区。

吉潘尼斯(Гипанис)　河名,流入黑海(即今之南布洛河)。

吉彼利昂(Гиперион/'γπερίων/Hyperion)　天神之子,最初是太阳神的异名,其后是泰坦的异名,他是乌兰那和基阿的儿子。又译:许珀里翁。

吉帕尔赫(Гиппарх/"Ιππαρχος/Hipparchus)　(公元前第二世纪)希腊卓越的天文学家,生于尼西亚,居住在罗得斯岛和亚历山大港。发明

观象仪(参看古代的观象仪条)以计算太阳、月球和地球的大小及其运动,他用坐标编订他当时已知的全部星球的所见表,并用地理经纬网绘制地图。又译:希帕库,见《古代希腊人的地理学》109;希帕克,见《自然科学史》584;希帕卡斯,见《科学的历史》(宋浮信等译) 39;喜帕恰斯,见《辞海》(缩印本,1980/1984) 545。

吉庞列吉(Гиппон Регий)　城名,在阿非利加省的北部。

吉里亚(Гирия)　彼阿提亚的村庄,位于阿夫利达城之旁。

吉斯帕尔(Гиспал)　城名,在西班牙南部。

吉斯唐尼(Гистоний)　城名,在桑尼伊(意大利的东南),位于亚得里亚海岸。

吉菲伊(Гифии)　城名,在伯罗奔尼撒拉哥尼亚湾的岸上。

伊比利亚河(Ибер)　在比利牛斯半岛(今名厄波罗河)。

伊比利亚(Иберия/'Ιβηρία/Hiberia)　1. 古代西班牙的名称,希腊人和罗马人通称该地区的居民为伊比利亚人;2. 格鲁吉亚的古代名称。

伊达(Ида/'Ἴδα ''Ίδη/Ida)　1. 山汇名,在小亚细亚西北;2. 山名,在克里特岛。

伊卡里亚(Икария)　岛名,在爱琴海。

伊科集亚(Икозий)　城名,在努米底亚(非洲)。

伊利阿姆(即特洛伊)(Илион [Троя]/' ´Ιλιον [Τρο ία]/Ilum [Troal])城名,在小亚细亚西北,离赫勒斯滂海岸七公里,位于伊达山坡。

又译:伊利翁。

伊利里亚(Иллирия/Illyria)　巴尔干半岛西北部的古代名称。

伊洛特(Илоты/Hilotae, Ilotae/Εἰλϖ ται/the Helots)　在斯巴达没有法律地位的从属居民。

伊尼阿(Эней/Aeneas)　又译埃涅阿斯。

伊壁鸠鲁学派(Эпикурейцев/Epicureus/Epicurean)　希腊哲学学派。

伊利瓦(Ильва)　岛名,位于科西嘉岛与意大利西岸之间。

伊马(Имаус)　山脉名,在印度北部边境,由西向东伸展(即今之喜马拉雅山脉)。

伊奥尔(恺撒城)(Иол [Цезарел])城名,在摩里得尼亚(非洲)的地中海海岸。

伊奥皮亚　海港名,在巴勒斯坦。

伊斋那(Эгина/Αἴγινα/Aegina)　岛名,在爱琴海萨罗尼加湾,萨拉米以南。

又译:埃介那,见《世界通史》第二卷地图四。

伊利斯(Элида)　城名,在同名的地区(伯罗奔尼撒的西北部)。

伊奥利斯(Эолида/Αἰολίς/Aeolis)地区名,为小亚细亚的希腊人地区,占有小亚细亚西岸北部的临海狭长地带。

伊俄拉斯(或称伊俄洛菲群岛)(Эолийские, или Эоловы, острова)位于西西里东岸以北。

伊俄斯(Эос)　参看奥罗拉条。

伊里斯(Ирис)　河名,在小亚细亚北部,流入本都海。

伊索斯(Исс)　城名,在西里西亚(小亚细亚)。

伊萨(Исса/'Ἴσσα/Issa)　岛名,在亚得里亚海。

伊斯特尔(Истр/'Ἴστρος/Ister)即多瑙河口。

伊斯特罗波尔(Истрополь)　城名,在本都海西岸。

伊大卡(Итака/'Ἰθάκη/Ithaca, Ithace)　岛名,在爱奥尼亚海。据传说,该岛是奥德赛的故乡(参看荷马诗条)。

米安得(Меандр)　河名,在加利亚(小亚细亚)。

米希亚(Мёзия)　巴尔干半岛的罗马省份,在色雷斯以北,黑海环绕其东岸。

米利大(Мелита/Μελίτη/Melita)岛名,在地中海西西里之南,该岛为腓尼基人命名以纪念女神米利大。

米底(Мидия/Μηδία/Media)地名,位于里海以南。在居鲁士时代成为波斯的一部分。其首府为埃克巴塔那。

米里斯湖(或称米里斯)(Миридово озеро [Мирид])　该湖在尼罗河以西,是人工掘成的盆地。该湖借水闸与尼罗河相通,并调节洪水的泛滥。

米利都(Милет/Μίλητος/Miletus)城名,在小亚细亚的西南岸。

米尔列(Мирлея)　城名,在俾斯尼亚(小亚细亚)境内,科罗丰人的移民地。

米斯克拉(Мискелла)　城名,在马其顿,帖撒罗尼迦以东。

米齐林纳(Митилена/Μυτιλήνη/Mytilenae)　城名,在列斯堡岛。

米特里达特(Митридат/Μιθριδάτης, Μιθραδάτης/Mithridates, Mithradates)　这是许多历史人物的名字,有几个本都国王曾用之,与罗马人作战的米特里达特六世欧巴托(公元前113—前63年)是其中最著名的人物。

米利都人格克捷（Гекатей Милетский/ 'Εκαταῖος ὁ Μιλετος/ Hecataeus）（约生于公元前540—前476年）他是希腊的散文历史家，所著第一部地理作品《环球游记》为希罗多德引用，已佚失。

又译：赫卡泰，见马元德译：《西方哲学史》下421；赫克特斯，见李珩译：《科学史》684。

米申科（Ф. Г. Мищенко）（1847—1906年） 是语文学家，嘉桑大学教授兼科学院通讯院士。他著有许多关于希腊文献的历史作品，遗留下许多希腊作家的译文。

地志（游记）（Период ［Объезд］）这个希腊名称最初只应用于地理上的描述，但后来也应用于地图方面。在公元前三世纪，埃拉托色尼用为与今之"地理学"相当的术语。同时也发现了海志（海上游记），它们把便利的停泊处、危险的浅滩和暗礁，以及充足的饮用水和居民点的情况，对海员作必要的指示。还有陆志（陆上的游记），是内陆各地和遥远地区的描述。陆志的名称，以后被用作对有人居住的世界作地理上的一般描述。

先纳（Сена） 岛名，在高卢的西岸附近。

列文佛斯（Левинфос） 斯波拉缔群岛岛屿之一。

列夫克（Левка） 哈利加纳苏（小亚细亚）以北沿海地带的名称。

列夫科菲亚（Левкофея） 岛名，在意大利西岸附近。世人推测该岛现与大陆相连接，并构成科科萨角的末端。

列昂廷内（Леонтины/Λεοντῖ-γοι/Leontini） 城名，在西西里的东部。

列普齐斯（Лептис） 城名，在非洲北部：1. 小列普齐斯在迦太基以北；2. 大列普齐斯在大瑟提斯附近。

列尔涅（Лерне） 城名，在亚哥利斯湾（伯罗奔尼撒）海岸。

列斯堡岛（Лесбос/Λέσβος/Lesbos）在爱琴海。

列赫亚（Лехея） 参看科林斯条。

列捷（Ретей） 城名，在小亚细亚西北部伊奥利斯境内。

托洛比（Толоби） 城名，在西班牙加达鲁尼亚境内。

托洛刹（Толоза/Tolosa） 城名，在高卢南部。

托梅（Томы） 城名，在黑海西岸。

托托萨 城名，在西班牙东北的伊比利亚河畔。

托勒密伊达 城名，1. 在昔兰尼加（非洲）沿岸；2. 在埃及红海海岸。

印度海(Индийское море)　即今之阿拉伯湾。

西齐卡斯(Кизик)　岛名及城名,接近普罗庞齐达海(马尔马拉海)的南岸。

西里西亚海(Киликийское море)与小亚细亚东南沿岸毗连着的一部分地中海。

西里西亚　(Киликия/Κιλικία/Cilicia)　小亚细亚东南部的多山地区。

西利尼(Киллений)　山名,在伯罗奔尼撒的亚加狄亚。

西姆布赖角(Кимврийский мыс)即北纬 57°32′处遮特兰之斯考角。967。

西格(Сигея)　城名,在伊奥利斯(小亚细亚)。

西厄那(Сиена)　城名,在埃及尼罗河第一个入口附近。于夏至日(6 月 21 日)太阳到达该地的天顶,于中午时阳光直射至最深的井底,没有一件东西有阴影。

又译:西埃尼、西恩纳。

西莫耶斯(Симоис/Σιμόεις/Simois)　河名,在伊奥利斯(小亚细亚),与斯卡曼得河合流。

西卢尔人(Силуры/Silures)　不列颠族一支。

又译:西鲁瑞斯人。

西诺帕(Синопа/Σινώπη/Sinopa, Sinope)　城名,位于本都海的南岸;希罗多德认为该城在多瑙河口是错误的。

西尔吉斯(Сиргис)　河名,它是坦纳伊斯河的支流,流入麦奥齐达湖,即今之顿涅茨河。

西佛诺斯(Сифнос)　昔加拉第群岛岛屿之一。

西西里海峡或墨西拿海峡(Сицилийский, или Мессинский, пролив)把西西里岛和亚平宁半岛分开的一条海峡。

西西里海(Сицилийское море)　环绕着西西里岛的一部分地中海。

西徐亚(Скифия/Σκυθία/Scythia)据希罗多德说,西徐亚是四角形的地区,其两侧濒临本都海和亚速海。

西徐亚群岛(Скифские острова)麦拉以此名称统称黑海的一切岛屿。

西方的海洋(Западное море)　即大西洋。

西徐亚人(即斯科罗特人)(Скифы[сколоты]/Σκύθης/Sythes, Soytha)　这是苏联南部居民的名称。西徐亚人在经济与文化高度发展的水平上,建立过很强盛的国家(即斯基卢尔王国和帕拉克王国),在这个王国的首都(西徐亚的那不勒斯)所进行的考古发掘已证明这一点。

西拉和哈里布达(Сцилла и Харибда/Σκύλλα χαί Χάρυβδις/Scylla et Charybdis)　墨西拿海峡中的两个岩石,它对于航海者不是十分危险的。在古代航海术未臻充分完善的时候,荷马的描写夸大了在这个海峡中航行的危险性。

西提斯(Фетида/Thetis)　参看尼硫斯条。

西庇阿望塔(Цепионова Башня)执政官西庇阿建立于俾提斯河口附近的信号台,借以保护罗马舰队,防御骚扰沿岸的海盗。

西齐卡斯人攸多克萨斯(Эвдокс Кизикскии/Εὔδοζος/Eudoxus)　希腊旅行家,约于公元前100年绕航行利比亚。

齐比西斯(Тибисис)　河名,伊斯特尔河的支流,发源于格姆山。

齐拉斯(Тирас)　河名,即德聂斯特河。该河不是像希罗多德所想象那样发源于湖泊,而是发源于喀尔巴阡山。

齐莫菲(Тимоф)　米利都的音乐家。

齐齐安(Тициан)　即马伊。

齐菲尔纳(Тиферн)　河名,在意大利萨姆尼阿姆境内,流入亚得里亚海。

齐尔塔　城名,在努米庇亚(北非洲)。

朱理亚的广场(Форум Юлия/Forum Iulium. I. 即 Julius Caesar)　城名,在高卢的南方海岸,马西利亚以东。当庞蓬尼·麦拉在世之时,该城处于繁荣的时期。

色雷斯(Фракия/Θρήκη/Thracia)地区名,位于巴尔干半岛的北部,黑海环绕其东部海岸,爱琴海环绕其南部海岸。

色雷斯人　(Θράκες/Thraces/Thracians)

亚加米农(Агамемнон/'Αγαμέμνων/Agamemnon)　荷马时代英雄之一;迈锡尼的国王,在特洛伊战争中为亚该亚军队的统帅。

又译:阿伽门农,见陈洪文译:《荷马和荷马史诗》12。

亚得里亚　(Адрия/ὁ'Αδρίας/Hadria[Adria])　城名,在意大利皮岑齐亚省。

亚里斯多德(Аристотель/ 'Αριστοτέλη Νικομάχος Σταγειρί της/Aristoteles)　古希腊哲学家。

又译:亚力士多德,见《亚历山大远征记》303。

亚利山大港(Александрия/'Αλεζάνδρεια/Alexandria)　城名,在埃及尼罗河流入地中海的河口附近。为马其顿的亚历山大所建。

又译：亚历山大港。

亚梦（亚蒙，或亚蒙一拉）（Аммон［Амон，или Амон-Ра］）古代埃及的太阳神。

亚诺芝曼德（Анаксимандр/ 'Ἀναζιμανδρος ὁ Μιλητος/Anaximander）（公元前611—前545年）　希腊哲学家，数学学派的创始者，他最初制作了地图和日晷。

又译：阿那克西曼德，见罗素：《西方哲学史》下，400。

亚哥利斯（Аргивяне）　从前统治过伯罗奔尼撒的部落。这个名称见于荷马的史诗。

亚哥利斯湾（Арголидский залив）位于伯罗奔尼撒的东部海岸附近。

亚各斯（Аргос/Tὸ 'Ἄργος/Argos）城名，在伯罗奔尼撒的东部。

亚细亚（Азия/'Ασία/Asia）　神名，洲名。

亚拉图（Арату/''Ἄρατος/Aratus）西里西亚诗人，其天文诗 φαινόμενκ，由西塞罗翻译介绍于世人。

亚美尼亚（古代的）（Армения）这是多山的地方，包括重要的城市齐格兰诺克尔特。它被划分为两部分：东部或称大亚美尼亚，西部或称小亚美尼亚。

亚斯卡兰（Аскалон）　巴勒斯坦的海滨城市，在迦萨以南30公里。

亚狄加（Аттика/'Αττικός/Atticus/Attica，Athens）　在中希腊的东南部，那里是雅典城邦的领土。

亚陀斯（Афон/''Ἄθως/Athos）山名，在卡尔息狄栖半岛。

亚该亚（Ахайя/'Αρκαδία/Arcadia）伯罗奔尼撒的北部；希腊亦有亚该亚之称，公元前第二世纪设置为罗马省。

又译：阿卡狄亚，见《伯罗奔尼撒战争史》672。

亚该亚人（Ахейцы/Arcadicus/Arcadian）　希腊最古部落之一，荷马称所有在特洛伊作战的希腊人为亚该亚人。

亚美尼亚门户　依照庞蓬尼·麦拉的意见，这是套鲁斯山西部的一部分。

七　画

（库、玛、纬、纳、纽、吕、步、别、来、沃、希、狄、杜、坎、里、克、利、麦、牟、那、我、伯、庇、辛、肘、苏、忒、佛、岑、攸、李）

库特诺斯（Кифнос/Κύθνος/Cythnos）　昔加拉第群岛岛屿之一。今称 Thermia。

库多尼亚　城名，在克里特的北岸。

库莫湾(Кумский залив) 第勒尼安海的海湾,在意大利西岸那不勒斯附近。

玛拉加(Малака) 城名,在西班牙的东南。

纬线地带(Климат) 指倾斜度,即在昼夜平分的正午时,太阳光线在地球表面任何地点的投射角。大概这是亚里斯多德首先采用的术语。长期以来,"纬线地带"一词,仅仅表示纬度的地带对于地点的地理位置的关系。古人像我们一样,以距赤道的远近计算地点的纬度,但不是用度数计算,而是用地点之属于某一"纬度地带"(光亮的地带)来计算。

纳弗帕克特 (Навпакт/Ναύπακτος/Naupactus) 城名,在科林斯湾岸上罗格里(希腊)境内。

又译:诺佩帕克都、诺帕克都,均见《伯罗奔尼撒战争史》(55 地图;684);罗克里斯 (682)。

纳帕里斯(Напарис) 河名,伊斯特尔河的支流。

纳尔(Нар/Nar) 河名,在意大利的东北。

纳朗纳(Нарана) 城名,在亚得里亚海的东岸,位于纳朗纳河畔。

纳马乌兹(Немавз) 城名,在那旁的高卢。

纽曼西亚 (Нуманция/Numantia)城名,在西班牙的北部。

吕西亚(Лукия/Λυκία/Lycia) 在加里亚与旁菲利亚之间小亚细亚最南边的地区。

步 希腊的长度,合 0.77 米。

别马齐斯特(Бематист) 按希腊语,即道路测量官。

别尔吉人(Берги) 依照庞蓬尼·麦拉的报道,他们是西徐亚的部落,居住在毗连着亚洲的北大洋沿岸。

别迦(Перга) 城名,在旁菲利亚(小亚细亚)南部。

别里特 城名和海港名,在腓尼基。

别捷雷 城名,在高卢。

来西阿姆(Ликей/τὸ Λύκειον/Lyceum,Lucium) 又译:吕克昂。

沃尔斯基人(Вольки) 民族名,居住在高卢南部。

希麦拉(Химера/Χίμαιρα/Chimaera) 吕西亚(小亚细亚)的死火山。

希西阿(Гесиод/ Ἡσίοδος/Hesiodus) 希腊诗人,生于公元前第八世纪。他的著作《劳动与时令》和《神谱》是介绍古代希腊人的宇宙观的最重要著作之一。

狄麦多流第一·波利奥尔克特(Деметрий I Полиоркет/Δημήτριος

I Πολιορκητεος/Demetrius I Poliorcetes [the Besieger]) 他是马其顿的国王安提峨那(Антигона/Antigonus I Monophthalomos [Cyclops]) (马其顿的亚历山大的指挥官和继承人)之子,由公元前307年活到前283年。他建议开凿通过哥林斯地峡的运河,这项事务由于狄麦多流逝世未获实现。

又译:围攻者迪米特里厄斯一世,见刘绪贻等译:《世界史编年手册》下793。

杜里 河名,在西班牙的西北部。

坎纳(Кана/Canae) 城名,在小亚细亚西北岸的伊奥利斯。

坎纳斯特里(Канастрий) 海角名,在马其顿卡尔息狄栖半岛的南端。

坎诺布(Канон/Κάγωβος/Canopus)岛名及城市名,在埃及尼罗河三角洲的支流附近(参看尼罗河口条)。

坎努集亚(Канузий/Canusium)城名,在南意大利亚浦利亚省境内。

里海门户(Каспийские ворота)据麦拉的意见,这是套鲁斯西部山脉的山岭之一。古人认为这里是北亚洲与南亚洲之间的境界。

克尔金尼特湾 (Керкинитский залив Черного моря/Carcinite Sinu/Gulf of Carcinites) 位于克里米亚半岛的西北岸附近。

克拉兹(Кераз) 城名,在小亚细亚的北部。

克拉米湾 位于加里亚海岸附近。

克尔金纳(Керкинна) 岛名,在非洲海岸附近,小琴提斯的旁边。

克文齐利安(Квинтиллиан/Quintilianus) 罗马修辞学家,又译:昆体良,见吴式颖、姜文闵:《外国教育史话》19;匡体兰,见郭圣铭:《西方史学史概要》46。

克尔基拉(Керкира) 岛名,在爱奥尼亚海中,伊庇鲁斯沿岸的对面。

克斯特拉(Кестер) 河名,在旁菲利亚(小亚细亚)境内。

克班尼亚港 位于斯特里蒙河与亚陀斯山之间,色雷斯海的北岸。

克拉佐门内 (Клазомены/Κλαζομεναί/Clazomenae) 城名,在爱奥尼亚(小亚细亚)。

克兰彼伊齐亚(Клампетия) 城名,在意大利西岸。

克里奥麦德(Клеомед) 公元第一世纪的作家兼天文学家。以著作《天体的旋转运动》名闻于世。

克里昂纳(Клеона) 城名,在卡尔息狄栖半岛,距离亚陀斯山不远。

克利奥佩特剌(Клеопатра/Κλεοπάτρα/Cleopatra) 1. 托勒密·埃维尔格特二世(Птолемеи Эвергет II/Πτολεμαιος Εὐεργέτης/Ptolemy Euergetes)之妻。托勒密死后,继承埃及王位,但于十年后与儿子发生纠纷而致死;2. 托勒密·奥列特(Птолемен Авлет/Πτολεμαιος Αὐλητὴς/Ptolemy XI Auletes)之女,托勒密十二世(Птолемен XII/Πτολεμαιος Διονυσος/Ptolemy XII Dionysus)之妻,其夫在位时期不久,克利奥佩特剌于其夫死后,维持埃及的独立。后埃及改为罗马的行省,她以自杀结束了自己的一生。

克利俄(Клио/Κλειώ/Clio) 参看牟塞斯条。

克利塔尔赫 (Клитарх/Κλείταρχος/Clitarchus) 公元前第四世纪的作家,随从马其顿的亚历山大远征波斯,著有亚历山大的《传记》,其中有极多的残篇断片获得保存。在他关于印度的作品里,包含有重要的地理记载,例如:伦凯尔特海岸的涨潮、黑海及里海之间的地峡等问题。

克利捷尔尼亚(Клитерния) 城名,在意大利亚得里亚海岸。

克卢皮亚(Клупея/Clupea) 在北非洲,离迦太基不远。

克诺索斯(Кносс/Κνωσός,Κνωσσός/Gnosus,Gnossus/Cnossus) 克里特岛的著名城市及王宫,这是最古文化中心之一,由于十九世纪中叶进行的考古发掘,才为世人所知。

克拉帖亚 (Кратея/Γαλάτεια/Galaea) 据希腊关于山林水泽女神的神话,她是西拉之母。参看 E. H. Blakeney 编:人人丛书《古典小辞典》(A Smaller Classical Dictionary,644页,1934)。

克列乌斯(Креус) 城名,位于利翁的北岸。

克里阿(Криа) 海角名,在加里亚(小亚细亚)。

克里特 (Крит/Κρήτη/Cret, a Crete) 地中海东部的最大岛屿。由于考古的发掘,以古代贸易上和文化上的重要中心著名于世。

克里特海(Критское море/Κρήτη/Creta,Crete) 环绕克里特岛的一部分地中海。

克罗菲与莫菲(Крофи и Мофи) 传说中的两个山,尼罗河的水源位于该两山之间。

克桑夫 (Ксанф/Ξάνθος/Xanthus)1. (Ξάνθος ὁ Λυδία/Xanthus of Lydia)吕底亚人,历史家,出生于撒狄,生于公元前第五世纪前半期;2. 河名,在吕西亚(小亚细亚);3. 城名,在吕西亚。

利基阿姆拉　意大利南部的城市。

利比亚人（Ливийцы）　即非洲的居民。

利比亚(非洲)（Ливия［Африка］/Λιβύη/Libya, Libye）　地区名，在大陆的东北海岸。最初即称为迦太基的领土，于第三次布匿战争之后，成为罗马的非洲省；以后，阿非利加的名称普及全洲，并代替了利比亚的名称。

利卡斯特城（Ликаст）　在克里特。

利克斯（Ликс）　河名，在摩里得尼亚（北非洲）。

利克索斯（Ликсо）　城名，在摩里得尼亚利克斯河畔。

利克特（Ликт）　城名，在克里特。

利利俾阿姆（Лилибей/Λιλύβαιον/Lilybaeum）　海角名，在西西里的西岸。

利米拉（Лимира/τὰ Λίμυρα/Limyra）　1. 河名，在吕西亚（小亚细亚）；2. 城名，在吕西亚。

利巴拉（Липара/Λιπαρα/Lipara）利巴利群岛岛屿之一。

利巴利(伊俄洛菲)（Липарские［Эоловы］о-ва）　群岛名，在地中海西西里以北的火山群岛。又译：利帕里群岛，见《世界地图集》（1972年）55。

利利斯（Лирис）　河名，在中意大利，并流入第勒尼安海。

利基阿姆（Регий）　城名，在意大利南部勃罗丁境内，位于墨西拿海峡的岸上。

利翁（Рион）　即麦拉所称爱奥尼亚海的帕特雷湾。

利希马希亚（Лисимахия）　城名，在斯雷斯普罗庞齐达海的南岸。

麦利卡尔特柱（Мелькартовы столпы）　腓尼基人给直布罗陀海峡的名称。据传说，麦利卡尔特是腓尼基的太阳神，推罗城的保护者，而希腊人改称之为赫克利斯之柱（参看阿俾拉和卡尔彼条）。

麦阿尔河（Меар）　在比利牛斯半岛的西北岸。

麦基别尔纳湾（Мекибернейский залив）　在爱琴海，卡尔息狄栖半岛的南岸附近。

麦奥齐达（Меотида/Maeoticus）　即亚速海（Азовское море/Sea of Azov*/Palus Maeotis/Lake Maeotis）。古代作家们关于麦奥齐达的报道是极其含糊的：有时称之为沼泽，有时称之为湖，有时称之为海。一些作家推测它是北冰洋的海湾，另一些作家推测它是攸克辛本都海之母。他们

都过分夸大了它的面积。

＊H. Rackhan 等译，Natural History[（十卷本，1952/62）2，177 径直作 Sea of Azov]。

麦尔库里亚海角（Меркурия мыс） 位于非洲的西北海岸。

麦罗埃（Мероэ） 城名，在巴赫尔—埃尔—阿兹列克和阿特巴拉（即青尼罗河与白尼罗河）与尼罗河汇流处的附近。

麦唐纳（Метона） 城名，在美塞尼亚（伯罗奔尼撒的西南）。

麦拉（Помпоний Мела/Pomponius Mela） 地理学家。

牟塞斯（Музы：Клио，Эвтерпа，Талия，Мельпомена，Терпсихора，Эрота，Полигимния，Урания，Каплиопе/Μοῦσα：Κλειώ，Εὐτέρπη，Θάλεια；Μελπομένη，Τερψιχόρη，'Ερατῶ Πολύμνια，Οὐρανία，Καλλιόπη/Mu；sesa：Clio，Euterpe，Thalia；Melpomene，Terpsichore，Erato；Polyhymnia，Urania，Calliope） 希腊神话中的几个女神，科学和艺术的保护者：1. 克利俄——历史的保护者；2. 攸忒彼——抒情诗的保护者；3. 塞米阿——喜剧的保护者；4. 美尔波马尼——悲剧的保护者；5. 忒普西科科——舞蹈的保护者；6. 埃拉托——爱情的保护者；7. 波利希姆尼阿——歌唱的保护者；8. 攸拉尼阿——天文学的保护者；9. 卡来俄彼——史诗的保护者。

又译：缪斯。

那克索斯（Наксос/Νάζος/Naxus） 昔加拉第群岛岛屿之一。

那旁（Нарбон） 城名，在高卢的南方海岸。

那不勒斯（Неаполь/ Νεάπολτς[*]/Neapolis/Naples） 这是古代不同地方的几个城市所共用的名称，例如：1. 在意大利（今之那不勒斯）；2. 在吕西亚（小亚细亚）；3. 在迦太基与瑟提斯等地间的非洲。

＊又译：纳阿波利斯，见罗念生等译：《意大利简史》15。

我们的海（Наше море/Nostrum mare） 罗马人用这个名字来称呼由意大利至直布罗陀的地中海西部，而希腊人则用这个名字称呼整个地中海。

伯罗奔尼撒（Пелопоннес） 半岛名，该半岛通过科林斯地峡（或称伊斯特姆）与全部希腊相连接。依照传说，它是用坦塔拉斯（Тантала/Τάνταλος/Tantalus）之子彼洛普斯（Пелопа/Πέλοψ/Pelops）的名字来命名的，彼洛普斯从色雷斯迁移到伯罗奔尼撒，在那里娶国王恩诺美阿斯（Эномея）之女为妻，并继承王位。

庇提乌萨(Питиусса)　1. 岛屿名，在伯罗奔尼撒东岸附近，亚哥利斯湾入口处旁；2. 海角名，在比利牛斯半岛的南部。

庇提乌斯群岛(Питиусские о-ва)巴利阿利群岛西南方的列岛，接近比利牛斯半岛的东岸。

辛普列加迪(基安涅伊)(Симплегады [Кианеи])　在色雷斯海峡入口附近的两个陡峭的玄武岩岛屿，现今人们尚保存"基安涅伊岩石"之称。

辛季卡(Синдика)　居住在塔曼半岛区域内的辛季人的地方。

辛努埃萨(Синуэсса)　城名，在意大利西岸，卡莫潘尼亚境内。

肘节(Локоть/ἄγκυρα/ancora)埃及和希腊的长度，两者长度相等。世人区别之为：1. 常人肘节——462毫米；2. 国王的肘节，比常人肘节大三个手指，约合525—527毫米。

苏撒(Сузы)　城名，在帕提亚境内，位于波斯湾以北赫奥斯特河畔。

苏涅斯(Суний)　海角名，即亚狄加的最南端。

苏涅斯高冈(Сунитская Возвышенность)　在亚狄加南部。

苏连特(Суррент)　城名，在意大利，靠近那不勒斯湾。

忒诺斯(Тенос/Τῆνος/Tenus)昔加拉第群岛岛屿之一。

佛斯亚(Фокея)　城名，在小亚细亚伊奥利斯的南部。

佛尔米(Формии)　城名，在第勒尼安海岸的卡莫潘尼亚境内。

佛尔图诺　河名，在中意大利，流入第勒尼安海。

岑图尔平(Центурипы)　城名，在西西里东岸。

攸俾阿海(Эвбейское море)　参看耶弗里普条。

攸克辛海(Эвксинское море/Πόντος Εὔξεινος/Pontus Euxinus)参看本都海。

李奥倪大(Леонид/Λεωνίδης/Leonidas)　斯巴达国王，公元前480年与波斯人战于德摩比利山谷时，偕同三百名斯巴达人奋战而死。

八　画

(迦、凯、采、泽、经、庞、阿、肯、居、昔、拉、帕、彼、波、法、非、帖、底、芬、孟、刻、奈、拟、季、明、罗、侏、舍、刹、坦)

迦萨(Газа)　城名，在巴勒斯坦的地中海东岸。

迦太基(Карфаген/Carthago, Karthago)　非洲北岸腓尼基人的主

要移民地。公元前146年为罗马人所毁,恺撒时代重建,并为西地中海的贸易中心。

凯尔特(Кельтик/Celt) 海角名,在高卢的西北端。

凯尔特喀(Кельтика) 地区名,在欧洲的极西部伊比利亚境内。

凯尔特人(Кельты/Celts) 民族名,居住欧洲的极西部。

采拉德(Целад) 河名,在硫息退尼亚(西班牙)。

采列拉的礼物(Цереры дары) 参看得密忒的礼物条。

采利·安齐帕特尔(Целий Антипатр) 人名。

泽菲尔(Зефир) 即潮湿的西风。

泽兹里昂(Зефирий) 1. 海角名,在非洲昔兰尼加的沿岸;2. 海角名,在意大利南方海岸;3. 山名,在今之葡萄牙的南部。

经线 (Меридианы/μεσηριβρῖνος/meridianus) 埃拉托色尼引画的经线,其分布如下:

亚历山大港经线以西:

1. 迦太基经线 伸展13 500斯塔季亚的距离;

2. 赫克利斯之经线 距上述经线8 000斯塔季亚的距离;

3. 圣海角经线 距上述经线3 000斯塔季亚的距离;

4. 卡西捷里迪群岛经线 距上述经线2 000斯塔季亚的距离。

亚历山大港经线以东:

1. 幼发拉底经线 延展6 300斯塔季亚;

2. 里海门户经线 距离上述经线10 000斯塔季亚;

3. 印度河口经线 距离上述经线14 000斯塔季亚;

4. 印度边界经线 距离上述经线16 000斯塔季亚。

埃拉托色尼曾引画下列各纬线:

罗得斯岛纬线以北:

1. 马西利亚纬线 距罗得斯纬线5 000斯塔季亚的距离;

2. 博里斯芬河口纬线 距上述纬线4 000斯塔季亚;

3. 弗列岛纬线 距上述纬线10 000斯塔季亚。

罗得斯岛纬线以南:

1. 亚历山大港纬线 距罗得斯纬线4 000斯塔季亚的距离;

2. 西厄那纬线 距上述纬线5 000斯塔季亚的距离;

3. 麦罗埃纬线 距上述纬线5 000斯塔季亚的距离;

4. 金纳莫莫佛尔纬线 距上述纬线3 000斯塔季亚的距离;

5. 赤道纬线 距上述纬线8 000

斯塔季亚的距离。

庞培(Помпеи/Pompeji)　城名，在意大利西部。公元79年维苏威火山爆发，该城与赫邱娄尼恩和斯塔比亚同时被湮没于20米的熔岩和灰烬层之下。

又译：潘沛依，见罗念生、朱海观译：《意大利简史》45。

庞培·格奈伊(Помпей Гней)(公元前106—前48年)。罗马的政治家，第一次三头政治的参加者，与恺撒发生内讧而失败。马克思写道：庞培反对恺撒的斗争不过企图表现自己的才能而已，是微不足道的。

庞培奥波利斯(Помпейополис)城名，在西里西亚(小亚细亚南部)。

阿古利巴(Агриппа/Agrippa)人名，古代作家。

阿维恩(Руф Фест Авиен，四世纪后半叶)　罗马诗人，《环球游记》(Descriptio orbis terrae)、《海岸》(Ora maritima)的作者。

阿巴唐(абатон/ἄβἄτον)　希腊语：难于攀登的。

阿布提拉(Абдера/τὰ'Ἄβδηρα/Abdera)　1. 城名，在古代西班牙，位于地中海海岸；2. 城名，在爱琴海沿岸色雷斯境内。

阿比多斯(Абидос)　1. 城名，在埃及菲华伊达境内，从尼罗河通向该城曾修筑了一条运河；2. 小亚细亚的希腊殖民地，公元前700年为米利都人所建，位于赫勒斯滂海岸最狭窄之处。

阿俾拉和卡尔彼(Абила и Кальпе)　直布罗陀西岸的岩石，即赫克利斯之柱(阿俾拉即今之休达，卡尔彼即今之直布罗陀)。

阿维尼俄(Авеннион)　城名，在高卢南部。

阿夫利达(Авлид)　城名，在彼阿提亚(希腊)，该城拥有两个海港，与优比亚相对。

阿翁(Авон)　河名，在葡萄牙，今称阿维河，在维拉·得公台附近流入大洋。

阿弗拉(Авра)　河名，伊斯特尔河的支流。

阿夫托莫尔人(背叛者)(Автомолы [пребежчики])　是从埃及逃出而在埃塞俄比亚建立移民地的埃及人。

阿加塔(Агата)　城名，在高卢。

阿德拉米齐(Адрамиттий)　城名，在小亚细亚海岸附近同名的海湾的东岸，与列斯堡相对。

阿卡内尼亚(Акарнания)　希腊西北部的省份。

阿克维列亚(Аквилея)　城名，在伊利里亚。

阿克拉（Акра） 城名，在摩里得尼亚的西北部。

阿克拉干特（Акрагант） 城名，在西西里的南岸，别名阿格里根特。

阿克罗波利（Акрополь） 古代希腊城防工事的名称。

阿克西（Аксий） 河名，在巴尔干半岛，流入爱琴海的非尔马湾。

阿克齐（阿克齐姆） （Акций［Акциум］） 城名及海角名，在希腊的西北海滨，公元前31年9月2日，安多尼的军队与屋大维·奥古斯都战于此。

阿拉臧（Алазоны） 西徐亚人之一族，希罗多德著《希波战争史》第四卷载有关于它的报道。

阿尔巴尼亚（Албания/'Αλβανία/Albania） 古代高加索国家之一，位于居鲁士河与阿拉克斯河之间。

阿尔菲 （Алфей/'Αλφειός/Alpheus） 河名，在伯罗奔尼撒，流入爱奥尼亚海。

阿尔比加夫纳（Албигавн） 城名，在利大利亚（北意大利）。

阿尔比亚（阿尔比，或阿尔比斯）（Альбия） 即易北河（拉巴河）。

阿尔皮斯（Альпис） 伊斯特尔河右边的支流（今之莫纳河）。

阿米斯（Амис/' ´Αμισος/Amisus） 城名，在小亚细亚北部的本都王国境内（位于黑海的南部沿岸）。

阿波罗角（Аполлона мыс） 在非洲北岸，迦太基附近。

阿波罗尼亚（Аполлония/'Απολλωνία/Appollonia） 在伊利里亚、昔兰尼加、马其顿、色雷斯、吕底亚、本都、叙利亚及其他地方的许多希腊城市，都以此为名而著称于世。

阿普西尔齐斯（Апсиртис） 岛名，在亚得里亚海。

阿拉伯湾（Аравийский залив） 参看厄立特里亚海条。

阿拉伯山脉（Аравийский хребет） 在埃及东部边境低矮而曲折的山岭。

阿拉克斯（Аракс/'Αράζης/Araxes）河名，1. 根据斯特累波的记述来看，是流经亚美尼亚而注入居鲁士河的河流；2. 但是据庞蓬尼·麦拉的记述来看，则阿拉克斯河是流入海里的；3. 从希罗多德的记述来看，他显然把中亚细亚两条河流，即阿姆河和锡尔河的概念混淆起来了。

阿拉克斯（Аракс/'Αράξης/Araxes）海角名，在伯罗奔尼撒的西北。

阿拉尔（Арар） 河名，伊斯特尔河的左方支流。

阿拉乌策昂（Араузион） 城名，在那旁的高卢。

阿提阿（Ардеа） 城名，在意大利台伯河口以北。

阿勒拉特（Арелата）　城名，在高卢。

阿利斯（阿列依，罗马人称为马斯）（Арес，Арей［Марс］）　希腊神话中的战神。

阿里阿德尼（Ариадна/'Αριάδνη/Ariadna）　依照神话，阿里阿德尼是克累特国王迈诺斯和他的妻子巴西腓伊的女儿。曾用引路线把西修斯引出明诺道的迷宫。

阿利安（Ариана）　波斯东部省份（即格德罗集阿拉霍集伊等地）的一般名称（因此有伊朗之名）。这个省份的居民称为阿利安人。

阿利马斯普人（Аримаспы/'Αριμασποί/Arimaspi）　据希罗多德的意见，这是传奇中独眼巨人的名称。

阿里明（Аримин/Ariminum）　城名，在亚得里亚海岸意大利的翁勃里亚（'Ομβρική/Umbria）境内。

阿里斯塔戈尔（Аристагор/ 'Αρισταγορος ὁ Μιλτος/Aristagoras of Miletus）米利都的暴君，于公元前500年在位时期，曾爆发反抗波斯人的起义。

阿里斯托布勒（Аристобул/'Αριστόβουλος/Aristobulus）（公元前第四世纪）　马其顿亚历山大的随从，著有关于亚历山大远征的作品。

又译：阿端斯托布拉斯，见阿里安《亚历山大远征记》（1979）303。

阿罗马提（Ароматы）　海角及贸易地点的名称，在非洲东岸。因该地盛产香料（乳香、没药、木质松香等），故有此名。

阿尔辛纳（Арсипа）　城名，在努米底亚。

阿星诺伊（Арсиное）　城名及海港名，在红海海岸。

阿尔辛诺亚（Арсиноя/'Αρσινόη/Arsinoë）　城名，在埃及，因纪念托勒密第二菲列得尔菲亚（Птолем/Ptolemy II Philadelphus）的妻子阿尔辛诺亚而得名。

阿斯克列皮伊（Асклепий/'Ασκληπιός）　希腊神话中的医神（罗马人称之为埃斯库拉普［Aesculapius］）。

阿斯品德（Аспенд）　城名，在旁菲利亚（小亚细亚南部）。

阿斯塔康（Астакон）　城名，在俾斯尼亚（小亚细亚）。

阿斯齐帕列亚（Астипалея）　南昔加拉第群岛之一。

阿捷尔纳（Атерн）　河名，在意大利萨姆尼阿姆省，流入亚得里亚海。

阿图里亚（Атурна）　河名，在高卢，流入大西洋。

阿芬诺多尔（Афинодор）　希腊

斯多噶派学者，生于小亚细亚塔苏斯，斯特累波的朋友，著有关于涨潮和落潮的作品。

阿富罗底（罗马人称之为维纳斯）（Афродита ［Венер］/'Αφροδίτη ［Venus］/Aphrodite） 在希腊神话中，她是爱情的女神。

阿赫洛（Ахелой） 河名，在阿卡内尼亚（希腊）。

阿奚里（Ахиллес ［Ахилл］/'Αχιλλεύς/Achilles） 依照希腊神话，他是彼琉斯和西提斯的儿子，曾参加希腊人反抗特洛伊的远征。

又译：阿基里斯、阿喀琉斯、阿溪里，见王荫廷译《伦理学辞典》296。

阿奚里的跑马场（Ахиллов бег） 即黑海博里斯芬河河口附近的砂嘴。据传说，阿奚里在这里曾练习赛跑，准备比赛，故有此名。

阿布提拉人德谟克利特（Демокрит из Абдеры/Δημόκριτος ὁ 'Αβδηρα/Democritus of Abdera） 希腊的哲学唯物主义者（公元前460—前370年）。他旅行过许多地方，精通许多学问。他发挥了希腊的原子论，并从事数学、天文学和医学的研究。马克思有专门分析德谟克利特学说的论文。

肯涅（Кеней） 海角名，在优比亚岛的北端。

肯赫列亚（Кенхрея） 参看科林斯条。

居鲁士（Кир/Κύρος/Cyrus） 波斯国王。

居鲁士（Кира） 河名，今名库拉河（Кура），在外高加索。

昔兰尼（Кирена/Κυρήνη/ Cyrene） 非洲北部的希腊移民地，公元前第七世纪为昔加拉第的菲拉岛移民所建立，它是昔兰尼加地区的主要城市。

又译：昔勒尼，见罗念生等译《琉善哲学文选》67；居勒尼，见贺麟、王太庆译《哲学史讲演录》2：133。

拉夫林特（Лаврент） 城名，在西意大利，台伯河以北。

拉科布里加（Лакобрига） 城名，在琉息退尼亚（西西班牙）。

拉哥尼亚（Лаконика/Λακωνική/Laconica）地区名，位于伯罗奔尼撒半岛的东南。

拉哥尼亚湾（Лаконский залив） 环绕拉哥尼亚海岸南部的海湾。

拉秦尼圣地（Святыня Лацинии） 即拉秦尼的朱诺神庙，该庙坐落在他林敦湾（南意大利）的入口附近拉秦尼角之上。

拉西提蒙（Лакедемо/Λακεδαίμων/Lacedaemon） 民族名。

又译：拉栖第梦，见《世界通史》2：1288。

拉林(Ларин)　城名,在中意大利的西部。

拉特马斯(Латм)　山名,在加里亚(小亚细亚),距米安得河口不远。

拉图尔(Латур)　非洲西北部海岸附近的小海湾。

拉迪舍夫(В. В. Латышев)　杰出的俄国学者,科学院士,希腊与拉丁题名学的专家和研究者。在他浩瀚的著作中,《西徐亚与高加索》(古代作家谈论西徐亚与高加索的汇报)两卷集特别令人感兴趣,其中包括了六百种古代作家的著作摘要。

拉秦尼(Лациний)　海角名,在南意大利的海滨。

帕拉德的雅典娜(Афина Паллада/Παλλὰς Ἀθηναίη)　据希腊神话,她是宙斯的女儿,从其父的头部诞生,她的性格的主要特点是智慧和能干。在荷马诗中,雅典娜是奥德赛的保护者。

帕加萨湾(Пагасейский залив)　位于爱琴海帕撒利亚海岸之旁,优比亚岛以北。帕加萨城即在该海湾的岸上。

帕吉(Паги)　城名,在帕特拉斯湾的岸上,依照麦拉所称,这个城在利翁的岸上。

帕林帕特(Палепат)　城名,在塞浦路斯。

帕尔马里(Пальмария)　岛名,在意大利西岸附近。

帕米斯(Памис)　河名,流入伯罗奔尼撒南部的美塞尼亚湾。

帕列唐尼亚(Паретоний)　海港名,在昔兰尼加(非洲)的岸上。

帕罗帕米斯(Паропамис)　山脉名,这是套鲁斯山脉的一部分,阿利安的北方边界(参看套鲁斯条)。

帕塔维(Патавий)　城名,在威尼斯(意大利的东北)。

帕塔拉(Патара)　城名,在吕西亚(小亚细亚)。

帕特罗克尔1.(Патрокл/Πάτροκλος/Patroclus)　依照荷马诗,他是阿奚里之友,特洛伊战争的参加者,被赫克托尔杀死;2.(Патрокл/Πατροκλῆς/Patrocles)　塞流卡斯(Σέλευκος/Seleucus)　国王之友及其舰队的首长,著有关于中亚洲的作品。

帕特雷(Патры)　城名,在希腊科林斯湾的入口旁。

帕欣(Пахин)　海角名,即西西里的南端。

彼格卢姆海(即无波海,或暗海)　古代罗马和中世纪地理学家们所称由于遥远而不能到达的大西洋和北冰洋的部分。依照他们的概念,那里

水色深黑，没有风和暴风，并且经常黑暗不能航行。

彼阿提亚（Беотий/Βοιωτία/Boeotia）地名。

彼阿提亚人（Беотийции/Βοιωτοί Boeoti/Boeotian）民族名。

又译：彼奥提亚人，见《伯罗奔尼撒战争史》673。

彼弗卡（Певка）多瑙河口附近各岛中最大的岛屿。

彼达利昂（Педалион）海角名，在小亚细亚西南加里亚境内。

彼琉斯（Пелей，Пелевс/Πηλεύς/Peleus）据希腊神话，他是弗齐亚（即撒利亚）麦密顿人之王，女海神西提斯之夫，阿奚里之父。

又译：珀琉斯，见《神话辞典》246。

彼利德（Пелид/Πηλείδης）即阿奚里，亦即彼琉斯之子。

彼利安（Пелион）山名，在希腊玛革尼西亚，优比亚岛以北。

彼洛尔（Пелор）汉尼拔的舵手。于汉尼拔盛怒之下被处死，并葬于西西里岛东北方的海角之上，该海角因此被称为彼洛尔角。

彼鲁西（Пелусий/Πηλούσιον/Pelusium）城名，该城在下埃及尼罗河三角洲的东边支流之旁，位于沼泽和泥泞地的中间。由于该城是从东方入埃及的孔道，并常常遭受袭击，曾经设防甚严。

彼内提斯（Пенаты/Penates）古代罗马人的家神，亦即保护家庭的先祖的灵魂。罗马人供奉各种不同的祭品于神像之前，以安慰他们的先祖。

彼林夫（Перинф）城名，在色雷斯普罗庞齐达海的北岸。

彼捷利亚（Петелия）城名，在意大利南部勃罗丁地区。

彼伊列阿（Пиерия）古代巴尔干半岛奥林帕斯山东坡上的小地区。

彼西底亚人（Писиды）彼西底亚居民，该地为旁菲利亚以北小亚细亚南部的地区，又是套鲁斯山脉的山地。

彼洛尔的水道（Проход Пелора）即西西里与意大利之间的墨西拿海峡，由于彼洛尔角（参看彼洛尔条）的名声，该水道因而得名。

波斯海（Персидское море）即阿拉伯湾。

波拉（Пола）城名及海港名，在亚得里亚海岸（伊斯特里亚半岛）。

波利埃格（Полизгос）爱琴海的火山岛，弥罗斯岛的东北。

波拉塔河（即皮列特河）（Пората［Пирет］）多瑙河的左边支流。

波尔喜阿斯·小迦图（公元前

95—前 46 年)(Порций Катон младший)按照小迦图的哲学观点,他是罗马的斯多噶派学者,曾鼓吹复古。他从事过最重要的职务:公元前62年充当人民保护官,54年任最高审判官。他支持反对恺撒的政党而参加了内战。

波西捷(Посилий)　海角名,在爱奥尼亚(小亚细亚)。

波西多尼阿斯(公元前135—前45年)(Посидоний/Ποσειδώνιος/Posidonius)　居住在罗得斯岛,是斯多噶派的领导者,西塞禄曾倾听其演讲。他旅行过意大利、西班牙等地。所著的《历史》是波利比阿《历史大全》的延续,其著作只有残篇断简获得保存。

波天齐亚(Потенция)　城名,在意大利亚得里亚海岸。

波普朗尼亚(Популоний)　城名,在意大利西岸,与科西嘉的北端相对。

波替第亚(加山德里亚)(Потидея)　城名,在马其顿卡尔息狄栖半岛。

波伊丁格挂图(Tabula Peutingeriana)　该图保存在维也纳的前帝国图书馆里。初时,德意志学者兼诗人康拉德·采尔迭斯(Конрад Цельтес-Conrad Celtis,1459—1508年)在一个南日耳曼图书馆中觅得其底稿,并送给康拉德·波伊丁格(Конрад Пейтингер/Konrad Peutinger,1465—1547)的奥古斯塔堡贵族图书馆。于十七世纪,该图为萨伏伊人攸基尼亚王子(Евгени Савойскии/Eugen, *Prinz* von Savoyen/François Eugène de Savoi-Carignan,1663—1736)所得,而于1736年成为维也纳图书馆的财产。对于该图的创作时间,存在着许多不同的意见,并且有人推测它是阿古利巴地图的重订版。维也纳的版本是绘制于第八世纪哥尔马寺院中的罗马地图的抄本。该图共计十一张,由羊皮卷构成,其长度为6¼米,宽度为⅓米。图中缺少了大半部的不列颠、西班牙和非洲西部的一张地图。在一幅狭长形的地图里,填入了整个有人居住的世界;其内容有罗马帝国的道路,包括道路附近的居民点。这些道路完全是随意引画的,但是他们的距离却标记得很准确。在地图上除标记主要道路的方向之外,也标记了高山、大河、海岸的轮廓,以及各地区较大城市的名称。图上居民点的符号,依照它们本身的大小加以区别。由于抄誊者是僧侣,在地图上掺入了许多错误和可笑之处,例如:在罗马的地图上,僧侣也没有忘记绘制教堂;在庇特拉的上面,绘有

坐在王位里手持王笏和金球的日耳曼皇帝。为了便利使用起见,这卷地图卷在图筒轴之上。

又译:濮提格地图,或:濮提格,见蔡宗夏译《古代希腊人的地理学》169,194。

波伦亚(Бонония) 城名,在意大利北部。

法泽利斯(Фазелис/Φασηλίς/Phaselis) 城名,在小亚细亚的南部旁菲利亚境内。

法息斯(Фасис/Φάσις/Phasis) 河名及城名,在黑海东岸科尔奇斯境内。

法那哥利亚(Фанагория) 位于塔曼半岛上,博斯普鲁斯王国的重要城市之一。

法塞拉斯的会战(Фарсальская Битва) 公元前48年,恺撒战胜庞培于帖撒利亚的法塞斯城附近。

法埃图萨(Фазтуса) 希腊神话中的山林水泽的女神,即太阳神与海神的女儿,看守太阳神的畜群。

非尔马湾(Термейский залив/Θερμαϊκὸς/Thermaicus, Thermaeus sinus)环绕马其顿南岸的海湾。

非巴斯(阿波罗)(Феб [Аполлон]/Φοῖβος/Phoebus) 据希腊神话,非巴斯是预言和宣谕之神,以后为各种艺术之神,有时被视为太阳神(赫利奥斯)。

帖撒利亚(Фессалия/Θεσσαλια/Thessalia) 希腊的东北地区。

帖撒罗庞迦(Фессалоники/Θεσσαλονίκη/Thessalonica) 马其顿的城市及重要海港,位于爱琴海西北非尔马湾的岸上。

底比斯(Фивы/Θῆβαι/Thebae) 城名。1. 上埃及最古老王国的首都;2. 希腊彼阿提亚的首府,曾经被马其顿的亚历山大摧毁。

又译:得拜;忒拜。

芬内库萨(Феникусса) 第勒尼安海中利巴利群岛的岛屿之一。

芬诺波尔城(Финополис) 在黑海西岸色雷斯境内。

芬内(Фины/Finn) 位于印度支那与非洲之间神话性的海峡。古人想象为东方到印度支那的南方终点。

又译:芬尼,见《阿古利可拉传·日耳曼尼亚志》79。

弥罗斯(即米罗斯)(Мелос [Милос]/Μῆλος/Melos) 普加拉第群岛岛屿之一。著名弥罗斯的维纳斯神像于1820年被发现于此。

孟斐斯(Мемфис/Μέμφις/Memphis) 城名,古代埃及的首都,位于尼罗河及其支流之间,该支流环绕着它的西部。

刻索泥撒折（Херсонес）　这是许多希腊城市及半岛的名称：1. 在克里米亚的城市名为刻索泥撒折，整个半岛取名塔弗利卡的刻索泥撒折；2. 构成赫勒斯滂（即色雷斯的刻索泥撒折）左边海岸的半岛；3. 西姆布赖的刻索泥撒折，即遮特兰。

奈达斯人攸多克萨斯（公元前四世纪）（Звдокс Книдский/Εὔδοζος Αἰσχίνου Κνίδιος/Eudoxus of Cnides）　柏拉图的学生，是哲学家、天文学家、地理学家兼数学家。曾在埃及住过多时，建筑私人的天文台于格利奥波尔附近。他首先试行在数学上根据地球之为球形的理论，划分地球为五个气候带，以代替一般划分的三个气候带；他又首先开始把赤道线、回归线、北极线及黄道带线引划于地球仪（?）上。在他看来，这一切圆周只是天空球体的同一线条向地球所作的投射而已。

又译：克尼多斯人欧多克索，见严群译《游叙弗伦》170；欧多克斯·克尼德斯基，见陈淑敏等译《数学与数学家趣话》（哈尔滨黑龙江科学技术出版社，1983）77。

奈达斯（Книд/Κνίδος/Cnidus, Gnidus）　城名，在加里亚（小亚细亚）西南，其一部分位于大陆，一部分位于岛上。

拟卡利斯瑟尼（Псевдо-Каллисфен/pseudo-Kallisthenes）　参看卡利斯瑟尼条。

季季马（Дидима/Διδύμη/Didyme, Didyma）　利巴利群岛中的岛屿之一（西西里海岸附近）。

季克阿尔希亚（或称彪泰俄利）（Кикеархия или Путеолы）　城名和海港名，在卡潘尼亚（意大利）境内。

季特（Дит/'Αίδης/Dis, Pluto）　黑暗地狱之神。

又译：狄斯神。见《高卢战记》141。

季克庭纳（Диктина/Dictynnaeum）　城名，在克里特岛。

季奥尔克（Диолк）　伊斯特姆或科林斯地峡的名称。这个名称出自希腊语，意指两条水路之间的搬运路（为了加速这里海上的航行，人们拖着船舶，往返于肯赫列亚港与列赫亚港之间的陆地上，以免由海洋绕航整个伯罗奔尼撒半岛）。

季奥麦季亚（Диомедия/Διομήδειαι νῆσοι/Diomedeae Insulae）　岛名，在亚得里亚海。

季昂尼西亚（Дионисия）　岛名，在爱琴海。

季昂尼索波尔（Дионисополь）　城名，在攸克辛本都海的西岸。

季奥斯库里阿达（Диоскуриада）

城名，在黑海东岸，为古代贸易中心。

季拉希（Диррахий） 城名及海港名，在亚得里亚海岸。

明诺道（Минотавр/Μινώταυρος/Minotaurus） 人身牛首的神话怪物，由于波西顿（Посейдон，Посидон/Ποσειδῶν，Πόσειδον/Poseidon） 所送之牛与巴西腓伊相通，巴西腓伊遂生此怪物。又译：弥诺陶洛斯。

明涅尔瓦（Минерва/Minerva） 别名特里屯尼亚（Тритония/Tritonia）。有作/Tritogenia/Τριτογένεια。

又译：密纳发；明眼女神特里托革涅亚，见《琉善哲学文选》166。

明涅拉（Минелай/Μενέλαος/Menelaus） 依照荷马史诗，明涅拉是斯巴达王亚加米农的幼弟，美人海伦之夫，特洛伊战争的参加者，战后漫游了八年才回到希腊。

又译：墨涅拉俄斯，麦尼劳斯。

罗马化的高卢（Тогата Галлия） 高卢的一部分，其居民穿着罗马服装。

罗得斯（Родос/'Ρόδος/Rhodos） 岛名及城名，位于小亚细亚的西南岸附近。它曾经是文化的和贸易的中心。并拥有美丽的海港，该海港以阿波罗神像建成的壮丽灯塔而著称（"罗得斯岛上的巨像"，是世界七奇之一，于公元前227年为地震损坏）。希腊地理学家们引划本初子午线通过罗得斯岛，该城遂与基本纬线（成横隔形）交叉于该岛。

侏儒（Пигмеи） 居于非洲的矮人部落，这个名称出自希腊语"皮格姆"（Пигма/Πυγμαῖοι/the Pigmies），它等于一肘节至一拳头的长度。

舍易斯（Саис/Σαΐς/Sais） 古代下埃及重要城市之一，位于尼罗河三角洲境内。

刹隆那（Салона/Salona） 城名，在达尔马西亚境内，亚得里亚海的岸上。

坦纳伊斯（Танаис/Τάναϊς/Tanaïs）河名，即今顿河。

图尔齐斯（Тульцис） 河名，位于西班牙的东北部，在塔拉哥讷附近流入地中海。

九　画

（革、迷、恺、退、勃、南、待、指、幽、哈、科、秋、耶、英、柳、拜、柏、叙、亭、范、食、独、美）

革老丢·托勒密（Клавдий Птолемей/Claudius Ptolemaeus） 古代地理学家、几何学家、天文学家及物理学家。

迷宫（лабиринт/λαβύρινθον/labyrinthus） 传奇中地下建筑物的

名称。它是依照极其复杂的设计，布置了很多的房间、大厅和通道而只有一条出口的建筑物。神话留存着的传说，有关于克里特岛（即怪物明诺道的住所）上的迷宫和坐落在米里德湖东部的埃及迷宫。

恺撒列亚·奥古斯塔（恺撒奥古斯塔）（Цезарея Августа［Цезаравгуста］）　城名，在西班牙的东北，伊比利亚河旁。

退利斯（公元前第六世纪）（Фалес/Θαλῆς/Thales）　生于米利都。我们可以称他是第一位希腊的哲学唯物主义者。退利斯承认水是万物之源。大陆漂流于太初时代的水中，当时的水充溢着半个天球，像蛋充溢着蛋壳一样，而另一半则流动地升起于地面之上。退利斯是卓越的唯物主义者，当他在埃及的时候，曾教授祭司们测量金字塔的高度；正当被测量的物体的阴影等于它本身高度的时候，金字塔的阴影就应该等于金字塔的真正高度。他在埃及还研究过尼罗河的泛滥问题。

麦拉称为：星相家赛利斯。

又译：泰尔斯，见《世界图书》1980，4：11；《电子世界》1980，7：7；德黎，见刘靖之编《翻译论集》（香港三联书店，1981）340；塞利斯，见李平沤译《爱弥儿》622；泰勒斯，见李旭旦译《地理学思想史》23。

勃龙度新（Брундизий）　城名及海港名，在南意大利的亚得里亚海岸。

勃罗丁（Бруттий）　地名区，位于意大利的南部。

南方人　传说中的极南方（在南方之外）的居民，依照希腊人的概念，他们与北方人完全相似。

南海（Южное море）　参看厄立特里亚条。

待俄泽尼（Диоген из Синопа/Διογένης Ἱκεσίου Σινωπεύς/Diogenes of Sinope）　犬儒学派学者。

又译：戴奥吉尼兹，见《简明哲学辞典译名汇编》（俄华、华俄对照，388页，时代出版社，1956年）33。

待俄泽尼（Диоген из Аполлонии/Διογενης ὁ Ἀπολλωνιὰ/Diogenes of Apollonia）　希腊自然哲学家。

又译：阿波尼亚的第欧根尼，见葛力译《西方哲学史》上307。

指路明灯（Путеводная звезда）或依照希腊人，称它为腓尼基人的星，即北极星（小熊星座的五星）。

指示针　即日晷指针。用尖细的杆子垂直地安置于横卧的平板上，借着它的阴影，指示白昼的时刻。在观测日晷仪的阴影时，可以断定一定

地点的子午线的方向、地平线的四个方位基点、日至的昼夜平分的时间、年度的继续时间，以及一定地点的地理纬度。

幽冥地府（Зреб/'`Ερεβος/Erebus）又译厄瑞波斯。

哈士多路巴（Гасдрубал/Hasdrubal，Asdrubal） 迦太基城创建者。

哈里布达 参看西拉及哈里布达条。

哈里特（格累斯） 据希腊神话，哈里特被描写为三个美丽少女的形状，被认为是爱情女神阿富罗底的助手。

哈梭 埃及人的阿富罗底，是爱情、欢乐和音乐的女神。

哈利加纳苏（Галикарнас/'Αλικαρνασσος/Halicarnassus） 小亚细亚的多利亚人移民地，希罗多德的故乡。在古代，以著名的毛索拉斯王（Мавзолу/Μαύσωλος/Mausolus）陵墓博得声誉。世称古代世界七奇之一。又译：哈利卡纳苏斯，见《塞浦路斯简史》（1973 年）29。

哈里利加纳苏的毛素拉斯王陵墓（Мавзолей Галикарнасский）“世界七奇”之一。这项建筑物的周长为 145 米，高度在 40 米以上。那里有宏大的阶梯通往宽敞的台地，在台地之上高耸着一座饰以 36 支爱奥尼亚式柱子的四角大厦；其后则建有金字塔的整齐匀称的突壁，凌空屹立超出大厦之上，而金字塔则冠以巨大人像所乘之战车。许多优秀的建筑家们和雕刻家们（他们之中有著名的斯科巴斯［Скопас/Σκόπας/Scopas］）致力过此项建筑物的山形墙、墙壁及阶梯的装饰工作。

科尔奇斯（Колхида/Κολκὶς/Colchis） 高加索西部的古代名称，关于金毛羊和寻觅金毛羊的水手的希腊神奇小说与科尔奇斯有关。

科尔奇斯海（Колхидское море）科尔奇斯海岸附近的黑海东部。

科拉克西山（Кораксийскаягора）参看塞劳尼条。

科林斯（Коринф/Κόρινθος/Corinthus） 希腊的重要城镇，位于伯罗奔尼撒和大陆之间的伊斯特姆海峡岸上，为希腊人口稠密和贸易的中心之一。科林斯拥有两个海港：其一在北方的科林斯湾之旁，称为列赫亚；另一个海港在东边萨罗尼加湾的附近，称为肯赫列亚。

科林斯湾（Коринфский залив）爱奥尼亚海的海湾，它由北方环绕伊斯特姆地峡和伯罗奔尼撒。

科苏拉（Косура/Κόσσυρα/Cossyra） 岛名，位于西西里以南。

科齐斯（Котис） 神话中亚细亚

之父。

科丰(Кофон)　斯波拉缔群岛中岛屿之一。

科弗斯(Кофос)　马其顿的海港。

秋分(Осеннее равноденствие)　9月23日。

耶林(黑雷那斯)(Елен［Гелен］)　据荷马诗,耶林是伊尼阿的族人,特洛伊国王柏理亚(Приам)的儿子,曾统治伊庇鲁斯(Зпире)的海岸城市布夫罗特。

耶齐库斯·伊斯特里奥(Зтикус Истриот)　四世纪拉丁地理学家。

耶谢伊人　这是犹太人(法利塞人、撒都该人、泽洛特人和耶谢伊人)的四个宗教派别之一。

耶弗里普(或称优比亚海)(Зврип, или Звбейское море)　海峡名,该海峡把优比亚岛与大陆分开。

英纳　河名,流入伯罗奔尼撒东岸的亚哥利斯湾。

柳岑齐亚(Люценция)　城名,在比利牛斯半岛东部。

拜占庭(Византий)　希腊移民地,位于色雷斯海峡的欧洲海岸。

拜里厄司(Πειραιεύς/Piraeus)　雅典的海港,公元前五世纪曾有"长墙"与雅典相连接。

柏加马斯(Пергам/Πέργαμος/Pergamum)　城名,在小亚细亚,为柏加马斯王国的首都。

柏拉图(Платон/Πλατων ὁ 'Αθηναῖας/Plato of Athen)　古希腊哲学家。

叙洛斯(Сирос)　昔加拉第群岛岛屿之一。

亭根捷拉(Тингентера)　城市名。

亭纳(Тинна)　河名,在意大利皮岑境内,流入亚得里亚海。

亭尼亚(Тиний)　海角名,在黑海西南岸。

范城　城名,在意大利东北卢比孔河口与安科呐城之间。

食鱼者(карманийцев)　食鱼的民族。

食龟人(Хелонафаги)　传说中以龟为食物的一族;据大普林尼说,那里的龟很巨大,其甲壳可用来盖住所,亦可作为小舟。

独眼巨人(Циклопы/Κύκλωψ/Cyclops)　荷马所说传说中从事牲畜业的独眼巨人之部落,他以为他们住在西西里海岸。

又译:库克洛普斯,见《奥维德》(130页,香港上海书局有限公司,1975)。

美西尼人代西亚克斯(Дикеарх Мессанский/Δικαίαρχος ὁ Μεσσ-

ήνη/Dicaearchus Messanus/Dicaearchus of Messana in Sicily） 哲学家兼地理学家，又是亚里斯多德的学生。他在自然科学方面把哲学发展了一步。他又是科学的绘图学的奠基者，曾绘制地图，并在图上引画与赤道平行的通过赫克利斯之柱沿着地中海伸延，和通过美塞尼亚湾指向伯罗奔尼撒的南端，通过罗得斯岛以迄伊索斯湾的线条。他还引画了沿着尼罗河伸延到亚历山大里亚，以及通过罗得斯岛（在这里他用线图作成直角的交叉）指向拜占庭和博斯芬河口的经线。我们在现代绘图学上表示度数的经纬网，是由埃拉托色尼、吉帕尔赫（Гиппарх）和托勒密根据这个初期绘制的经纬网发展而来的。

又译：狄凯尔可斯；见张竹明《物理学》295；迪西亚库（Dicéarque），见《古代希腊人地理学》192。

美塞来那·发利利阿（Мессалина Валерия） 参看发利利阿·美塞米那条。

美塞那（Мессана/Μεσσήνη/Messana） 城名，在西西里的东南沿岸，即今之墨西拿。

美西尼（Мессена） 城名，在美塞尼亚（伯罗奔尼撒的西南）。

美塔蓬塔姆（Метапонт） 城名，在意大利南部，他林敦湾的岸上。

美丽的海港（Прекрасная гавань） 城名及海港名，在克里米亚半岛西岸。已划归刻索泥撒折的领域。

美塞尼亚人（Мессенийцы） 民族名。

屋大维亚（Октавиан/Octavia）（公元前11年死）公主。

十 画

（俾、哥、爱、疾、格、夏、涅、敖、海、索、息、套、泰、特、乌、埃、逍）

俾提斯（Бетис） 城名和河流名，在比利牛斯半岛的南部。

哥尔多巴 城名，在南西班牙。

哥泰那（Гортина） 城名，在克里特岛，那里曾发现世人所称的哥泰那的碑文，其中刻有该地实行过的法律。

爱奥尼亚人（Ионяне） 希腊族四大部落之一，雅典人及小亚细亚境内许多希腊城市的居民均属之。

疾行者菲朗尼德（Скороход Филонид） 亚历山大大帝的官员。

格布尔河（Гебр） 即马里乍河。

格朗（Гелон/Γέλων/Gonle） 公元前第五世纪锡拉库兹的暴君。

格姆（Гем） 巴尔干的山。

格莫德（Гемод） 山脉名，参看套鲁斯条。

格莫迪(Гемоды)　群岛名,即今之设得兰群岛。

格拉克尔(罗马人称为赫克利斯)(Геракл[Геркулес])　希腊神话中的英雄,以雄伟的体力著称,完成了许多功绩。

格拉克列亚(Кераклея/Ἡρά-κλεια/Heraclea)　城名,1. 在意大利的南部;2. 在本都省(小亚细亚);3. 在西西里的西南岸。

格列斯特(Герест)　海角名,在优比亚的南端。

格里昂(Герион/Τερύων/Gery-on)　神话中的人物,由三身长成,从腹部起合生为一体,拥有巨大而精选的牛群。后为赫克利斯所杀,他的牛群也被盗取。又译:革律翁、格里昂。

格尔姆(Герм)　河名,在吕底亚(小亚细亚),流入爱琴海。

格尔米集(Гермизий)　城名,从庞蓬尼·麦拉的报道中始知有格尔米集。麦拉说该城在金麦里亚海峡地区之区内。

格尔米昂纳(Гермиона)　城名,在伯罗奔尼撒的西岸。

格菲斯特(罗马人称为芙尔根)(Гефест/Hephaestus[Vulcanus,Vol-canus])　按照希腊神话,他是宙斯和赫拉的儿子,生为跛足者。他是精巧的铁匠。

格兰尼克(Граник/Γρανικός/Granicus)　河名,在小亚细亚赫勒斯滂附近。公元前334年,马其顿的亚历山大在该河附近与波斯人作战,获得辉煌的胜利。

格雷斯(Грации)　参看哈里特条。

格斯彼里德的金苹果园(Сады Гесперид/αἱ Ἑσπερίδες Νύμφαι/Herperidum Horti/Hesperides' garden of Golden Apples)　据希腊神话,赫拉与宙斯结婚时,基阿(Гея/Gaea)将金苹果送与赫拉。金苹果的看守者是格斯彼里德,即巨人阿特兰特及其妻格斯彼里斯的女儿。

格斯彼里德(Геспериды/Ἑσπε-ρίς/Hesperides)　1. 依照希腊神话,她们是居住于极西方的阿特兰特(Атлант[Атлас]/''Ατλας/Atlas)与格斯彼里斯的女儿;2. 佛得角群岛。

夏回归线(Лений тропик)　即北回归线,或夏至线,当夏至(6月21日)的时候,太阳到达该线上空的天顶。

涅阿尔赫(Неаполь)　曾参加马其顿的亚历山大的远征而到过亚洲。在其任舰队首长时,勘探了厄立特里亚海岸,以及从印度河口至底格里斯河和幼发拉底河河口一带的波斯湾沿岸。

涅比斯(Небис) 河名,在琉息退尼亚(西班牙境内)。

敖得萨(Одесс) 在黑海西岸的希腊城市。

海达泗彼(Гидасп/ ̔γδάσπην/Hydaspes River) 河名,印度河的支流,马其顿的亚历山大曾建立布克法利亚城和尼克亚城于河畔。

海洋论(Океаническая теория) 关于地球表面海陆分布的对比关系问题,古代地理学家们作如下见解:一些地理学家们例如希罗多德、亚里斯多德、埃拉托色尼、斯特累波、庞蓬尼·麦拉,都认为海洋所占的空间较多,而陆地所占的空间较少,他们都是海洋论者。另一些地理学家例如吉帕尔赫、推罗人马林、革老丢·托勒密、大普林尼、辛尼加,则认为陆地所占的空间较多,而海洋所占的空间较少,他们都是大陆论者。

索集根(Созиген/Σωσιγένης/Sosigenes) 埃及天文学家,任职于罗马,主持朱理亚历法工作。

索格底内 地区名,隶属于波斯中亚细亚的省份,位于奥克斯河与药杀河之间。

息细温(Сикион/Σικυών/Sicyon) 城名,在科林斯湾(中希腊)的南岸。

套鲁斯(Тавр/Ταῦρος/Taurus) 根据古代地理学家们(包括庞蓬尼·麦拉在内)的概念,这是通过小亚细亚和当时已知的亚洲中部由西向东伸延的山脉。套鲁斯划分亚洲为北部和南部,或套鲁斯这边的亚洲和那边的亚洲。帕罗帕罗斯、埃莫德(或称格莫德)、伊马及其他山脉,均被认为是套鲁斯的诸部分。

泰罗斯(Талос, Тал/Τάλως/Talus,Talos) 神话人物。

又译:塔罗斯。

泰密阿斯(Тимеи/Τίμαιος/Timaeus) 希腊哲学家。又译:蒂迈欧,见丹皮尔《科学史》727。

泰拉蒙(Таламон) 城名,在意大利西部。

特利孙(Трезена) 城名,在伯罗奔尼撒东部。

特林纳克里亚的埃特纳(Тринакрийская Зтна) 西西里岛的埃特纳火山。

特林纳克里(指特林纳克里亚的边境和特林纳克里亚的海岸)(Тринакрия/Τρινακρία/Trinacria) 西西里的旧称,该岛成三角形,故名。

特里屯湖(Тритон/Τρίτων/Triton) 及流入该湖的特里屯河,在北非洲境内,与小瑟提斯相接近。

特洛伊(Троя/Τροία/Troy,Troad) 参看伊利阿姆条。

特洛伊人（Троянцы/Troes）　对希腊人亲善的色雷斯部落。

特鲁因廷（Труент/Truentum）　1. 城名，在意大利东岸皮岑地区；2. 河名，流入皮岑地区。

特尔斐（Дельфы/Δελφοί/Delphi）　城名，在佛斯亚（中希腊）。阿波罗神庙（即世称之特尔斐厅）即位于此。又译：德尔斐，见《古希腊罗马哲学》（476 页，1961/82，商务）145；得尔福，见《柏拉图文艺对话集》（369 页，1963/80，人民文学出版社）95。

乌拉（Улла）　以此闻名于世的有：1. 北德维纳河的左方支流；2. 在北德维纳河的乌拉河口附近的村庄；3. 麦拉所说的乌拉是流经琉息退尼亚的小河。

乌尔戈（Урго）　岛名，在第勒尼安海，意大利西岸附近。

乌里（Урий）　城名，在意大利北亚浦利亚境内，亚得里亚海的乌里湾亦位于该地。

埃及海（Египетское море）　地中海之一部分，环绕着埃及的海岸。

埃拉托色尼（Ἐρατοσθένης/Eratosthenes）　纬线。参看经线条。

埃阿（Эа）　城名，在北非洲东部的黎波里境内。

埃阿臧纳（Эазона）　城名，在西班牙的东北端。

埃安齐亚（Эантия）　城名，在科林斯海峡的北岸。

埃波拉（Эбора）　1. 城寨名，在西班牙俾提斯河的左岸，与它的河口相接近；2. 海港名，在琉息退尼亚；3. 城名，在琉息退尼亚。

埃布佐斯（Эбусос）　岛名，在地中海西部，为小巴利阿利群岛中最西方的岛屿。

埃夫克里特（Эвклид/Εὐκλείδης ὁ Ἀλεξανδρεια/Euclid of Alexandria）　希腊的著名数学家，约于公元前 300 年住在亚历山大港。他首先有系统地阐明几何学。

埃弗普罗索庞（Эвпросопон）　海角名，古代腓尼基的海岸。

埃弗里麦顿特（Эвримедонт）　河名，在旁菲利亚（小亚细亚）。

埃夫捷列特（Эвтелет）　岛名，在地中海大瑟提斯对面。

埃加提（Эгаты）　西西里西端附近的小群岛。

埃吉里亚（Эгилия）　岛名，在地中海克里特岛附近。

埃吉昂（Эгион）　城名，在科林斯湾（伯罗奔尼撒）的南岸。

埃吉伊（Эгии）　城名，在伯罗奔尼撒的北岸。

埃戈斯（Эгос*）　河名，在色雷斯的刻索泥撒折，流入赫勒斯滂。

＊原书 367 页并无 Эгос，只有 Эгии，Эгоспотамы。

埃齐斯波塔梅（Эзис＊） 河名，在意大利东岸。

＊原书 367 页是这条目。

埃列范亭纳（Элефантина/Ἐλεφαντίνη，Ἐλεφαντίς/Elephantine，Elephantis） 城名及湖名，在埃及尼罗河畔，第一条瀑布河的前面。

埃列亚（Элея） 城名，在伊奥利斯（小亚细亚）。

埃林海（Эллинское море） 即爱琴海。

埃卢罗（Элуро） 城名，在西班牙境内，普林尼称之为伊卢罗（Илуро），托勒密称之为提卢朗（Дилурон）。

埃麦里塔·奥古斯塔（Эмерита Августа） 城名，在西班牙西南，亚庇斯河畔。

埃莫德（Эмод） 山脉名，据麦拉的意见，这是套鲁斯山脉的一部分。

埃诺斯（Энос） 城名及海港名，在色雷斯境内色雷斯的刻索泥撒折附近。

埃彼道拉斯（Эпидавр） 城名，在伯罗奔尼撒的东北岸。

埃皮丹（Эпидамн） 城名，在亚得里亚海伊利里亚海岸。以后名季拉希。

埃拉津（Эразин） 河名，流入伯罗奔尼撒亚哥利斯湾。

埃里克斯（Эрикс） 城名，在西西里西部。

埃特纳（Этна/Αἴτνη/Aetna） 西西里岛上的火山。

埃特鲁斯海（Эгрусское море） 即第勒尼安海，或称低海。

埃塞俄比亚（Эфиопия/Αἰθίοπες/Ethiopia） 今埃塞俄比亚以及努比亚和位于上尼罗河全部地方的古代名称。麦罗埃城是侨居的埃塞俄比亚人的首都。大城市尼斯亦曾闻名于世。

埃欣纳德群岛（Эхинадские о-ва） 在爱奥尼亚海，中希腊西南端的对面。

逍遥学派（Перипатетики/ περιπατητικοί/ Peripateticus，-tici/Peripatician，the Walking philosophers） 亚里斯多学派的别名。

又译：踱步派、散策派、漫步学派、行思派。

十 一 画

（骑、萨、维、荷、得、基、康、琉、曼、密、培、彪、捷）

骑士（Всадники/ Ἱππῆς/eques/Knight） 古代罗马的一个阶层。

萨巴齐亚（Сабации）　城名，在意大利热那亚以西。

萨夫尼（Савний）　河名，在西班牙北部。

萨吴罗马特人或萨尔马特人（Савроматы или сарматы）　民族名，居住在麦奥齐达湖和坦纳伊斯河的亚洲沿岸。

萨根塔姆（Сагунт）　西班牙东岸商业繁盛的城市。

萨拉米（Саламин/Σαλαμίς/Salamis）　1. 岛名，在爱琴海萨罗尼加湾（Saronic Gulf）中，距离雅典不远；2. 城名，在塞浦路斯东岸。

萨金托斯　爱奥尼亚群岛岛屿之一。

萨尔迪（Салды）　城名，在摩里得尼亚（非洲）境内，地中海岸上。

萨利亚（Салия）　河名，在琉息退尼亚（西班牙）境内。

萨林廷（Саллантин*）　海角名，在意大利南部，亚浦利亚（Апулия）之最南地点。

＊原作 Селлантин，误。见原书 360。

萨尔祖拉（Сальзула）　在高卢南部的咸水泉，在那旁城地区之内。

萨尔彼顿（Сарпедон/Σαρπηδων/Sarpedon）　海角名，在色雷斯南岸。

萨尔斯河（Сарс）　在琉息退尼亚（西班牙）。

萨斯彼尔人（Саспейры）　居于科尔奇斯与米底之间的民族。

萨茨尔奴斯（Сатурна）　1. 海角名，在比利牛斯半岛西南；2. 岛名，在比利牛斯半岛西岸附近。

维苏尔（Везул）　山名，在科提安的阿尔卑斯山脉，帕杜斯河（即波河）发源于此。

维斯杜拉（Вистула）　河名，古代维斯瓦河的名称。

维纳斯角（Венеры мыс）　1. 在比利牛斯半岛的东北；2. 在比利牛斯半岛的南部。

维纳斯岛（Венеры остров）　在比利牛斯的极南端。

维也纳（Вьенна/Wien）　城名，在中高卢。

维祖尔基斯（Визургис）　河名，即盛塞尔河。

荷雷（Гор/ὯΩρος/Horus）　古代埃及的神祇，埃西和奥赛烈司的儿子，被崇拜为太阳神之一。参看杨周翰译《埃涅阿斯纪》（371 页，1984 年）69。

得密忒（或称采列拉）的礼物（Деметры ［или Цереры］ дары）　指五谷而言，因为得密忒（Деметра/Δημήτηρ/Demeter）被认为是希腊人沃壤之女神。

又译:得墨忒耳(德美特)。

基季(Киди) 河名,在西里西亚(小亚细亚),流经塔苏斯城。

基季阿(Кндиа) 城名,在马其顿境内。

基昂(Кион) 城名,1. 在加里亚(小亚细亚)布巴西湾的岸上;2. 在俾斯尼亚(小亚细亚)境内。

基帕里斯(Кипариссий) 城名及海湾名,在伯罗奔尼撒西岸附近。

基尔康尼亚(Гиркания/Hyrcania)森林地区,其北方和西方与里海(或称基尔康海)及米底为界,东方与马基埃那为界,南方与帕提亚为界。

基尔康海(Кирканское море/ʻΓρκανίας Θαλάττης/Hyrcanian Sea) 今之里海(Κασπίαν καλοῦμεν/Caspian Sea)。

基普谢拉(Кипсела) 城名,在色雷斯。

基斯芬纳(Кисфена) 城名,在伊奥利斯(小亚细亚)。

基托尔(Китор) 城名,在帕夫拉哥尼亚(Παφλαγονία/Paphlagonia) (小亚细亚)。

基菲拉(Кифера) 爱奥尼亚群岛中最南边的岛屿。

康先齐亚城(Консенция) 在意大利南部。

琉息退尼亚(Лузитания) 比利牛斯半岛的西南部(占有今之葡萄牙的大部分)。

曼神(Маны) 古代罗马人称的曼神是他们崇拜为死者灵魂之神。

密塔拉斯 河名,在波河口与安科呐城之间。

密西亚的奥林帕斯山(Мисийский Олимп) 在俾斯尼亚(小亚细亚)境内。

密西亚(Мисия/Μύσια/Mysia) 地区名,在小亚细亚的西北部。

培福斯 城名,在塞浦路斯的西岸。

培拉(Пелла) 城名,马其顿的古代首都。

培尼阿斯(Пеней) 河名,在巴尔干半岛,流入爱琴海的非尔马湾(Термейский залив)。

培宜 城名,在卡莫潘尼亚(意大利),古代罗马的著名疗养地,有含硫黄的温泉。

彪泰俄利(Путеолы/Puteoli) 城名和海湾名。城市在西意大利卡莫潘尼亚(Campania)的沿岸。

捷利斯(Телис) 河名,在高卢南部。

捷米斯库尔(Темискур) 城名,在黑海的小亚细亚沿岸。

捷尔格斯特(Тергесге) 城名及海港名,在亚得里亚海西北岸。

捷尔莫顿特(Термодонт) 河名,在小亚细亚境内,流入黑海。

捷里斯(Деррис*) 海角名,在爱琴海西北部马其顿海岸的卡尔息狄栖半岛上。

* 原作 Доррис,误。见原书346。

捷奥夫拉斯特(Теофраст/Θεόφραστος Μελάντα Ἐρέσιος/Theophrastus)亚里斯多德的门生。

又译:德奥弗拉斯特,见张竹明译《物理学》292;狄奥弗拉斯图,见全增嘏译《西方哲学史》219;特奥弗拉斯图,见王荫庭等译《伦理学辞典》165。

十 二 画

(跛、博、惠、黑、提、斐、喀、谢、普、彭、斯、提、腓、菲、喇)

跛足神(хромой бог) 即格菲斯特。

博列(Борей/Βορέας/Boreas) 依照古代希腊人的观念,这是从极北吹起的冷风。

博里斯芬河(Борисфен/ Βορυσθένης/Borysthenes) 第聂伯河的古代希腊名称。

惠思葩西安(Веспасиан/Vespasianus) 日耳曼的国王。

又译:魏斯巴西安,见吴式颖等《外国教育史话》(208页,江苏人民出版社,1982年)20;魏斯巴兴,见马雍译《阿古利可拉传·日耳曼尼亚志》59。

黑黎斯(Галис) 河名,在小亚细亚北部,流入黑海。

黑森森林(Герцинский лес/Hercynia silva) 古代的罗马人均使用这个名称来称呼全部的日耳曼大森林。

又译:厄尔辛尼亚森林,见《高卢战记》145。

黑科赛拉 岛名,在亚得里亚海。

黑外套人(Меланхлены/Μελάγχλαινοι/Melanchlaeni*) 依照古代地理学家的意见,他们居住在亚洲北部。

* Rackham 译作 the Black cloaks' 见 Natural History 第二卷第 349 页。参看 H. Th. Peck 编 Happer's Dictionary of Classical Literature and Antiquities,1963。

提达拉斯 (Дедал/Δαίδαλος/Daedalus) 据古代希腊神话,他是多种工具(斧、锯、钻、水准器等)的发明者,又是精巧的建筑师。在克诺索斯城附近建筑地下宫殿,设有许多曲折回廊的迷宫。提达拉斯的名字在传说中与制造第一个飞翔器具(关于伊

卡拉斯［Икар/'Ἴκαρος/Icarus］的神话）有关。

又译：代达罗斯、代达路斯，见杨周翰译《埃涅阿斯记》（维吉尔著，人民文学出版社，1984）350。

提洛斯（Делос/Δήλος/Delos） 爱琴海昔加拉第群岛中的岛屿之一。

又译：带洛斯，见柏拉图《游叙弗伦》121；底罗岛，见《中外历史年表》61；提诺斯岛，见《世界地图集》1972年，第55图。

斐亚基人的地方 即斯赫里亚岛；斐亚基人是神话中的民族，奥德赛漫游时访问过他们。

喀普里（Капреи） 岛名，在中意大利西岸的附近。

喀马尼亚（Кармания） 即波斯的喀马省，据古人的概念，以鱼为食物的牧人（食鱼肉者）居住于此。

谢米拉米达（Семирамида/Semiramis） 叙利亚传说时代的女王。

又译：塞米拉米斯。见《狄得罗传》。商务，1984年版。

谢里（Серрий） 海角名，在卡尔息狄栖以东，爱琴海岸上。

谢皮阿达（Сепиада） 海角名，在爱琴海的西北岸。

谢尔邦尼德（Сербонидское озеро） 湖名，位于下埃及与叙利亚毗连的边境，今已全部干涸。

谢扎姆（阿马斯特里斯）（Сезам［Амастрис］） 城名，在小亚细亚北部帕米拉哥尼亚境内。

谢林弗里亚（Селимбрия） 城名，在普罗庞齐达（马尔马拉海）北岸。

普拉西人（Прасии） 印度部落之一。

普里安（Приап） 城名，在俾斯尼亚（小亚细亚）。

普里因纳（Приена/Πριήνη/Priene）城名，在爱奥尼亚，距离米利都（小亚细亚）不远。

普罗科普涅斯岛（Прононнес） 在普罗庞齐达（马尔马拉海）。

普罗美修士（Прометей/Προμηθεύς/Prometheus） 希腊神话中的巨人，他曾盗窃天火带至人间，因此被宙斯困锁在高加索山中的岩石上，恶鸟昼夜啄食其身体，后为赫克利斯释放。

普罗庞齐达（Пропонтида/Προποντίς/Propontis） 照字面意义为“位于本都海前面的”，即马尔马拉海。

普罗捷（Проте） 岛名，在爱奥尼亚海伯罗奔尼撒的西岸附近。

普索菲达（Псофида） 城名，在伯罗奔尼撒的亚加狄亚（Аркади/'Αρκαδία/Arcadia）* 境内。

＊又译：阿卡狄亚，见《伯罗奔尼撒战争史》672。

彭特（Пунт）　地区名，在南埃及，黄金和象牙均由此输出。

斯卡曼得（Скамандр/Σκάμανδρος/Scamander）　河名，参看西莫耶斯条。

斯基阿佛斯（Скиаф）　岛名，在爱琴海西北部，帖撒利亚的对面。

斯基拉基依（Скилакий）　城名，在意大利南部，喀拉布里亚境内。

斯基拉基依湾（Скилакский залив）　位于意大利南部喀拉布里亚的东岸。

斯基列昂（Скиллей）　海角名，位于伯罗奔尼撒东岸。

斯歧洛斯（Скирос）　岛名，在爱琴海优比亚岛的东北方。

斯巴达（Спрата/Σπάρτη/Sparta，Sparte）　参看拉哥尼亚条。

斯彼尔希昂（Сперхион）　河名，在帖撒利亚境内，流入爱琴海的帕加萨湾。

斯捷哈迪（Стехады）　群岛名，在高卢南方海岸附近。

斯提剌（Стира/Styra）　城名，在优比亚半岛南部。又译斯替拉，见《伯罗奔尼撒战争史》689。

斯基拉克的海志　参看卡里安达人斯基拉克条。

斯多噶学派（Стоики/ ὁ Στωικός/Stoicus/a Stoic）　主张感觉论与唯物论倾向的希腊和罗马哲学家。他们承认一切人类的平等、自由人与奴隶之间的平等。希腊哲学家芝诺（公元前336—前264年）奠定了斯多噶学派的基础。“斯多噶”的名称出自芝诺讲学于雅典的回廊“斯多阿”（Στοά/porticus）一词。

又译：画廊派，见《塞浦路斯简史》（173页，人民出版社，1973年）45。

斯特里蒙（Стримон）　河名，在巴尔干半岛，流入色雷斯海同名海湾。

斯特朗吉拉（Стронгиле）　1. 火山性的利巴利群岛之一；2. 岛名，在比利牛斯半岛东南岸附近。

提俄斯（Теос）　城名，在爱奥尼亚（小亚细亚），以弗所以北。

腓罗斯（Фарос）　1. 岛名，接近埃及的亚历山大港，在古代建有壮丽的灯塔，为世界七奇之一；2. 岛名，与意大利东南的勃龙新度城相接近。

腓俄多西阿（Феодосия）　克里米亚东岸的重要港埠。

腓立比（Филиппы/Φίλιπποι/Philippi）　城名，在爱琴海北岸马其顿境内。

腓尼基人的星（Финикрийская

звезда） 参看指路明灯条。

菲列阿斯（Филеса） 城名，位于黑海西岸，在色雷斯境内。

菲尔莫（Фирм） 城名，在西意大利皮岑境内。

菲米斯基拉城（Фемискира）据古人的传说，这是位于本都省菲尔莫顿特河畔的安马孙人的城市。

菲尔莫顿特（Фермодонт） 河名，在小亚细亚卡帕多基亚境内，流入黑海。

菲华伊达（Фиваида/Thebaid）上埃及的古代地区，包括首府底比斯。

喇河（Pa） 某些古代作家对伏尔加河的称呼。

十 三 画

（奥、塞、塔、楠、隘、蒙、锡）

奥德赛（攸力栖兹）（Одиссей［Улисс］/’Οδύσσεια, Odyssea/Ulysses） 传说中的伊大卡岛国王，特洛伊战争的英雄，以富有进取精神，并以生性敏捷和精明著称（从荷马诗来看，他喜爱的形容词是“精明的”）。奥德赛从特洛伊返回伊大卡，他在途中所遭受的艰险构成了史诗《奥德赛》的重要主题。

奥伊库明纳（Ойкумена） 希腊人所称有人居位的全部世界（指具有真正意义的世界）。

奥克斯（Окс） 河名，即今之阿姆河。

奥列阿罗斯（Олеарос） 斯波拉缔群岛岛屿之一。

奥耳维亚（Ольвия） 在黑海北岸吉潘尼斯河（布格河）河口的希腊移民地。

奥姆布里克人（Омбрики） 即古代阿姆布利阿人，居于意大利中部和北部。

奥涅锡克里特（Онесикирит）是涅阿尔赫（参看涅阿尔赫条）舰队的总舵手。他遗留下关于亚历山大事迹的丰富作品，然而只有少许的残篇留传至今。亚历山大的同时代人关于亚历山大的故事的正确性和真实性，早已甚少有人置信。斯特累波甚至严格地批评它为印度的幻想故事。

奥彭特（Опунт） 城名，在爱琴海优比亚湾的西岸。

奥里根诺麦斯克人（Оригеномески） 可能起源于凯尔特族的部落，居住在西班牙的北部。

奥尔金森林（Оркинский лес/Orcynia silva） 黑森森林的希腊名。

奥尔卡迪（Оркады/Orcades）即奥尔克涅群岛。（Оркнейские острова/Orkneys）。又译奥喀德斯群

岛。

奥尔齐吉亚岛(Ортигия)　靠近西西里,锡拉库兹城的一部分位于该岛之上。

奥萨山(Осса)　在帖撒利亚东岸,培尼阿斯河口以南。

奥斯齐(Остия)　城名,在意大利台伯河口。

奥菲乌萨(Офиусса)　今之比利牛斯半岛的罗克角。

奥古斯塔(Августа)　城名,在高卢特列魏罗夫人地区。

奥古斯托敦(Августодун)　在高卢的罗马殖民地。

奥罗拉(或称伊俄斯黎明的象征)(Аврора,или Зос/αὕως/Aurora)据希腊神话,奥罗拉是泰坦人吉彼里昂(Гиперион/ʽγπερίων/Hyperion)和捷齐(Теи/Thia,Thea)之女,是风神博列(Борея)(北风)、泽菲尔(Зефир)(西风)、埃夫尔(Эвра)(东风)和诺特(Нота)(南风)的母亲。

塞劳尼　山脉名。1. 该山脉的起点在麦奥齐达湖附近,并与里彼山相连接;在各地方有不同的名称(例如套鲁斯山、科拉克西山、高加索山);2. 山脉名,照麦拉所说,该山麓的附近为亚得里亚海的起点。

塞法罗尼阿　岛名,在爱奥尼亚海中克尔基拉岛之南。

塞菲萨斯　河名,在亚狄加境内,在希腊尚有数条河流沿用这个名称。

塞拉　属于火山性的昔加拉第群岛岛屿之一。

塞栖(Цирцеи)　城名,在意大利西岸卡莫潘尼亚境内;麦拉说,从前塞栖(Цирциея/κίρκη/Circe)曾居住于此,但据荷马诗,女巫塞栖曾住在埃伊岛,为该岛的女王。

塞尔人(Серы)　麦拉认为这一族及其地区位于套鲁斯山脉与塔比斯山脉之间。但是这是很不确切的;研究古代地理学史者发现,塞尔人居住于印度斯坦及西藏等地区之间的中国陕西省、西藏的西部和东布哈拉。

塔比斯(Табис)　山脉名,根据该山脉的位置及其名称,我们不难知道西藏是被喜马拉雅山与印度分开的,套罗斯山在喜马拉雅山的各部分,就是帕罗帕米斯、埃莫德和伊马等。

塔夫里安(Тавриан)　城名,在意大利的西南。

塔弗里卡(Таврика)　即克里米亚半岛。

塔格特(Тайгет)　山名,在伯罗奔尼撒南部。

塔莫(Там)　海角名,据庞蓬

尼·麦拉的意见,这是套鲁斯山的最东端,相当于埃拉托色尼的《地理学》中和斯特累波所称的芬内海峡、芬内港和芬内城。

塔普罗班(Тапробан) 岛名,即今之斯里兰卡岛。

塔拉哥讷(Тарракона) 城名,在西班牙的加达鲁尼亚。

塔拉哥尼亚(Тарракония/Tarragonia) 古代西班牙的广大地区。西班牙分为俾提卡(在南部)、琉息退尼亚(在西部)、塔拉哥尼亚(西班牙的其余部分)。

塔拉秦 城名,在意大利西部卡莫潘尼亚境内。

塔苏斯(Тарс/Tapos/Tarsus) 城名,在西里西亚(小亚细亚)。

塔翁努斯 中日耳曼的山脉,现今尚以此名闻于世。

塔夫罗明尼(Тавромений) 城名,在西西里东岸。

楠纳札(Наназа) 河名,在比利牛斯半岛北部。

隘口(пилы/πύλαι/pylae/gates) 参看德摩比利条。

蒙达(Монда) 河名,在琉息退尼亚(西班牙)境内,流入大西洋。

锡金诺斯(Сиконос) 爱琴海昔加拉第群岛*岛屿之一。

* 原书 361 页作 спорадских островов。英文作 sporades Is。斯波拉底群岛。昔加拉第群岛是 Cyclades。两名有时混用。

锡库利依海岸(Сикулийский берег) 即西西里海岸。

锡列尔(Силар) 河名,在意大利,流入第勒尼安海。

锡庞特(Сипонт/Σιπûς/Sipontum)城名,位于意大利的东南海岸。

锡拉库兹(Сиракузы/ Συρακούσαι/Syracusae/Syracuse) 西西里东岸的希腊移民地。又译:叙拉古,见《世界数学史简编》119;叙拉古斯,见侯德润等译《数学史》50;锡拉丘兹,见《外国地名语源词典》554。

十四画

(赛、赫、聚)

赛里福斯(Серифос) 昔加拉第群岛岛屿之一。

赛姆(Симе) 斯波拉缔群岛岛屿之一。

赛棱 (Сирены/Σειρη̃νες/Sirenes) 在希腊神话中半女人形半鱼形的女神,他们居住在水中,被描写为鱼尾女身的形状。她们以唱歌引诱经过的航行者,使其堕入海里深渊。

又译:海妖塞壬,茜林。

赫克利斯(Геракл) 参看格拉

克尔条。

赫克利斯的他林敦（Геркулесов Тарент）　城名，在意大利南部他林敦海湾的岸上，一说为赫克利斯所建，另一说为海神涅普东的儿子他林敦所建。

赫克利斯之柱（Геркулесовы столбы）　今之直布罗陀海峡。依照古代希腊的神话，赫克利斯越过欧洲和利比亚时，建立赫克利斯之柱以作旅行的纪念（参看阿俾拉和卡尔彼两条）。

赫克托尔（Гектор/ ʽ΄Εκτωρ/ Hector）　依照希腊神话，他是特洛伊国王柏理亚的长子，是最伟大的特洛伊英雄，阿波罗是他的保护者。他曾杀死阿奚里之友帕特罗克尔，阿奚里为其故友复仇而杀之。

赫利奥斯（Гелиос/ἥλιος/Helios）希腊神话中的太阳神，塞利尼（Селена/σελήνη/Selene）和伊俄斯（Эос/ʽΈως/Eos）（月和朝霞）的兄弟。他有七群牛和七群羊放牧于特林纳克里亚岛，每群有五十头，从来也不增加也不减少。这是对于年度作比喻的描写，古代希腊人以五十个星期为一年，七天为一星期。晚近赫利奥斯与非比、阿波罗被视为同一的神祇。

又译：赫利俄斯、塞勒涅、厄俄斯。

赫勒斯滂（Геллеспонг/ Ἑλλήσποντος/Hellespontus/Hellespont）连接爱琴海和马尔马拉海的海峡，据传说，弗里克斯的妹子赫利溺死于这个海峡而得名。

赫拉（罗马人称为朱诺）（Гера［Юнон］/ʽΗρα［Juno］/Hera）　神话中宙斯的妻子，也是天后。

赫丘娄尼恩（Геркуланум/Herculaneum）　城名，在那不勒斯附近，公元79年维苏威火山爆发时，该城被地震毁坏，并覆没于20米的灰层和熔岩之中。

又译：赫库兰尼姆，见《外国地名语源词典》449；赫库拉琉，见朱光潜译《拉奥孔》110；赫丘娄尼恩，见《意大利简史》（1975年）204。

赫朗纳特　海角名，伯罗奔尼撒的极西北点。

赫里萨　城名，在伊奥利斯（小亚细亚）。

赫里泽　1. 岛名，在地中海克里特岛附近；2. 马来半岛，一些古代地理学家认为它是个岛屿。

聚餐会（Сисситии）*　古代斯巴达、克里特及其他希腊城邦的公共食堂。参加聚餐会的人携带定量的食物与会。

*参看八杉贞利（С. Ясуги）　岩

波版《露和辞典》(1413 页,1937 年),第 1118 页作 сисситня。

十五画以上

(摩、墨、潘、鲁、撒、德、穆、薛、瀑、鳄)

摩里得尼亚(Мавритания/Μαυρουσία/Mauretania) 地区名,占有非洲的西北岸。公元一世纪初叶改为罗马省。

墨加拉(Мегара/Μέγαρα/Megara)古代的重要贸易中心,位于科林斯地峡。

墨拉斯河(Мелас) 河名,在滂菲利亚(小亚细亚)。

墨科诺斯(Микенос) 昔加拉第群岛岛屿之一。

潘诺齐人(Паноты) 他们大概是北方人,他们的头饰和长形的耳覆给了古代作家以口实,谓潘诺齐人生有巨大的耳朵作为他们唯一的衣服。

潘齐坎彼(Пантикапей/Παντικάπαιον/Panticapaeum) 1. 黑海北部沿岸的希腊移民地,曾作为希腊西徐亚人的博斯普鲁斯王国的首都。该移民地在金麦里亚海峡(即刻赤海峡)的欧洲海岸;2. 河名,据希罗多德的意见,它流入博里斯芬河,大概这是第聂伯河的支流。

潘达捷里(Пандатерия) 岛名,位于意大利西岸附近。

潘尼昂尼亚(Паниония) 地区名,在爱奥尼亚(小亚细亚)境内。以每年纪念海神的庆典和竞技会而著称。许多爱奥尼亚城的代表均参与盛会。

鲁布列兹湖 位于高卢南部,那旁城之侧。

鲁布里卡特 河名,在西班牙,流入地中海。

鲁集卡达 城名,在努米底亚(非洲)境内,地中海的沿岸。

撒丁海(Сардинское море) 地中海和第勒尼亚海的一部分,环绕撒丁岛。

撒狄(Сарды) 城名,在吕底亚(小亚细亚)。

德谟克利特(Демокрит/Δημόκριτος/Democritus) 阿布提拉城的自然哲学家。

德古斯 河名,在比利牛斯半岛的中部;是古代产金的地方。

德摩比利(Фермопилы/Θερμοπύλαι/Thermopylae) 山隘名,该地位于伊塔山(在该地的西方)沼泽和海洋(在该地的东方)之间,由帕撒利亚通至中希腊的孔道。在伊塔山麓附近有若干硫黄温泉迸出,而该通道的名称即由温泉而来(按希腊语,θερμος 热的 + πύλη 门,意指“温暖的门户”）。公元前 480 年，德摩比利为斯巴达人与波斯人会战之地。

又译：温泉关，见威廉·兰格《世界史编年手册》上 121。

穆萨戈雷（Мусагоры）　位于克里特的北岸附近的三个岛屿。

穆廷纳（Мутина）　城名，在爱弥利亚（北意大利）境内。

薛西斯（Ксеркс/Ξέρξης/Xerxes）　波斯国王（公元前 486—前 465 年），他是大流士（Дарий/Δαρεῖος/Dareus，Darius）之子，曾与希腊人作战。

瀑布河（Катаррακт）　1. 在滂菲利亚（小亚细亚）；2. 在尼罗河的急流称为瀑布河。

鳄鱼场（Крокодилополь/urbs crocodibrum）　城名，在埃及菲华伊达（Фиваида），该地曾经普遍崇拜鳄鱼，以后改称为阿尔辛诺亚（Арсиноя）。

图书在版编目(CIP)数据

古代的地理学/(苏)波德纳尔斯基编;梁昭锡译.—北京:商务印书馆,2017
(汉译世界学术名著丛书:120 年纪念版:珍藏本)
ISBN 978-7-100-14431-5

Ⅰ.①古… Ⅱ.①波… ②梁… Ⅲ.①历史地理—古希腊②历史地理—古罗马 Ⅳ.①K916.2

中国版本图书馆 CIP 数据核字(2017)第 151906 号

汉译世界学术名著丛书
(120 年纪念版·珍藏本)

古代的地理学

〔苏联〕波德纳尔斯基 编
梁昭锡 译 赵鸣岐 校 齐思和 审

商 务 印 书 馆 出 版
(北京王府井大街 36 号 邮政编码 100710)
商 务 印 书 馆 发 行
北京通州皇家印刷厂印刷
ISBN 978-7-100-14431-5

2017 年 12 月第 1 版 开本 710×1000 1/16
2017 年 12 月北京第 1 次印刷 印张 33½ 插页 1

定价:165.00 元